Brazilian Literature 3

Prepared under the auspices of the
Instituto Internacional de Literatura Iberoamericana

Brazilian Literature

3

1920-1960
Modernism

Claude L. Hulet
University of California, Los Angeles

Georgetown University Press, Washington, D.C. 20057

Library of Congress Cataloging in Publication Data

Hulet, Claude Lyle, 1920-
    Brazilian literature.

    "Prepared under the auspices of the Instituto Inter-
national de Literatura Iberoamericana."
    Includes bibliographies.
    CONTENTS: 1. 1500-1880: Renaissance, Baroque
Neoclassicism, Romanticism.—2. 1880-1920: Naturalism,
Realism/Parnassianism, Symbolism.—3. 1920-1960:
Modernism.
    1. Brazilian Literature—History and criticism.
I. Instituto Internacional de Literatura Iberoamericana.
II. Title.
PQ9511.H8   869'.09   74-16331

International Standard Book Numbers:
    0-87840-038-9 (Paperbound Edition)
    0-87840-039-7 (Library Edition)

To my wife Norma and sons Claude, Roger and Richard
for their patient and loving encouragement,
and to my parents for their warm understanding.

C.L.H.

Preface

Two memorable events, both rooted in the euphoria of the Good Neighbor era, set in motion a series of policies and projects, that are still bearing fruit. This history and anthology of Brazilian literature was, in fact, first conceived in those days as a possible goal of future imaginative planning, once other more pressing projects, as we then understood them, had been approved and achieved. The first of these events was the founding of the Instituto Internacional de Literatura Iberoamericana in Mexico during late August, 1938. The second event was the inauguration of a series of conferences on Latin America sponsored by the Department of State to explore and to recommend steps that would give enlightened direction and support to our earnest efforts for a more effective role in inter-American affairs. The first of these conferences was held at the University of Michigan, Ann Arbor, in midsummer of 1939. Perhaps the earliest official and professional recognition of the need for a variety of new and improved texts for the teaching of the language and literature of Brazil first found expression at those two historical gatherings. A small group of Latin Americanists, who were present at both, ventured to identify the more immediate needs, to establish priorities, and to appoint working committees. At the Ann Arbor meeting, a committee headed by E. Herman Hespelt, assisted by John A. Crow, John E. Englekirk, Irving A. Leonard and John T. Reid, was commissioned to undertake the preparation of an "outline history" and an "anthology" of Spanish American literature. The Committee and the assignment came under the auspices of the Instituto Internacional de Literatura Ibero-americana at the II International Congress of the Institute held in Los Angeles in late August, 1940.

The Outline History of Spanish American Literature (Appleton-Century-Crofts, 1941, 1947, 1965) and the accompanying *Anthology* (1946, 1968) call for no further comment. A glance at the *Outline History*, however, will show that the need of similar materials for Brazil has been in the Committee's thinking from the very beginning. The first move toward meeting this need was the preparation—with the collaboration of Marion Zeitlin—and the inclusion of Appendix A, "A Bibliographical Introduction to Brazilian Literature for Those Reading only English and Spanish." It was hoped that this special section would arouse the interest of the student of Spanish American literature and encourage him to study Portuguese in a first sure step toward an appreciation of Brazilian literature in the original. In the meanwhile, rising enrollments in introductory Portuguese language classes served to activate a variety of measures calculated to counter a relatively slow response to offerings in advanced language and in Brazilian literature. Little had been done, however, to provide a text to bridge the gap between langauge study and a planned approach to the literature. To make matters even worse, some of the earlier readers that had well served the initial interest in Portuguese had disappeared from the market for want of support for further printings.

It was at this juncture that the Committee decided to poll their colleagues on a number of alternatives presented in a proposal designed to meet the need for a text, or texts, similar to those so well received for Spanish American literature. This assessment was undertaken as an important element of the 1959 questionnaire that was to guide the Committee in its preparation of the third edition of the *Outline History* and the second edition of the *Anthology*. The Committee posed the following question: Should Appendix A of the *Outline History* be revised or should it be replaced by one of the several options. The response was strong and clear. What was wanted was a separate history and anthology for Brazilian literature modelled after their Spanish American forebears. However, in the process of revising the original blueprint, it was agreed that the reading selections should follow the author writeups and that the end product should be a unit presentation of historical development and representative readings.

The Committee accepted the challenge, but was the textbook industry ready to undertake the publication of a modestly designed text for a demand that had already threatened to dwindle away? The response was dishearteningly in the negative. Commercial publishers felt that as a "critical" language Portuguese was deserving of government or foundation funding. Brazilian publishers, even with the prospects of an all-Portuguese text, courteously declined to consider the temptation of wider sales. The whole story of "finding a publisher," too disturbingly familiar to those working in the Luso-Brazilian language-literature area, need not be extended beyond what is already abundantly clear. The breakthrough finally came in the form of contract (SAE-9480) signed on 10 June 1961 by the U.S. Office of Education and the University of California. The contract provided for the preparation of an *Outline History and Anthology of Brazilian Literature*, to be undertaken by Claude L. Hulet under the auspices of the Instituto Internacional de Literatura Iberoamericana and in collaboration with the Committee charged with the revision of the *Outline History* and the *Anthology* of Spanish American literature. The writer, as chairman of the Committee, was named the principal investigator.

From the beginning it was understood that Claude L. Hulet would be encouraged to develop the broad outlines of the proposed text at his own discretion and as his dedication dictated. What follows, therefore, is largely the product of his imaginative interpretation of the assignment. The original concept of a single volume of 350-500 pages soon fell before his compelling appeal for full justice to an exciting, satisfying, and still little-known body of literature. The three "full" volumes at hand attest to the persuasiveness of his appeal. Essentially, the original plan has been followed. All else, however, reflects his "judgment and preferences": the analysis and interpretation of the successive literary period or trends under which the writers have been grouped; the final choice of authors and selections; the screening of biographical data; and the critical appraisal of the work of each author studied. Professor Hulet has explained his reasons for a number of departures from the original format.

Unquestioned is Professor Hulet's passionate enthusiasm for the pioneering assignment of charting a clear course over the billowy mosaic of literary currents and esthetic tides of Brazilian letters. Pioneering, too, in the sense that Professor Hulet steadfastly refused to be swayed by the considerable body of reading materials that nationals and others have recognized as representative of the best that Brazilian literature has to offer. The knowledgeable reader may wonder at the absence of some of his favorite pieces. But it is almost certain that any such surprise will be more than compensated by the repeated discovery of "gems" that had heretofore escaped his attention. It was the unrelenting accumulation of outstandingly good selections in their own right, irrespective of all else, that brought the project to its most critical moment: to include or not to include. The choice seemed clear; the outcome—in the face of waning interest and mounting costs—could only augur a heavy sea of rejections. Ten years, at sea, call for unusual stamina and faith, particularly when one remembers that the undertaking first attracted volunteers some thirty years ago. A secure port has at last been offered by the Georgetown University Press. And thus another rewarding journey lends credence once again to Pero Vaz de Caminha's promise implicit in "plantando dá"—a promise and a challenge to whoever reads the memorable report of discovery with which this book opens and Brazilian literature begins.

June 1974   *John E. Englekirk*

Acknowledgements

I thank numerous Brazilians—many friends and legions of acquaintances, both in and out of the Brazilian Academy of Letters, especially poets, writers and literary critics—for their friendship and encouragement, particularly those who have given their generous permission to reproduce selections from their works.

My gratitude—along with that of my colleagues on the Committee of the Instituto Internacional de Literatura Iberoamericana—also goes to the U.S. Office of Education for the initial grant that got the project under way; to my colleague, Professor John E. Englekirk, in his role as Chairman of that committee, for his inspiration; to the Research Committee of the Academic Senate, UCLA, for additional assistance; and, most of all, to my loving family for their confidence and endless patience.

C.L.H.

Introduction

Brazilian literature is the product of a four-century long period of maturation in the New World. An Hispanic literature stemming directly from its proud Portuguese past, its antecedents are deeply rooted in the common heritage of the Iberian peninsula, with all the implications that derive from that position in the Latin world. Brazilian literature requires no apology for English-speaking readers. They already recognize the enormous talents of the still too few writers thus far available to them in translation. To mention several: Machado de Assis, Graciliano Ramos, José Lins do Rego, Jorge Amado, Érico Veríssimo and João Guimarães Rosa among the prose writers; Manuel Bandeira, Carlos Drummond de Andrade and Vinícius de Morais among the poets, and Gilberto Freyre in the socioanthropological sphere.

The present work shares the attributes of literary history, anthology and esthetic guide; it can also serve as a springboard for further exploration into the Brazilian literary reality. It presents both a vertical and a horizontal insight into the development of Brazil's letters from their earliest beginnings at the time of the discovery of the Land of the True Cross in 1500 to the internationally acclaimed achievements of writers of the 1940s and 1950s. It aims to point out essential information about the life, qualities and accomplishments of the best and most representative of Brazil's writers set against the background of the dominant esthetic precepts of their day.

Although the general plan is eclectic, emphasis has been placed on the literary current as the principal organizational and esthetic instrument. By literary current is meant the synthesis of attitudes, tastes and perspectives to be found in the works of writers who have broadly similar backgrounds by reason of having lived during a given period and shared the social, moral and esthetic assumptions which derived one way or another from the dominant philosophical thought of their day. So it is that the angle and content of the writers' view of society, how they grasp it, understand it, recreate it, and present it to their readers in the form of works of literary art, all these things are conditioned by that generally accepted life-view as the latter generates the prevalent social, moral and esthetic stances of a given time. Although, not all the characteristics of such a movement are by any means necessarily found in each and every writer, it is this author's belief that a grasp of the main features and directions of the successive literary currents is essential to the understanding of the individual writers who participated in them.

The author would be the first to recognize that placing writers and poets in categories is an analogical device that leaves much to be desired. The chronological limits set for the beginning and end of the several literary currents discussed are necessarily somewhat arbitrary, in part because they do not begin and end at the same time in the widely separated geographical areas of country-continent Brazil. It goes without saying, too, that some writers do not fit neatly into one or another of the classifications used. Also, the judgment as to what is the most representative stance of a given writer, and consequently the reason he has been placed in one movement rather than another, may seem quite subjective. All this is admitted, but the goal of presenting a logical and sequential panorama of the development of Brazilian letters through time is believed to more than compensate for any small amount of distortion that may have resulted.

The perspective of this work is chronological. Each chapter begins with a brief exposition of the main characteristics of one of Brazil's successive literary currents, which are the basis, as indicated earlier, of the organization of the book and the instrument that provides the greatest possibility for getting inside of and understanding a given literary thrust. This is the heart, the crux of *Brazilian Literature*. Along side is an outline.

Each literary current is provided an outline of authors, arranged by genres and headed by captions synthesizing its human and esthetic import. *It is not an outline of the contents of the chapter.* Its purpose is to give an over-all view of the breadth and direction of the literary movement under discussion, a road map, as it were, of where things are and how to get there. The contents of each chapter will deal with specific authors, each in his own right, and as each relates to the esthetic and literary situation at his own given moment. Only the principal exponents are cited. Although a writer may appear under several genres in the outline, he will be presented in the chapter only under the one for which he is best known. Machado de Assis, for example, a novelist, short story writer, poet, critic and dramatist, is located in the text among the novelists.

Within each chapter the genres are listed in the order of their relative importance at that historical juncture. Inasmuch as poets tend to be more innovative, more quickly catch the mood of their time, and more daringly communicate the latter's thrust, dynamics, and tone ahead of their prose writing confreres, poetry customarily heads each chapter.

Writers are usually studied in chronological order within each genre, but this is not an absolute rule. The overriding importance of certain writers must be taken into account. Aluísio Azevedo is a case in point. He is presented before Inglês de Sousa despite the fact that the latter preceded him in publishing a naturalistic work. "Late bloomers," of course, come on the scene considerably after the main contingent of their movement and may, indeed, be out of phase with their own time.

Each writer is examined from the following angles: Biography, Critical Commentary, Suggested Readings and Other Texts, Principal Works, and Critical References. The most significant writers are represented by selections from their works. A brief word about each of these perspectives is in order.

Since a work of art cannot be divorced from the creator of that work, nor can the latter be abstracted from the reality its creator lived, a Biography of basic information has been provided about each of the writers treated.

The purpose in the Critical Commentary is to provide an esthetic appraisal of the significance of the writers studied, including their achievements and the level of their accomplishment. Brazilian literature constitutes a most valuable facet of our Occidental literature. It not only warrants serious consideration outside the Luso-Brazilian world, but also merits study from a non-Brazilian standpoint as well. The author has aimed to give it that fresh approach. This book represents a number of years of enthusiastic study and dedication to Brazilian letters; its faults and its virtues are this author's responsibility alone. Every effort has been made to study firsthand the writers and works making up this literature and to say something worthwhile that reflects the author's understanding of the sweep of Brazilian literature and of the role and importance of the writers presented. The length of treatment, it should be emphasized, has no one-to-one relationship to the inherent worth of a writer. If it is relatively long, it may simply mean that the writer has not been given sufficient critical study in the past. Conversely, very well known writers may be discussed in more economical terms.

Suggested Readings and Other Texts are gathered under one heading. The former refers to those selections considered to be especially valuable from the point of view of artistic accomplishment and representatives. Other Texts refers to selections made by other anthologists.

The section entitled Principal Works is, as the name suggests, selective and largely reserved for books.

Critical References concerning each writer are placed at the end of each chapter. An attempt has been made to include all the relevant statements about a given writer, even though the majority of the items cited may at the present time be unavailable to most readers in the English-speaking world and, paradoxically enough, may not be appreciably more available to Brazilian readers outside Rio de Janeiro and São Paulo. The inclusion of this data is indispensable as a research tool, however, and it can also serve to encourage college and university libraries to acquire the critical materials cited. Although carefully garnered from numerous sources, they do not represent a painstakingly accurate bibliographical study, for it is recognized that such a single-handed, scholarly accomplishment in this field at this moment in time and at this distance from Brazilian libraries is a physical impossibility. At this early stage in the development of the study of Brazilian literature it was thought preferable to maximize the book's research usefulness by providing a realtively large corpus of critical bibliography, erring on the side of abundance—if that is to err—rather than paucity, and leaving to a later, more propitious moment a more perfect winnowing of the wheat from the chaff. To save space, references frequently cited are indicated by writer, short title and pages, complete bibliographical information being found in the General Bibliography located at the end of the volume.

The principles followed with respect to the anthological selections are literary and esthetic. Quality has been chosen over representativeness, art over history, achievement over experimentation and, whenever possible, complete texts over fragments. The genre chosen does not, therefore, necessarily represent the one for which the author is best known. Examples, among others, are: Artur Azevedo, represented by a short story rather than a play; Mário de Andrade, by a short story rather than by poetry; and Raquel de Queirós, by scenes from a play rather than from selections from one of her novels. It should be noted also that the amount of material quoted is not necessarily an indication of a writer's importance. The text or texts chosen attempt to capture the writer's essence; the intrinsic nature of the material dictates how much or little is deemed necessary to accomplish that end.

However interesting and informative the chroniclers may be, their contribution to imaginative literature is not especially strong. The esthetic norm adopted therefore precludes that they be represented by an anthological selection. Pero Vaz de Caminha, of course, is the exception. For good and cogent reasons he is included as the initiator of both the cultural history and the creative literature of Brazil.

In the early years of the development of Brazilian letters there was a considerable dearth of creative literature and close scrutiny of some of the writers and texts chosen would not justify their acceptance at a later period. From the eighteenth century forward, however, universal standards are widely achieved in Brazilian belles lettres; indeed, beginning with the Neoclassicists esthetic excellence is the basic criterion for selection.

Everyone is acquainted with the spelling problem in the Portuguese language. The capitalization, accentuation and spelling of the anthological materials have been largely modernized in accordance with accepted Brazilian standards. Changes in punctuation where needed for greater clarity, or where the original was evidently in error, have also been made.

The author believes that scholarly self-sufficiency should be encouraged and that mature, self-respecting students will as quickly as possible want to become professionally independent. Therefore, footnotes have been avoided in the belief the reader will be curious, that he will be interested in going beyond the text itself, and, consequently, that he will have the tools of the scholar at his disposal including first-class dictionaries and encyclopedias.

Translations into English have not been listed although, as was indicated earlier, a number are available of some of Brazil's most significant men of letters. The reader is invited to consult the author's *Bibliography of Latin American Prose in English Translation* (Washington, D.C., Pan American Union, 1964) and *Bibliography of Latin American Poetry in English Translation* (Washington, D.C., Pan American Union, 1965) for this kind of information.

In resumé, the author has chosen to emphasize best efforts. The principal endeavor has been to present through the prism of succeeding literary currents the most esthetically noteworthy writers and texts in order to demonstrate the intrinsic value of Brazilian literature at any given moment in time. As the attempt to please all readers is admittedly impossible, no attempt has been made to do so. For good or for ill, the work reflects the judgment and preferences of the author.

June, 1974   *Claude L. Hulet*

Publisher's note: Due to copyright laws, the anthological selections for Vinícius de Morais have not been included.

Contents

Contents xix

MODERNISM 1920-1960

Brazilian Literature Comes of Age

I: The Thrust for Cultural Independence
   (Art as National Consciousness)

II: The Struggle for Social Justice
   and National Growth
   (Art as the Instrument of an Ideal)

III: Emphasis on the Human Condition
   (Art as the Mirror of Man)

A. Poetry
   Manuel Bandeira
   Guilherme de Almeida
   Oswald de Andrade
   Menotti del Picchia
   Mário de Andrade
   Ronald de Carvalho
   Jorge de Lima
   Cassiano Ricardo
   Raul Bopp
   Ribeiro Couto
   Cecília Meireles

   Carlos Drummond de Andrade
   Augusto Meyer
   Augusto Frederico Schmidt
   Vinícius de Morais

B. Novel
   José Américo de Almeida
   Oswald de Andrade
   Menotti del Picchia
   Graciliano Ramos
   Mário de Andrade
   Plínio Salgado

1

José Geraldo Vieira
Amando Fontes
José Lins do Rego
Érico Veríssimo
Márques Rebelo
Otávio de Faria
Raquel de Queirós
Jorge Amado
Lúcio Cardoso

C. Short Story
Graciliano Ramos

Mário de Andrade
Ribeiro Couto
Marques Rebelo

D. Crônica
Raquel de Queirós
Carlos Drummond de Andrade

E. Literary Criticism and the Essay
Alceu Amoroso Lima
Gilberto Freyre

Brazilian Modernism was the literary culmination of a series of revolutionary attitudes and events that received official recognition by bursting into the open in the now famous Semana de Arte Moderna in São Paulo in 1922. Youthful poets and plastic artists were the instigators. They carried their revolt against old ways and old forms to the world at large through a series of public programs in the Municipal Theater and in the press. Their fundamental stance was irreverent and iconoclastic, insultingly so, some people thought. The effect was like a bombshell on the still provincial lives of a complacent city that only then was awakening to the implications of industrialism and the modern world.

Modernism did not appear out of a vacuum. Signs of its imminent approach were evident everywhere almost as early as the turn of the century, and most definitely from the middle years of the First World War. Romanticism had swung Brazil out of a uniquely Portuguese culture and into the stream of the French. Naturalism had freed the slaves, established the Republic, fixed the country's international boundaries, and had undertaken many other kinds of modernizing political, social, educational, land, and urban reforms of a basic nature. Realism-Parnassianism had given the Brazilian writer exquisite physical control of his language. And during Symbolism he had wrestled with the problem of who and what he was and, in addition, he had honed the psychological side of language to a fine state of communicability. He was now both technically and morally ready to throw off the shackles of colonial, cultural dependence and assert his own character in his own way—in a word, to produce his own literature. It did not all happen in a day, of course. Moreover, such a battle is never entirely won. But for all intents and purposes, the task was accomplished by the Modernist generation.

Modernism involved a two-pronged drive. First, there was an irresistible cosmopolitan urge to bring Brazilian letters into the mainstream of Western culture. If Romanticism had substituted France for Portugal as the cultural mode, now it was time to cut ties with any one European culture, increase the level of artistic accomplishment, and pull abreast of European letters through the use of the current literary perspectives and devices. Second, there was an irrepressible need to create a bona fide Brazilian literature by seeking national bases in language, theme and technique. That effort was concretized by a rejection of the eclectic, academic type literature, and particularly the poetry that had come into vogue around the turn of the century and soon dominated the scene. Basically Parnassian and devoted to the palpable and to the visual, it had accepted and incorporated certain adjuncts from Symbolism, including suggestiveness, close focus, and a tendency to stress sensations, sound, and the picturesque. But, all told, it was marked by sterility, particularly in the hands of the second and third rate practitioners. But, quite obviously, not all ties were cut, nor were all influences from abroad refused. In the early days, for example, ideas of the French primitives and the Italian futurists had significant repercussion, as later did existentialism, the *roman fleuve,* and the Anglo-American multilevel novel.

Modernism was predicated on the broadest exercise of freedom, in letters that imply a sublime confidence in the individual's ability and, consequently, heavy dependence on inspiration. So, anything that smacked of tradition was out.

Modernism's corrosiveness and experimentalism stand out in sharp relief. It was a scandalous movement. In many ways it was as negativistic and abrasive in its function as it was, paradoxically, constructive and positive in its results. The dynamics of the literary development in Brazil paralleled what was happening on the political scene—politics of the left and politics of the right. It was a time of intransigence and violence. More often than not writers and poets were in the front ranks. Few were those who retained a sense of proportion and moderation.

The main stages of Modernism developed roughly as follows: Phase I: 1920-1930 Phase II: 1930-1945 and Phase III: 1945-1960. The moments of highest activity were 1928, 1933, 1943, 1949, 1952, and 1956 for poetry; for prose they were 1928, 1935, 1943, 1947, 1954, and 1961. Phase I was principally concerned with the thrust for cultural independence. In it poetry was dominant. Phase II worked strongly for social justice and national growth. Prose fiction was the prime genre. Phase III, certainly a sedimentation of I and II, was mainly characterized by universality, with marked tendencies toward reflection and conciliation. Both prose and poetry share the stage. In Phases II and III a growing critical spirit manifested itself in literary criticism and in the essay; the latter was aimed particularly at the fields of sociology and anthropology, and at politics and economics.

Modernist poetry is basically an integral and higher planed fusion of the preceding two movements, Parnassianism and Symbolism, plus literary novelties deriving from other, later currents, including Impressionism, Expressionism, Futurism, Primitivism, and Dadaism. All the Modernists owed a debt to Parnassianism, even though it was specifically against exaggerated attention to its technical precepts that their strongest attacks were directed. On the other hand, the Modernists' ideological program can be considered an extension in time of the canons of their Symbolist predecessors, who in their turn were the heirs of the Romantics. The only poets of note who grew up, as it were, in Modernism were Carlos Drummond de Andrade, Augusto Meyer, Augusto Frederico Schmidt, and Vinícius de Morais, whose first books of verse did not appear until Modernism's second phase.

The most active poets during the first phase were Manuel Bandeira, Oswald de Andrade, Mário de Andrade, Cassiano Ricardo, Jorge de Lima and on the periphery, Guilherme de Almeida and Cecília Meireles. In the second phase, the most active were Manuel Bandeira, Cassiano Ricardo, Jorge de Lima, Augusto Frederico Schmidt, Cecília Meireles, and the newcomer, Vinícius de Morais. In the third phase, the leaders were Cassiano Ricardo, Carlos Drummond de Andrade, Augusto Frederico Schmidt, and Cecília Meireles. In later years, only Carlos Drummond de Andrade, and particularly Cassiano Ricardo, have been especially productive. The latter has been unusually flexible and adept at keeping himself abreast of new developments in poetry. Three important poets of the Modernist period—Manuel Bandeira, Guilherme de Almeida, and Cecília Meireles—led literary lives largely independent of the movement. The same may be said to a lesser degree of Augusto Frederico Schmidt.

The fiction writers who were most active during the first phase of Modernism were Oswald de Andrade and Mário de Andrade, followed by José Américo de

Almeida, Plínio Salgado, and Rachel de Queiroz. All continued to write in the second phase, but it was there that Rachel de Queiroz hit her stride. The most productive of the newcomers were Graciliano Ramos, José Lins do Rego, and Érico Veríssimo. The latter were joined by José Geraldo Vieira, Amando Fontes, Marques Rebelo, Octávio de Faria and Lúcio Cardoso. Phase III saw the ranks considerably thinned; Érico Veríssimo and Jorge Amado, followed by José Geraldo Vieira and Octávio de Faria, remained in the front rank.

The theater was never a preoccupation of the Modernists; indeed, they almost ignored it. Oduvaldo Viana (1892-1970) and Joracy Camargo (1898-   ), particularly the latter, dominated the scene in the twenties, thirties, and forties. But theirs was largely a light theater of reviews and situation comedies after the late nineteenth century French tradition and, therefore, although chronologically coincidental with Modernism, reveals little more than a hint of the latter's new spirit. It was not until the forties that a truly new insight into the theater appeared—and that by Nelson Rodrigues (1912-   ). Contemporary theater in Brazil stems from the bombshell that he tossed onto the state with *A mulher sem pecado* in 1939 and, more specifically, with *Vestido de noiva* in 1943. Since then new writing techniques, thematic concepts, staging innovations, and acting modalities have had their potent and salutary effect. Although still short on writers, Brazilian Theater soon attained a high level of technical competence, especially at the production level.

Modernism I
(The Thrust for Cultural Independence)

The first phase of Modernism was inherently revolutionary. Poetry was emphasized to such a degree that even the prose has marked poetical features. The two main thrusts registered sought, initially, to raise Brazilian literature to a universal, cosmopolitan, European level and, that accomplished, to establish national bases for a really independent literature predicated on the Brazilian reality. The principal directions taken to accomplish this were three. All are noted for their good humor, confidence, sense of satisfaction, frivolity, and devil-may-care attitude. First, there was a Symbolist trend marked particularly by a Dannuzzian and Maeterlinkian interest in short focus, luminescent, idealistic suggestiveness in which the author is personally involved in the mystery of the world. Second, there was a kind of three-pronged neo-Romanticism. One prong was the freedom-loving, iconoclastic, destructive revolutionary trend. Another might be described as Pan-Brazilianism in that it involved the incorporation of the nation's various ethnic and cultural heritages (especially the Indian and, more particularly, the Negro) into the main stream of literature. Pan-Americanism was a further dimension; in it the virtues of friendship, common background, and hemispheric unity are exalted. The third was the irresistible urge to incorporate modern life and all the things that represent it into letters: fast cars, airplanes, telephones, radios, jazz, the Charleston, and the free and easy customs and open sensuality characteristic of the time.

Poetry will serve to exemplify the first phase. It was the dominant genre and it developed lustily under the aegis and impulse of independence. Initially it was worldly, cosmopolitan, and spotlighted the brazen, noisy, slick character of the big cities. Moreover, it vaunted its sauve worldliness by being irreverent, iconoclastic, and taking every opportunity to taunt and upset the bourgeoisie. Emphasizing the commonplace, the most prosaic aspects of contemporary society were considered to be legitimate and worthy themes for poetry. The preference for the popular is found in both themes and language. As poetry's radius of action broadened to include almost everything, it began to take on many of the attributes of prose. In the novel, which was equally experimental in nature, the everyday was also stressed, especially in regard to themes (unlyrical), characters depicted (the anti-hero made his appearance), and language (Brazilian speech patterns, notably those of the uneducated). Form was often loose and episodical.

All restraints were removed from traditional poetic form, from all form: strophes, verses, rhythms, even syntax. Free verse was the rule. The key was the subordination of form to feeling. Expression fled from the rhetorical, the florid, and those areas of communication dominated by suggestion, and became much more concise and, not infrequently, elliptical. Sight and sound combined in a fascinating way. Bright colors and vivid images were coupled with sensual rhythms and irregular movement. An image, for example, might simply be the naming of a thing, just a word which, filled with visuality and sensual potential, was vivid and pulsed with immediately communicable if not highly verbalized content. There was considerable verbal juggling, and dependence on onomatopoeia.

This exaltation of the unusual gave value to the up-to-date, modern comforts and conveniences, and emphasized action, speed, and movement. The latest technical novelties were employed. Many of the latter had, understandably, gained widespread appeal and effectiveness in the movies, that new art form that was everywhere the rage. Examples are cuts, cartoon-like distortions and sequences, casual enumeration, free association, the superimposition of images and ideas, close-ups (especially short, emotive scenes), and the almost chaotic grouping of forms, colors, and sounds. The latter in many ways also suggest the interaction of the instruments in a jazz band.

Following its initial, saucy, cosmopolitan willfulness, poetry began to build on the newly won foundation of freedom and search for the roots of a truly Brazilian literature. So, the focus changed from the urban scene to the country. A rigorous and effective literary utilization of the interaction between man and the land emerged. From it derived the stress on the picturesque, on folklore, and on a feeling of national pride in being Brazilian. It sang the praises of the most insignificant, local details of the fatherland to the most distant, impressive and abstract ones related to the hemisphere as a whole. This thirst for independence aimed at the exaltation of that which is native suggests a neo-Romanticism in its urgency to uncover the origins and characteristics of the Indian and Negro cultures. Traditional legends and myths, life *saci-pererê*, were rejuvenated, while Juca Mulato, Macunaíma, and others were invented for the occasion. If the

Indian was discovered and became incorporated esthetically into Brazilian culture in large part through the efforts of the Romantics, the Modernist not only strengthened that trend, but was also the first to appreciate the Negro and raise him to the level of an esthetic object. The Negro not only took on thematic importance, but also made his presence felt—and more especially heard—in the syncopated rhythms that were intentionally transplanted from Afro-Brazilian songs and dances to poetry. The world of this first phase was vigorous, youthful, innocent, and primeval. It was filled with the call of the senses, particularly sounds and sensations, forms and colors, and reminiscences of bygone days.

Modernism II

(The Struggle for Social Justice and National Growth)

The second phase of Modernism is characterized by an idealistic involvement with the development of the country as a nation. Implied were such desires as the achievement of social justice, the unification of the people, the intelligent utilization of national resources, and the institution of a progressive-thinking, responsive government. A deep sense of commitment, impatience, and intransigence were the order of the day. Beginning in the second half of the thirties, more and more interest was paid to organization, structure, and the artistic potential to be achieved by the writer's craft. That trend has not diminished with time.

Production ran high in the Second Modernist period, prose being the dominant genre. A marked idealism was the outstanding characteristic of the time. As poetry took on more and more of the attributes of prose, the latter became increasingly lyrical. This was especially true of the early thirties; soon idealism took up the torch of social protest and concerned itself with the development of the nation. The resulting concern with the raw sores of Brazilian society brought with it the necessary adoption of an equally forceful and down-to-earth language. But the best novelists never entirely lost their lyrical flair.

As for prose fiction specifically, initial interest in the novelette and the short novel soon gave way to the novel itself. Inherent in this move was a shift from short, soft focus to long, hard focus; from one protagonist, preferably portrayed in childhood or youth, to several mature characters; from one to a number of interlocking planes; from amorphous reminiscences to well defined plot structures; from lyrical evocations to hard cases; from 'the golden years of long ago' to the harshness of the here and now; from mystery to experience; from life-is-a dream to life-is-a-painful-fact; from the non-real to the real; from frivolity or complacency to commitment—in short, from the diminished world view that the real is art to the wide-angle perspective inherent in the proposition that art is the re-creation of the real. In Graciliano Ramos, Jorge Amado, Érico Veríssimo, and José Lins do Rego this change occurred well within the frame of their own prose fiction, which they began and fundamentally modified during this same period.

Much has been made of the 'novel of the northeast', and rightfully so, when studying prose finction prior to 1945. Careful study shows, however, that neither the Modernist novel in general, nor the novel of the so-called Generation of 1930, is at all fundamentally a regional phenomenon. On the contrary, it is a moral and esthetic one, and not at all unique to the northeast. Once the moment of the soft-focused, luminescent, amorphous, poetical reminiscence of the late twenties and early thirties had been surpassed, prose fiction's idealism took on a strong social and political cast. So much was this true that the esthetic worth of some novelists flagged dangerously during the period. The best later overcame the artistic limitations inherent in political treatises masquerading in novelistic garb to go on to achieve their full literary potential.

Modernist poetry in its second phase was not unlike its earlier form. To an appreciable degree, however, the robust, youthful vitality and irrepressible humor had worn off. The poets had gotten away from their rowdiness and their ready quips; they were more serious and had a greater sense of discipline. Now sure of themselves as artists, their interest turned increasingly to esthetic refinement. They gave free rein to their idealism and took on as well a more serious, profound, and positive attitude toward their human condition as individuals and as Brazilians. The results were inclined to be moral and transcendental. The man-in-Brazil syndrome moved them to stress national development, which they did through considerable amounts of social protest literature emphasizing social justice and cultural integration. The reaction to the man-in-the-universe preoccupation held by some poets induced several of them to compose poetry with a strong religious and/or metaphysical inclination. Free verse was still prevalent, but a tendency toward regular forms appeared and traditional verse came out of hiding. If the raucous sounds and syncopated rhythms of jazz, along with the drumming of Afro-Brazilian percussion instruments and dance, were the accepted thing in the first modality of Modernism, in the second, the visual and the reflectively conceptual came to the fore.

Modernism III

(Emphasis on the Human Condition)

The final phase of Modernism was characterized, not unnaturally, by a consciousness of maturity. Surviving writers and poets by then possessed finely tuned esthetic instruments and were capable of marshalling all their talents and of bringing them precisely to bear on their work. If they were self-oriented in Modernism's first phase and you-oriented in the second, the third phase search for the universal in man's human condition revealed that is was clearly other-oriented. There was an unusual amount of thematic and technical innovation carried out both by poets and fiction writers. It was a very positive time. The poets were especially prompt to keep abreast of the latest development advanced by younger generations abroad and at home, even though, as one might expect, the publication of 'complete works' and 'selected works' bulked largest in their production. Writers of prose fiction published some of their finest work during that period.

Manuel Bandeira

(1886-1968)

Brazil's "Mr. Poetry," Manuel Carneiro de Sousa Bandeira Filho, was born April 19, 1886, in Recife, to Francelina Ribeiro de Sousa Bandeira and Manuel Carneiro de Sousa Bandeira, civil engineer. When he was three the family moved to Rio de Janeiro, at six they were back in Recife, but the age of ten saw him once more in Rio, at which time he took the examinations for the Colégio Pedro II. His aim was to become an architect and in 1903 he began the engineering architectural course in the Escola Politécnica in São Paulo. At the end of the first year, however, he became ill with tuberculosis and had to leave school. For several years he sought a better climate in the highlands of the states of Rio de Janeiro and Minas Gerais, and in 1907 he went with his father to Ceará and spent several months in interior towns. In June, 1913, he sought relief in Switzerland at a sanatorium in Clavade. There he met Antônio Nobre and Paul Eluard, but the unfavorable exchange rate occasioned by the 1914 conflagration forced him to return to Brazil. His health was always quite frail and, unable to work regularly, he passed much of the time on a chaise longue. His father, who was his principal support, left him a small pension in 1920. Bandeira's poetic vocation appeared early, for when he was only eight his poems were appearing in the *Jornal do Recife*. In 1917 he selected some of his poems and published them under the title of *A cinza das horas*. Although he had written occasionally for *Vida Doméstica*, after 1927 he began to contribute to *Diário Nacional* of São Paulo, and *A Província* of Recife, then managed by Gilberto Freire. He also began to translate books, some fifteen in all, for Civilizacão Brasileira. Capanema appointed him secondary school instructor in 1936. That same year his fiftieth birthday was celebrated by a *festschrift*, and he also received the Felipe d'Oliveira Prize for the quality of his total literary production. In 1938 he was named Professor Interino de Literatura in the Colégio Pedro II, remaining there until 1942 when, at the invitation of San Tiago Dantas, he began to teach Spanish American literature at the Facultad Nacional de Filosofia in Rio. In 1956 he was retired by special legislation. Bandeira was elected to the Brazilian

Academy of Letters in 1940 and two years later to the Sociedade de Felipe d'Oliveira. In 1946 he won the Instituto Brasileiro de Educação e Cultura Prize for total production. In 1958 he was able to return to Europe, traveling in Holland, England, and France. Bandeira died in Rio de Janeiro on October 13, 1968.

Critical Commentary:

Since the appearance of his first book of poetry, *Cinza das horas* (1917), no one so completely occupied the center of the poetic stage in Brazil as did Manuel Bandeira. He practically dedicated his life to the poetic art and published a sizable quantity of verse. His experimental proclivity led him to try out many technical aspects of his art in both the traditional and more modern, freer forms. Nature and experience endowed him with a profound understanding of poetry in all its many manifestations and numerous resources for emotional transfer. His works, often tinged with sly irony, suggestive melancholy, and tragic humor, betray vague reminiscences of his own biography, as well as the simplicity and jaunty independence of conversation. His long bout with tuberculosis since adolescence had made him neither sour nor moribid. Altogether, his verses reveal vague Romantic overtones.

Outstanding is his thematic interest in the commonplace. Ordinary things and events are normal subjects of his poems, not only things in a concrete sense, but aspects and perspectives that particularize simple—even trivial—moments of daily life.

Form-wise, Bandeira's poetry runs the gamut from the melodious, tradition-ally rhymed verse of his early works, to the unrhymed structurally freer and thematically somewhat corrosive and intentionally inelegant verse championed by the Semana de Arte Moderna movement of his second phase. Later his work becomes a combination of techniques, demonstrating his firm grasp of all the resources in poetry's domain. That freedom is still tuned to thematics and through it the more commonplace views of reality enter, even to the capturing of life's innocent, child-like moments, and the coining of new words. He has the true artisan's high regard for language; the loving care with which he manipulates it is everywhere evident. He plays with it, forming and reforming it, always molding it with great sensitivity and regard. If in later years he demonstrated his versatility by composing some Concretist poems, he could also revert in part to the more traditional patterns of poetic form and musicality reminiscent of his youth, and did so without abandoning the gains made by Modernism.

Suggested Reading and Other Texts:

In: A cinza das horas: "Descanta," "Ingênuo enleio," "Desalento," "De-sesperança"; In: Carnaval: "A dama branca," "Poema de uma quarta-feira de cinzas"; In: O ritmo dissoluto: "O silêncio," "Felicidade," "Murmúrio dágua," "Os sinos," "Na rua do Sabão," "Balõezinhos"; In: Libertinagem: "O cacto," "Poética," "O último poema;" In: Estrela da manhã: "Momento num café,"

"Dona Janaína," "Trem de ferro," "Flores murchas"; In: Lira dos cinqüent'anos: "Versos de Natal," "A morte absoluta," "Rondó do capitaõ," "Velha chácara"; In: Belo belo: "Neologismo"; In: Estrela da tarde: "Acalanto para as mães que perderam o seu menino," "Lua," "Ponteio," "Mascarada," "Canção para a minha morte."
Bandeira and Cavalheiro, 222-225; Coutinho, Antologia, II, 139-145; III, 148-151, 253-254; Kopke, 33, 47, 57, 103, 105, 112, 116, 125, 134; Lisboa, Antologia, 34-36, 141-143; Moisés, Textos, 406-414; Monteiro, "Manuel Bandeira;" Murici, Panorama, III, 56-63; Murici, A nova literatura, 104-108; Perez, 271-274; Scott-Buccleuch and Oliveira, 344-351.

Principal Works:

Poetry:
A cinza das horas (Rio, 1917)
Carnaval (Rio, 1919)
Poesias (Rio, 1924)
Libertinagem (Rio, 1930)
Estrela da manhã (Rio, 1936)
Poesias escolhidas (Rio, 1937)
Poesias completas (Rio, 1940)
Poesias completas [edição aumentada] (Rio, 1944)
Poemas traduzidos (Rio, 1945; 3ª ed., Rio, 1956)
Mafuá do Malungo: jogos onomásticos e outros versos de circunstância (Barcelona, 1948)
Poemas escolhidos (Rio, 1948)
Poemas traduzidos [edição aumentada] (Porto Alegre, 1948)
Poesias completas [nova edição aumentada] (Rio, 1948)
Poesias completas [5a. edição aumentada] (Rio, 1951)
Opus 10 (Niterói, 1952)
Mafuá do Malungo [2a edição aumentada] (Rio, 1954)
Poesias completas [6a edição, com acréscimo de *Opus 10*] (Rio, 1954)
50 poemas escolhidos pelo autor (Rio, 1955)
Maria Stuart [trad. do drama de Schiller] (Rio, 1955)
O melhor soneto de Manuel Bandeira (Rio, 1955)
Poesias completas [7a. edição] (Rio, 1955)
Obras poéticas (Lisboa, 1956)
Um poema de Manuel Bandeira (Rio, 1956)
Poemas traduzidos [3a. edição] (Rio, 1956)
Poesia e prosa [2 vols.] (Rio, 1958)
Estrela da tarde (Bahia, 1960)
Antologia poética (Rio, 1961)
Ode a Cuba (Rio, 1961)
Andorinha, andorinha (Rio, 1966)
Estrela da vida inteira (Rio, 1966)
Poesia completa e prosa (Rio, 1967)

Prose:
Crônicas da Província do Brasil (Rio, 1937)
Guia de Ouro Preto (Rio, 1938; 3a. ed., Rio, 1957)
Autoria das "Cartas chilenas", (Rio, 1940)
Noções de história das literaturas (S. Paulo, 1940)
Apresentação da poesia brasileira, seguida de uma pequena antologia (Rio, 1946)
Literatura hispano-americana (Rio, 1949)
Gonçalves Dias (esboço biográfico) (Rio, 1952)
De poetas e de poesia (Rio, 1954)
Itinerário de Pasárgada (Rio, 1954)
Flauta de papel (Rio, 1957)
Poesia e vida de Gonçalves Dias (S. Paulo, 1962)
Os reis vagabundos e mais 50 crônicas (Rio, 1966)

Anthologies:
Obras primas de lírica brasileira [com Edgard Cavalheiro] (S. Paulo, 1943)
Antologia dos poetas brasileiros bissextos contemporâneos (Rio, 1946)
Antologia dos poetas brasileiros da fase romântica (Rio, 1937)
Antologia dos poetas brasileiros da fase parnasiana (Rio, 1938)
Poesia do Brasil [com José Guilherme Merquior] (Rio, 1963)
Antologia dos poetas brasileiros: fase moderna [com Walmir Ayala] (Rio, 1967)

DESALENTO

Uma pesada, rude canseira
Toma-me todo. Por mal de mim,
Ela me é cara... De tal maneira,
Que às vezes gosto que seja assim...

É bem verdade que me tortura
Mais do que as dores que já conheço.
E em tais momentos se me afigura
Que estou morrendo... que desfaleço...

Lembrança amarga do meu passado...
Como ela punge! Como ela dói!
Porque hoje o vejo mais desolado,
Mais desgraçado do que ele foi...

Tédios e penas cuja memória
Me era mais leve que a cinza leve,
Pesam-me agora... contam-me a história
Do que a minh'alma quis e não teve...

O ermo infinito do meu desejo
Alonga, amplia cada pesar...
Pesar doentio... Tudo o que vejo
Tem uma tinta crepuscular...

Faço em segredo canções mais tristes
E mais ingênuas que as de Fortúnio:
Canções ingênuas que nunca ouvistes,
Volúpia obscura deste infortúnio...

Às vezes volvo, por esquecê-la,
A vista súplice em derredor.
Mas tenho medo de que sem ela
A desventura seja maior...

Sem pensamentos e sem cuidados,
Minh'alma tímida e pervertida
Queda-se de olhos desencantados
Para o sagrado labor da vida...

Teresópolis, 1912
[Estrela da vida inteira: poesias reunidas. Rio, J.
Olímpio, 1966. 42-43.]

DESESPERANÇA

Esta manhã tem a tristeza de um crepúsculo.
Como dói um pesar em cada pensamento!
Ah, que penosa lassidão em cada músculo...

O silêncio é tão largo, é tão longo, é tão lento
Que dá medo... O ar, parado, incomoda, augustia...
Dir-se-ia que anda no ar um mau pressentimento.

Assim deverá ser a natureza um dia,
Quando a vida acabar e, astro apagado, a Terra
Rodar sobre si mesma estéril e vazia.

O demônio sutil das nevroses enterra
A sua agulha de aço em meu crânio doído.
Ouço a morte chamar-me e esse apelo me aterra...

Minha respiração se faz como um gemido.
Já não entendo a vida, e se mais a aprofundo,
Mais a descompreendo e não lhe acho sentido.

Por onde alongue o meu olhar de moribundo,
Tudo a meus olhos toma um doloroso aspeto:
E erro assim repelido e estrangeiro no mundo.

Vejo nele a feição fria de um desafeto.
Temo a monotonia e apreendo a mudança.
Sinto que a minha vida é sem fim, sem objeto. . .

—Ah, como dói viver quando falta a esperança!

> [Estrela da vida inteira: poesias reunidas. Rio, J.
> Olímpio, 1966. 45-46.]

FELICIDADE

A doce tarde morre. E tão mansa
Ela esmorece,
Tão lentamente no céu de prece,
Que assim parece, toda repouso,

Como um suspiro de extinto gozo
De uma profunda, longa esperança
Que, enfim cumprida, morre, descansa. . .

E enquanto a mansa tarde agoniza,
Por entre a névoa fria do mar
Toda a minh'alma foge na brisa:
Tenho vontade de me matar!

Oh, ter vontade de se matar. . .
Bem sei é cousa que não se diz.
Que mais a vida me pode dar?
Sou tão feliz!

—Vem, noite mansa. . .

> [Estrela da vida inteira: poesias reunidas. Rio, J.
> Olímpio, 1966. 82-83.]

BALÕEZINHOS

Na feira-livre do arrabaldezinho
Um homem loquaz apregoa balõezinhos de cor:
—"O melhor divertimento para as crianças! "

Em redor dele há um ajuntamento de menininhos pobres,
Fitando com olhos muito redondos os grandes balõezinhos
muito redondos.
No entanto a feira burburinha.
Vão chegando as burguesinhas pobres,
E as criadas das burguesinhas ricas,
E mulheres do povo, e as lavadeiras da redondeza.

Nas bancas de peixe,
Nas barraquinhas de cereais,
Junto às cestas de hortaliças
O tostão é regateado com acrimônia.

Os meninos pobres não vêem as ervilhas tenras,
Os tomatinhos vermelhos,
Nem as frutas,
Nem nada.

Sente-se bem que para eles ali na feira os balõezinhos
de cor são a única mercadoria útil
e verdadeiramente indispensável.
O vendedor infatigável apregoa:
—"O melhor divertimento para as crianças! "
E em torno do homem loquaz os menininhos pobres fazem
um círculo inamovível de desejo e espanto.

[Estrela da vida inteira: poesias reunidas. Rio, J.
Olímpio, 1966. 98-99.]

POÉTICA

Estou farto do lirismo comedido
Do lirismo bem comportado
Do lirismo funcionário público com livro de ponto expediente protocolo e manifestações de apreço ao sr
diretor

Estou farto do lirismo que pára e vai averiguar no dicionário
        o cunho vernáculo de um vocábulo

Abaixo os puristas

Todas as palavras sobretudo os barbarismos universais
Todas as construções sobretudo as sintaxes de exceção
Todos os ritmos sobretudo os inumeráveis

Estou farto do lirismo namorador
Político
Raquítico
Sifilítico
De todo lirismo que capitula ao que quer que seja fora
       de si mesmo

De resto não é lirismo
Será contabilidade tabela de co-senos secretário do amante
       exemplar com cem modelos de cartas e as diferentes
              maneiras de agradar às mulheres etc.

Quero antes o lirismo dos loucos
O lirismo dos bêbedos
O lirismo difícil e pungente dos bêbedos
O lirismo dos clowns de Shakespeare

—Não quero mais saber do lirismo que não é libertação.

               [Estrela da vida inteira: poesias reunidas. Rio, J.
                       Olímpio, 1966. 108.]

MOMENTO NUM CAFÉ

Quando o enterro passou
Os homens que se achavam no café
Tiraram o chapéu maquinalmente
Saudavam o morto distraídos
Estavam todos voltados para a vida
Absortos na vida
Confiantes na vida.

Um no entanto se descobriu num gesto largo e demorado
Olhando o esquife longamente
Este sabia que a vida é uma agitação feroz e sem finalidade

Que a vida é traição
E saudava a matéria que passava
Liberta para sempre da alma extinta.

[Estrela da vida inteira: poesias reunidas. Rio, J.
Olímpio, 1966. 141.]

FLORES MURCHAS

Pálidas crianças
Mal desabrochadas
Na manhã da vida!
Tristes asiladas
Que pendeis cansadas
Como flores murchas!

Pálidas crianças
Que me recordais
Minhas esperanças!

Pálidas meninas
Sem amor de mãe,
Pálidas meninas
Uniformizadas,

Quem vos arrancará
Dessas vestes tristes
Onde a caridade
Vos amortalhou!

Pálidas meninas
Sem olhar de pai,
Ai quem vos dissera,
Ai quem vos gritara:
—Anjos, debandai!

Mas ninguém vos diz
Nem ninguém vos dá
Mais que o olhar de pena
Quando desfilais,
Açucenas murchas,
Procissão de sombras!

Ao cair da tarde
Vós me recordais
—Ó meninas tristes! —
Minhas esperanças!
Minhas esperanças
—Meninas cansadas,
Pálidas crianças
A quem ninguém diz:
—Anjos, debandai! . . .

[Estrela da vida inteira: poesias reunidas. Rio, J.
Olímpio, 1966. 151-152.]

A MORTE ABSOLUTA

Morrer.
Morrer de corpo e de alma.
Completamente.
Morrer sem deixar o triste despojo da carne,
A exangue máscara de cera,
Cercada de flores,

Que apodrecerão –felizes! – num dia,
Banhada de lágrimas
Nascidas menos da saudade do que do espanto da morte.

Morrer sem deixar porventura uma alma errante. . .
A caminho do céu?
Mas que céu pode satisfazer teu sonho de céu?

Morrer sem deixar um sulco, um risco, uma sombra,
A lembrança de uma sombra
Em nenhum coração, em nenhum pensamento,
Em nenhuma epiderme.

Morrer tão completamente
Que um dia ao lerem o teu nome num papel
Perguntem: "Quem foi? . . ."

Morrer mais completamente ainda,
–Sem deixar sequer esse nome.

[Estrela da vida inteira: poesias reunidas. Rio, J.
Olímpio, 1966. 163-164.]

RONDÓ DO CAPITÃO

Bão balalão,
Senhor capitão,
Tirai este peso
Do meu coração.
Não é de tristeza,
Não é de aflição:
É só de esperança,
Senhor capitão!
A leve esperança,
A aérea esperança. . .
Aérea, pois não!
–Peso mais pesado
Não existe não.
Ah, livrai-me dele,
Senhor capitão!

[Estrela da vida inteira: poesias reunidas. Rio, J.
Olímpio, 1966. 168.]

MASCARADA

Você me conhece?
(Frase dos mascarados de antigamente)

–Você me conhece?   Pois não me conheces?
–Não conheço não   –Não conheço não.
–Ah como fui bela!
Tive grandes olhos,   –Choraste em meus braços. . .
Que a paixão dos homens –Não me lembro não.
(Estranha paixão!)   –Por mim quantas vezes
Fazia maiores,   O sono perdeste
Fazia infinitos. . .   E ciúmes atrozes
Diz: não me conheces? Te despedaçaram!
–Não conheço não.   Por mim quantas vezes
        Quase tu mataste,
–Se eu falava, um mundo Quase te mataste,
Irreal se abria   Quase te mataram!
A tua visão!   Agora me fitas
Tu não me escutavas: E não me conheces? . . .
Perdido ficavas   –Não conheço não.
Na noite sem fundo   Conheço é que a vida
Do que eu te dizia. . . É sonho, ilusão.
Era a minha fala   Conheço é que a vida,
Canto e persuasão. . . A vida é traição.

[Estrela da vida inteira: poesias reunidas. Rio, J.
Olímpio, 1966. 243-244.]

VERDE-NEGRO

  dever
   de ver
    tudo verde
    tudo negro
     verde-negro
      muito verde
      muito negro
  ver de dia
   ver de noite
    verde noite
     negro dia
      verde-negro

verdes vós
 verem eles
 virem eles
virdes vós
 verem todos
  tudo negro
  tudo verde
   verde-negro

[Estrela da vida inteira: poesias reunidas. Rio, J.
Olímpio, 1966. 287.]

References:

Aita, Giovanna. Due poeti brasiliani contemporanei. Nápoles, 1953.
_____. Un poeta brasiliano di oggi: poesie di Manuel Bandeira. Modena,
 Societá Modenese, 1942.
Almeida, F. Mendes de. "Apresentação de Manuel Bandeira." O Diário, Santos,
 27 abr 1946.
Almeida, Ramos de. "Homenagem a Manuel Bandeira." Jornal de Notícias,
 Porto, 20 abr 1956.
Alphonsus, João. "O telefone na obra de Manuel Bandeira." In: Homenagem.
Alvarenga. 171-173.
Alvim, J. A. Cesário. "Manuel Bandeira: milagre de poesia." Atlântico, Lisboa, 2
 (1942) 347-348.
Andrade, Carlos Drummond de. "O Busto (poema)." Correio da Manhã, 19 abr
 1958.
_____. "Definições de poesia." Correio da Manhã, Rio, 3 jul 1948. Also in:
 Passeios na Ilha. Rio, Organização Simões, 1952. 239-251.
_____. "Imagens de bem querer." Correio da Manhã, Rio, 19 abr 1956.
_____. Passeios na Ilha. Rio, Organização Simões, 1952. 139-151.
_____. "Recordações avulsas." Correio da Manhã, Rio, 4 abr 1946.
Andrade, Mário de. Aspectos, 1943. 43-47.
_____. "Manuel Bandeira." Revista do Brasil, la. fase, 107 (nov 1924)
 214-224.
_____. "Parnasianismo." O empalhador. 11-14.
Andrade, Rodrigo M. F. d'. "Tentativa de aproximação." In: Homenagem.
 211-216.
Anjos, Ciro dos. "Manuel Bandeira: o homem e o poeta." Revista do Livro, 40
 (1970) 87-105.
Anselmo, Manuel. Família literária luso-brasileira. Rio, José Olímpio, 1943.
 31-38.
Baciu, Stefan. Manuel Bandeira de corpo inteiro. Rio, José Olímpio, 1966.

Barbosa, Francisco de Assis. Achados do vento. Rio, 1958.
_____. "Milagre de uma vida." Obras completas. Rio, Aguilar, I. xxxi-xcix.
Barros, A. C. Couto de. "Divagação em torno de Manuel Bandeira." In: Homenagem. 75-79.
Barros, Jaime de. Espelho dos livros. Rio, 1936.
_____. Poetas do Brasil. Rio, 1944.
Bastide. 39-48.
Bernardinelli, Cleonice. "O astronauta Manuel Bandeira." Estado de São Paulo, 8 nov 1969.
Besouchet e Freitas. Literatura. 113-122
Brasil, Assis. "Manuel Bandeira–I." Jornal de Letras, 248 (1971) 1.
Brower, Gary. "Graphics, phonics, and the 'concrete universal' in Manuel Bandeira's concretist peotry." Luso-Brazilian Review, Madison, (Summer 1966) 19-32.
Câmara, Leônidas. "A poesia de Manuel Bandeira: seu revestimento ideológico e formal." Estudos Universitários, 9:2 (1969) 73-98.
Campos, Paulo Mendes. "Documentos da vida literária: Manuel Bandeira fala de sua obra." Província de São Pedro, Porto Alegre, 13 (mar-jun 1949) 164-172.
_____. "Evolução da poesia de Manuel Bandeira." Folha de Minas, 19 dez 1943.
_____. "Manuel Bandeira: solteirão casado com as musas." Manchete, Rio, 19 out 1957.
Carpeaux, Oto Maria. "Ensaio de exegese de um poema de Manuel Bandeira." Atlântico, Lisboa, 5 (1944) 26-32.
_____. "Notícia sobre Manuel Bandeira." In: Bandeira. Apresentação. 7-16.
_____. Origens e Fins. Rio, 1942.
_____. "Suma de Bandeira." Correio da Manhã, 8 mar 1958.
Castelo, José Aderaldo. Homens e intenções: cinco escritores modernistas. São Paulo, Conselho Estadual de Cultura, 1959. 43-64.
Cidade, Hernani. O conceito de poesia como expressão de cultura: sua evolução através das literaturas portuguesa e brasileira. São Paulo, Acadêmica Saraiva, 1946. 292-298.
Coelho, Joaquim-Francisco. "Manuel Bandeira e a história dos 'Gosmilhos'." Luso-Brazilian Review, 7:2 (dec 1970) 83-90.
Correia. Anteu. 21-29.
Couto, Ribeiro. "De menino doente a Rei de Pasárgada." In: Homenagem. 180-208.
_____. Dois retratos de Manuel Bandeira. Rio, São José, 1960.
Faria, Otávio de. Dois poetas. Rio, Ariel, 1935. 62-69.
_____. "Estudo sobre Manuel Bandeira." In: Homenagem. 131-143.
Franco, Afonso Arinos de Melo. Espelho. 37-57.
Freire, Gilberto. Perfil. 175-181.
Freitas Júnior. 95-113.
Gersen, Bernardo. "Uma interpretação de Manuel Bandeira." Província de São Pedro, Porto Alegre, 16 dez 1951, 101-105.
Grieco. Evolução. 2nd ed. 176-185.

Grossmann, Judith. "Manuel Bandeira: ponto não há que não te mire." Cadernos Brasileiros, 45 (1968) 61-70.

Guimarens Filho, Alphonsus de. "Impossível pureza, inaceitável impureza." O Diário, Belo Horizonte, 10 jan 1945.

Holanda, Aurélio Buarque de. Território Lírico. 47-50, 61-71, 107-117.

Holanda, Sérgio Buarque de. Cobra de vidro. 28-34.

_____. "Trajetória de uma poesia." Diário de Notícias, Rio, 5, 12, 19 set 1948.

Homenagem a Manuel Bandeira. Rio, Jornal do Comércio, 1936. [Contains articles by Rodrigo M. F. de Andrade, A. C. Couto de Barros, Ribeiro Couto, Octávio de Faria, Múcio Leão, Alceu Amoroso Lima (Tristão de Ataíde), Aníbal M. Machado, Olívio Montenegro, Prudente de Morais Neto (Pedro Dantas), Onestaldo de Pennafort, and Lúcia Miguel Pereira.] Ivo, Ledo. "Manuel Bandeira chega à casa dos 60." O Jornal, Rio, 14 abr 1946.

Ivo, Ledo. "Manuel Bandeira chega à casa dos 60." O Jornal, Rio, 14 abr 1946.

_____. "Passaporte para Pasárgada." Tribuna da Imprensa, Rio, 18 abr 1956. Also in: O Estado de São Paulo, jul 1956.

_____. "O poeta da cidade." Correio da Manhã, Rio, 25 abr 1948.

_____. O preto no branco: exegese do um poema de Manuel Bandeira. Rio, São José, 1955.

Kopke, Carlos Burlamaqui. Faces descobertas. São Paulo, Martins, 1944. 113-122.

Leão, Múcio. "Descobrimento de um poeta." Jornal do Brasil, Rio, 30 out 1942.

_____. "Manuel Bandeira." Jornal do Brasil, Rio, 19 jun 1930.

_____. "Manuel Bandeira." Jornal do Brasil, Rio, 27 set 1940.

_____. "A natureza e a mulher nos versos de Manuel Bandeira." In: Homenagem. 121-125.

_____. "Poesias completas." Jornal do Brasil, 5 out 1940.

_____. "Quatro artigos sobre Manuel Bandeira." Jornal do Brasil, 6, 13, 20, 27 set 1940.

Lima, Alceu Amoroso. "Um belo aniversário." Tribuna da Imprensa, Rio, 30, 31 maio 1954.

_____. "Cartas Chilenas." O Jornal, Rio, 22 nov 1940.

_____. Estudos. V, 113, 121.

_____. "Manuel Bandeira e la poesia brasilera." Ficción, Buenos Aires, jan-fev 1958.

_____. "Nota sobre o poeta." In: Homenagem. 227-229.

_____. "Poesia e técnica." Diário de Notícias, Rio, 6 maio 1956.

_____. "Um precursor." Primeiros estudos, 212-220.

Linhares, Temístocles. "Itinerário do poeta." Diário de Notícias, Rio, 8 jun 1957.

Lins. Jornal de crítica. I, 38-43; V, 110-118.

Lins, Edson. História e crítica da poesia brasileira. Rio, 1937.

Machado, Aníbal M. "Um poeta na noite." In: Homenagem. 55-61.

Martins, Wilson. "As confissões do poeta." O Estado de São Paulo, 28 set 1957.

_____. "Um tísico profissional." O Estado de São Paulo, 1 nov 1958.

Melo, Tiago de. "A estrela da manhã." Cultura, Rio, 5 (1953) 151-168.

Mendes. 47-58.

Menezes, Castro. "A propósito de 'A cinza das horas'." Jornal do Comércio, Rio, 25 jun 1917.

Milliet. Diário.

_____. Panorama. 33-41.

Monteiro, Adolfo Casais. Manuel Bandeira, Lisboa, Inquérito, 1943.

_____. Manuel Bandeira. Rio, MEC, 1958.

Montelo, Josué. Uma palavra depois de outra. Rio, INL, 1969. 166-168.

Montenegro, Olívio. "Itinerário do poeta." O Jornal, Rio, 3 out 1954.

_____. "Manuel Bandeira." O Jornal, Rio, 5 jun 1955.

_____. "A poesia de Manuel Bandeira." In: Homenagem. 145-148.

Montenegro, Tulo Hostílio. 29-37.

_____. "A tuberculose na vida e obra de Manuel Bandeira." Revista Interamericana de Bibliografia, 19 (1969) 278-300.

Morais, Emanuel de. Manuel Bandeira: análise e interpretação. Rio, José Olímpio, 1963.

Morais Neto, Prudente de (Pedro Dantas). "Acre sabor." In: Homenagem. 171-182.

_____. "Crônica literária." A Ordem, 12 (fev 1931) 103-109.

_____ e Sérgio Buarque de Holanda. "Manuel Bandeira." Estética, 2 (jan-mar 1925) 224-227.

Mota Filho, Cândido. "Manuel Bandeira." O Correio Paulistano, 14 jun 1930.

Nemésio, Vitorino. "Manuel Bandeira: poesias completas." Brasília, Coimbra, 1 (1942) 776-781.

Oiticica, José. "Crônica literária--'A cinza das horas'." Correio da Manhã, Rio, 22 abr 1917.

Oliveira, Franklin de. "Medievalismo e Manuel Bandeira." Correio da Manhã, Rio, 26 jul; 2, 16 e 23 ago 1958.

Pennafort, Onestaldo de. "Marginália à poética de Manuel Bandeira." In: Homenagem. 151-167.

Pereira, Lúcia Miguel. "Simplicidade." In: Homenagem. 111-115.

Perez. I. 263-269.

Pontiero, Giovanni. "The expression of irony in Manuel Bandeira's 'Libertinagem'." Hispania, 48:4 (dez 1965) 842-849.

Portela. II. 49-59.

Queirós, Carlos de. "A poesia de Manuel Bandeira." Autores e Livros, 9 nov 1941.

Ramos, Maria Luísa. "Exercício de crítica fenomenológica." Kriterion, 13:51-52 (jan-jul 1960) 190-207.

Ramos, Péricles Eugênio da Silva. "O modernismo na poesia." In: Coutinho. A Literatura. III (1) 539-548.

Reynolds, C. Russell. "The Santa Maria Egipcíaca motif in modern Brazilian letters." Romance Notes, 13 (1971) 71-76.

Ribeiro, João. "Carnaval." O Imparcial, Rio, 15 dez 1919. Also in: Os Modernos. 72-77.

_____ . "A cinza das horas." O Imparcial, Rio, 23 jul 1917. Also in: Os Modernos. 66-72.

Rossi, Giuseppe C. "Manuel Bandeira: Traductor de Sor Juana Inés de la Cruz. Actas del Tercer Congreso Internacional de Hispanistas, Mexico, 1970, 765-768.

Sáfadi, Naeif. "Bandeira e o conceito de lirismo." O Estado de São Paulo, 25 fev 1967.

Sager, Juan C. "A Brazilian poet's approach to the translation of German poets." Babel: International Journal of Translation, 12 (1966) 198-204.

Sales, Heráclio. "Compreensão de Manuel Bandeira." Diário de Notícias, Rio, 22 abr 1956.

Sena. 57-72.

Silveira, Joel. "Bandeira na sua limpa solidão." Leitura, Rio, mar 1946.

Simões, João Gaspar. Liberdade de espírito. Porto, Portugália, 1948. 313-326.

Simon, Michel. Manuel Bandeira. Paris, Pierre Seghers, 1966. Anthology in French.

_____ . Preface to: Manuel Bandeira: Guide d'Ouro Preto. Rio, Ministério das Relações Exteriores, 1948. 5-9.

Sousa, Gilda de Melo e. "Dois poetas." Revista Brasileira de Poesia, São Paulo, 2 (abr 1948) 72-76.

Vítor, Nestor. Cartas. 26-28.

Guilherme de Almeida
(1890-1969)

"The Prince of Brazilian Poets," according to the poll made by the *Correio da Manhã* in 1959, Guilherme de Andrade e Almeida was born in Campinas, São Paulo, on July 24, 1890. Following studies in São Paulo and Porto Alegre, he was graduated in law in São Paulo in 1912, and practiced it for a short time. However, the journalism that had already lured him even as a law student claimed him and for many years he had daily columns in such newspapers as *O Estado de São Paulo* and *Diário de São Paulo*. He was also one of the first movie critics in Brazilian newspaper history, along with Octávio de Faria. During his forced exile following participation in the Revolution of 1932, he devoted himself largely to poetry, gaining the title of "Poet of São Paulo." 1937 saw him president of the Associação Paulista da Imprensa. Although he by no means abandoned journalism, in later years he returned to the practice of law. He continued to devote himself also to poetry, particularly to translations of classical verse into modern Portuguese, just as at an earlier day he had done from the French of Baudelaire, Mallarmé, and Valery.

Since 1930 a member of the Academia Brasileira de Letras, the poet lived and worked in São Paulo, where he was on the editorial staff of *O Estado de São Paulo*. In addition to belonging to many cultural associations at home and abroad, he was honored by a number of governments, including Portugal, France, Syria, and Japan. Curiously enough, his heraldry hobby was put to good use by numerous Brazilian cities such as São Paulo, Petrópolis, Brasília, Londrina. The trajectory of the poet's art began in 1916 with a collaborative effort (with Oswald de Andrade), *Théâtre Brésilien*, followed the next year by his first book of verses, *Nós*. The rhythm continued unabated up to his death, July 11, 1969, in São Paulo.

Critical Commentary:

Guilherme de Almeida is a poet's poet. He has always been himself—even though he shares many characteristics with the Parnassians, has many well-defined

Symbolist traits and, moreover, participated actively in the Semana de Arte Moderna and the initial thrust of the Modernist movement. To underscore his virtuosity we should cite, as well, his poetry inspired by the Middle Ages and created according to the style of the *romanceiros*; his re-creations of the verse manner and atmosphere of the Greek lyrical poets; his long interest in the Japanese *hai-kai*, which resulted in his excellent adaptation of that genre to the Portuguese language; not to mention his imitations of the style of Camões' sonnets. All that intense poetical drive and flexibility of technical achievement may best be explained by the poet's extreme dedication to his metier. He is a born poet and thinks in poetic terms. Moreover, he considers art (whose function he believes is to seek beauty) to be man's highest endeavor, practices it for its own sake, and believes that, however spontaneous art may be, it is a good deal more than reality. We must not overlook his outstanding understanding of poetry, the intricacies of its functioning, and the scope of its capabilities. Language, too, holds few mysteries for him, and he loves it and devotes painstaking care to it.

Guilherme de Almeida has a very personal yet impersonal style: a combination of equal parts of Parnassianism and Symbolism, to which has been added a dose of Modernist freedom, and a liberal seasoning of the poet's own particular genius. Its emphasis, eternally on emotion, is suggestively sensual. The tone is subjective, intimate, often vaguely melancholic and redolently crepuscular. Nonetheless, even in its most lyrical moments—and lyricism is the highest characteristic of his verse—Almeida's poetry is clear, logical, coherent, and eminently plausible. His themes are universal in their simplicity, and his attitude is aristocratic and elegant. The poet is apt at capturing both visual and sound imagery. He is much concerned with form, and, although eclectic in the matter, he generally prefers the more traditional meters and strophes. Sound always intrigues him; the stress on rhythm and rhyme accounts for the distinctive melodiousness of his verse. The poet even invented and successfully utilized a novel rhyme he calls *símil-rima*—something between consonantal and assonantal rhyme. When *Nós*, his first published book of poetry, appeared in 1917, he immediately gained popularity—and critical acclaim as well—because of the meticulous care with which he had wrought those sensitive and universally appealing sonnets. Indeed, he had four well-received books of poetry published before the Semana de Arte Moderna took place in February of 1922, and was already heralded as one of Brazil's most promising young poets. His participation in the first thrusts of the Modernist movement were carried out decisively, particularly in *A frauta que eu perdi (canções gregas), Raça*, and *Meu*. In them he combined certain freedoms of structure with his contribution to the important question of the day: the search for Brazil's originality. But that stance was not complete and all-consuming; it did not constitute a goal. Indeed, Guilherme de Almeida was a renovator and a reformer, not a revolutionary, much less a destroyer of the past. He went on to publish many more books of verse, all typified by the classes of themes, perspectives, and technical procedures so well received in his pre-Modernist works.

For all the control he exercises over the secrets of language and of poetry itself, and for all the recognized exceptional quality of his many books of verse, it seems likely that Guilherme de Almeida's ultimate impact on the development of modern Brazilian poetry will be slight, for he lacks the will to thrust forward into the unknown, to forge new paths.

Suggested Reading and Other Texts:

In: Nós: "Soneto XXIV;" In: A dança das horas: "As bonecas," "O idílio suave," "O ciúme," "O frasco vazio"; In: Suave Colheita: "Dor oculta," "Amor, felicidade," "Esta vida"; In: Livro de horas de Soror Dolorosa: "A ânfora de argila," "Sobre a ambição," "Verdade"; In: A frauta que eu perdi: "Hino à noite;" 'Prefácio' to: Narciso; In: Meu: "Mormaço"; In: Simplicidade: "Simplicidade, felicidade"; In: Poesia vária: "Primeira canção de peregrino," "A hóspede," "As duas mãos," "A lição"; In: Camoniana: "Sonetos III, V, XVII, XXI"; In: Pequeno Romanceiro: "Refrão," "Simples toada."

Bandeira and Cavalheiro, 241-244; Coutinho, Antologia, II, 153-154; Góes, Panorama, V, 185-196; Kopke, 38, 39, 87; Lisboa, Antologia, 25-28, 143-144; Moisés, Textos, 395-401; Murici, A nova literatura, 85-89; Orico, 156.

Principal Works:

Nós (S. Paulo, 1917)
A dança das horas (S. Paulo, 1919)
Messidor [antologia] (S. Paulo, 1919)
Livro das horas de Soror Dolorosa (S. Paulo, 1920)
Era uma vez. . . (S. Paulo, 1922)
A frauta que eu perdi (canções gregas) (Rio, 1924)
Encantamento (S. Paulo, 1925)
A flor que foi um homen: Narciso (S. Paulo, 1925)
Meu (S. Paulo, 1925)
Raça (S. Paulo, 1925)
Do sentimento nacionalista na poesia brasileira [tese de concurso] (S. Paulo, 1926)
Simplicidade (S. Paulo, 1929)
Carta à minha noiva (S. Paulo, 1931)
Poemas escolhidos (Rio, 1931)
Você (S. Paulo, 1931)
Carta que eu não mandei (Rio, 1932)
O meu Portugal (Crônicas) (S. Paulo, 1933)
Acaso, versos de todo tempo (S. Paulo, 1938)
Cartas do meu amor (S. Paulo, 1941)
Tempo [anthology, with study by Jamil Almansur Haddad] (S. Paulo, 1944)
Poesia vária (S. Paulo, 1947)
O anjo de sal (S. Paulo, 1951)
Toda a poesia de Guilherme de Almeida [4 vols.] (S. Paulo, 1952)
Acalanto de Bartira (S. Paulo, 1954)
Camoniana (Rio, 1956)

Pequeno romanceiro (S. Paulo, 1957)
A rua (S. Paulo, 1961)
Rosamor (S. Paulo, 1965)

SIMPLICIDADE, FELICIDADE...

Simplicidade... Simplicidade...
Ser como as rosas, o céu sem fim,
a árvore, o rio... Por que não há de
ser toda gente também assim?

Ser como as rosas: bocas vermelhas
que não disseram nunca a ninguém
que têm perfumes... Mas as abelhas
e os homens sabem o que elas têm!

Ser como o espaço, que é azul de longe,
de perto é nada... Mas quem o vê
—árvores, aves, olhos de monge... —
busca-o sem mesmo saber porquê.

Ser como o rio cheio de graça,
que move o moinho, dá vida ao lar,
fecunda as terras... E, rindo, passa,
despretensioso, sempre a cantar.

Ou ser como a árvore: aos lavradores
dá lenha e fruto, dá sombra e paz;
dá ninho às aves; ao inseto, flores...
Mas nada sabe do bem que faz.

Felicidade — sonho sombrio!
Feliz é o simples que sabe ser
como o ar, as rosas, a árvore, o rio:
simples, mas simples sem o saber!

[Toda a poesia, I. Martins, 1955. 16-17.]

ESTA VIDA

Um sábio me dizia: "Esta existência
não vale a angústia de viver. A ciência,
se fôssemos eternos, num transporte
de desespero, inventaria a morte!
Uma célula orgânica aparece
no infinito do tempo: e vibra, e cresce,
e se desdobra, e estala num segundo...
Homem, eis o que somos neste mundo! "
    Falou-me assim o sábio e eu comecei a ver,
    dentro da própria morte, o encanto de morrer.

Um monge me dizia: "Ó mocidade
és relâmpago, ao pé da eternidade!
Pensa: o tempo anda sempre e não repousa...
Esta vida não vale grande cousa:
—uma mulher que chora, um berço a um canto,

o riso às vezes, quase sempre o pranto. . .
Depois, o mundo, a luta que intimida. . .
Quatro círios acesos – eis a vida! "
   Isto me disse o monge e eu continuei a ver,
   dentro da própria morte, o encanto de morrer.

Um pobre me dizia: "Para o pobre,
a vida é o pão e o andrajo vil que o cobre.
Deus? . . . Eu não creio nessa fantasia!
Deus me dá fome e sede cada dia,
mas nunca me deu pão nem me deu água. . .
Nunca! Deu-me a vergonha, a nódoa, a mágoa
de andar, de porta em porta, esfarrapado. . .
Deu-me esta vida: um pão envenenado! "
   Disse-me isto o mendigo e eu continuei a ver,
   dentro ca própria morte, o encanto de morrer.

Uma mulher me disse: "Vem comigo!
Fecha os olhos e sonha, meu amigo!
Sonha um lar, uma doce companheira
que queiras muito e que também te queira. . .
Um telhado. . . Um penacho de fumaça. . .
Cortinas muito brancas na vidraça. . .
Um canário que canta na gaiola. . .
–Que linda a vida lá por dentro rola! "
   Pela primeira vez eu comecei a ver,
   dentro da própria vida, o encanto de viver!

[Toda a poesia, I. Martins, 1955. 148-150.]

AMOR, FELICIDADE. . .

Infeliz de quem passa pelo mundo,
procurando no amor felicidade:
a mais linda ilusão dura um segundo,
e dura a vida inteira uma saudade.

Taça repleta, o amor, no mais profundo
íntimo, esconde a jóia da verdade:
só depois de vazia mostra o fundo,
só depois de embriagar a mocidade. . .

Ah! quanto namorado descontente,
escutando a palavra confidente
que o coração murmura e a voz não diz,

percebe que, afinal, por seu pecado,
tanto lhe falta para ser amado,
quanto lhe basta para ser feliz!

[Toda a poesia, I. Martins, 1955. 171-172.]

DOR OCULTA

Quando uma nuvem nômade destila
gotas, roçando a crista azul da serra,
umas brincam na relva; outras, tranqüila,
serenamente entranham-se na terra.

E a gente fala da gotinha que erra
de folha em folha e, trêmula, cintila,
mas nem se lembra da que o solo encerra,
da que ficou no coração da argila!

Quanta gente, que zomba do desgosto
mudo, da angústia que não molha o rosto
e que não tomba, em gotas, pelo chão,

havia de chorar, se adivinhasse
que há lágrimas que correm pela face
e outras que rolam pelo coração!

[Toda a poesia, I. Martins, 1955. 177-178.]

SONETO XXIV

Que bons tempos aqueles em que eu via
desenrolar-se o encantador enredo
do romance fatal, que resumia
dos meus segredos o maior segredo!

Na nossa alcova tépida e sombria,
quanto soluço entrecortado a medo!
Como a noite era curta!   Como o dia
timidamente despontava cedo!

Quanto indescreto olhar nos cobiçava!
E quanta gente ouvi que murmurava:
"Que felizes que são aqueles dois! "

Quanto eu te visitava, à minha entrada,
era tão fácil de subir a escada!
E tão difícil de descer, depois!

[Toda a poesia, II. Martins, 1955. 55-56.]

AS BONECAS

Dentre os gerânios da janela,
debruço os olhos sobre o asfalto:
há um silencioso sobressalto
pela folhagem amarela,
sob o céu largo, de cobalto.

Na rua, então, daqui, dali,
vejo surgirem, uma atrás
de outra, as bonecas. . . E, fugaz
o bando vai num frenesi,
num frenesi de tafetás.

E as flores tímidas da moda,
pela calçada de quadrados,
brancos e pretos alternados,
deslizam, param, fazem roda,
cheias de risos desbotados.

Sobre esse manto de Arlequim
as figurinhas vão. . . Talvez,
com sua frágil languidez,
pareçam peças de marfim
no tabuleiro de um xadrez!

Visão de "haschich" ou sonho de ópio,
cada uma delas é um pedaço
de luz e cor no vidro baço
de um singular caleidoscópio,
que a tarde gira pelo espaço.

São como insetos a dançar
dentro de um grande girassol;
bonecas que fios de sol
fazem mover e criandar,
num palco enorme de guignol!

São lindas!   Mas, para que ondule
mais leve o bando que perpassa,
surges também, cheia de graça,
de luz, de nervos e de tule,
com movimentos de fumaça.

E eu penso então, vendo-te vir,
que, num remoinho de ouro em pó
e numa nuvem de filó,
todas acabam por sumir
para fundir-se numa só!

[Toda a poesia, II. Martins, 1955. 96-98.]

O CIÚME

Minha melhor lembrança é esse instante no qual,
pela primeira vez, me entrou pela retina
  tua silhueta provocante e fina
    como um punhal.
Depois passaste a ser unicamente aquela
que a gente se habitua a achar apenas bela
  e que é quase banal.

E agora que te tenho em minhas mãos, e sei
que os teus nervos se enfeixam todos em meus dedos,
  e os teus sentidos são cinco brinquedos,
    com que brinquei:
agora que não mais me és inédita; agora
que compreendo que tal como eu te vira outrora,
  nunca mais te verei;

agora que, de ti, por muito que me dês,
já não me podes dar a impressão que me deste,
  a primeira impressão que me fizeste,
    — louco, talvez,
tenho ciúme de quem não te conhece ainda
e, cedo ou tarde, te verá, pálida e linda,
  pela primeira vez!

[Toda a poesia, II. Martins, 1955. 112-113.]

A ÂNFORA DE ARGILA

. . . et vinum effunditur . . .
(MAT., IX, 7)

Está cheia demais minha ânfora de argila.
Transborda a essência: és pobre e eu posso reparti-la
contigo, ó tu que vens de tão longe e tão perto
passas de mim! É longo e estéril o deserto. . .

Meu vinho é puro e toca os bordos do meu vaso:
antes que o beba o chão, Peregrino do Acaso,
chega-te, e vem matar no bocal generoso
a eterna sede do teu cântaro poroso!
Enche-o e parte! Depois, olha atrás. . . e recorda!

Todo amor não é mais do que um "eu" que transborda.

[Toda a poesia, II. Martins, 1955. 145-146.]

NARCISO
(A FLOR QUE FOI UM HOMEM)
Prefácio

Se um homem conseguisse escrever o que sente, perderia a faculdade de pensar.

É para não dizer o que sente que o homem pensa.

Uma criatura sincera dá a impressão de que está dizendo o que sente.

Sinceridade é falta de espírito.

A arte é puramente espiritual. Ela não diz verdades: diz mentiras belas. Não adianta nada dizer verdades: quem ouve fica apenas sabendo. Não é preciso que alguém "fique sabendo"; é preciso que todos "fiquem imaginando."

A verdade é o tédio da imaginação.

Saber é um horror. Uma coisa só é bela enquanto não é sabida: o céu, a alma. . . Não há sugestões possíveis no binômio de Newton.

Se a natureza fosse bela, a arte não teria razão de ser.

A natureza é o que há de mais verdadeiro; a arte é o que há de mais falso. Mas entre uma incomodativa aurora boreal e o cenário do Príncipe Igor, um homem decente não hesita: vai direito ao cenário de Bakst.

Porque é preciso que exista a verdade e que exista a beleza: se não, não poderia haver homens de mau gosto e homens de bom gosto.

Uma coisa só tem razão de ser enquanto encerra uma intenção de beleza. A verdade não tem intenções.

É muito mais belo acreditar numa mentira do que numa verdade.

Para que a verdade fosse bela, foi preciso pô-la dentro de uma linda mentira: a cisterna da lenda.

Em rigor, não há verdade nem mentira: há pessoas que acreditam e pessoas que não acreditam. A gente só tem necessidade de acreditar nas coisas incríveis. Ninguém tem vontade de que "aconteça" um romance de Zola; todos têm vontade de que "aconteça" um conto de Perrault.

Por isso é que há deístas. Deus é perfeitamente inverossímil. Os ateus são homens que com certeza já viram Deus.

A arte é assim: a arte é como Deus. Todos os homens, querendo assemelhar-se a Deus, criam ou destroem. É o que justifica haver artistas e haver críticos. Aqueles criam sugerindo; estes destroem explicando.

Quando um artista não é compreendido, naturalmente é porque um crítico já tentou explicá-lo.

Explicar é completar. Somente as coisas incompletas é que são perfeitas, porque não satisfazem. Uma grande obra de arte é sempre incompleta: tem a perfeição de não satisfazer, isto é, de não cansar nunca.

Mas não há nada mais inútil do que discutir arte. Só se discutem convicções. O fato de ter um homem uma convicção prova, quando muito, que ele foi inferior a quem o convenceu.

O artista é um ser absolutamente superior.

G. de A.

[Toda a poesia, III. Martins, 1955. 177-178.]

HINO À NOITE

Ela vem dos bosques pelas estradas suaves,
com flores narcóticas nos cabelos negros.
Ela leva um dedo aos seus lábios graves.
Sob o seu manto que é mole como as asas dos morcegos,

ela tem pés de sombra e de silêncio,
que vão descalços e que esmagam molhos
de flores invisíveis no caminho extenso.

Ela passa toda apagada e toda lânguida.
Só seus colares, suas unhas e seus olhos
e o espelho de prata, que ela tem na mão cândida,
parecem existir porque ainda brilham.

Quando ela passa, todas as distâncias somem,
todas as coisas ficam tristes como um homem,
todos os olhos se esvaziam. . .

[Toda a poesia, IV. Martins, 1955. 60-61.]

MORMAÇO

Calor. E as ventarolas das palmeiras
e os leques das bananeiras
abanam devagar
inutilmente na luz perpendicular.
Todas as coisas são mais reais, são mais humanas:
não há borboletas azuis nem rolas líricas.

Apenas as taturanas
escorrem quase líquidas
na relva que estala como um esmalte.
E longe uma última romântica
— uma araponga metálica — bate
o bico de bronze na atmosfera timpânica.

[Toda a poesia, IV. Martins, 1955. 141-142.]

A LIÇÃO

Pelos remendos do meu manto pobre,
  pela moeda de cobre,
  pela côdea de pão,

conhecerás o mundo que não cabe
  nos livros, e não sabe
  sair do coração.

Nos remendos terás um mapa-múndi:
  a carta que nos funde,
  que do homem faz o irmão;

o cobre há de dizer, mais que a palavra,
  que o bem não se azinhavra
  se vai de mão em mão;

a côdea mostrará que a crosta dura
  da terra é uma fartura
  para os que têm e dão.

Pelos remendos do meu manto pobre,
  pela moeda de cobre.
  pela côdea de pão,

conhecerás o mundo que não cabe
  nos livros, e não sabe
  sair do coração.

[Toda a poesia, VI. Martins, 1955. 125-126.]

SONETO III

Se isto de amar é só viver morrendo
e achar-me de tal morte satisfeito;
não do meu ser, mas de outro, ser sujeito,
sendo menos quem sou do que outrem sendo;
  se é ao meu coração ir prometendo
lugar conforme num alheio peito,
e, em se ele mais mostrando, de tal jeito
das suas mostras mais ir-me escondendo;
  se isto é amor, e se a Fortuna é essa
que se exp'rimente em mim a sua lei;
se uma esquivança após de uma promessa
  e o nada ter é tudo o que terei:
que lhe sei já pedir, que me não peça?
que me pode já dar, que lhe não dei?

[Toda a poesia, VI. Martins, 1955. 153-154.]

SIMPLES TOADA

"Amor ei migo,
que non houvesse:
fiz por amigo
que non fezesse".

(João Zorro, jogral d'el-rei)

Tive um amor,   que tenha um som,
que o não tivesse: uma cadência,
resta uma dor   e rime com
que se parece   esta existência

tanto e tão bem   que sabe Deus
com tudo quanto   porque é que existe,
foi esse bem,   porque é que há adeus
que até me espanto.   tão longo e triste.

E a dor é tão   Tive um amor,
descomedida,   que o não tivesse,
que o coração   resta uma dor
até duvida   que ele merece.

[Toda a poesia, VI. Martins, 1955. 239-240.]

References:

Albuquerque, Medeiros e. Páginas de crítica. 505-507.
Almeida, Martins de. "A frauta que eu perdi." Revista do Brasil, la. fase, 9 (dez 1924) 329-333.
Amaral, Amadeu. O Estado de São Paulo, 21 jun 1917.
Andrade, Mário de. "Guilherme de Almeida." Estética, 1:3 (abr-jun 1925) 296-306.
Bandeira, Manuel. Crônicas da Província do Brasil. Rio, Civilização Brasileira, 1927. 143-145.
_____. Poesia e prosa. Rio, 1958, III.
Bastide. Poetas. 63-69.
Carvalho, Ronald de. Estudos. 2a. série. 45-56.
Dantas, Macedo. "O poeta de São Paulo." O Estado de São Paulo, 2 ago 1969.
O Estado de São Paulo. 9 nov 1968. Número do suplemento dedicado a Guilherme de Almeida.
Ferraz, Bueno. Revista do Brasil, São Paulo, 59 (nov 1920).
Galvão, Francisco. Academia de Letras na intimidade. Rio, 1937.
Góes. Panorama. V, 183-196.
Grieco. Evolução da poesia. 3rd ed. 231-233.
Ivo, Ledo. "O principal do príncipe." O Estado de São Paulo, 27 jun 1971.
Lima, Alceu Amoroso. Contribuição. 201-207.

_____. Estudos. I, 77-85.

_____. Primeiros estudos. 155-161.

Lucas, Fábio. Guilherme de Almeida o mágico do verso. Minas Gerais, 19 jul 1969.

Marques, Oswaldino. "Guilherme de Almeida e a perícia criadora." O Estado de São Paulo, 30 ago 1969.

Milliet. Diário. V, 169-175.

_____. Panorama. 19-24.

_____. Términus seco e outros coquetéis. São Paulo, Irmãos Ferraz, 1932. 181-197.

Morais Neto, Prudente de. Estética, 1:1 (set 1924) 92-94.

Otávio Filho, Rodrigo. "O penumbrismo." In: Coutinho. A literatura, III (1), 361-366.

_____. "Livros e autores." O Malho, Rio, 22 mar 1919.

Peixoto, Silveira. 1940. 29-46.

Ramos, Péricles Eugênio da Silva. "O modernismo na poesia." In: Coutinho. A literatura, III (1), 518-522.

Ribeiro. Os Modernos. IX, 117-131.

Silva, João Pinto da. Fisionomia de novos. São Paulo, Monteiro Lobato, 1922. 231-247.

Silveira, Alcântara. "Um Guilherme pouco conhecido." O Estado de São Paulo, 2 ago 1969.

Torres, Antônio. "O bacillus lyricus." Verdades Indiscretas. Rio, 1920. 31-36.

Vita, Dante Alighieri. "Guilherme de Almeida: um poeta intimista e delicado." Pensamento e Arte, São Paulo, 64 (9 ago 1953).

Oswald de Andrade
(1890-1954)

Although he was a leading figure in the Brazilian literary world and a headliner for so many years, there is little biographical information available concerning fiery José Oswald de Sousa Andrade. Born in São Paulo on January 11, 1890, he there attended the Ginásio São Bento and graduated from the Law School in 1919. From an early date he became dedicated to journalism. He founded *O Pirralho*, noted for its polemical and iconoclastic air, as well as *Papel e Tinta*, in which he was the first to direct attention to Mário de Andrade. Another important journalistic effort was his direction of *O Homem do Povo*. Oswald was one of the principal organizers and inspirers of the 1922 Semana de Arte Moderna, and it was he who founded the *Pau-Brasil* and *Antropofagia* factions. The latter stood in opposition to the *Verde-Amarelo* group of Cassiano Ricardo, Menotti del Picchia, and Plínio Salgado. In 1922 he made the first of many trips to Europe, staying until 1929. It was from Paris that he launched the *Pau Brasil* movement in 1925. In addition to his activity in the field of journalism, Oswald is known as a critic, essayist, poet, novelist, and to a lesser degree as a dramatist. But he will be remembered principally as a polemicist and Bohemian, and as the corrosive, free-wheeling catalyst of the Modernist movement. Death came in his native São Paulo on October 22, 1954.

Critical Commentary:

Mário de Andrade called Oswald de Andrade the most characteristic and dynamic figure of the Modernist movement. Indeed, he certainly was the most potent yeast in the Modernist loaf, always impatient, anxious, fidgety, forever getting something going, keeping the literary pot boiling. He was playing that role even before the Semana de Arte Moderna. He felt that the opposite of bourgeois was bohemian, not proletarian. One might say he made a business of being a Bohemian and was connected with most vanguard activities throughout his life, including communism. In a very real sense, he lived Modernism. Toward the end of his life he sought to give a philosophical thrust to Modernism and to that end wrote *A crise da filosofia messiânica*, with which he also endeavored to gain a chair in the University of São Paulo. The precepts of the *Pau-Brasil* persuasion are found in "Falação", where he urged a literature full of life, based on the accumulated ethnic and cultural elements—traditions, myths, legends, the popular language, etc.—constituting the Brazilian reality, along with freedom of expression, inventiveness, surprise, an imagery that appeals to all the senses, a readiness to accept miracles, and a superior sense of synthesis. He claimed that the two intellectual coordinates of Brazilian literary life were Euclides da Cunha and Machado de Assis, but his own work does not bear him out. He was proud of his anarchist formation and boasted that from it came his sarcasm. He had such reckless irreverence for all conventions that he often sounds like a saucy pouting child. Sex is flaunted and plays a central role in his work.

In his fiction the planes and perspectives shift rapidly, and the language, although it can be poetical and imagistic, even impressionistic, is usually clipped and functional. The result is a fragmented, staccato, swift-moving prose that recalls a movie projected at a speed faster than normal. The main characters, all marginal and maladjusted, are often well drawn and compelling; however, the tension is not well maintained. Although his principal concern was the characters, ideas sometimes take over. His earlier fiction (*Alma, A estrela de absinto, Memórias sentimentais de João Miramar*) is more convincing, more emotionally effective, and better constructed than his later novelistic attempts, where the desire to be cute and pornographic is overbearing (*Serafim Ponte Grande*), or the intention is primarily sociological and propagandistic (*A escada, Marco Zero*). Neither in his poetry nor in his novels did his craftsmanship equal his fertile imagination. In the final analysis, he was a finer catalyst than a reagent.

Suggested reading and other texts:

Pau-brasil (especially "Falação"), Os condenados, I, Alma.

Bandeira e Cavalheiro, 245-246; Brito, Panorama, 26-30; Coutinho, Antologia, II, 155-158; Grieco, Evolução da poesia, 3a ed., Evolução 174-175, 259; Kopke, 36, 40, 69, 123; Moisés, Textos, 389-395; Murici, A nova literatura, 378-381; Scott-Buccleuch and Oliveira, 387-390.

Principal works:

Poetry:

Pau-Brasil (Paris, 1925)

Primeiro caderno de poesia do aluno Oswald de Andrade (S. Paulo, 1927)

Cântico dos cânticos para flauta e violão (1942)

Poesias reunidas (S. Paulo, 1945) [2a ed. aumentada, S. Paulo, 1966]

Novels:

Os condenados (Porto Alegre, 1921)

Memórias sentimentais de João Miramar (S. Paulo, 1924)

A estrela de absinto (S. Paulo, 1927)

Serafim Ponte Grande (Rio, 1933)

A escada vermelha (S. Paulo, 1934)
Marco zero, I, A revolução melancólica (Rio, 1943)
Marco zero, II, Chão (Rio, 1945)

Theater:
Théâtre brésilien: Mon coeur balance, Leur âme [in collaboration with
    Guilherme de Almeida] (1916)
O homem e o cavalo (S. Paulo, 1934)
Teatro: A morta, O rei da vela (Rio, 1937)

Studies, essays, and memoires:
Análise de dois tipos de ficção (1953)
A Arcádia e a Inconfidência (S. Paulo, 1945)
Ponta de lança, (S. Paulo, 1945)
A crise da filosofia messiânica (S. Paulo, 1950)
Um homem sem profissão (Rio, 1954)
A marcha das utopias (Rio, 1966)

PAU-BRASIL

Escapulário

No Pão de Açúcar
De Cada Dia
Dai-nos Senhor
A Poesia
De Cada Dia

Falação

O Cabralismo. A civilização dos donatários. A Querência e a Exportação.
O Carnaval. O Sertão e a Favela. Pau-Brasil. Bárbaro e nosso.
A formação étnica rica. A riqueza vegetal. O minério. A cozinha. O vatapá, o
ouro e a dança.
Toda a história da Penetração e a história comercial da América. Pau-Brasil.
Contra a fatalidade do primeiro branco aportado e dominando diplomatica-
mente as selvas selvagens. Citando Virgílio para os tupiniquins. O bacharel.
País de dores anônimas. De doutores anônimos. Sociedade de náufragos
eruditos.
Donde a nunca exportação de poesia. A poesia emaranhada na cultura. Nos
cipós das metrificações.

Século vinte. Um estouro nos aprendimentos. Os homens que sabiam tudo se deformaram como babéis de borracha. Rebentaram de enciclopedismo. A poesia para os poetas. Alegria da ignorância que descobre. Pedr'Álvares. Uma sugestão de Blaise Cendrars: Tendes as locomotivas cheias, ides partir. Um negro gira a manivela do desvio rotativo em que estais. O menor descuido vos fará partir na direção oposta ao vosso destino. Contra o gabinetismo, a palmilhação dos climas. A língua sem arcaísmos. Sem erudição. Natural e neológica. A contribuição milionária de todos os erros. Passara-se do naturalismo à piogravura doméstica e à Kodak excursionista. Todas a meninas prendidas. Virtuoses de piano de manivela. As procissões saíram do bojo das fábricas. Foi preciso desmanchar. A deformação através do impressionismo e do símbolo. O lirismo em folha. A apresentação dos materiais. A coincidência da primeira construção brasileira no movimento da reconstrução geral. Poesia Pau Brasil. Contra a argúcia naturalista, a síntese. Contra a cópia, a invenção e a surpresa. Uma perspectiva de outra ordem que a visual. O correspondente do milagre físico em arte. Estrelas fechadas nos negativos fotográficos. E a sábia preguiça solar. A reza. A energia silenciosa. A hospitalidade. Bárbaros, pitorescos e crédulos. Pau-Brasil. A floresta e a escola. A cozinha, o minério e a dança. A vegetação. Pau Brasil.

[Pau-Brasil. Paris, "Sans Pareil," 1925. 18-21.]

CANTO DO REGRESSO À PÁTRIA

Minha terra tem palmares
Onde gorjeia o mar
Os passarinhos aqui
Não cantam como os de lá

Minha terra tem mais rosas
E quase que mais amores
Minha terra tem mais ouro
Minha terra tem mais terra

Ouro terra amor e rosas
Eu quero tudo de lá
Não permita Deus que eu morra
Sem que volte para lá

Não permita Deus que eu morra
Sem que volte pra São Paulo
Sem que veja a Rua 15
E o progresso de São Paulo

[Poesias reunidas. S. Paulo, Difusão Européia do Livro, 1966. 130.]

References:

Amaral, Araci. "Introdução à Tarsila." O Estado de São Paulo, 15 jun 1968.
Amaral, Carlos Soulié de. "Poesias reunidas de Oswald de Andrade." O Estado de São Paulo, 10 dez 1967.

Andrade, Carlos Drummond de. "O antropófago." Correio da Manhã, Rio, 24 out 1954. Also in: Fala, amendoeira. Rio, José Olímpio, 1957. 233-236.

Andrade, Mário de. "Oswald de Andrade." Revista do Brasil, la. fase, 105 (set 1924) 26-33.

Andrade Filho, O. de. "Quem é o Rei da Vela?" O Estado de São Paulo, 23 set 1967.

Baciu, Stefan. "Algumas anotações sobre o poeta." Tribuna da Imprensa, Rio, 25 set 1954.

Balan-Oslac, Elena. "Oswald de Andrade—un Brecht exotique." Secolul XX, 13-3 (1970) 128-131.

Bandeira. Apresentação. 148-151.

Barreto, Plínio. 197-204.

Bastide, Roger. "Os condenados de Oswald de Andrade." O Estado de São Paulo, 7 jun 1942.

_____. "Os condenados de Oswald de Andrade." Revista do Brasil, Rio, 51 (set 1942).

_____. "Os poemas de Oswald de Andrade." O Jornal, Rio, 14 abr 1945.

_____. Poetas. 49-55.

Bastos, Oliveira. "Oswald de Andrade e a antropofagia." Jornal do Brasil, Rio, 20 dez 1957.

Braga, Rubem. "Oswald." Correio da Manhã, Rio, 24 out 1954.

Brito, Mário da Silva. "O aluno de romance: Oswald de Andrade." O Estado de São Paulo, 10, 17 out 1970.

_____. "Eixo: Oswald de Andrade." O Estado de São Paulo, 14 nov 1970.

_____. História do modernismo brasileiro. São Paulo, Saraiva, 1958. 64 ff.

_____. Introduction to: Ponta de lança: polêmica. Rio, Civilização Brasileira, 1971.

_____. As metamorfoses de Oswald de Andrade. Ângulo de Horizonte, São Paulo, Martins, 1969. 3-47.

_____. "Oswald de Andrade na Sorbonne." Minas Gerais, 20 abr, 9, 16 nov 1968.

_____. "Oswald de Andrade perante meio século de literatura brasileira." Jornal de Notícias, São Paulo, 26 fev 1950.

_____. "Oswald de Andrade—polemista da Semana de Arte Moderna." O Estado de São Paulo, 7 set 1968.

_____. "Oswald, liberdade." O Estado de São Paulo, 25 abr 1971.

Broca, Brito. "O caso de Oswald de Andrade." A Gazeta, São Paulo, 23 out 1954.

Bruno, Haroldo. "Confissões de Oswald de Andrade." Diário de Notícias, Rio, 30 jan 1955.

_____. Estudos. 163-165.

Campos, Haroldo de. Introduction to the 2nd ed. Memórias sentimentais de João Miramar. São Paulo, 1966.

_____. Introduction to the 2nd ed. Poesias reunidas. São Paulo, Difusão Européia do Livro, 1966. 7-54.

Cândido, Antônio. Brigada. 11-30.

_____. O observador. 89-93.

Carneiro, Milton. "Antiga conversa com Oswald de Andrade." Letras e Artes, Rio, 10 set 1950.

Carneiro, Saul Borges. "Serafim Ponte Grande." Boletim de Ariel, Rio, 2:12 (set 1933) 312.

Castelo, José Aderaldo. Homem e intenções. São Paulo, Conselho Estadual de Cultura, 1959. 29-41.

Cavalcanti, Valdemar. "Livros." Revista do Brasil, Rio, 46 (abr 1942).

Chamie, Mário. "Interpretação da peça." O Estado de São Paulo, 23 set 1967.

Corção, Gustavo. "Encontros com Oswald de Andrade." Jornal do Dia, Porto Alegre, 16 jan 1955.

Cunha, Dulce Sales. Autores contemporâneos brasileiros. São Paulo, s.e., 1951. 41-51.

Ferreira, Procópio. "Procópio fala de Andrade." O Estado de São Paulo, 23 set 1967.

Figueira, Gastón. "Tres poetas brasileños." Revista Interamericana, 17:33. 119-125.

Folha da Manhã. São Paulo, 13 out 1954. Several articles on the author.

Franco, Afonso Arinos de Melo. "Discurso." Letras e Artes, Rio, 9 abr 1950.

_____. "Oswald de Andrade, Pau Brasil." Revista do Brasil, 2a. fase, 2:1 (30 set 1926) 27-38.

Hecker Filho, Paulo. "Oswald: uma certa correspondência." O Estado de São Paulo, 7 dez 1969.

Jaccobi, Ruggeiro. "Teatro de Oswald de Andrade." O espectador apaixonado. Porto Alegre, Faculdade de Filosofia, 1962. 61-64.

Jurema, Aderbal. "Subindo a escada vermelha." Boletim do Ariel, Rio, 4:5 (fev 1935) 141.

Lima, Alceu Amoroso. Estudos. II, 18; III, 103; V, 29, 31, 45, 129.

Linguanaoto, Daniel. "Perdeu o apetite o terrível antropófago." Manchete, Rio, 17 abr 1954.

Linhares, Temístocles. "Um homem autêntico." O Estado de São Paulo, 31 out 1954.

Martins, Heitor. "A anatomia de Serafim Ponte Grande." O Estado de São Paulo, 15 fev 1969.

_____. "A pista inexistente de Serafim Ponte Grande." O Estado de São Paulo, 26 abr 1969.

Melo, Luís Correia de. Dicionário de autores paulistas. São Paulo, 1954. 54-55.

Milliet. Diário. I, 248-253; III, 25-30, 57-61.

Morais Neto, Prudente de and Sérgio Buarque de Holanda. Estética. Rio, 1:2 (jan-mar 1925) 218-222.

Mourão, Rui. "Mário versus Oswald." O Estado de São Paulo, 18 jul 1971.

Murici. A nova literatura. 372-377.

Nunes, Benedito. "À margem de uma lembrança." O Estado de São Paulo, 27 dez 1971.

_____. "Apollinaire, Cendrars e Oswald." O Estado de São Paulo, 7, 14 fev 1971.

————. "Homem de muita fé." O Estado de São Paulo, 10 out 1971.

————. "A manhã das utopias." O Estado de São Paulo, 8 abr 1967.

————. "A metáfora lancinante." O Estado de São Paulo, 13 jan 1968.

————. "O modernismo e as vanguardas." Minas Gerais, 26 abr, 3, 10, 17 maio 1969.

Nunos, Osório. "O modernismo morreu? " Dom Casmurro, Rio, 28 nov 1942.

Obino, Aldo. "Oswald de Andrade: o antropologista." Correio do Povo, Porto Alegre, 30 out 1954.

Peixoto, Fernando. "De como se alimenta e se preserva um cadáver gangrenado." O Estado de São Paulo, 23 set 1967.

Picchia, Menotti del. "Oswald; o destruidor." A Gazeta, São Paulo, 6 nov 1954.

Pignatari, Décio. "Marco Zero de Andrade." Alfa, Marília, 5 mar 1964.

Prado, Paulo. "Poesia Pau-Brasil." Revista do Brasil, 1a. fase, 106 (out 1924) 108-111.

————. "Poesia Pau Brasil." Introdução do Pau-Brasil, Paris, Sans Pareil, 1925. 5-13.

Ramos, Péricles Eugênio da Silva. In: Coutinho. A literatura. III(1), 511-514.

Rawet, Samuel. "Teatro no modernismo de Oswald de Andrade." In: Modernismo: Estudos Críticos. Rio, 1954.

Rego, José Lins do. "Oswald de Andrade." O Globo, Rio, 26 out 1954.

Ribeiro. Os Modernos. 90-94.

Ricardo, Cassiano. "Oswald de Andrade e o neo-indianismo de 22." São Paulo, Anhembi, 1959. 100-101.

Riedel, Dirce Cortes. In: Coutinho. A literatura. 2nd ed. V, 240-253.

Santos, G. Ehrhardt. "Ainda Os condenados." Autores e Livros, 10 out 1943.

Schmidt, Augusto Frederico. "Oswald." Correio da Manhã, Rio, 26 out 1954.

Silveira, Homero. "Oswald: memorialista." Pensamento e Arte, São Paulo, 126 (17 out 1954).

Sodré, Nelson Werneck. "Memórias de um individualista." Correio Paulistano, São Paulo, 13 fev 1955.

Thiollier, René. "Oswald de Andrade." O Estado de São Paulo, 3 dez 1954.

Uugaretti, Giuseppi. Preface to: Memorie sentimentali di Giovanni Miramare. Milano, Feltrinelli, 1970.

Vita, Luís Washington. "Tentativa de compreensão do legado especulativo de Oswald de Andrade." Revista Brasileira de Filosofia, São Paulo, 6: 4 (out-dez 1956).

Menotti del Picchia
(1892-   )

Menotti Del Picchia was born in São Paulo in 1892, the son of Luís and Corina Del Picchia. Although he began and finished his education in São Paulo, graduating in law, in the interim he studied in Itapira, in Campinas as well as in Pouso Alegre, Minas Gerais. In the latter he began his literary and journalistic career, publishing the newspaper *O Mundo*, writing a play which was staged by his schoolmates and seeing his first verses appear in the school paper. Later, as a law student he published *Poemas do vício e da virtude*, his first book, and composed *Moisés*, an early poem he particularly esteems. With law degree in hand, he moved to Itapira, practiced law, and was a farmer as well as a journalist. There, too, he published *Juca Mulato* (1917), which by 1963 reached its 35th edition, and roughed out the novels, *Flama e argila* and *Laís*. After moving to Santos, he managed the newspaper *A Tribuna*, conceived the poem *As máscaras*, which he later composed in São Paulo when he was managing *A Gazeta* and was on the editorial staff of the *Correio Paulistano*. One of the first movie producers in Brazil, he and his brother, José, created one of the early talkies, *Alvorada de Glória*. While in that city, Del Picchia was named director of the Monte Socorro do Estado, became the head of the Ministério Público, and later was elected deputy to the legislative assembly of the State of São Paulo, a seat he held until the Revolution of 1930 sent him into hiding. In the meantime, he published the novel, *Dente de ouro*, and the books of sketches, *Pão de Moloch* and *O nariz de Cleópatra*. He transferred the social drama aspects of his participation in the 1924 revolution to his novel, *A tormenta*.

Menotti del Picchia was one of the most active leaders, along with Oswald de Andrade, Mário de Andrade and Graça Aranha, in the Semana de Arte Moderna, February, 1922. In line with the new aesthetic trends, he wrote the poems *Chuva de pedra, República dos Estados Unidos do Brasil*, the novel *O homem e a morte,* and the books of short stories titled *A outra perna do Saci, A mulher que pecou*, and *O crime daquela noite.*

Elected to the Câmara dos Deputados in 1950, he remained in that office until 1962. There he sought a basic constitutional reform according to the terms of the doctrine of his political essays and the program of the A Bandeira movement, which he led with Cassiano Ricardo, Mota Filho and other writers and thinkers of São Paulo. Other books are the poems *Dom João*, *Amores de Dulcinéia*, and the sacred tragedy, *Jesus*. Among his essays are *A crise da democracia*, *Soluções nacionais*, *Sob o signo de Polímnia*, and *A revolução paulista*, describing the constitutional movement in São Paulo and written when he was Governor Pedro de Toledo's secretary. Del Picchia is a member of the Academia Paulista de Letras, the Academia Telúrica do Maranhão and the Academia Brasileira de Letras.

Critical Commentary:

Menotti del Picchia was a precursor of Modernism, one of the chief exponents and instigators of the Semana de Arte Moderna, sparked the Verde-Amarelo movement concomitant with the famous February, 1922, break with the past, and later led the Revolução da Anta movement.

A dynamic personality, his artistic activity includes the socio-political essay, poetry, the short story, the novel, painting, and sculpture. He has also been an important figure in journalism. At the time of the Semana de Arte Moderna he was the most prestigious literary figure in São Paulo. Just months before, on September 1, 1921, he had been given a banquet by Oswald de Andrade and other literary and political figures following the resounding good fortune of successive editions of *Juca Mulato* and *Máscaras*. Already in 1917 he was actively evolving in the direction already taken by certain Parnassian poets, such as Olavo Bilac, becoming more concerned with Brazil, its history, people, legends and reality. That nationalistic spirit represented a first step toward a more emotional attitude toward Brazil, signifying in effect a turning toward Symbolism by oldsters and toward what might be called a sort of neo-neo-Romanticism on the part of younger poets.

Although *Moisés*, in whose very title we recognize another Symbolist trait, had been written previously, it was preceded in publication by *Juca Mulato*. It, too, reveals the still hesitant Symbolist desire for emotional involvement in the local scene, along with that group's demure attempts to give form greater freedom, for, although the lines are measured, the strophes and the rhymes are irregular. Moreover, the language is suggestively popular and Brazilian. The impossible love of a poor colored farm hand for the plantation owner's daughter is the timeless theme of the sentimental and sensually suggestive but honest and rhythmical poem that strikes a very receptive chord in the Brazilian soul even today. It is the profoundly telluric and clear voice of *Juca Mulato*, which has to date gone through repeated editions, for which Del Picchia will doubtlessly be remembered.

When the Modernist movement got under way, Del Picchia wrote *Chuva de pedras* (1925) and *A República dos Estados Unidos do Brasil* (1928), poems that show to what exaggerated lengths he went in espousing that cause. He became blatantly chauvinistic, exaggerated in his concern for detail, for things modern, for anything that was visual, fostering color and brilliance, and creating stunning imagery. He made use of the new-found freedom of form, ostentatious sentimentalism and a rousing rhythm. He was also verbose, gesticulating and declamatory—and often prosaic. Indeed, Verde-Amarelismo produced his poorest showing.

There is an underlying moral or religious feeling in much of Menotti Del Picchia's work. It is particularly apparent in *Moisés, poema bíblico*; *Jesus, tragédia sacra*; in such literary themes as *Angústia de Dom João* and *O amor da Dulcinéia*, as well as in *Máscaras* and *Poemas de amor*, where love is the ostensible theme. This type of poetry is frequently dialogued and takes on the guise of short dramas in verse.

The poet's third and last phase is best seen in *O deus sem rosto*, in which he returns to the lyricism of his early works and to a more functional use of freedom of form, evidence of the mellowing of his personality and the maturation of his style. This poetry is personal, more serious and profound in inspiration, and appreciably more universal. Mature and refined, it is everything that is Menotti del Picchia but on a higher plane, and it represents his most successful and intimate communication with the reader since *Juca Mulato*. A subtle spiritualist suggestion comes to the fore in his opposition to such consequences of the modern world as the mechanization of man. His best verse is characterized by clarity, directness, concern for the immediate, fondness for the sentimental and, although all senses come into play, a Parnassian-like dependence on the visual. Underlying this later work is a censure of egotism and a call for the acceptance of individual responsibility.

Del Picchia was also active and versatile in prose. As an essayist, largely dealing with ethical and socio-political problems, he has the same reformer's attitude that runs through his poetry. He was not too successful as a short story writer; his work in that genre suggests sketches of potential novels more than short stories, and they suffer from weak endings, a deficiency often shared by his longer fiction pieces.

Del Picchia the novelist shows the same desire to experiment as he does as a poet. Similar, too, is his interest in social justice, the form of the arts, in the general role of culture. The general structure of his novels is good. His presentation of the interaction between the characters and the situations they face is adept. His depiction of contemporary ideas through commentaries, dialogs, and character action is particularly effective. His characters grow and impose themselves on him, but the excessive liberty he permits them makes the outcome suffer. Although characters are not vivid, they seem at first glance to have life, even though reflection convinces us that they are all types. Some novels are for children, others are for adults. Their thematic gamut runs from Biblical to pre-Columbian topics, and from detective stories to poematic novels. Del Picchia is skillful at portraying the climate of the *nouveau riche* era of Brazil, as characterized by *Salomé*, which deals with the period from 1928 to 1936, when social, political, economic and moral changes were rapidly taking place. *Salomé* is his best fiction and was awarded a prize by the Brazilian Academy of Letters. His fictional language is patently Brazilian, imagistic, flowing, somewhat full and tends toward the lyrical.

Selected reading and other texts:

Juca Mulato; From: O deus sem rosto: "O monumento", "O rio", "Ciúme", "O poema", "Biografia", "Bois", "O deus vivo", "Canto do pássaro", "Aleluia", "O palácio", "Humilde súplica", and "O deus sem rosto."
Bandeira and Cavalheiro, 249-250; Kopke, 37, 75, 113; Coutinho, Antologia, II, 159-162; Moisés, Textos, 402-406; Murici, A nova literatura, 111-112; Orico, 174.

Principal works:

Poetry:
Poemas do vício e da virtude (S. Paulo, 1913)
Moisés, poema bíblico (Rio, 1917)
Juca Mulato [poema]   (Itapira, 1917)
As máscaras (S. Paulo, 1917)
Angústia de D. João [poema] (S. Paulo, 1922)
Chuva de pedra [poema] (S. Paulo, 1925)
Poemas de amor (S. Paulo, 1927)
República dos Estados Unidos do Brasil [poema] (S. Paulo, 1928)
O amor de Dulcinéia [poema] (S. Paulo, 1926)
Poesias (S. Paulo, 1933)
Poemas [Juca Mulato, Máscaras, Angústia de D. João, O amor de Dulcinéia] (S. Paulo, 1935)
Poemas transistórios.
Poesias, 1907-1946 [Selection from Poemas do vício e da virtude and several other poems of that period; the books: Chuva de pedra, Poemas de amor, República dos Estados Unidos do Brasil, Poemas transitórios] (S. Paulo, 1958)
Poemas sacros [Moisés e Jesus] (S. Paulo, 1958)
O deus sem rosto (S. Paulo, 1963)

Novel:
Flama e argila [romance] (S. Paulo, 1920)
Dente de ouro [romance] (S. Paulo, 1923)
Laís (5a ed., Rio, 1931)
A mulher que pecou (1922)
A República 3.000 (S. Paulo, 1930)
A tormenta (S. Paulo, 1932)
Cummunká (Rio, 1938)
Salomé (S. Paulo, 1940)

Short story:
O homem e a morte (S. Paulo, 1922)
O crime daquela noite (S. Paulo, 1948)
O árbitro e outros contos [Obras] (S. Paulo, 1958)
Toda nua (S. Paulo, 1926)

Theater:
Jesus, tragédia sacra (S. Paulo, 1933)

Crônicas:
Pão de Moloch (S. Paulo, 1921)
O nariz de Cleópatra

Essay:
A crise da democracia; pesquisas de política e de sociologia (S. Paulo, 1931)
A revolução paulista (1932)
O despertar de São Paulo; episódios do século XVI e do século XX na terra bandeirante (Rio, 1933)
Soluções nacionais (Rio, 1935)
Sob o signo de polímnia (Rio, 1959)
Pelo divórcio
O momento literário brasileiro
Nacionalismo e "Semana de Arte Moderna (Brasília, 1962)

Juvenile literature:
A filha do Inca [Obras] (S. Paulo, 1958)
Kalum, o sangrento (P. Alegre, 1936)
No país de formigas (S. Paulo, 1939)

Memoires:
A longa viagem [2 vols.] (S. Paulo, 1970-1972)

Works:
Obras completas [4 vols.] (S. Paulo, 1946)
Obras completas [10 vols.] (Rio)
Obras de Menotti del Picchia [14 vols.] (S. Paulo)

JUCA MULATO

Germinal

I

Nuvens voam pelo ar como bandos de garças.
Artista boêmio, o sol, mescla na cordilheira pinceladas esparsas
de ouro fosco. Num mastro, apruma-se a bandeira
de S. João, desfraldando o seu alvo losango.

Juca Mulato cisma. A sonolência vence-o.

Vem na tarde que expira e na voz de um curiango,
o narcótico do ar parado, esse veneno
que há no ventre da treva e na alma do silêncio.

Um sorriso ilumina o seu rosto moreno.

No piquete relincha um poldro; um galo álacre
tatala a asa triunfal, ergue a crista de lacre,
clarina a recolher e entre varas de cerdos,
mexem-se ruivos bois processionais e lerdos
e, num magote escuro, a manada se abisma

na treva.
      Anoiteceu.
           Juca Mulato cisma.

II

Como se sente bem recostado no chão!
Ele é como uma pedra, é como a correnteza,
uma coisa qualquer dentro da natureza
amalgamada ao mesmo anseio, ao mesmo amplexo,
a esse desejo de viver grande e complexo,
que tudo abarca numa força de coesão.

Compreende um tudo ambições novas e felizes,
tem desejo até de rebrotar raízes, deitar ramas pelo ar,
sorver, junto da planta, e sobre a mesma leiva,
o mesmo anseio de subir, a mesma seiva,
romper em brotos, florescer, frutificar!

III

"Que delícia viver! Sentir entre os protervos
renovos se escoar uma seiva alma e viva,
na tenra carne a remoçar o corpo moço. . ."
E um prazer bestial lhe encrespa a carne e os nervos,
afla a narina; o peito arqueja; uma lasciva
onda de sangue lhe incha as veias do pescoço. . .

Ei-lo supino e só na noite vasta. Um cheiro
acre, de feno, lhe entorpece o corpo langue; e, no torso trigueiro,
enroscam seus anéis serpentes de desejos
e um pubescente ansiar de abraços e de beijos
incendeia-lhe a pele e estua-lhe no sangue.

Juca Mulato cisma.

Escuta a voz em coro
dos batráquios, no açude, os gritos soluçantes
do eterno amor dos charcos.
É ágil como um poldro e forte como um touro;
no equilíbrio viril dos seus membros possantes
há audácias de coluna e a elegância dos barcos.

O crescente, recurvo, a treva, em trilhos frange,
e, na carne da noite imerge-se e se abisma
Como, num peito etíope, a ponta de um alfange.
Juca Mulato cisma. . .

A natureza cisma.

IV

Aflora-lhe no imo um sonho que braceja;
estira o braço; enrija os músculos; boceja;
supino fita o céu e diz em voz submissa:
"Que tens, Juca Mulato? . . ." e, reboleado na erva,
sentindo esse cansaço irritante que o enerva,
deixa-se, mudo e só, quebrado de preguiça.

Cansado ele? E por quê? Não fora essa jornada
a mesma luta, palmo a palmo, com a enxada
a suster, no café, as invasões da aninga?
E, como de costume, um cálice de pinga,
um cigarro de palha, uma jantinha à-toa,
um olhar dirigido à filha da patroa?
Juca Mulato pensa: a vida era-lhe um nada. . .
Uns alqueires de chão; o cabo de uma enxada;
um cavalo pigarço; uma pinga da boa;
o cafezal verdoengo; o sol quente e inclemente. . .

Nessa noite, porém, parece-lhe mais quente,
o olhar indiferente,
da filha da patroa. . .

"Vamos, Juca Mulato, estás doido? " Entretanto,
tem a noite lunar arrepios de susto;
parece respirar a fronde de um arbusto,
o ar é como um bafo, a água corrente, um pranto.
Tudo cria uma vida espiritual, violenta.
O ar morno lhe fala; o aroma suave o tenta. . .

"Que diabo! " Volve aos céus as pupilas, à-toa,
e vê, na lua, o olhar da filha da patroa. . .
Olha a mata; lá está! o horizonte lho esboça;
pressente-o em cada moita; enxerga-o em cada poça;
e ele vibra, e ele sonha, e ele anseia, impotente,
esse olhar que passou, longínquo e indiferente!

V

Juca Mulato cisma. Olha a lua e estremece.
Dentro dele um desejo abre-se em flor e cresce
e ele pensa, ao sentir esses sonhos ignotos,
que a alma é como uma planta, os sonhos como brotos,

vão rebentando nela e se abrindo em floradas. . .

Franjam de ouro, o ocidente, as chamas das queimadas

Mal se pode conter de inquieto e satisfeito.
Adivinha que tem qualquer coisa no peito,
e, às promessas do amor, a alma escancara ansiado,
como os áureos portais de um palácio encantado! . . .

Mas, a mágoa que ronda a alegria de perto,
entra no coração sempre que o encontra aberto. . .

Juca Mulato sofre. . . Esse olhar calmo e doce
fulgiu-lhe como a luz, como luz apagou-se.

Feliz até então, tinha a alma adormecida. . .
Esse olhar que o fitou, o acordou para a vida!
A luz que nele viu deu-lhe a dor que ora o assombra,
como o sol que traz a luz e, depois, deixa a
                                            sombra. . .

VI

E, na noite estival, arrepiadas, as plantas
tinham na negra fronde umas roucas gargantas
bradando, sob o luar opalino, de chofre:
"Sofre, Juca Mulato, é tua sina, sofre. . .
Fechar ao mal de amor nossa alma adormecida
é dormir sem sonhar, é viver sem ter vida. . .
Ter a um sonho de amor o coração sujeito
é o mesmo que cravar uma faca no peito.
Esta vida é um punhal com dois gumes fatais:
não amar, é sofrer; amar, é sofrer mais! "

VII

E, despertando à Vida, esse caboclo rude,
alma cheia de abrolhos,
notou, na imensa dor de quem se desilude
que, desse olhar que amou, fugitivo e sereno,
só lhe restara ao lábio um trago de veneno,
uma chaga no peito e lágrimas nos olhos!

. . . .

A Mandinga

Juca Mulato apeia.

                                        É macabro o pardieiro.
Junto à porta cochila o negro feiticeiro.
A pele molambenta o esqueleto disfarça.
Há uma faísca má nessa pupila garça,
quieta, dormente, como as águas estagnadas.

Fuma: a fumaça o envolve em curvas baforadas.
Cuspinha; coça a perna onde a sarna esfarinha
a pele; pachorrento inda uma vez cuspinha.

Com o seu sinistro olhar o feiticeiro mede-o.
—Olha, Roque, você me vai dar um remédio
Eu quero me curar do mal que me atormenta

—Tenho ramos de arruda; urtigas; água benta;
uma infusão que cura a espinhela e a maleita;
figas para evitar tudo que é coisa feita. . .
Com uma agulha e um cabelo, enroscado a capricho,
à mulher sem amor faço criar rabicho.

Olho um rastro; depois de rezar um bocado
vou direitinho atrás do cavalo roubado.

Com umas ervas que sei, eu faço, de repente,
do caiçara mais mole, um caboclo valente!
Dize, Juca Mulato, o mal que te tortura.

—Roque, eu mesmo não sei se este mal tem cura. . .

- Sei rezas com que venço a qualquer mau olhado;
breves para deixar todo o corpo fechado.
Não há faca que o vare e nem ponta de espinho;
fica o corpo tal qual o corpo do Dioguinho. . .
Mas de onde vem o mal que tanto te abateu?

—Ele vem de um olhar que nunca será meu. . .
Como está para o sol a luz morta da estrela,
a luz do próprio sol está para o olhar dela. . .
Parece o seu fulgor, quando o fito direito,
uma faca que alguém enterra no meu peito,
veneno que se bebe em rútilos cristais,
e, sabendo que mata, eu quero beber mais. . .

—Eu já compreendo o mal que teu peito povoa.
De quem é esse olhar?

                                        —Da filha da patroa.

—Juca Mulato!   Esquece o olhar inatingível!
Não há cura, ai de ti! para o amor impossível.
Arranco a lepra ao corpo; estirpo da alma o tédio;
só para o mal de amor nunca encontrei remédio. . .
Como queres possuir o límpido olhar dela?

Tu és tal qual um sapo a querer uma estrela. . .
A peçonha da cobra eu curo. . . Quem souber
cure o veneno que há no olhar de uma mulher!
Vencendo o teu amor, tu vences teu tormento.
Isso conseguirás só pelo esquecimento.
Esquecer um amor dói tanto que parece
que a gente vai matando um filho que estremece,
ouvindo, com terror, no peito, este estribilho:
"Tu não sabes, cruel, que matas o teu filho? "
E, quando se estrangula, aos seus gemidos loucos,
a gente quer que viva. . . e vai matando aos poucos!
Foge!   Arrasta contigo essa tortura imensa,
que o remédio é pior do que a própria doença,
pois, para se curar um amor tal qual esse. . .

—Que me resta fazer?

                                        —Juca Mulato: esquece!

[Obras completas II. Poesias. S. Paulo, A Noite, 1946. 15-39]

O POEMA

Não é das palavras que se extrai o poema
nem do ventre do dicionário.
Como construir poesia
com signos, timbres, vocábulos,
meros tijolos para a estrutura do seu palácio?

Corpo de pensamento
realiza ela própria o prodígio
de criar, espontaneamente, o invólucro sonoro
da mensagem.
Poesia não está no verbo ou no artifício.

Milagre da encarnação
gesta seu corpo vocabular:
Cristo buscando num ventre virgem
à essência divina a forma humana.

[O deus sem rosto. S. Paulo, Martins, 1963. 41-42.]

BIOGRAFIA

*

Eu me encontro chorando,
menino sem mãe,
no corredor do Colégio.

Depois, sob a lua, num jardim noturno
esfrolando pétalas de rosas
com lábios inábeis no rosto da Ritinha.
O céu desabou a meus pés
e esmagou minha inocência.

Brotou uma flor escarlate.

Daí nasceu o equívoco confuso
da concupiscência do sonho.
Nas formas elásticas de coxas e de seios
pairavam almas
evanescente aroma de sonhos e quimeras
exalado da matriz triangular do sexo.

A vida então rompeu de mim
num jorro de anfíbio plasma
—carne e espírito—para conferir
minha quota de eternidade.
*
Vejo-me no tempo
desarticulado em criaturas
—criança, adolescente, adulto—
com dramas desiguais dentro da unidade de um destino,
estranho colar de contas
feitas da mesma esperança e sofrimento
mas sempre diversas ao sol de cada dia.

Ouço o estrupidar de cascos
por estradas de bruma,
areais, fragosas escarpas,
marulho de água em toscas quilhas,
trampolins para o salto oceânico
dos périplos pioneiros.

Cidadão do universo
vim vindo no Tempo
através de outros
para realizar com esta alma um avatar misterioso.

Oferecerei ao herdeiro da migração milenária
a manhã verde de clava e sangue
ou o horizonte do cogumelo fosforescente,
árvore letal de pasmo e morte.
*
Quem sou? A constância instável.
No frevolismo somático
com quantas máscaras reeditei a angústia,
o sonho, o prazer frágil, a dor que dura?

Grego, no dia claro,
fui simetria, hierática majestade feita ritmo
em dobras de túnicas.

Romano, vi o desbordar de gestos
e espadas alargando um mundo
ululante de galés e de mártires.

Sob ogivas litúrgicas
arrepiou-me o chiar de carnes entre tenazes de brasa,
a surda revolta do castrado inconformismo de Abelardo,
a eloqüência herética das chamas de Savonarola.

entas
máticos

para as galáxias
e Rafael e de Murillo
nhor deposto.

cou como polem
ultifariedade.

—

co feito de silêncio e de
                            [escombros
urora.

osto. S. Paulo, Martins, 1963. 43-49.]

ALELUIA

Não sei se estou ainda no meio do mundo.

É este meu planeta?

Não identifico mais minha essência
com o que me cerca. Sou estrangeiro em mim.

Monstros, sois meus irmãos?   Falais que língua?

Meu Deus, devolvem às minhas perguntas
respostas sem nexo.

O próprio passado
chega ao meu instante e esvai-se sem sentido.

Parece que todos os valores caem mortos
ao quererem transpor uma barreira abstrata
que os desliga do mundo que foi.

Não enxergo meus anjos no céu escuro
porque dizem que há uma nuvem que fulmina
quem procura as estrelas.

As mulheres estão quase nuas e não têm sexo.
são um espetáculo ginástico
e um espasmo na areia.
Largam a alma no vestuário das piscinas
e o luar é inútil, inútil o canto dos pássaros,
inúteis o lábio e a rosa.

Para quem viu incinerarem milhões de inocentes
como sacas de café sem mercado
são uma festa pirotécnica
de fogo e de sangue
os fuzilamentos.

Corro ver se sob o pesadelo da hora
brota do fundo da terra o milagre da natureza.
Faço estalar jabuticabas na boca
para testar seu gosto.

Sinto que Deus continua!

As laranjas são vermelhas como as auroras
verdes as verduras
e os trigais sacodem seus cabelos de ouro.

Aleluia!

Passado o pesadelo
comerão pão,
pão de trigo
de novo
os homens.

[O deus sem rosto. S. Paulo, Martins, 1963. 85-87.]

O DEUS SEM ROSTO

Fabriquemos, irmãos, um Deus que seja fluido,
não tenha rosto, nem templo,
que viva oculto na ilusão dos seus crentes
porque estão soltos os iconoclastas.

Precisamos de um apoio no vácuo,
de uma luz no abismo.

Estão destruídos os mitos e os deuses
e uma ciência fria esvazia o céu de anjos.
Em seu lugar, em torpedos de aço,
vagam astronautas farejando a morte
espiando com olhos mecânicos
o esconderijo onde possa abrigar-se o último sonho.

Renunciemos aos derradeiros valores
que amarravam a vida ao ritmo e à ordem.

Não refrata mais o espelho artístico das telas
nossa imagem, que elas nos devolvem
espectros e monstros que, sem o saber, já somos.

Gargalhamos como hienas,
sobre montes de cadáveres.

Será que estamos mortos e ainda o não sabemos?

O deus terrestre tem por trono uma cápsula.
E' terrível! Explode!

Não comoverão nosso pânico, nem nossas súplicas,
nem a oferta dos ossos do mundo.
Ele quer estender seu domínio
até as galáxias
para espalhar no cosmo
morte e lama.

Refugiemo-nos nas catacumbas, irmãos!

Oremos ao Deus sem rosto.

[O deus sem rosto. S. Paulo, Martins, 1963. 111-113.]

References:

Albuquerque, Medeiros e. "Notas literárias." Jornal do Comércio, Rio, 1 mar
    1930.
Autores e Livros. Rio, 5 nov 1944.
Andrade, Mário de. O empalhador. 209-212.

Campos, Humberto de. Crítica. III, 7-33.

_____. Reminiscências. Rio, 1935.

Estrada. 37-38.

Grieco, Agripino. Evolução da poesia. 3rd. ed. 192-193.

_____. Evolução da prosa. 2nd ed. 230.

_____. Gente nova. 2nd ed. 174.

_____. "Vida literária." Revista do Brasil, São Paulo, 9 out 1943.

Lima, Alceu Amoroso. Primeiros estudos. 127-133.

_____. "Romances." Diário de São Paulo, 22 jan 1939.

_____. "Um poeta." Contribuição, I. Rio, 1939. 171-180.

Lins, Álvaro. V, 300-309.

Lopes, Alberto R. and D. Jacobs Willis. "Menotti del Picchia and the Spirit of Brazil." Books Abroad, 26:3 (Summer 1952) 240-243.

Melo, Luís Correia de. 471-473.

Mennucci, Sud. "Bibliografia." Revista do Brasil, São Paulo, 50 (fev 1920)

Milliet, Sérgio. Panorama. 24.

Mota Filho, Cândido. "Salomé." Revista da Academia Paulista de Letras, São Paulo, 10 (12 jun 1940).

Murici, Andrade. A nova literatura. 109-110.

Peixoto, Silveira. 91-103.

Pimentel, Oscar. "Menottiana." O Estado de São Paulo, 1 mar 1969.

Pontes, Elói. 259-270.

Ramos, Péricles Eugênio da Silva. In: Coutinho. A literatura. III (1), 515-518.

Ribeiro, João. Os modernos. 237-247.

_____. "Juca Mulato." O Imparcial, Rio, 25 fev 1920.

Ricardo, Cassiano. "Discurso de recepção a Menotti del Picchia na Academia Brasileira de Letras." São Paulo, Siqueira, 1944.

_____. "De Juca Mulato a O deus sem rosto." Introduction to: O deus sem rosto (elegias de Brasília). São Paulo, Martins, 1963, 9-16.

Riedel, Dirce Cortes. In: Coutinho. A literatura. 2nd ed. V, 253-260.

Ronald de Carvalho
(1893-1935)

The most brilliant comet in the Brazilian sky in the years just prior to and during the first phase of the Modernist movement was certainly Ronald de Carvalho. A real wonderboy, he was born in Rio de Janeiro on May 16, 1893, and there took all his education, including a law degree in 1912. The following year he studied in the Sorbonne. In 1914 he entered the diplomatic service and began a meteoric rise in the Itamarati. After serving in several Latin American countries, as well as in France and Holland, he rose to the rank of Minister Plenipotentiary and was later appointed Presidential Secretary.

Ronald de Carvalho began his literary activities in 1910 while, as a law student, he worked on Rui Barbosa's *Diário de Notícias*. Subsequently, during his different diplomatic tours of duty, his newspaper collaboration increased dramatically and he wrote columns and feature articles for numerous newspapers in the Americas and Europe.

He participated in the Semana de Arte Moderna along side his close friend Graça Aranha, and was involved as well in the latter's attacks on the Brazilian Academy of Letters. The precepts of Modernism are readily apparent in *Epigramas irônicos e sentimentais* (1922), *Jogos pueris* (1926), and most particularly in *Toda a América* (1926). These works reveal a marked departure from the fusion of Parnassianism and Symbolism found in his two previous books, *Luz gloriosa* (1913) and especially *Poemas e sonetos* (1919), where those early tendencies are best defined and most fully developed. *Poemas e sonetos* received the Brazilian Academy of Letters prize, as did that same year his *Pequena história da literatura brasileira*. The author was then only twenty-six. But the seeds of change had already taken root in his poet's soul, for he and Luís de Montavlor had founded the innovative literary magazine Orfeu in 1915. It was quite an advanced experiment for its day, and in many ways it previewed things that were to come after February, 1922.

The radiant career of the poet, critic, literary historian, and essayist was suddenly brought to a violent close in an automobile accident in his native city when he was only 42 years old.

Critical Commentary:

Ronald de Carvalho belongs to that interesting group of transitional poets whose published works had already made a name for them prior to the famous Semana de Arte Moderna. Their contribution was a new and modern synthesis of century-end literary currents.

The year 1919 was a milestone in Ronald de Carvalho's career. As mentioned earlier, in that year he was awarded the Brazilian Academy of Letters Prize for his second book of verse, *Poemas e sonetos*, as well as for his *Pequena história da literatura brasileira*. The *Pequena história* was a breath of spring in a field that in Brazil had been heretofore so doctrinaire and ponderously treated. Carvalho's advantage over his predecessors lay in his artistic view of the world, implying a synthesizing approach and evaluation from the viewpoint of aesthetic worth; criticism was no longer a simple handmaiden and subordinate to other disciplines, as had so frequently been its role.

Despite the fact that in 1915 he and Luís de Montalvor had founded *Orfeu*, whose spiritual guides were as diverse as Verlaine, Walt Whitman, Picasso, and Marinetti, the general tenor of *Poemas e sonetos* four years later is one of staid, albeit mature realization in form and content—a happy fusion of Parnassian and Symbolistic proclivities. Because of that synthesis the book contains what otherwise might be considered contradictions, for the poet does not seek to reflect reality; he re-creates it in a purely artistic sense. The starting point is artifice. The strophes and rhymes are as traditional as sonnets, *quartetos*, octosyllabic distichs and *silvas* can be. The themes, varying widely, run from melancholy elegies mourning a loved one, to evocations of the Middle Ages with their romances and ballads, and to paeans to divers aspects of Nature, including the times of day, the seasons of the year, and climatic conditions. Some of these poems have a classical sense of measure and moderation, a satisfaction with life and an enjoyment of one's surroundings; others are more thoughtful, even somber, and in them the world is found empty and sad, a place where one should not desire anything in order not to be unhappy. Everywhere is oscillation between the visual and the sensual and sonorous, between the frank satisfaction and open joy of living and melancholy disillusionment, from Renaissance-like clarity and acceptance of reality, to Baroque-like suspicion and disenchantment. Rhythm, visual imagery, and rhyme are paramount, but the last is often overly simple. As in all of his poetry, there is insistence on enumeration and on divers forms of repetition. (The latter will gain great prominence in the Modernist ballads and poetic murals of *Toda a América*.) The Parnassian will to concretize nature and transpose the classification of things is everywhere apparent. *Epigramas irônicos e sentimentais* continues the same trends, but with further emphasis on a classical view of rustic well-being and a benign Nature.

Jogos pueris might properly be thought of as a Parnassian refinement of earlier inclinations. *Toda a América*, however, clearly reveals a dramatic change in thematics. A further departure is that the poet has now taken up strophes of irregular length, without end-rhyme. He is excellent in evoking combinations of things and sounds, blending visual with sound imagery, using purposeful repetitions that recall the ballads of yore. Now, however, like a true Modernist of the first phase, he is concerned with the Brazil of his own day and sings its praise, calling up vigorous sight and sound dominated scenes. But he is not simply a nationalist as his contemporaries were wont to be; as the title announces, he is an Americanist and extols the virtues of the western hemisphere, including an insight into the United States. These verses are dynamic, rhythmic, tidy, wholesome, totally accessible, and supra-nationalistic; their content corresponds closely to the poet's tours of duty throughout the hemisphere as a diplomat. Many of these compositions have a distinct Whitman flavor.

Suggested Reading and Other Texts:

"Vida", "Romance", "A um adolescente", "Écloga tropical", "Interior", "Doçura da chuva", "Entre Buenos Aires e Mendoza."

Bandeira, Apresentação, 328-332; Bandeira e Cavalheiro, 258-261; Brito, Panorama, VI, 42-44; Kopke, 30, 57; Lins e Holanda, II, 804-806; Lisboa, Antologia, 39, 144; Murici, A nova literatura, 154-158; Murici, Panorama, III, 162-164; Orico, 143-144.

Principal Works:

Poetry:
Luz gloriosa (Paris, 1913)
Poemas e sonetos (Rio, 1919)
Epigramas irônicos e sentimentais (Rio, 1922)
Jogos pueris (Rio, 1926)
Toda a América (Rio, 1926)

Essay and criticism:
Collaborator on: À margem da história da República (1922)
O espelho de Ariel (Rio, 1923)
Estudos brasileiros [3 vols.] (Rio, 1924-1931)
Imagens do México (1930)
Rabelais et le rire de la renaissance [préface de Luc Durtain] (Paris, 1931)
Le Brésil et le Génie Français (1933)
Imagens do Brasil e do Pampa (1933)
Caderno de imagens da Europa (S. Paulo, 1935)
Itinerário [Antilhas, Estados Unidos, México] (S. Paulo, 1935)

Literary history:
Pequena história da literatura brasileira [prefácio de Medeiros e Albuquerque] (Rio, 1919)

VIDA

Para um destino incerto caminhamos,
Tontos de luz, dentro de um sonho vão;
E, finalmente, a glória que alcançamos,
Nem chega a ser uma desilusão!

Levanta-se da sombra, entre altos ramos,
Como um fumo a subir, lento, do chão,
A distância que tanto procuramos,
E os nossos braços nunca atingirão. . .

Mas um dia, perdidos, hesitantes,
A alma vencida e farta, as mãos tateantes,
De repente, paramos de lutar;

E ao nosso olhar, cansado de amargura,
As montanhas têm muito mais altura,
O céu mais astros, e mais água o mar!

[Poemas e sonetos. Rio, Ribeiro e Maurilo, 1919. 5.]

ROMANCE

Na névoa da manhã, tranqüila e suave,
Vieste do fundo incerto do passado;
Ainda tinhas o mesmo passo de ave,
E o mesmo olhar magoado. . .

Entre os rosais vermelhos, tua boca
Era a rosa mais linda e mais vermelha;
E como, em torno dela, inquieta e louca
Ia e vinha uma abelha!

Mas não paraste, como antigamente,
Nem me estendeste a leve mão dolente,
A leve mão de irmã.

Passaste. . . E, pelos campos, que alegria!
Pássaros, águas, plantas, tudo ria
Na névoa da manhã. . .

[Poemas e sonetos. Rio, Ribeiro e Maurilo, 1919. 43-44.]

A UM ADOLESCENTE

I

Faze do instante que passa
Toda a tua aspiração;
Que o mundo cheio de graça
Caberá na tua mão!

Sê sóbrio: com um copo de água,
Um fruto, e um pouco de pão,
Nem sombra de leve mágoa
Cortará teu coração...

Ama a rude terra virgem,
Com todo o teu rude amor;
Pois colherás, na vertigem
De cada sonho, uma flor.

Sofre em silêncio, sozinho,
Porque os sofrimentos são
O mais saboroso vinho
Para a sombra e a solidão...

E quando, um dia, o cansaço
Descer ao teu coração,
Une à terra o peito lasso,
E morre beijando o chão;
Morre assim como indeciso
Fumo, que nos ares vai,
Morre, num breve sorriso,
Como uma folha que cai...

[Poemas e sonetos. Rio, Ribeiro e Maurilo, 1919. 99-100.]

ÉCLOGA TROPICAL

Entre a chuva de ouro das carambolas
e o veludo polido das jabuticabas,
sobre o gramado morno,
onde voam borboletas e besouros,
sobre o gramado lustroso
onde pulam gafanhotos de asas verdes e vermelhas,

Salta uma ronda de crianças!
O ar é todo perfume,
perfume tépido de ervas, raízes e folhagens.

O ar cheira a mel de abelhas. . ..
E há nos olhos castanhos das crianças
a doçura e o travor das resinas selvagens,
e há nas suas vozes agudas e dissonantes
um áureo rumor de flautas, de trilos, de zumbidos
e de águas buliçosas. . .

[Poesia e prosa. Rio, AGIR, 1960. 33-34.]

INTERIOR

Poeta dos trópicos, tua sala de jantar
é simples e modesta como um tranqüilo pomar;

no aquário transparente, cheio de água limosa,
nadam peixes vermelhos, dourados e cor de rosa;

entra pelas verdes venezianas uma poeira luminosa,
uma poeira de sol, trêmula e silenciosa,

uma poeira de luz que aumenta a solidão.

Abre a tua janela de par em par. Lá fora, sob o céu de verão,

Todas as árvores estão cantando!   Cada folha
é um pássaro, cada folha é uma cigarra, cada folha é um som. . .

O ar das chácaras cheira a capim melado,
a ervas pisadas, a baunilha, a mato quente e abafado.

Poeta dos trópicos,
dá-me no teu copo de vidro colorido um gole d'água.
(Como é linda a paisagem no cristal de um copo d'água!)

[Poesia e prosa. Rio, AGIR, 1960. 34.]

DOÇURA DA CHUVA

Doçura melancólica da chuva,
dos muros úmidos, das ruas cheias de água barrenta,
da atmosfera pesada, sonolenta,
doçura da chuva. . .

Doçura melancólica da chuva,
quando não há cartas de amor para rasgar,
quando não há rondéis nem baladas para rimar
e a vida, parece, anda mais devagar!
doçura da chuva. . .

Doçura melancólica da chuva,
quando ficam rasos de água os olhos dos homens líricos
quando as penas marcham ao compasso grave dos alexandrinos,
e jorram dos corações sonetos sentimentais.

Melancolia irônica da chuva,
sob uma epígrafe bucólica de Sá de Miranda,
na redondilha dos madrigais.

Monotonia da chuva indiferente, calma,
caindo nos charcos, caindo nos pântanos,
caindo na alma. . .
Doçura melancólica da chuva!

[Poesia e prosa. Rio, AGIR, 1960. 37-38.]

ENTRE BUENOS AIRES E MENDOZA

Eu vi o pampa!
O pampa claro de aços e
metais,
luzindo todo
nos raios limpos dos arados,
nas rodas lentas dos tratores,
nos trilhos brunidos, que disparam, retos,
debaixo do céu!

Eu vi a manhã do pampa,
com filas negras de caminhões rolando
    pelos trigais,
num alegre rumor de *klaxons*, relinchos,
    mugidos, apitos, assobios e ladridos;
Eu vi a luz da aurora, pulando ágil na
    cobertura de zinco dos longos frigoríficos
    retangulares,
escorrendo pelas vigas de ferro dos matadouros
    lavados pelo orvalho,
chispando nas clarabóias dos armazéns de
    charque;
Eu vi as árvores do pampa, magras e compridas,
    jogando, umas para outras, fios
    e fios telegráficos;
Eu vi as estradas do pampa, cheias de
    automóveis e locomotivas,
de máquinas compressoras,
tubos, turbinas, chaminés e caldeiras!
Eu vi calabreses, genoveses, florentinos,
    siracusanos de calças de veludo,
    debulhando espigas;
Eu vi agrônomos experimentando nitratos,
    estancieiros pesados dirigindo Fords,
barracas de lona abafando vozes de todos
    os dialetos italianos. . .
Eu não vi nem um *payador.*
Eu não vi nem um *criollo* vestido de couro.
Eu não vi a sombra de Facundo nem o
    punhal de Facundo, nem o cavalo de
    Facundo varando os silêncios do ar. . .
Eu vi o pampa!

O pampa claro de aços e metais,
luzindo todo
nos raios limpos dos arados,
nas rodas lentas dos tratores,
nos trilhos brunidos, que disparam, retos,
    debaixo do céu!

Oh! . turbilhão de energias e
grandezas latentes,
choques,
saltos,

clamores,
vibrações,
claridades,
tumultos do teu despertar!

. . . .

[Poesia e prosa. Rio, AGIR, 1960. 52-54.]

References:

Albuquerque, Mateus de. 65-77.
Albuquerque, Paulo Medeiros e. "Atualidade de Ronald de Carvalho." Autores e Livros, Rio, 7 jun 1942.
Almeida, Renato. "Ronald de Carvalho." Lanterna Verde, 3 (fev 1936) 7-13.
_____. "Ronald de Carvalho." Boletim do Ariel, Rio, nov 1937.
_____. "Ronald de Carvalho e o modernismo." Lanterna Verde, 4 (nov 1936) 68-84.
_____. "Toda a América de Ronald de Carvalho." Letras Brasileiras, Rio, ago 1944.
_____. Tribuna de Imprensa, Rio, 12-13 fev 1955.
Aranha, Graça. "Palavras a Ronald de Carvalho." Autores e Livros, 7 jun 1942.
Autores e Livros, 18 (7 jun 1942).
Bandeira. Apresentação. 151-154.
Barros, Jaime de. Espelho. 73-81; 145-163.
_____. Poetas. 1944.
Belo, José Maria. "Imagens." 45-49.
_____. "Ronald de Carvalho." Autores e Livros, 7 jun 1942.
Campos, Humberto de. Carvalhos. 116-122.
Canela, Giulio. "Notas sobre história da civilização e da literatura brasileira." Jornal do Comércio, Rio, 13 nov 1938.
Durtain, Luc. "Ronald de Carvalho." Boletim do Ariel, 4:7 (abr 1935) 196.
_____. "Ronald de Carvalho." Nouvelles Littéraires, Paris, 23 fev 1935.
Figueiredo, Jackson de. Literatura reacionária. Rio, 1924.
Franco, Afonso Arinos de Melo. "James e Ronald: dois conceitos da natureza." Autores e Livros, 7 jun 1942.
_____. "Ao redor de Toda a América." Revista do Brasil, 2a. fase, 1:1 (16 set 1926) 29-30.
Grieco, Agripino. Caçadores. 95-135.
_____. Evolução da poesia. 3rd ed. 185-187.

_____. "Um ironista sentimental." O Mundo Literário, Rio, 5 nov 1922.

_____. "Ronald e a formação do Brasil." Diário de Notícias, Rio, 7 jul 1935.

_____. Vivos e mortos. Rio, 1931.

Guarderas, Francisco. "Ronald de Carvalho." Movimento Brasileiro, 1:13 (jan 1930).

Leão, Múcio. "O sentimento da morte em Ronald de Carvalho." Autores e Livros, 7 jun 1942.

Lima, Alceu Amoroso (Tristão de Ataíde). Contribução à história do modernismo, I. Rio, 1939. 44-65.

_____. Estudos, I. 31-38, 49-57.

_____. "Evocação de Ronald de Carvalho." Autores e Livros, 7 jun 1942.

_____. Primeiros estudos. 35-39, 134-141.

Lopes, Albert R. and Willis D. Jacobs. "Ronald de Carvalho." Revista Iberoamericana, 18:36. 391-399.

_____. "Ronald de Carvalho: the 'Balanced Voice'." University of Kansas City Review, 19 (1953) 163-168.

Morais Neto, Prudente de e Sérgio Buarque de Holanda. "Ronald de Carvalho." Estética, 1:2 (jan-mar 1925) 215-218.

Murat, Tomás. O sentido das máscaras. Rio, Pongetti, 1939. 43-47.

Murici, Andrade. A nova literatura. 152-154.

_____. Panorama. III, 160-164.

Otávio Filho. Velhos amigos. 41-50.

Pederneiras, Mário. Fon-Fon! 10 jan 1914.

Peregrino Júnior. Tribuna de Imprensa, Rio, 12, 13 fev 1955.

Pessoa, Fernando. "Carta sobre Luz gloriosa." Tribuna de Imprensa, Rio, 12, 13 fev 1955.

Pinto, Lacerda. "Ronald de Carvalho." A Ordem, Rio, 55 (ago 1935) 138-154.

Ramos, Péricles Eugênio da Silva. In: Coutinho. A literatura. III (1), 548-553.

Ribeiro, João. Os modernos. 49-53.

Silva, João Pinto da. Fisionomias de novos. São Paulo, Monteiro Lobato, 1922. 3-10.

_____. "Ronald de Carvalho." Revista do Brasil, São Paulo, 74 (fev 1932).

Silveira, Paulo. 29-35.

Soares, Teixeira. "O Ronald que eu conheci." Lanterna Verde, Rio, fev 1936.

Sousa, Alves de. "Reflexões de um espelho." Revista do Brasil, 91 (jul 1923).

Jorge de Lima
(1895-1953)

Jorge Mateus de Lima was born in União dos Palmares, Alagoas, on April 23, 1895. Upon completion of his secondary education in Maceió at fifteen, he was hard put to decide between a career in medicine, the priesthood, or as a Franciscan friar. The first won out and he entered Medical School in Bahia, where he came into contact with Jackson de Figueiredo, but he took his degree in Rio at the age of twenty. Encouraged by Afrânio Peixoto, he then published his first verses, *XIV alexandrinos*.

Back in Maceió he taught in the Escola Normal and in the Liceu Alagoano and subsequently became the director of both. The year 1924 saw him head of Public Health for the State, and in 1927 he won the chair in literature in the Escola Normal for his thesis, 'O romance de Marcel Proust'.

Political reasons motivated his move three years later to Rio de Janeiro. There he opened a successful medical practice and gained fame as a novelist and poet. *O anjo* won the Fundação Graça Aranha prize in 1934 and *A túnica inconsútil* received the Grand Prize in poetry offered by the Brazilian Academy in 1940. Between 1946 and 1949 he briefly turned to politics and served as councilman for the Federal District. He also taught literature in the Universidade do Brasil and in the Universidade Católica. His culminating honor as a poet, however, was the invitation to lecture at the Clube de Poesia de São Paulo in 1952. The following year, after over two decades of political exile, the poet was received with honors in Recife and Maceió. On November 15 that same year he died at his home on Avenida Atlântica in Rio. He was survived by his wife and two children. In addition to his renown as a poet and novelist, he was also recognized as a newspaperman, essayist, hagiographer, and painter.

Critical Commentary:

Jorge de Lima is one of the most complicated literary figures Brazil has produced. Consequently, he is as stoutly blamed by some critics as he is highly praised by others. He enjoyed a notable career as a teacher, physician, and poet in his native Alagoas before arriving in Rio de Janeiro. There he added to his broad interests the novel, the essay, criticism, painting, and photography. He is best known as a poet and as such we shall treat him, a decision all the more justifiable because he always carried the poet's deft touch to everything he did.

A complex and sensitive person and a born poet, even as a teenager he wrote such brilliant neo-Parnassian poetry that he became nationally famous overnight, particularly for the sonnet 'O acendedor de lampeões.' After he took up the Modernist torch he gave himself wholeheartedly—that is the way he always did everything—to nativist and folkloric inspired regionalist poetry. In that too, he attained such resounding success that poems like "A negra Fulô" became the rage and were recited and acclaimed everywhere. From that he moved easily and logically into poetry of social protest, of which the verses *Poemas escolhidos* with settings in the Northeast, are prime examples. Once more he triumphed. Indeed, this telluric, compassionate verse set the stage thematically, as well as in tone, intent, and technique, for the blossoming of the important social novel of the Northeast of the 1930s. Finally, he gave his almost complete attention to a mystical, religious orientated poetry: mysterious, unreal, dream-like—even delirious—as found in *Tempo e eternidade, Assunção, Encontro de Mira-Celi*, and particularly *Invenção de Orfeu*, the subject of considerable debate because of its tendency toward formlessness and irrationality.

When *Tempo e eternidade* appeared in 1935, interest in Marxism was widespread in Brazilian intellectual circles, and this book flew into the face of that trend. As the poet himself said at the time in an interview in *O Jornal*, the sense of poetry attains the prophetic, it goes farther than the mystical; it is exceptional, has intuitive qualities and is, in effect, a percursor—even of science. In this way poetry becomes the solution to the problem of the human spirit. Lima further stressed that poetry is universal, without any particular time reference, and that its great themes are woman, God, eternity, and love. In this later poetry, however, he largely overlooked reference to woman, while love is treated in a broad unearthly way.

This last poetry is highly abstract and leans toward automatic writing. It is confessional in tone and often uses Biblical motifs and techniques. Lima believes that, as a poet, he has a providential mission, emphasizing that he feels his hand being guided directly by divine inspiration. Everything is mysterious, dark, and lacking in substance. The subconscious is actively at work alongside the irrational; it is a kind of delirium impossible of explanation, but none the less powerful. Everything belies the epic form that the poet sought to give it.

As early as *Poemas* (1927) all the different aspects, themes, and technical devices of his last work were already present in his verse. Moreover, the four main manners mentioned are not strictly consecutive: each simply reflects a major tendency at a given moment, as the very dates and titles of the several books of verse clearly indicate. However, even though the several styles are found in combination, the poet's trajectory is quite clearly one of moving from an objective, wide-eyed, visual grasping of his immediate world, to a folkloric orientated, medium-focus view of his local milieu, in which he brings sound to the fore, to an engaged, Romantic-like assumption of pain for the ills suffered by certain classes because of social injustice. But the scope continues to widen. Finally the poet, abject and prostrate, seems primarily concerned for humanity on the abstract level. All action being God's, he places himself totally in the Deity's hands in a mystical quietist-like renunciation of the world. Here, totally subjective and imprisoned in his own inner world, he stresses almost exclusively the mystical, the unreal, the supernatural, the suggestiveness of associations of ideas, expressions, words, and of sounds themselves. The result is a high order of Baroque-like verbalism and an evident attempt to transmit emotion as pure emotion.

However much *Invenção de Orfeu* may represent the high point of Lima's maturity as a poet, his memory will doubtlessly live on because of the profound Brazilianness of his earlier folkloric and social poetry.

Selected Reading and Other Texts:

In: Poemas: "O mundo do menino impossível," "A minha América," "Bahia de Todos os Santos," "Caminhos de minha terra," "Plantas," "Oração," "Noite de S. João," "G.W.B.," "Boneca de pano," "Pai João"; In: Novos poemas: "Essa negra Fulô," "Inverno," "Madorna de Iaiá," "Joaquina Maloca," "Domingo," "Poema de duas mãozinhas"; In: Poemas escolhidos: "Nordeste," "Mulher proletária," "Felicidade," "Poema do nadador"; In: Poemas negros e outros mais: "História," "Democracia," "Quichimbi sereia negra," "A mulher obscura," ('Zefa lavadeira', 'O banho das negras'), "Xangô," "Olá! negro"; In: Tempo e eternidade: "Pelo vôo de Deus quero me guiar," "Quero ser ensinado por Deus"; In: A túnica inconsútil: "O novo poema do mar," "O manto do poeta," "Olha antes a semente," "Poema de qualquer virgem," "A vida incomum do poeta," "Espírito paráclito," "E tudo é imprevisto," "O rio e a serpente," "Convite para a ilha," "Cerimônia do lavá-mãos," "Estrangeiro, estrangeiro."

Bandeira e Cavalheiro, 302-307; Coutinho, *Antologia, II*, 170-177; Kopke, *Antologia*, 79, 84, 91, 115, 118; Lisboa, Antologia, 24-25, 132-135; Moisés, *Textos*, 445-453; Murici, A nova literatura, 96-101; Orico, 190-193.

Principal Works:

XIV alexandrinos (Maceió (Rio), 1914)
Salomão e as mulheres [romance] (Rio, 1923 [1926])
A comédia dos erros (Rio, 1924)
Poemas (Maceió, 1927)
Essa negra Fulô (Maceió, 1928)
Dois ensaios [Proust e Mário de Andrade] (Maceió, 1929)
Novos poemas (Rio, 1929)
Poemas escolhidos, 1925-1930 (Rio, 1932)
Bangüê e Essa negra Fulô: poemas escolhidos (1933)
Anchieta (Rio, 1934)
O anjo [novela] (Rio, 1934)

Calunga [romance] (Rio, 1935)
Tempo e eternidade [poemas, in collaboration with Murilo Mendes] (Porto
   Alegre, 1935)
A túnica inconsútil (Rio, 1938)
A mulher obscura   [romance] (Rio, 1939)
Poemas (Rio, 1939)
Vida de São Francisco de Assis, para crianças (Rio, 1942)
Os melhores contos rústicos de Portugal (Rio, 1943)
D. Vital (Rio, 1945)
Poemas negros (Rio, 1947)
Livro de sonetos (Rio, 1949)
Poesias completas (S. Paulo, 1949)
Guerra dentro de beco [romance] (Rio, 1950)
Obra poética (Rio, 1950)
Invenção de Orfeu (Rio, 1952)
Obra completa [2 vols.] (Rio, 1958)
Obras poéticas e romances [5 vols.] (Rio, 1959)

G. W. B. R.

Vejo através da janela de meu trem
        os domingos das cidadezinhas,
           com meninas e moças,
     e caixeiros engomados que vêm olhar
os passageiros empoeirados dos vagons.
Esta estrada de ferro Great Western
     feita de encomenda pra o Nordeste
        é a mais pitoresca do universo,
  com suas balduinas sonolentas
     e seus carrinhos de caixa de fósforos marca olho.
     Houve um tempo em que os rebanhos se assustavam
aos apitos desses trens;
        hoje os passarinhos olham das linhas ribeirinhas do
telégrafo,
        o pitoresco que ela tem,
        aos vaivéns, aos arreganhos,
           rangendo e ringindo interminavelmente.

Devo fazer um poema em louvor dessa estrada,
     com todos os bemóis de minha alma lírica,
        porque ela, na minha inocência de menino,
        foi a minha primeira mestra de paisagem.
        Ah! a paisagem da linha: —
        uma casinha branca,

Não enxergo meus anjos no céu escuro
porque dizem que há uma nuvem que fulmina
quem procura as estrelas.

As mulheres estão quase nuas e não têm sexo.
são um espetáculo ginástico
e um espasmo na areia.
Largam a alma no vestuário das piscinas
e o luar é inútil, inútil o canto dos pássaros,
inúteis o lábio e a rosa.

Para quem viu incinerarem milhões de inocentes
como sacas de café sem mercado
são uma festa pirotécnica
de fogo e de sangue
os fuzilamentos.

Corro ver se sob o pesadelo da hora
brota do fundo da terra o milagre da natureza.
Faço estalar jabuticabas na boca
para testar seu gosto.

Sinto que Deus continua!

As laranjas são vermelhas como as auroras
verdes as verduras
e os trigais sacodem seus cabelos de ouro.

Aleluia!

Passado o pesadelo
comerão pão,
pão de trigo
de novo
os homens.

                [O deus sem rosto. S. Paulo, Martins, 1963. 85-87.]

O DEUS SEM ROSTO

Fabriquemos, irmãos, um Deus que seja fluido,
não tenha rosto, nem templo,
que viva oculto na ilusão dos seus crentes
porque estão soltos os iconoclastas.

Nas cataratas dos comícios
jorrou o dilúvio das revoltas.

Brotaram das multidões turbulentas
gênios libertários e ídolos carismáticos
de monstros genocidas

Depois, riscos de fogo rumando para as galáxias
puseram em revoada os anjos de Rafael e de Murillo
—melancólica guarda de um Senhor deposto.

*

Cidadão de tantos mundos
um resíduo de cada um deles ficou como polem
num cálice, a fecundar minha multifariedade.

Aqui estou — atleta do Tempo —
para entregar a tocha
que me iluminará em outro
dentro de um mundo apocalíptico feito de silêncio e de
                                        [escombros
ou do esplendor de inesperada aurora.

[O deus sem rosto. S. Paulo, Martins, 1963. 43-49.]

ALELUIA

Não sei se estou ainda no meio do mundo.

É este meu planeta?

Não identifico mais minha essência
com o que me cerca. Sou estrangeiro em mim.

Monstros, sois meus irmãos?   Falais que língua?

Meu Deus, devolvem às minhas perguntas
respostas sem nexo.

O próprio passado
chega ao meu instante e esvai-se sem sentido.

Parece que todos os valores caem mortos
ao quererem transpor uma barreira abstrata
que os desliga do mundo que foi.

uma cabocla à janela,
um pedaço de mata,
as montanhas,
o rio,
e as manhãs,
e os crepúsculos. . .
e o meu trenzinho romântico indo devagarinho
para que o poeta provinciano
visse o cair da tarde,
e visse a paisagem passando. . .
Nas gares há meninas bonitas,
mocinhas amarelas,
matutos, caixeiros fumadores de cigarros da Caxias.
E à languidez quente da hora,
noivam cães pelas ruas,
potros perseguem éguas nos campos,
e a mulher proibida, que não é pura como os animais,
vem à soleira da choupana
dar um adeus ao maquinista que ela nunca há de beijar.
O conferente é zangadíssimo,
mas o condutor, de bigodes parnasianos
e olhos caídos,
que cultiva a metáfora intuitiva e os adjetivos rubicundos,
é bonzinho:
não é preciso comprar bilhetes,
basta qualquer pelega, amabilidades,
conversas, uma pitada de torrado,
e a gente pode ir a Natal
ver o Luís da Câmara Cascudo,
ou à Paraíba conversar com o Ademar Vidal.
Quando o trem pára,
o condutor vai conversar com as professoras
dos grupos escolares,
e os aleijados vêm aos vagons mendigar;
entram homens sem nariz dos cartazes do Elixir,
mulheres sem manga,
meninos sem pai.
Pobrezinhos!
Uns vêm vestidos de feridas,
outros expõem ventres inchados,
colunas vertebradas de clown,
beiços de boxadores vencidos no último round. . .
—Louvado N. S. Jesus-Cristo;
—Louvado seja!
—Perdoe irmão!
—Perdão de Deus!

As moscas fazem uma manifestação de apreço aos pobrezinhos.
O condutor quer dar uma esmola:
  não tem troco;
e uma menina do Recife não vai almoçar
porque olhou o homem sem nariz.
         Coitado!
Glicério!
  Meia hora para o almoço.
  —É a dezena do macaco!
    —100 contos!
  —Loteria de Minas Gerá.
Pretas oferecem taboleiros de comidas boas:
     manuês,
     sequilhos,
     alfenins,
     midobim,
     caldo de cana,
     broas.

Há um calor que até parece febre de maleita.
Passageiros vão ao restaurante
  tomar cerveja gelada,
  e o trenzinho toma água
pra poder vencer a serra do Cadeado.

  Passam os últimos quintais,
  as últimas meninas,
  os últimos vendedores de pão doce,
  os últimos mulungús dos cercados,
    e agora é um trecho do mato,
      imbaúbas,
      canafístulas,
      gravatás,
      ouricuris,
  e aqui e acolá canaviais,
    canaviais,
    canaviais,
  a doçura do Brasil,
a embriaguez do Brasil.
    E lá vêm usinas,
     engenhos,
     engenhocas,
     bolandeiras,
    plantações de mandioca e fumo,
    e aqui e acolá
    algodoais,

    algodoais,
que parecem velhinhas de cabelos brancos
tecendo o tecido barato
para o pobre vestir.

Vem da 2ª classe um repinicado de violas.
  A 2ª classe é divertida:
    cantigas,
    choros,
    pés descalços,
    mãos calosas.
A segunda classe compra breves,
  orações, de S. Sebastião
e S. Pulquério contra a esipra,
Sonhos de Nossa Senhora,
anunciações pra defumar a casa,
Meninos Deus contra o sol e o mal salgado;
  bentinhos,
a História Conselheira do Padrinho Padre Cícero. . .
  A 2ª classe vai em peso
embarcar no Lóide pras lavouras de S. Paulo.
    Lage do Canhot:
    (belo nome!)
Aqui há um massapê para balas de bodoque
  e que é bom de se comer.
    Canaviais,
    algodoais,
    casas de palha,
    carrapateiras,
    ninhos de xexéu,
    velhas fazendo renda,
    caboclinhas.
      Olhos que seguem o trem. . .
      Despedidas. . .
      —Deus te leve!
    —Nosso Senhor te acompanhe.
      —Meu filho!
    —Minha mãe!
Na 1ª coronéis discutem tarifas e direitos.
Negociantes queixam-se de impostos.
Caixeiros-viajantes contam aventuras da rua das Flores e
dos Sete Pecados Mortais;
  e as meninas namoram
      com os estudantes de Direito
        que vão passar as férias com os papais.
      Sítios,

    coroneis

fazendas,
cercados,
terreiros,
moleques
pinhões,
vales,
serranias,
queimadas,
canaviais,
bangüês.
Estações,
cidades
e cidades
todas iguaizinhas com
barbearias,
  feiras,
padarias,
intendências municipais,
todas elas tão iguais,
com os mesmos telegrafistas avariados.
os mesmos chefes fleugmáticos,
  os mesmos moleques que agridem à procura de
carrego.
Hotéis familiares,
bilhares falidos,
igrejinhas pobres,
cemitérios cheios de mato,
  tudo igual,
tamancos,
chinelos,
gaforinhas,
trocadores de cavalo,
cangaceiros,
clarinetos,
panelas de barro.—
Basta de nomes que o conferente está zangado.
"–Vamos olhar um pedaço de paisagem."
"–O trem vai atrasado."
"–Como sempre toda a viagem."
  Mais adiante apita.
  "–É um cavalo na linha! "
  "–Não é! – diz o condutor,"
  "é uma curva fechada."
    A gente olha:

não é nada!
Foi o maquinista que chamou uma menina da margem.
   Ela conhece o apito.
   Cinco horas da tarde.
   Arde nos céus o crepúsculo.
   Há em tudo um sossego bonito,
      e o rio encontrou o trem.
         O rio é mais ligeiro do que ele.
         Parece uma cobra
            que quisesse devorar um mocozinho.
            O mocó foge da cobra,
               entra no mato,
         sobe ofegando nas rampas,
            corre nos planos;
         o rio desce as encostas,
pula nas rochas,
         geme nas grotas,
            e quando o trem cai em si
            lá vai o rio na frente.
            De repente passa debaixo dos carros,
         entra debaixo das pontes,
contorna serras e montes,
      e lá vai à frente da máquina.
      O trem olha,
         e escorrega,
      vai devagar, com medo.

Vamos dar uma caninha ao maquinista!
O conferente é contra a velocidade.
      O trem arranca.
O maquinista baixou a alavanca a 4 pontos.
Desce um luar em Utinga, Satuba, Fernão Velho.
      A cobra espelha ao luar.
      E o trem foge,
         pula nas pontes,
            apita,
      escorrega nos trilhos.

      Lagoa do Norte!

A cobra vai beber água.
      Fernão Velho!
         Bebedouro!
            Maceió!

Great Western of Brazil Railway
feita de encomenda pra o Nordeste,
minha primeira viagem deslumbrada!
Ferrugem. Fumaça. Meus brinquedos. Pó.

[Obra poética. Rio, Getúlio Costa, 1949. 85-93.]

BONECA DE PANO

Boneca de pano dos olhos de conta,
vestido de chita,
cabelo de fita,
cheinha de lã.

De dia, de noite, os olhos abertos,
olhando os bonecos que sabem marchar,
calungas de mola que sabem pular.
Boneca de pano que cai:
não se quebra, que custa um tostão.
Boneca de pano das meninas infelizes que
são guias de aleijados, que apanham pontas
de cigarro, que mendigam nas esquinas, coitadas!
Boneca de pano de rosto parado como essas meninas.
Boneca sujinha, cheinha de lã.—
Os olhos de conta cairam. Ceguinha
rolou na sargeta. O homem do lixo a levou,
coberta de lama, nuinha,
como quis Nosso Senhor.

[Obra poética. Rio, Getúlio Costa, 1949. 127.]

PAI JOÃO

Pai João secou como um pau sem raiz.—
     Pai João vai morrer.
Pai João remou nas canoas. —
     Cavou a terra.
     Fez brotar do chão a esmeralda
     Das folhas—café, cana, algodão.

Pai João cavou mais esmeraldas
   Que Paes Leme.

A filha de Pai João tinha um peito de
   Turina para os filhos de ioiô mamar:
   Quando o peito secou a filha de Pai João
   Também secou agarrada num
   Ferro de engomar.
   A pele de Pai João ficou na ponta
   Dos chicotes.
   A força de Pai João ficou no cabo
   Da enxada e da foice.
   A mulher de Pai João o branco
   A roubou para fazer mucamas.
O sangue de Pai João se sumiu no sangue bom
   Como um torrão de açúcar bruto
   Numa panela de leite. —
   Pai João foi cavalo pra os filhos do ioiô montar.
   Pai João sabia histórias tão bonitas que
   Davam vontade de chorar.
   Pai João vai morrer.
   Há uma noite lá fora como a pele de Pai João.
   Nem uma estrela no céu.
   Parece até mandinga de Pai João.

[Obra poética. Rio, Getúlio Costa, 1949. 128-129.]

ESSA NEGRA FULÔ

   Ora, se deu que chegou
   (isso já faz muito tempo)
   no banguê dum meu avô
   uma negra bonitinha
   chamada negra Fulô.

         Essa negra Fulô!
         Essa negra Fulô!

   Ó Fulô! Ó Fulô!
   (Era a fala da Sinhá)
   —Vai forrar a minha cama
   pentear os meus cabelos

vem ajudar a tirar
a minha roupa, Fulô!

       Essa negra Fulô!

Essa negrinha Fulô!
ficou logo pra mucama
para vigiar a Sinhá
pra engomar pro Sinhô!

       Essa negra Fulô!
       Essa negra Fulô!

Ó Fulô! Ó Fulô!
(Era a fala da Sinhá)
vem me ajudar, ó Fulô,
vem abanar o meu corpo
que eu estou suada, Fulô!
vem coçar minha coçeira,
vem me catar cafuné,
vem balançar minha rede,
vem me contar uma história,
que eu estou com sono, Fulô!

       Essa negra Fulô!

"Era um dia uma princesa
que vivia num castelo
que possuia um vestido
com os peixinhos do mar.
Entrou na perna dum pato
saiu na perna dum pinto
o Rei-Sinhô me mandou
que vos contasse mais cinco".

       Essa negra Fulô!
       Essa negra Fulô!

Ó Fulô? Ó Fulô?
Vai botar para dormir
esses meninos, Fulô!
"Minha mãe me penteou
minha madrasta me enterrou
pelos figos da figueira
que o Sabiá beliscou".

        Essa negra Fulô!
        Essa negra Fulô!

Fulô? Ó Fulô?
(Era a fala da Sinhá
chamando a Negra Fulô).
Cadê meu frasco de cheiro
que teu sinhô me mandou?

—Ah! Foi você que roubou!
Ah! Foi você que roubou!

O Sinhô foi ver a negra
levar couro do feitor.

A negra tirou a roupa.
O Sinhô disse: Fulô!
(A vista se escureceu
que nem a negra Fulô)

        Essa negra Fulô!
        Essa negra Fulô!

Ó Fulô? Ó Fulô?
Cadê meu lenço de rendas,
cadê meu cinto, meu broche,
cadê meu terço de ouro
que teu Sinhô me mandou?
Ah! foi você que roubou.
Ah! foi você que roubou.

        Essa negra Fulô!
        Essa negra Fulô!

O Sinhô foi açoitar
sozinho a negra Fulô.
A negra tirou a saia
e tirou o cabeção,
de dentro dele pulou
nuinha a negra Fulô.

        Essa negra Fulô!
        Essa negra Fulô!

Ó Fulô? Ó Fulô?
Cadê, cadê teu Sinhô

que nosso Senhor me mandou?
Ah! Foi você que roubou,
foi você, negra Fulô?

Essa negra Fulô!

[Obra poética. Rio, Getúlio Costa, 1949. 143-147.]

CANTIGAS

As cantigas lavam a roupa das lavadeiras.
As cantigas são tão bonitas, que as lavadeiras
ficam tão tristes, tão pensativas!

As cantigas tangem os bois dos boiadeiros! —
Os bois são morosos, a carga é tão grande!
O caminho é tão comprido que não tem fim.
As cantigas são leves. . .
E as cantigas levam os bois, batem a roupa
das lavadeiras.

As almas negras pesam tanto, são
tão sujas como a roupa, tão pesadas
como os bois. . .
As cantigas são tão boas. . .
Lavam as almas dos pecadores!
Lavam as almas dos pecadores!

[Obra poética. Rio, Getúlio Costa, 1949. 180.]

PELO VÔO DE DEUS QUERO ME GUIAR

Não quero aparelhos
para navegar.
Ando naufragado,
ando sem destino.
Pelo vôo dos pássaros
quero me guiar.
Quero Tua mão

para me apoiar,
pela Tua Mão
quero me guiar.
Quero o vôo dos pássaros
para navegar.
Ando naufragado,
ando sem destino,
quero Teus Cabelos
para me enxugar!
Não quero ponteiro
para me guiar.
Quero Teus Dois Braços
para me abraçar.
Ando naufragado,
quero Teus Cabelos
para me enxugar.
Não quero bússolas
para navegar,
quero outro caminho
para caminhar.
Ando naufragado,
ando sem destino,
quero Tua Mão
para me salvar.

[Obra poética. Rio, Getúlio Costa, 1949. 276.]

References:

Almeida, José Américo de. "Poemas." A União, Paraíba, 22 jun 1928.

Andrade, Mário de. "A túnica inconsútil." Diário de Notícias, Rio, 16 abr 1939.

Anselmo, Manuel. "A poesia de Jorge de Lima." Revista dos Tribunais, São Paulo, 1928. 158.

Bandeira, Antônio Rangel. Jorge de Lima—o roteiro de uma contradição. Rio, São José, 1959.

Bandeira. Apresentação. 173-175.

Barros, Jaime de. Espelho. 201-213.

Bastide, Roger. Poetas. 99-110.

Branco, Aloísio. "Sobre os poemas de Jorge de Lima." Jornal de Alagoas, Maceió, 5 fev 1928.

Campos, Humberto de. Crítica. II, 285-292.

Canabrava, Euríalo. "Jorge de Lima e a expressão poética." In: Obra completa. Rio, Aguilar, 1958. 45-54.

Carneiro, Fernando. "Um paralelo: a poesia negra de Castro Alves e de Jorge de Lima." Revista Acadêmica, 13:70 (dez 1948).

Carneiro, José Fernando Domingues. Apresentação de Jorge de Lima. Rio, MEC, 1954.

Carpeaux, Oto Maria. Introduction to: Obra poética, Rio, Getúlio Costa, 1950. vii-xii.

Carvalho, Rui de. "A túnica inconsútil e o neosimbolismo." Boletim do Ariel, 8:2 (nov 1938) 42-43.

Cavalcanti, César Luís. "Poemas escolhidos de Jorge de Lima." Boletim do Ariel, 2:6 (mar 1933) 149.

Cavalcanti, Carlos Povina. Vida e obra de Jorge de Lima. Rio, Correio da Manhã, 1969.

Cavalcanti, Valdemar. 179-180.

_____. "Os poemas escolhidos de Jorge de Lima." Boletim do Ariel, 2:4 (jan 1933) 96.

Correia, Roberto Alvim. Anteu. 133-138.

Cunha, José Mariano Carneiro da. "O grande personagem do Calunga de Jorge de Lima." Revista do Livro, 6:23-24 (jul-dez 1961). 93-98.

Dutra, Waltensir. "Descoberta, integração e plenitude de Orfeu." In: Obra completa. Rio, Aguilar, 1958. 13-43.

_____. A evolução de um poeta: ensaios sobre a poesia de Jorge de Lima. Rio, 1952.

d'Eça, Raul. "Jorge de Lima: gran poeta del Brasil." Universidad Católica Bolivariana, 4 (1939) 186-194.

Entrambasaguas, Joaquín de. "La poesia de Lima." Revista de Literatura, Madrid, 1:2 (abr-jun 1952) 469-473.

Faustino, Mário. "Revendo Jorge de Lima." Jornal do Brasil, Rio, 28 jul; 4, 11, 18, 25 ago; 1, 8 set 1957.

Figueira, Gastón. "Jorge de Lima, Túnica inconsútil." Books Abroad, Norman, Okla, 13:3 (Spring 1939).

Freitas Júnior. 67-82.

Grieco. Evolução da poesia. 3rd ed. 196-197.

_____. Gente nova. 27-41.

Holanda, Sérgio Buarque de. "Motivos de Proteu." Diário Carioca, Rio, 19 out 1952.

_____. "Homenagem a Jorge de Lima." Revista Acadêmica, 13:70, 1-52.

Jannini, P. A. Un' espressione della lírica brasiliana: Jorge de Lima. Milano, Instituto Editoriale Sisalpino, 1955.

Kasdorf, Hans. "Jorge de Lima: the medical poet-priest of northeastern Brazil." Revue des Langues Vivantes, Bruxelles, 36 (1970) 295-305.

Lima, Alceu Amoroso (Tristão de Ataíde). Estudos. III, 91-101.

_____. Poesia. 107-110, 119-121.

Lima, Benjamin. Esse Jorge de Lima: ensaio breve sobre o conjunto da sua personalidade e da sua obra. Rio, Adersen, 1933.

Lima, Jorge de. "Minhas memórias." Jornal de Letras, 4:40 (out 1952) 9-10.

Lins, Álvaro. Jornal de Crítica. VI, 29-37.

Lins, Edson. História. 251-293.

Lucas. Horizontes da crítica. 130-134.

Magalhães Júnior, Raimundo. "Erotismo e misticismo." Boletim do Ariel, 4:10 (jul 1935) 269.

Martins, Luís. Uma coisa e outra. Rio, MEC, 20-37.

_____. "Jorge de Lima." Revista do Livro, 2:5 (mar 1957) 191-197.

Milliet. Panorama. 48-52.

Morais, Dante de. Três faces da poesia. Rio, 1960.

Murici. A nova literatura. 94-96.

Nemésio, Vitorino. "A homenagem a Jorge de Lima." Conhecimento de poesia. Salvador, Publicações da Universidade da Bahia, 1958. 318-321.

Olinto, Antônio. "Invenção de Orfeu." Cadernos de crítica. Rio, José Olímpio, 1959. 145-160.

Pereira, Lúcia Miguel. "O mundo do menino impossível." Boletim do Ariel, 2:7 (abr 1933) 179.

Portela. II, 61-71.

Proença. Estudos. 426-433.

Putnam, Samuel. "Brazilian Surrealist." Books Abroad, 9 (1935) 156.

Ramos, Artur. "A poesia negra e Jorge de Lima." Revista Acadêmica, 13:70 (dez 1948).

Ramos, Péricles Eugênio da Silva. In: Coutinho. A literatura. III (1), 609-618.

Rego. Gordos e magros. 6-32.

_____. "Notas sobre um caderno de poesias." Postface to: Jorge de Lima's Poemas. Maceió, Trigueiros, 1927.

Revista Acadêmica. "Homenagem a Jorge de Lima." 13:70 (dez 1948).

Ribeiro, João. Os modernos. 160-171.

Ribeiro, Joaquim. "O folclore nordestino na poesia de Jorge de Lima." Vamos Ler, Rio, 17 dez 1936.

Riedel, Dirce Cortes. "Poética de Jorge de Lima." O Estado de São Paulo, 20 mai 1967.

_____. In: Coutinho. A literatura. 2nd ed. V, 225-226.

Rocha, Tadeu David. "Jorge de Lima e o modernismo." O Estado de São Paulo, 10 jun 1967.

Santa Cruz, Luís. "Apresentação." In: Poesia. Rio, Agir, 1958. 5-21.

Sena. 133-156.

Simões, João Gaspar. Introduction to: Invenção de Orfeu. Rio, Livros de Portugal, 1952. i-xx.

Sucupira, Newton. "Jorge de Lima e a poesia cristã." Revista do Brasil, 3a. fase, 2:14 (ago 1939) 83-85.

Vítor. Os de hoje. 220-237.

Vitureira, Cipriano S. Estudio y antología. Montevideo, Amizade, 1963.

Cassiano Ricardo
(1895-1974)

A leader of the nationalist faction of Modernism and one of the greatest of contemporary Brazilian poets, Cassiano Ricardo Leite was born in São Paulo State on July 25, 1895, the son of Francisco Leite Machado and Minervina Ricardo Leite. His parents were small farmers in São José dos Campos, his birthplace and home during most of his childhood. He began to write poetry when he was about ten years old while attending the Grupo Escolar Olímpio Catão, there putting out a handwritten newspaper titled *O Ideal*, in which his first verses appeared. At about thirteen he published another, *Iris*, which he composed himself and printed at the newspaper *A Tribuna*, which belonged to his father. He was a good student in the Ginásio Nogueira da Gama in Jacareí. A special inclination toward languages led him to study Esperanto, which he taught and into which he translated some Brazilian poems; he even founded a small magazine devoted to it.

The family moved to São Paulo. There he began the study of law and in 1915, while still a student, he published *Dentro da noite*, his first book of poems (only a few of them will be included later in his *Poesias completas*). His second book, *A frauta de Pã* (1917), was Parnassian in tendency and received considerable praise from Olavo Bilac, Alberto de Oliveira, João do Rio, Francisca Júlia, and Martins Fontes. After finishing his law course in Rio, he practiced law for a short time in São Paulo and then in Rio Grande do Sul, where his family had moved in 1920. There he began to take part in politics, but difficulties arising out of his political idealism and the enthusiasm with which he defended his cases as a lawyer put his life in jeopardy and he returned to São Paulo in 1923. There he abandoned his law practice and became a public servant. As such he occupied a number of positions, beginning with theatre and movie censor and retiring as director of the Secretaria do Governo de São Paulo.

In 1923 he opposed Oswald de Andrade's 'Antropofagia' group with his own, called 'Anta'. Symbolizing the land, this group included Raul Bopp, Cândido Mota, Menotti del Picchia, and Plínio Salgado. A government paper, the *Correio*

Paulistano, became the principal organ of their nationalist Verde-Amarelo inclinations, which sought to give art a social function. His third book of poems, *Vamos caçar papagaios* (1926) reflects this tendency. About that time, too, he was the director of *Novíssima*, a magazine that, in addition to its Modernist thrust, was much interested in Pan Americanism and counted such figures as Alphonsina Storni, Juana de Ibarbourou, and Manuel Gálvez among its contributors. At the height of the Modernist debates he, along with Menotti del Picchia and Plínio Salgado, became members of the Academia Paulista de Letras. In 1929 he married Jacy Gomide Ricardo, well known for her verses in *caipira* dialect; the couple had three children. At the time of the Constitutional Revolution in 1932, he was secretary of the Pedro Toledo government and was imprisoned, along with other Paulistas, in Rio de Janeiro. By 1936 when, following *Martim Cererê* (1928) and *Deixa estar, jacaré* (1931), he published the essay *O Brasil no original*, Cassiano Ricardo was considered one of the most important of the Modernist poets, along with Mário de Andrade, Drummond de Andrade, and Manuel Bandeira. The following year he was elected to the Brazilian Academy (Chair 31). From 1940 to 1943 he was director of *A Manhã*, and it was he who created the literary supplement "Autores e Livros."

Following his presidency of the Clube de Poesia de São Paulo from 1950 to 1952 (he inaugurated the *Cadernos* series), he went to Paris to work on publicity for the Escritório Comercial, and was its director for two years and a half. In 1960 he began preparing his memoirs. *Montanha russa* (1960) and *Jeremias sem chorar* (prêmio Jorge de Lima, 1964) were followed by *Os sobreviventes* (1971), which won the Prêmio Nacional de Literatura, clearly demonstrating the vitality and sensibility of his seventy-six years.

Critical Commentary:

Cassiano Ricardo is really several poets, for he has radically renewed his thinking and rejuvenated his poetical instrument on four separate occasions, a maturation process probably equalled in no other living Brazilian poet today. Even his first book of poetry, *Dentro da noite* (1915), created a stir. Highly lyrical, with a touch of somber melancholy, vaguely symbolistic and pantheistic, it was unlike the poetry then in vogue. Five years later he climbed on the Parnassian band-wagon with *Jardim das Hespérides*. *Martim Cererê* (1928) represents another drastic shift; it is one of the best known books of the Modernist movement, and the work for which the poet will principally be remembered.

At first glance *Martim Cererê* is a highly nationalistic, boisterous, rhythmic, and colorful episodic rhapsody of Brazil. In successive perspectives the poet focusses on such themes as the nation's geographic, economic, and demographic growth, and the role of ethnic groups in its development. More specifically, however, it is the story of São Paulo within the context of the nation's history. But a closer look reveals that the Brazil the poet sings is neither the land, nor its flora and fauna, but rather its people. He dwells on the fundamental role miscegenation has played in the creation of a distincly Brazilian racial type. Indeed, the poem represents the epic of the three races whose fusion makes up the Brazilian people—the latter is the real hero.

Martim Cererê, then, is the story of Brazil as the melting pot of the world, where the race and hope of the future has been forged under the "cross of universal love," the Southern Cross, "porque é o só caminho, ainda obscuro, por onde, finalmente,/ desfilará a humanidade do futuro," Brazil a garden of Eden from which a new mankind and a new moral order based on the Christian morality of loving one's neighbor as one's self will arise. What began as blatantly nationalistic poetry became more subtly so in subsequent editions until now it has achieved a high moral plane something on the order of a latter-day morality play. In this sense, it has a clear social function.

The poem was inspired by the Anta movement, whose purpose was to produce a genunie Brazilian literature based on the indigenous culture of the country. Although modified substantively in successive editions to include more recent aspects in the evolution of the country and technically to achieve a high level of sophistication, there is still a remarkably aboriginal quality about the work. It is a primitive world the poet paints in bright, primary colors. Emphasized are sensations, particularly visual images, in which nature and things are personified and where abstractions are made concrete. The language is highly metaphorical and imitative of primitive ways of seeing reality. The poem begins on a mythical plane, becomes historical, turns into a paean to the different social and ethnic elements that make up the country, and ends addressing the youth and the future generations of the country. Brazil is what they will make of it, the poet reminds them.

Growing out of a children's poem, and radically reworked through the years, even today *Martim Cererê* retains the influence of the wondrous, sensual, magic, and melodic world of make-believe, of lullabies, of lilting and playful children's songs, games, and experiences, including ritual. American readers will be reminded of such tales as "Paul Bunyan and the Blue Ox," "The Seven League Boots," and "Jack and the Beanstalk." The author himself has pointed out the relationship between the sequential arrangement and Walt Disney's animated cartoons. The very title suggests a children's story. The poet tells us it signifies Brazil as a child, the person to whom the "story" of Brazil is "told," and is derived from "Saci Pererê" the Indian, "Saci Cererê" the Negro, and "Martins Pereira" the Portuguese. The author coined the new name to represent the fusion of the three races and cultures.

The perspective, of course, is not really primitive. The modern poet simply aimed to sound aboriginal and did so by embroidering upon historical facts, events and legends and by creating myths with a plausibly primitive perspective. The total structural freedom of the poem is emphasized in the intentionally Brazilian language, in the mixture of Indian and Portuguese words and expressions often used, as well as in the contrived, humorous words, plays on words and word inventions that strike a receptive chord—and not only in the child's ear!

Martim Cererê may have started out as children's poetry, but it is far more than that today. The reader must not be fooled by the magical world evoked, by the myths, by the little allegories, nor by the seeming simplicity of the language, its playfulness, and even childishness. It is a genuine work of art and it is valid for child and adult alike. The greatest effect is probably achieved when the poet builds on or subtly alludes to bits of literature, fairy tales, legends, myths, or rites which the reader knows and which, therefore, magnify and multiply the poet's projection. Such reminiscences produce a happy and comfortable sense of warmth and identity with the poem. Even though the rhythms are often strong and suggestive, they are irregular; as a whole, the poem is not as musical as it is mythical, nor as cerebral as it is moralizing.

Martim Cererê was preceded in time by even more nationalistic verse that sprang from the poet's important role in the *Verde-Amarelo* movement. *Borrões de verde amarelo* (1926), *Vamos caçar papagaios* (1926), *Deixa estar, jacaré* (1931) all follow a "Be 100% Brazilian at all costs" modernist stance, so typically loud, colorful, and rhythmical. Moreover, it points up the poet's ingenuity, his fabulous command of the language and its artistic possibilities, his humor, his inventiveness, his subtle irony, and playfulness, traits that will re-appear in his later Humanistic and Concretist phases. *Canções de minha ternura* (1930) and *Vinte e cinco sonetos* (1952), however, continuations of the lyrical expansions of his youth, are witness to the fact that the poet never capitulated to this nor to any other tendency.

Ricardo's fourth phase includes *Um dia depois do outro* (1947), *A face perdida* (1950), and *Poemas murais* (1950), books which reveal a new elevation of inspiration and thought. He is now more introspective and philosophical, more universal and abstract. He reached this stage through the transitional *Sangue das horas* (1943), in which he attenuated his former ultra-nationalism, abandoned some of the more superficial and showy feathers of Modernism, such as toying with rhythms, contrasts, and brilliant colors. When *Um dia depois do outro* appeared in 1947, Ricardo had already achieved the new expression, in many ways reminiscent of his very first verse. Evident is great simplicity, a confessional, melancholic tone and serious but simple thought. The world evoked is more artistic. And like all true artists he is troubled by the problem of communication.

His fifth style is seen in *O arranha-céu de vidro* and *João Torto e a fábula*, both of 1956. The poet again renewed his approach attaining a new humanism. The modern world is the scene and the subject, while the theme is modern man's deformation. The poet is existentially *engagé* and shares avidly in the cares, trials, and tribulations of the world about him. He neither conforms nor does he sit back complacently, but faces reality head-on, and tries to understand and do something about it. He employs many new tricks and reworks and refurbishes many older ones to give his unusual linguistic versatility an even greater radius of action. Although this poetry is much more hermetic, intense, profound, and more truly the concretization of the poet's reaction to life and death, it is technically a synthesis of all he has done before, and recalls his Verde-Amarelo style. The humorism, the playfulness, the anecdotal nature of previous verse comes out again and again, but now combined with a new depth of perception and a tangible preoccupation. Themes, language, and expression are up-to-the-minute. His is not a uniquely personal reaction, but one shared by people in many lands today. The poet is worried about the deformation of modern man by today's technical advances, by all-powerful states, by a world divided between the gigantic forces of the East and West, all of which limits the individual's freedom of action. In effect, he is singing in much of this new poetry the death of poetry itself, the death of myth, the death of the dream-like, innocent, child's fairy-tale world he believes is now gone forever. Underneath runs a current of despair. One surmises that the poet is perhaps feigning a happy-go-lucky, playful attitude through excessive attention to form in order to cover up in some measure his deep worry over the future of mankind, whose destiny is darkened by the threat of nuclear fission. His irony, satire, humor, felicitous juggling of language may be only defense mechanisms, like the little boy whistling in the dark. The result is a verbally extravagant, intellectualized puzzle-like poetry that is more cerebral than lyrical, more preoccupied than profound.

Although this may not be his greatest verse, special credit is due the poet for being fully aware of the powers of poetry and for being so unsatisfied with his own efforts as to forever tune and retune his poetic instruments. Moreover, because of his active participation in life, he saw fit to raise the modern world to the level of poetry through setting, themes, and language; he thereby uniquely achieved one of the greatest goals of the Modernist movement.

In *Montanha russa* and *Jeremias sem chorar* the poet has increased his technical virtuosity with words, even to the extent of playing with the chance physical components of the words themselves, has investigated to the fullest the range and function of depth meanings, including graphic-semantic relationships, and has intensified and formalized the moral preoccupations that characterize his work in recent years. The result is that some of his late verse is quite acceptable to the Concretists.

Suggested Reading and Other Texts:

In: Vamos caçar papagaios: "Papagaio gaio," "Preguiça," "Gostosura," "Deixa estar jacaré," "Sangue africano," "Exortação," "Matinal"; In: Martim Cererê: "Declaração de amor," "O navio negreiro," "Metamorfose," "O bacharel e a cabocla," "Moça tomando café," "Café-expresso," "Pecado original," "Exortação." "Brasil-menino"; In: O sangue das horas: "Balada para minha mãe," "Niguém mais," "O homem e a lanterna," "A morte de Alice," "Presentement"; In: Um dia depois do outro: "Relógio," "Dizes tantas coisas," "Balada do desencanto," "Ode mais ou menos anacreôntica," "Geometria civil," "Etc."; In: A face perdida: "A triste figura," "Balada da 7ª feira," "Poema implícito," In: Poemas murais: "Quadro antigo," "Não sou o herói do dia," "Morfeu"; In: O arranhacéu de vidro: "Meu pai foi rei," "Gas Lacrimogêneo," "Paulirismo," "O avião e o gavião."

Bandeira e Cavalheiro, 280-281; Brito, Panorama, VI, 72-79; Coutinho, Antologia, II 197-186; Goes, Panorama, 110-112; Kopke, 53, 78, 131, 241, 244,

245; Lisboa, Antologia, 22-23; Moisés, Textos, 414-420; Murici,   A nova
literatura, 46-47; Orico, Poetas del Brasil, 181-182; Perez, 109-112.

Principal Works:

Poetry:
Dentro da noite (S. Paulo, 1915)
Evangelho de Pã (S. Paulo, 1917)
Jardim das Hespérides (S. Paulo, 1920)
Atalanta (A mentirosa de olhos verdes) (S. Paulo, 1923)
A frauta de Pã [ed. aumentada de *Evangelho de Pã*] (S. Paulo, 1925)
Borrões de verde e amarelo (S. Paulo, 1926)
Vamos caçar papagaios (S. Paulo, 1926)
Martim Cererê (S. Paulo, 1928)
Canções da minha ternura (S. Paulo, 1930)
Deixa estar, jacaré! (S. Paulo, 1931)
O sangue das horas [antologia] (Rio, 1943)
Um dia depois do outro (S. Paulo, 1947)
A face perdida (Rio, 1950)
Poemas murais (S. Paulo, 1950)
Vinte e cinco sonetos (Niterói, 1952)
Meu caminho até ontem [antologia] (S. Paulo, 1955)
O arranha-céu de vidro 1954 (Rio, 1956)
João Torto e a fábula (Rio, 1956)
Poesias completas (Rio, 1957)
A difícil manhã (Rio, 1960)
Montanha russa (Rio, 1960)
Antologia poética (Rio, 1964)
Jeremias sem chorar (Rio, 1964)
Os sobreviventes (Rio, 1971)

Prose:
O Brasil no original [ensaio] (S. Paulo, 1936)
O negro na bandeira [ensaio] (1938)
A Academia e a poesia moderna [ensaio] (S. Paulo, 1939)
Pedro Luís visto pelos modernos [conferência] (1939)
Marcha para o oeste [ensaio] (Rio, 1940)
A Academia e a língua brasileira [ensaio] (1943)
A poesia na técnica do romance [conferência] (Rio, 1953)
O Tratado de Petrópolis [estudo histórico; 2 vols] (Rio, 1954)
Pequeno ensaio de bandeirologia (Rio, 1956)
O homem cordial [ensaios] (Rio, 1959)
Algumas reflexões sobre poesia de vanguarda (Rio, 1964)
O Indianismo de Gonçalves Dias (S. Paulo, 1964)
22 e a poesia de hoje (Rio, 1964)
Poesia praxis e 22 (Rio, 1966)
Viagem no tempo e no espaço [memórias] (Rio, 1970)

PAPAGAIO GAIO

Papagaio insensato,
quem te fez assim?
Que não sabes falar
brasileiro
e já sabes latim?

Papagaio insensato,
ave agreste, do mato,
que diabo em ti existe,
verde-gaio
que nunca estás triste?

Papagaio do mato,
se nunca estás triste,
quem foi que te ensinou,
por maldade,
a palavra saudade?

Papagaio triste,
papagaio gaio,
quem te fez tão triste
e tão gaio,
triste mas verde-gaio?

Papagaio gaio
quem te ensinou, em meio
do mato, a repetir,
papagaio,
tanto nome feio?

Gaio papagaio,
gaio, gaio, gaio,
que repetes tudo. . .
Antes fosses
um pássaro mudo.

Papagaio do mato,
se nunca estás triste,
quem foi que te ensinou,
por maldade,
a palavra saudade?

Papagaio gaio.
Gaio, gaio, gaio.

[Poesias completas. Rio, J. Olímpio, 1957. 48-49.]

GOSTOSURA

O gosto do seu beijo
é melhor do que o gosto
de uma jabuticaba daquelas
que estalam na boca da gente.
Fica vivendo na esperança
de mais outro, outro mais.

Porque o mal do seu beijo
não é o de ser tão quente
nem o de estalar feito fruta
na boca da gente

O único mal do seu beijo
é ser gostoso demais.

O primeiro quer o segundo,
o segundo quer o terceiro,
um puxa outro, outro mais,
e assim o que vem primeiro
dá esperança de outro mais,
este outro já tem saudade
do que foi dado primeiro:

o único mal do seu beijo
é ser gostoso demais. . .

[Poesias completas. Rio, J. Olímpio, 1957. 66.]

SANGUE AFRICANO

Ó meu Pai-João, por que choraste?
Olhei o negro velho, ao clarão da fogueira,
e pareceu-me ver a noite em forma humana;
e pareceu-me ver a saudade africana
crucificada numa noite brasileira. . .

Lá fora, no terreiro da fazenda,
a dança trágica e noctâmbula dos pretos,
de sarabanda em bamboleios de perna bamba
no resmungo sem fim do bumbo ou do urucungo

no arrasta-pé grosseiro e fúnebre do samba
que retumba na noite lúgubre que descamba:
é o choro surdo e entrecortado do batuque,
no bate-pé que enche de assombro o próprio chão. . .
E a lua alvíssima derramada na restinga
pinta de cal toda a paisagem de carvão;
nas casas de sapé, nas moitas de caatinga,
pinga na sombra qualquer coisa de mandinga
e assombração.

Ó meu Pai-João, eu sei de toda a tua história.
Quando o navio alçou o pano ao vento da África,
algemaram-te as mãos em cadeias de chumbo;
e, no porão, olhando os astros, noite em fora,
quanta vez escutaste o longínquo retumbo
do oceano a estrangular as praias sem aurora
como um negro quebrando as cadeias de chumbo!
Depois. . . os cafezais, os eitos, ó contraste!
Por entre moitas, espraiados e barrancas,
baixou a noite dos cativos e ficaste
crucificado numa cruz de estrelas brancas!

Depois, fugiste ao cativeiro;
fundaste, à sombra dos palmares,
tua cidade livre, e com o teu próprio sangue
semeaste a redenção do solo brasileiro.

Depois. . . a tua redenção.

Depois que as tuas lágrimas
já se haviam juntado ao nosso coração;
e que o teu sangue já se havia derramado
nas raízes da raça enterradas no chão. . .

Tu tens razão. . . tu tens razão.
Não há nada que mais me oprima ou me machuque
o coração de brasileiro, ó meu Pai-João,
do que ouvir, pela noite negra, que foi sempre
a doce mãe dos pretos sem história,
com o seu leite de luar e o seu luto de glória,
ouvir o choro surdo, sapateado e entrecortado do batuque!

Ó meu Pai-João, por que choraste?

E ele nem me voltou o rosto de carvão.
Como um grito de dor, dentro do coração,

pareceu-lhe escutar o clamor da senzala.
E grandes lágrimas de opala
lhe estrelaram a face negra, à hora do jongo,
como se o pobre preto, em sua noite escura,
conseguisse acender as estrelas do Congo. . .

[Poesias completas. Rio, J. Olímpio, 1957. 72-73.]

PRESENTEMENTE

Moro na estaçãozinha
buliçosa de gente.
Nome: Presentemente.

Se chega uma andorinha
e pousa em meu telhado
será por inocência.
De que país distante
ela terá chegado?

Quando alguém chega e bate
à minha triste porta
será por ser um pobre,
ou jovial rapariga.
Pobre, dou-lhe algum cobre;
rapariga que seja,
dou-lhe uma flor antiga.

Somos irmãos na mágoa.
Somos irmãos porque,
na pequena poesia
do vaivém cotidiano
ocorrem tais encontros
de tristeza e alegria.
E, juntos, assistimos
ao mesmo fato humano
que umas vezes nos liga
e outras vezes porque,
só por acaso, ouvimos
uma mesma cantiga.

Nome: Presentemente.

[Poesias completas. Rio, J. Olímpio, 1957. 237-238.]

RELÓGIO

Diante de coisa tão doída
conservemo-nos serenos.

Cada minuto de vida
nunca é mais, é sempre menos.

Ser é apenas uma face
do não ser, e não do ser.

Desde o instante em que se nasce
já se começa a morrer.

[Poesias completas. Rio, J. Olímpio, 1957. 247.]

BALADA DO DESENCONTRO

Ó tu que vens por um caminho
quando eu vou por outro, sozinho.
Já que se deu o desencontro
entre o meu ir e a tua vinda
quisera encontrar a paragem
onde os caminhos se confundem
num só, ou vagar no deserto,
para ver se te encontro ainda.

Se os caminhos são tão contrários
e tão diversos na esperança,
que a mão de Deus não os destrança
(segredos que ninguém deslinda)
então, quisera correr mundo,
os pés sem nenhum compromisso,
assim como os anjos e os pássaros
para ver se te encontro ainda.

Ah, muitas vezes vou vagando,
de rua em rua, sob a lua,
pelo prazer de andar à toa,
dentro de mágica berlinda,
de braço dado com a garoa,
a noiva dos desencontrados,

e vago assim, à toa, à toa,
para ver se te encontro ainda.

Será feliz o andar à toa,
sem estar preso a chão e espaço?
Sem decidir entre os deveres
com que o mundo feroz me brinda?
Cair na lama, a cada passo?
Beber escórias e licores
que fazem sonhar paraísos
para ver se te encontro ainda?

Ó tu que vens por um caminho
quando eu vou por outro, sozinho.
Dize-me: que estrela ou planeta
será o em que devo encontrar-te?
Sei que esta viagem está finda;
mas, por mercê de Deus, por arte
da noiva dos desencontrados,
quero ver se te encontro ainda!

[Poesias completas. Rio, J. Olímpio, 1957. 266-267.]

ODE MAIS OU MENOS ANACREÔNTICA

Duas fragilidades.
A mulher e a rosa
Como separá-las?
Ou ferir a mulher
ou, para não feri-la,
desfolhar a rosa.
Não é fácil, não.
Arrancar-se a rosa
a uma jovem formosa
que a segura na mão.
Uma e outra são
rostos de uma só arte.
Como distinguir
o orvalho que uma tem
nos pequenos refolhos
e a outra tem nos olhos?
Como destacar

dois perfumes gêmeos?
A rosa do seu rosto
junto ao rosto da rosa?
Como separá-las?
Ou ferir a mulher
ou desfolhar a rosa.

[Poesias completas. Rio, J. Olímpio, 1957. 285.]

GEOMETRIA CIVIL

Eu tenho um corpo
feito de barro vil
mas cheio de deveres
e obediência civil.

Sou um transeunte
em dia com o código
da ética pedestre.
Não raro invento dívidas
só pelo prazer
de saldá-las, lesto,
antes do protesto.
Para depois entrar
entre festões vermelhos
num salão de baile
cumprimentando-me cordialmente
nos espelhos.

Exato no meu fato
azul, sob medida;
exato na cesura
de um verso alexandrino;
exato se combino
um encontro de dois,
pois chego à hora certa,
nem antes nem depois.

Exato—se procuro
te beijar no escuro
não erro a tua boca
entre os pontos cardeais

de minha geografia
amorosa;
enfim, sou tão exato
como é o número
do meu sapato.

Sofro, também, de ordem.
Da irrecorrível ordem
que aceitei por herança.
Em vão as vespas
da revolução me mordem.
Minha geometria
é uma coisa viva
feita de carne e osso.
Um ângulo quebrado
logo escorre sangue.
Todo o meu futuro
é um retângulo obscuro. . . .

Estes meus dois braços
são linhas paralelas
que se cruzarão em viagem
para algum infinito.
A lua, esfera fria,
me ensinou, em garoto,
a riscar bolas de ouro,
sem compasso,
na aula de geometria.

Ah, eu sofro de ordem,
mas em vão;
pois não ganhei, com isso,
nenhum laurel, comenda,
ou condecoração.
E nem pertenço à Ordem
do Cruzeiro.

Pertenço — e é só — à ordem
em que estão colocadas,
no céu, as estrelas,
E à outra ordem —
a em que, no futuro,
estarão colocadas,
em redor do meu corpo,
quatro velas acesas. . .

[Poesias completas. Rio, J. Olímpio, 1957. 288-290.]

BALADA DA 7ª FEIRA

Eu nunca tive sábado.
Só tive sétima feira.
Eu nunca tive vésperas
da alegria ou da tristeza.
A alegria que eu tive
me veio sem prévio aviso;
foi um domingo sem sábado,
uma rosa sem botão.
Uma cheia sem crescente.
Esperança sem espera.
Outono sem primavera.

Eu passei pela vida
nos comícios, nos jornais,
nas reuniões do sindicato,
pedindo a semana inglesa.
Lembro-me de que dizia:
sábado é o sol que assobia,
domingo é pássaro manso.
O próprio rio que corre
sem parar, de noite e dia,
tem o seu sábado de alegria,
seu domingo de remanso.

Eu sou muito da terra,
no domingo do interlagos;
só no sábado sou inglês.

Mas eu nunca tive sábado
— foi a lei da criação —
só tive sétima feira.
A alegria me foi sempre
por batalhar sempre em vão,
na reclamação do justo,
uma alegria sem sábado,
uma rosa sem botão.

[Poesias completas. Rio, J. Olímpio, 1957. 381-382.]

MORFEU

I

O sonho, o único deus que habita
a nossa casa — a única memória
de que tivemos asa —
e ainda nos corrige
— enquanto estamos aparentemente mortos —
o que há de maldição em nosso corpo.

Sob a anestesia do sono, enquanto
somos horizontais,
como numa noturna
mesa de operação.
Ele afeiçoa, com o buril de pluma, a estátua
que está dormindo.

Para que continuemos a ver, não apenas
a vida, que é o real
(a noite é o cemitério das palavras)
mas algo além de nós,
e apesar de nós.

II

E porque o sonho é a imagem da poesia
e o dormir é da morte ser irmão.
Orfeu só se separa de Morfeu
por um M secreto.
Por um M que só o morto sabe
depois de ignorar tudo.
(Por ser labial, e mudo.)

[Poesias completas. Rio, J. Olímpio, 1957. 536-537.]

MEU PAI FOI REI

Repousei porque abdiquei
Fernando Pessoa

Todos gritarão
que não foi, que não foi.

E me jogarão pedras,
bem o sei;
que essa é a grande lei.

Mas meu pai foi rei.
Não porque tivesse
uma coroa de ouro
na cabeça insensata,
mas pela grande lei
da lua ser de prata.

Ah, o meu pai foi rei.
(Rei tu és, rei eu sou.)
Quem de nós não foi rei
só porque abdicou?

Ah, o meu pai foi rei.
Muito mais do que o rei
Salomão.
Porque o não foi por ter
rubis e esmeraldas
e um cetro na mão,
mas só porque assinou
sua abdicação.

Não o rei de espadas
numa mesa de jogo,
mas o rei de não ter,
após ter tido tudo
senão um coração
e um pássaro na mão.

Ah, o meu pai foi rei.
Mas rei só porque pôde
dizer: ó onipotente,
tuas estrelas são
o teu suor de viagem
mas eu suei estrelas
carregando pedras
para a minha paisagem.

Rei, mas não do mar,
nem d. Sebastião,
mas de assim exclamar:
ó oceano,
tu não me intimidas

com a tua grandeza.
Maior que tu é a lágrima
que chorei hoje, à hora
da abdicação.

Rei de me haver dito:
olha, meu filho, arranca,
ao teu próprio corpo,
(como a um malmequer
uma pétala branca)
o teu único bem
em favor de alguém
a quem faças feliz,
sem que esse alguém, sequer,
o saiba, e serás rei.
E dirás: fui rei,
só porque abdiquei.

Ah, o meu pai foi rei!
(Rei tu és, rei eu sou.)
Quem de nós não foi rei
só porque abdicou?
Quem de nós não foi rei
só porque renunciou
(anônimo suicida)
ao que mais quis na vida?

Todos gritarão
que não foi, que não foi.
E me jogarão pedras,
bem o sei;
que essa é a grande lei.
Não importa, não.
Muito maior que um reino
é uma abdicação.

[Poesias completas. Rio, J. Olímpio, 1957. 620-622.]

PANLIRISMO

A Carlos Pinto Alves

Sou noivo das coisas
que amo com os olhos.

Sou irmão dos lírios
toda vez que a justiça
me declara inocente.

Sou primo da estrela
e filho de Deus.
Neto de algum marujo
que veio do Atlântico
e que viaja, agora,
pelos riachos rubros
do meu coração.

Sou local, pelos pés.
Pássaro universal
pelo pensamento.
Há um espelho mútuo
entre mim e as coisas.
Um eco ferido
entre mim e o vento.

[Poesias completas. Rio, J. Olímpio, 1957. 635.]

MARTIM CERERÊ
(Fragments)
DECLARAÇÃO DE AMOR

Eu vim do mar!   sou filho de outra raça.
Para servir meu rei andei à caça.
de mundos nunca vistos nem sonhados,
por mares nunca de outrem navegados.
Ora de braço dado com a procela,
ora a brigar com ventos malcriados.
Trago uma cruz de sangue em cada vela!

Na crista da onda, em meio do escarcéu,
na solidão azulada e redonda,
quanta vez me afundei no inferno d'água
ou com a cabeça fui bater no céu!
Simples brinquedo em mãos da tempestade
fabulosa ambição me trouxe aqui.

A ambição pode mais do que a saudade. . .
Ambas me foram ver, quando eu parti.

A saudade abraçou-me, tão sincera,
soluçando, no adeus do nunca-mais.

A ambição de olhar verde, junto ao cais,
me disse: vai que eu fico à tua espera!

E agora, ó Uiara, eu sou um rouxinol.
Épico só no mar, lírico em terra,
quero gorjear à beira do regato
e o teu beijo colher, fruta do mato,
no teu corpo pagão, quente de sol.
E agarrar-me aos teus seios matutinos,
nauta que amou centenas e centenas
de ondas em fúria e veio naufragar,
depois de tudo, em duas ondas morenas,
que valem mais, em sendo duas apenas,
do que todas as ondas que há no mar.
Que importa a nós as brejaúvas más,
na virgindade insólita onde fechas
o teu supremo bem — ínvio tesouro,
vigiado pelas onças de olhos de ouro —
guardem seus cachos roxos entre flechas
e eu beba a água que o sertão me traz
nas folhas grossas dos caraguatás?

Que importa, no ar, papagaios em bando,
ou araras pintadas, dêem risadas,
por nos verem assim, falando a sós,
tu da cor da manhã, eu cor do dia,
se os pássaros do amor e da alegria
a todo instante pousarão cantando
nas coisas que te digo, em minha voz?
Eu vim do mar! sou filho da procela.
Trago uma cruz de sangue em cada vela.
Para sentir a glória de te amar,
lobo do oceano acostumado a tudo,
épico só no mar, lírico em terra,
estenderei o couro de um jaguar
sobre este chão que ficará um veludo
mais verde, mais macio do que o mar. . .
No mar, o bravo peito lusitano.
Em terra o amor em primeiro lugar.

E tão grande há de ser a nossa luta
sobre o leito trançado de cipós,
que a Noite cairá, pesada e bruta,
suando pingos de estrelas sobre nós!

[Martim Cererê. 11a. ed. S. Paulo, Saraiva, 1962. 48-50.]

METAMORFOSE

Meu avô foi buscar prata
mas a prata virou índio.

Meu avô foi buscar índio
mas o índio virou ouro.

Meu avô foi buscar ouro
mas o ouro virou terra.

Meu avô foi buscar terra
e a terra virou fronteira.

Meu avô, ainda intrigado,
foi modelar a fronteira:

E o Brasil tomou forma de harpa.

[Martim Cererê. 11a. ed. S. Paulo, Saraiva, 1962. 190-191.]

EXORTAÇÃO

Ó louro imigrante
que trazes a enxada ao ombro
e, nos remendos da roupa,
o mapa de todas as pátrias.

Sobe comigo a este píncaro
e olha a manhã brasileira,
    dentro da serra,
nascida da própria terra.

Homens filhos do sol (os índios)
homens filhos do mar (os lusos)
homens filhos da noite (os pretos)
aqui vieram sofrer, sonhar.

Naquele palmar tristonho
que vês ao longe os profetas
    da liberdade

anticiparam o meu sonho.
Mais longe, o sertão imortal:
foi onde o conquistador
fundou o país da Esperança.
Naquele rio aguadouro
ainda mora a mulher verde
olhos de ouro.
Naquela serra azulada
nasceu Iracema,
a virgem dos lábios de mel.
Lá, mais ao fulgor do trópico,
o cearense indomável
segura o sol pelas crinas
no chão revel.

Ao sul, na paisagem escampa,
o gaúcho vigia a fronteira
montado no seu corcel.
o gaúcho que vê, ao nascer,
a verde bandeira da pátria
estendida no pampa.

Ó irmão louro,
toma agora a tua enxada
e planta a semente de ouro
na terra de esmeralda.
E terás, no chão em flor,
a emoção
do descobridor.

[Martim Cererê. 11a. ed. S. Paulo, Saraiva, 1962. 229-231.]

References:

Albuquerque, Medeiros e. Páginas de crítica. Rio. 1920.
Bastide, Roger. "Cassiano Ricardo." Letras e Artes, 21, 28 set 1947.
Brito, Mário da Silva. Preface to: Meu caminho até ontem. São Paulo, 1956.
_____ . Preface to: Montanha russa. Rio, 1960.
Chamie, Mário. Palavra-levantamento na poesia de Cassiano Ricardo. Rio, São
    José. 1963.
Coelho, Nelly Novais. "As 'Memórias' de Cassiano Ricardo." Colóquio, 1 (1971)
    78-80.

Correia, Nereu. A poesia e a prosa de Cassiano Ricardo. São Paulo, Conselho Estadual de Cultura, 1970.

Ferreira, Jerusa Pires. "Cassiano Ricardo e a gesta bandeirante." O Estado de São Paulo, 5 set 1970.

_____. "Notícia de Martim Cererê." São Paulo, Conselho Estadual de Cultura, 1970.

Faria, Idelma Ribeiro de. Cantata em dois tempos. 1965.

Genofre, Edmundo de. A poesia de Cassiano Ricardo. Poços de Caldas, 1963.

Ivo, Ledo. Preface to: O difícil amanhã. Rio, 1960.

Lima, Alceu Amoroso. Estudos. I, 86-93.

Lins, Álvaro. VI, 29-40.

Lins, Evan. "Marcha para o oeste." O Estado de São Paulo, 16 mai 1971.

Mariano, Oswaldo. Estudo sobre a poética de Cassiano Ricardo. 1965.

Marques, Oswaldino. O laboratório poético de Cassiano Ricardo. Rio, Civilização Brasileira, 1962.

Milliet. Diário. V, 126-133.

_____. Panorama. 25-33.

Miranda. 95-103.

Morais Neto, Prudente de. "Cassiano Ricardo." Revista do Brasil, 2a. fase, 1:5 (15 nov 1926) 30-31.

Murici. A nova literatura. 45-46.

Nunes, Cassiano. Breves Estudos. 113-135.

_____. Retrato e espelho. Rio, 1971.

Olinto. Cadernos. 171-174.

Perez. I, 101-107.

Pimentel, Osmar. 39-56.

Portela. Dimensões. I.

Ramos, Péricles Eugênio da Silva. "O modernismo na poesia." In: Coutinho. A literatura. III (1), 527-533.

Ribeiro. Os modernos. 135-138.

_____. "Vamos caçar papagaios." Jornal do Brasil, 16 abr 1922.

Ricardo, Cassiano. "Jerusa, Nunese e 'Martim Cererê'." O Estado de São Paulo, 4 abr 1971.

Silva, Domingos Carvalho da. "Reflexões sobre a poesia de Cassiano Ricardo." Letras e Artes, 21 out 1951.

Simões, João Gaspar. "Uma interpretação da mensagem de Cassiano Ricardo." Letras e Artes, 18 fev 1951.

Raul Bopp

(1898-   )

The poet Raul Bopp was born in Pinhal, Rio Grande do Sul, August 4, 1898. His intellectual activity gradually moved from journalism to poetry and finally to economics, because of the obligations of a diplomatic career which permitted him to travel widely throughout Brazil, the Rio de la Plata and the Andean countries of Spanish America, Asia, Europe, and the United States. Exile to Amazônia because of his youthful political activities let him acquire the knowledge about the land, the people and their customs that he subsequently was to use so effectively in his poem *Cobra Norato* (1928).

As a foreign service officer he was stationed from 1932 to 1941 in Japan, serving the next four years in Los Angeles, California, the city in which he married. Beginning in 1938 he held the post of Director of the Secretariat of the Federal Council on Foreign Trade. Since that time Minister Bopp, now retired, held diplomatic posts in European and Latin American capitals, and served in the Itamarati itself.

Critical Commentary:

Although frequently sceptical, Raul Bopp has a strong humanitarian sense and many of his poems are prompted by a feeling of pity for and solidarity with victims of social injustice, particularly Indians, Negroes, and, in later years, simple European laborers. Early on he was active in the Verde-Amarelista, Antropofagista, and Anta movements of Modernism, and his patriotic concern for the development of Brazil, along with certain unmistakable political attitudes that underscored his impatience with his country's advancement rate, demonstrate an inclination to approve strong measures to effect progress in that sphere.

Bopp has a vivid imagination and utilizes a high degree of impressionism, particularly in the psychological perspectives and rhythms he employs, as he puts both traditional and free verse forms at the service of fanciful, folkloric, and popular themes set in a uniquely Brazilian tropical context.

Cobra Norato (1928) must stand beside *Macunaíma* by Mário de Andrade as one of Modernism's most interesting literary experiments. Psychologically and

111

structurally Neo-Romantic, as was much of the work produced by the first generation Modernists, it is fairy tale-like, an oneiric rhapsody that focusses on the exotic and mysterious Indian haunts of the yet unfathomed Amazonian jungle region. Combining hallucinatory visions with seductive sound images, the poet sentimentally evokes and patriotically exalts his native land. The candidly amorous, primitive nature of the Amazonian world depicted spills over onto the language. The latter, very Brazilian, is popular in tone, suggestively sensual and generally imitative of that used by children and the unlettered, and it joins dialogue and thematic inventiveness to lend movement and drama to the poem. Revisions have rendered *Cobra Norato* less delirious (Bopp says: "para mim vale como a tragédia da maleita, cocaína amazônica"), and tenderer in its sensuality. As the name would indicate, *Urucungo* (1933) is mainly an evocation of the Afro-Brazilian world. Some of Bopp's shorter poems are highly satirical and many continue the strong erotic spirit evident in his longer compositions.

Selected Reading and Other Texts:

Selections from: Cobra Norato: "Princípio," "História," "Herança," "Serapião," "Caboclo," "Consulado," "Versos de um cônsul".

Bandeira and Cavalheiro, 295-297; Coutinho, Antologia, II, 194-196; Kopke, 63, 83, 107; Lisboa, Antologia, 28-29; Orico, 208; Murici, A nova literatura, 139-142.

Principal Works:

Cobra Norato, nheengatu da margem esquerda do Amazonas (S. Paulo, 1931)
Urucungo (Rio, 1933)
Cobra Norato e outros poemas (Rio, 1956)
Movimentos modernistas no Brasil (Rio, 1966)
Memórias de um embaixador (Rio, 1968)

COBRA NORATO

Para Tarsila

I

Um dia
Ainda eu hei de morar nas terras do Sem-fim.

Vou andando caminhando caminhando.
Me misturo no ventre do mato, mordendo raízes.
Depois
faço pussanga de flor de tajá de lagoa
e mando chamar a Cobra Norato.

—Quero contar-te uma história:
Vamos passear naquelas ilhas decotadas?
Faz de conta que há luar.

A noite chega mansinho
Estrelas conversam em voz baixa.
Brinco, então, de amarrar uma fita no pescoço
e estrangulo a cobra.

Agora sim.
Me enfio nessa pele de seda elástica
e saio a correr mundo:

Vou visitar a rainha Luzia.
Quero me casar com sua filha.

—Então você tem que apagar os olhos primeiro.

O sono desceu pelas pálpebras pesadas.
Um chão de lama rouba a força dos meus passos.

II

Começa agora a floresta cifrada.

A sombra escondeu as árvores.
Sapos beiçudos espiam no escuro.

Aqui, um pedaço de mato está de castigo.
Arvorezinhas acocoram-se no charco.
Um fio de água atrasada lambe a lama.

—Eu quero é ver a filha da rainha Luzia!

Agora são os rios afogados
bebendo o caminho.
A água vai chorando afundando afundando.

Lá adiante,
a areia guardou os rastos da filha da rainha Luzia.

Agora sim

vou ver a filha da rainha Luzia.
Mas antes tem que passar por sete portas,
Ver sete mulheres brancas, de ventres despovoados,
guardadas por um jacaré.

—Eu só quero a filha da rainha Luzia.

Tem que entregar a sombra para o bicho do fundo.
Tem que fazer mironga na lua nova.
Tem que beber três gotas de sangue.

—Ah, só se for da filha da rainha Luzia!
A selva imensa está com insônia.

Bocejam árvores sonolentas.
Ai, que a noite secou. A água do rio se quebrou.
Tenho que ir-me embora.

E me sumo sem rumo no fundo do mato,
onde as velhas árvores grávidas cochilam.

De todos os lados me chamam:
—Onde vais, Cobra Norato?
Tenho aqui três arvorezinhas jovens à tua espera.

—Não posso.
Eu hoje vou domir com a filha da rainha Luzia.

. . . .

[Cobra norato e outros poemas. 6a. ed. Rio,
São José, 1956. 19-21.]

PRINCÍPIO

No princípio era sol sol sol.

O Amazonas ainda não estava pronto.
As águas atrasadas derramavam-se em desordem pelo mato.

O rio bebia a floresta.

Depois veio a Cobra Grande. Amassou a terra elástica,
e pediu para chamar sono.
Então as árvores enfastiadas de sol combinaram silêncio:
A floresta imensa chocando um ovo!

Cobra Grande teve uma filha. Ficou moça.
Um dia ela disse que queria conhecer homem.
Mas não encontraram rasto de homem.

Então começaram a adivinhar horizontes
e mandaram buscar de muito longe um moço.

Ai, que houve festa na floresta!

Mas a filha da Cobra Grande não queria dormir com o noivo
porque naquele tempo não havia noite.
A noite estava escondida atrás da selva, num caroço.

—Ah! mas então vamos buscar a noite de presente,
Veio o sapo. Jabuti veio também.
Camelião estava esperando sono.
A onça não pôde vir porque tinha emprestado os sapatos.

Andaram. Andaram.

As vozes iam na frente, procurando o caminho.
Desembarcavam árvores. Raízes furavam a lama.

A floresta crescia.

Camelião pediu fôlego.
Sapo assoprou na barriga.

Chô, que depois de muito andar chegaram.

—Esta é que é a noite? — Será mesmo a noite?
—Ah, não acredito.
—Então vamos espiar o que está dentro do caroço.

Houve um estouro imenso.

A floresta inchou.
Árvores saíram correndo.
Um pedaço da noite entrou na barriga do sapo.

Então a filha da Cobra Grande fez dormezinho no escuro. . .

[Cobra norato e outros poemas. 6a. ed. Rio,
São José, 1956. 73-74.]

HERANÇA

—Vamos brincar de Brasil?   Mais sou eu quem manda.
Vou ser o dono das terras.
Quero morar numa casa grande.
. . .Começou desse jeito a nossa história.

Negro fez papel de sombra.
E foram chegando soldados e frades.
Trouxeram leis os Dez Mandamentos.

Jabuti perguntou: — "Ora, é só isso? "

Depois
vieram as mulheres do próximo.
Vieram os imigrantes com alma a retalho.

Brasil subiu até a 10° andar.
Litoral riu com os motores.

Subúrbio confraternizou com a cidade.
Negro coçou piano e fez música.

Vira-bosta mudou de vida.
Maitacas se instalaram no alto dos galhos.

No interior,
o Brasil continua desconfiado.
A serra morde as carretas.
Povo puxa bendito pra vir chuva.

De vez em quando há mais um caso:
Na baixa do morro,
mataram um homem de tocaia. Coitado!
Diz-que um porco entrou na roça do vizinho.

Houve noite de reza e cata-piolho.

Nas bandas do cemitério,
cachorro magro sem dono uiva sozinho.

De vez em quando
Mula-sem-cabeça sobe a serra
ver o Brasil como vai. . .

[Cobra norato e outros poemas. 6a. ed. Rio,
São José, 1956. 80-81.]

CABOCLO

Caboclo João-sem-terra triste
fica sentado à porta do rancho.
Fuma.
Não conversa com a mulher.

Os olhos endureceram
naquela solidão da linha do mato
mutilado a machado.

O escuro apaga as árvores.
Fogo desanimou na cozinha.

Mia um gatinho magro no terreiro:
M i s é r i a.

Queixam-se os sapos
naquele silêncio enorme.

Nada lhe adoça os pensamentos apagados,
alma copiada pela geografia.

Cresce a área das derrubadas,
áspera, eriçada de tocos de árvores.

João-sem-terra cisma
dentro do seu horizonte limitado pela linha do mato.
Fuma o cigarro lento. . .
M i s é r i a.

[Cobra norato e outros poemas. 6a. ed. Rio,
São José, 1956. 88.]

References:

Andrade, Carlos Drummond de. "A volta de Raul Bopp." Correio da Manhã, Rio, 17 ago 1947.
_____ . Passeio, 184-188.
Bandeira. Apresentação. 150.
_____ e Carvalho. 150-151.
Bear. 63-64.
Cristóvão, Fernando. "Todo o mistério da Amazônia num poema: Cobra Norato." Broteria, 90 (1970) 588-612.

Facó, Américo. "Poesias das terras do sem fim." In: Cobra Norato e outros poemas. Rio, Bloch, 1951.

Garcia, Oton Moacir. "Cobra Norato: o poema e o mito." Rio, São José, 1962.

Leão, Múcio. "Cobra Norato." Jornal do Brasil, 2 mai 1934.

_____. "Urucungo." Jornal do Brasil, 22 jul 1933.

Lins, Álvaro. VI, 37-40.

Meyer, Augusto. "Nota preliminar." In: Cobra Norato e outros poemas. Rio, Bloch, 1951.

Murici. A nova literatura. 136-139.

Proença, Manuel Cavalcanti. Estudos. 474-478.

Ramos, Péricles Eugênio da Silva. In: Coutinho. A literatura. III, 534-537.

Ribeiro, João. "Cobra Norato." Jornal do Brasil, 23 dez 1931. Also in: Os modernos. 203.

Vidal, Ademar. "A propósito de Cobra Norato." Boletim do Ariel, 1:4 (jan 1932) 4.

Cecília Meireles

(1901-1964)

Modernism's outstanding poetess, Cecília Meireles, was born in Rio de Janeiro on November 7, 1901. Her father, Carlos Alberto de Carvalho Meireles, was a Bank of Brazil employee, and her mother, Matilde Benevides Meireles, was a primary school teacher. Since both parents died before she was three, she was brought up by her maternal grandmother, a native of the Azores. Upon graduation from primary school in 1910, she was presented a gold medal for outstanding work by the Federal District school inspector, Olavo Bilac. Before graduating from the Escola Normal in 1917, she had already studied languages and attended the Conservatório de Música, where she was interested in voice and the violin. Always a solitary child, she learned to read at an early age, and composed verses and little songs for her own entertainment when yet in grade school. As an adolescent she became engrossed with the Orient, an interest that never flagged. During her teaching career she was very active in the literary world and in journalism, writing particularly for the Rio papers, *Diário de Notícias* and *A Manhã*. *Espectros*, her first book of poetry, was published in 1919. From 1930 to 1934 she wrote a daily page in *Diário de Notícias* devoted to the teaching profession. In the latter year she founded the Biblioteca Infantil, the first of its kind in Brazil; it lasted four years and was the forerunner of many other children's libraries. Also in 1934 she lectured on Brazilian literature at the Universities of Lisbon and Coimbra at the request of the Portuguese government. The following year she lectured on Luzo-Brazilian literature in the newly founded Universidade do Distrito Federal. From 1936 to 1938 she lectured on literary criticism and technique and gave a number of extra-curricular courses on comparative and Oriental literature as well. In 1938 *Viagem* won the poetry prize of the Brazilian Academy of Letters. In 1957 she gave an extra-curricular course in the Fundação Dulcina on Oriental literature with emphasis on the theater. The year 1940 saw her at the University of Texas lecturing on Brazilian culture and literature. She later went on trips of cultural exchange to Mexico, Uruguay, and Argentina in 1944, to Europe and the Azores in 1951, to India, Goa, and

Europe in 1953, to Puerto Rico in 1957, and to Israel in 1958. Between 1942 and 1944 she published in *A Manhã* important studies on children's folklore, a field in which she was a recognized expert and served as secretary of the Primeiro Congresso Nacional de Folclore in 1951. Among the honors she received are: honorary membership in the Gabinete Português de Leitura of Rio de Janeiro, and the Instituto Vasco de Gama of Goa, an honorary doctorate from the University of Delhi, India, and the Orden de Mérito of Chile in 1952. In 1962 she was awarded the Jabuti Prize by the Câmara Brasileira do Livro as the best translator of the year.

Twice nominated for the Nobel Prize, she was in her lifetime Brazil's best-known poet in Portugal. Death came to her November 9, 1964. She is survived by three daughters.

Critical Commentary:

Cecília Meireles' poetry, largely confession and song, is timeless, classically serene, harmonious, and musical. It is noble and discrete, and yet airy, delicate, fluid and suave, and infused with palpable feminine delicateness and tenderness. All about it lies an air of absence—a mystical remoteness—as if she were outside the world looking in. Her feelings and thoughts are translated pictorially through the outside world, and not infrequently take the form of soliloquies. Although she often attains high metaphysical reaches, her thought is neither especially deep nor abstract. The wide variety of meters used in some of her earlier works was unique in Brazil at the time. But as the years went by, she became more and more fond of the popular *romance*, whose short lines enhance the impression of spontaneity and naturalness so much a part of all her verse.

Her poetry reveals two notable developments. Thematically, she moved from an initial strong interest in formal religion to a more personal, introspective, melancholy verse that took on a mystical character. Doubt arose and cynicism grew. Led close to despair, she remained uncomplaining. Such is the majority of her work. In addition she wrote some travel-inspired, descriptive poetry which is quite unlike her principal manner. The *Romanceiro da Inconfidência,* her penultimate poetic mode, is particularly noteworthy, for in it she produced some of her most successful and original verse. Turning her gaze toward her nation's history, she was fascinated by the eighteenth century revolutionary movement in Minas Gerais called the *Inconfidência Mineira* or *Conjuração Mineira.* In later years she once more took up religious themes, specifically hagiography, and recreated in verse the lives of Santa Clara and Santa Cecília. Her last important literary mode is found in *Giroflê, giroflá,* childhood reminiscences portrayed in poetic prose.

As to formal development, the poetess began by writing religiously inspired Parnassian sonnets, then took up somewhat freer forms (greater emphasis on suggestion and vaguer religious motifs) animated by Symbolism. From there she adopted something of a midway position between conventional metrics, as found in Parnassianism, Symbolism, and traditional Portuguese lyricism and rhetoric, and Modernist poetry. The culmination of this synthesis resulted in works noteworthy for the suggestiveness, musicality, and fluidity that characterize the technically mature Cecília Meireles. For her last major style she adopted poetic prose.

Although her first published poetry dates from 1919, it was not until 1937, when she was awarded the Academy's poetry prize with *Viagem*, that she gained wide recognition. The fact that it is the earliest work included in the collected *Obra poética* (1958) defines her own evaluation of the works that preceded it. If *Viagem* marks the first long stride toward her maturation as a poet, *Vaga música* represents the culmination of that process. From then on she had little to learn about composing poetry.

Cecília Meireles did not join the national crusade by the Modernists to destroy the Establishment, break completely with the past, literary and otherwise, impose a new set of liberal ideas and, ultimately, go all out to create a truly national literature. Of the three general approaches favored by Modernism, the dynamic esteemed by Graça Aranha, the revolutionary fostered by Mário and Oswald de Andrade, and the spiritualist, reformer stance in which traditional themes and metrics were quite frankly renovated, the latter was favored by the poetess. Her direct connection with the spiritualist tendency came by way of the *Festa* magazine group. The latter's position had evolved out of Symbolism and implied a concern for metaphysics. Inspiration was sought in tradition and an effort was made to give everything a universal perspective; this in turn led to mysticism. To a considerable degree Symbolism, with its nostalgia for death, mystical anxiety, renunciation of and disenchantment with the world, elevation and gravity of an undefined, nebulous and melancholic tone that often achieved a litany-like monotony, would be a continuing influence on her. Likewise present is a proneness toward the "life is a dream" theme.

When *Viagem* appeared in 1939 it caused a great stir and proved that its author was the only Brazilian figure of the moment committed to universalism. *Viagem* displays a poetry unbound by any time or place. Basic life, human incomprehension, and disbelief are stressed. The poetess' attitude is as eager as it is reflective. Everything fascinates her. Life—even the smallest manifestations—are the object of her scrutiny as she tries to discover the functioning of the universe and the character of its components. The highly visual disposition basic to all her work, regardless of how reflective or how intimate it is, stands out. Hers is always a "seen" world, although less in color than in forms. Notable, too, is her interest in the beauties of nature, whose rural and bucolic aspects particularly intrigued her. Having considerably less faith in mankind than in the animals, plants, and other nonhuman manifestations of nature, and filled with doubts, she feels alone in the midst of the many, finds it impossible to communicate satisfactorily with others and, thus, avoids human contact. When face to face with nature she wants to adore everything about her—even the smallest things. She fears to waste a precious moment, and has a Baroque horror of a vacuum. Understandably she does not possess such loving tendencies when she reflects on life and on mankind. Since life is in perpetual flux, is brief, insecure, perhaps only a dream, and time is forever eluding us, she strives to halt the transitory nature of the world by fixing particular moments somewhat photographically. Reality and fantasy become confused. Concomitantly there is a spirit of renunciation and detachment; it, too, leads the poetess to seek the solitude of nature.

Cecília does not belong to any particular poetical school, but she does usually follow traditional patterns. Her position is that of the eclectic. She knows her metier, knows what it can achieve, is confident of her own ability, and knows how far she can go with it. But life is short and time is swift. The note of incomprehension, exhaustion, skepticism, discouragement—even stunned despair—is found not only in *Viagem*, but in *Vaga música* and *Mar absoluto* as well. Her suffering is real, her thought is serious, and much of this poetry, which bulks large in her work, is relatively hermetic.

In *Mar absoluto* and *Retrato natural* the poetess' world view shifted and she began to see things and people nearby. In fact, in the latter book quite insignificant things and situations come to the fore, a tendency also seen in *Doze noturnos de Holanda*, in *O aeronauta*, and in *Pistóia, cemitério militar brasileiro*. The general skeptical stance initiated in *Viagem* abruptly changed in *Pequeno oratório de Santa Clara* and in *Romance de Santa Cecília*. Both poems are hagiography in popular *romance* style. *Giroflê, giroflá*, imaginative and light, is made up of fascinating re-creations in poetical prose of the poetess' childhood. The unusual perspectives, candid and wistful, reflect the viewpoint of a sensitive child whose eager senses capture all that goes on about her.

The work that shows the poetess at her most mature best, technically as well as in the flight of her imagination, is doubtlessly *Romanceiro da Inconfidência*, a poetical evocation of the ill-fated rebellion. Cecília Meireles took a bit of neglected history and created a legend in verse. The result is not unlike a series of loosely related fragments, with varying points of view and subjects, such as might have come down to us from a Middle Age epic. The perspectives, techniques, the handling of popular motifs and expressions, including directly addressing her "listeners," are all reminiscent of the popular *romances* of genuine troubador style. To that she also effectively added a chorus to comment upon events described or yet to occur. Her attitude is nationalistic, democratic, idealistic, and highly moral. Indeed, she underlines mankind's selfishness, covetousness, cruelty, envy, and the corruptiveness of gold and power, all of which she contrasts with the sterling qualities of Tiradentes, the martyred hero of the uprising. More than that, she denounces those weak-willed and self-centered persons who saved themselves and let Tiradentes be punished for a crime in which they were equally, if not even more implicated. The movement itself gains in stature under her hand. She pumps for liberty and the stand that the *Inconfidência* was, indeed, a legitimate and serious independence movement to achieve for Brazilians the liberty that had already been gained by their North American brothers. She certainly did not paint a very good picture of mankind in general, as we have seen, but that is no surprise. Nor is the fact that she devotes a complete *romance* to the horses of the conspirators. That not only agrees with her interest in non-human reality, but it is also justified because the horse is held to be a noble animal representing sincerity, honesty, sense of duty and loyalty. Such traits, of course, mirror the qualities of the martyred ensign.

Over and above all literary considerations, through the *Romanceiro* the poetess has successfully raised Tiradentes from a diffuse historical level to that of a truly significant legendary figure.

Suggested Reading and Other Texts:

In: Viagem: "Motivo," "Som," "Rimance," "Realejo," "Fadiga," "Encontro," "Cavalgada," "Destino," "História," "Personagem," "Pergunta"; In: Vaga música: "Epitáfio da navegadora," "Canção do caminho," "A doce canção," "Canção suspirada," "Embalo," "Memória," "Canção das águas," "Explicação," "Reinvenção"; In: Mar absoluto: "Vigilância," "Por baixo dos largos fícus," "Desapego," "Transeunte," "Os homens gloriosos," "Mudo-me breve"; In: Retrato natural: "Elegia a uma pequena borboleta," "Improviso," "Canção," "Os outros"; In: Romanceiro da Inconfidência: "Do animoso alferes," "De maio de 1789," "Da grande madrugada," "Da reflexão dos justos," "Do caminho da forca," "Dos domingos do alferes," "Do bêbado descrente," "Do silêncio do alferes," "Da África dos setecentos," "Do lenço do exílio," "Imaginária serenata," "Da inconformada Marília"; In: Canções: "Assim moro em meu sonho. . .".

Bandeira and Cavalheiro, 315-317; Brito, Panorama, 148-155; Coutinho, Antologia, II, 200-203; Góes, Panorama, V, 128-131; Kopke, 96, 155, 159, 160, 172, 235; Lisboa, Antologia, 21-22, 130-132; Moisés, Textos, 440-445; Murici, Panorama, III, 202-208; Murici, A nova literatura, 52-55.

Principal Works:

Poetry:
Espectros (Rio, 1919)
Nunca mais . . . e Poema dos poemas (Rio, 1923)
Baladas para El-Rei (Rio, 1925)
Viagem (Lisboa, 1939)
Vaga música (Rio, 1942)
Mar absoluto e outros poemas (P. Alegre, 1945)
Retrato natural (Rio, 1949)
Amor em Lenoreta (Rio, 1952)
Doze noturnos da Holanda e O aeronauta (Rio, 1952)
Romanceiro da Inconfidência (Rio, 1953)
Pequeno oratório de Santa Cecília (Rio, 1955)
Pistóia, cemitério militar brasileiro (Rio, 1955)
Canções (Rio, 1956)
Giroflé, giroflá (Rio, 1956)
Romance de Santa Cecília (Rio, 1957)
A rosa (Salvador, 1957)
Obra poética (Rio, 1958)

Metal rosicler (Rio, 1960)
Poemas escritos na Índia (Rio, 1961)
Antologia poética de Cecília Meireles (Rio, 1963)
Solombra (Rio, 1963)
Poesias inéditas, In: Colóquio, 4 (1971) 50-52
Crônica trovada da Cidade de Sam Sebastiam, no quarto centenário da sua fundação pelo Capitam-mor Estácio de Sá (Rio, 1965)

Other works:
Criança: meu amor (Rio, 1933)
O espírito vitorioso [ensaio] (Rio, 1929)
Notícia da poesia brasileira [conferência] (Coimbra, 1935)
Poetas novos de Portugal [Seleção e prefácio de . . .] (Rio, 1944)
Rui – pequena história de uma grande vida (Rio, 1949)
Problemas do literatura infantil (Belo Horizonte, 1950)
"Artes populares." In: Artes plásticas no Brasil (Rio, Larragoiti, 1952)
Panorama folclórico dos Açores, especialmente da Ilha de São Miguel (Ponta Delgada, 1955)
A Bíblia na literatura brasileira [conferência] (Rio, 1957)
Escolha o seu sonho [crônicas] (Rio, 1964)
Inéditas [crônicas] (Rio, 1967)

RIMANCE

Onde é que dói na minha vida,
para que eu me sinta tão mal?
quem foi que me deixou ferida
de ferimento tão mortal?

Eu parei diante da paisagem:
e levava uma flor na mão.
Eu parei diante da paisagem
procurando um nome de imagem
para dar à minha canção.

Nunca existiu sonho tão puro
como o da minha timidez.
Nunca existiu sonho tão puro,
nem também destino tão duro
como o que para mim se fez.

Estou caída num vale aberto,
entre serras que não têm fim.

Estou caída num vale aberto:
nunca niguém passará perto,
nem terá notícias de mim.

Eu sinto que não tarda a morte,
e só há por mim esta flor;
eu sinto que não tarda a morte
e não sei como é que suporte
tanta solidão sem pavor.

E sofro mais ouvindo um rio
que ao longe canta pelo chão,
que deve ser límpido e frio,
mas sem dó nem recordação,
como a voz cujo murmúrio
morrerá com o meu coração. . .

[Obra poética. Rio, José Aguilar, 1958. 47-48.]

PERSONAGEM

Teu nome é quase indiferente
e nem teu rosto já me inquieta.
A arte de amar é exatamente
a de ser poeta.

Para pensar em ti, me basta
o próprio amor que por ti sinto:
és a idéia, serena e casta,
nutrida do enigma do instinto.

O lugar da tua presença
é um deserto, entre variedades:
mas nesse deserto é que pensa
o olhar de todas as saudades.

Meus sonhos viajam rumos tristes
e, no seu profundo universo,
tu, sem forma e sem nome, existes,
silencioso, obscuro, disperso.

Todas as máscaras da vida
se debruçam para o meu rosto,

na alta noite desprotegida
em que experimento o meu gosto.

Todas as mãos vindas ao mundo
desfalecem sobre o meu peito,
e escuto o suspiro profundo
de um horizonte insatisfeito.

Oh! que se apague a boca, o riso,
o olhar desses vultos precários,
pelo improvável paraíso
dos encontros imaginários!

Que ninguém e que nada exista,
de quanto a sombra em mim descansa:
— eu procuro o que não se avista,
dentre os fantasmas da esperança!

Teu corpo, e teu rosto, e teu nome,
teu coração, tua existência,
tudo — o espaço evita e consome:
e eu só conheço a tua ausência.

Eu só conheço o que não vejo.
E, nesse abismo do meu sonho,
alheia a todo outro desejo,
me decomponho e recomponho...

[Obra poética. Rio, José Aguilar, 1958. 110-111.]

CANÇÃO DO CAMINHO

Por aqui vou sem programa,
sem rumo,
sem nenhum itinerário.
O destino de quem ama
é vário,
como o trajeto do fumo.

Minha canção vai comigo.
Vai doce.
Tão sereno é seu compasso
que penso em ti, meu amigo.

— Se fosse,
em vez da canção teu braço!

Ah! mas logo ali adiante
— tão perto! —
acaba-se a terra bela.
Para este pequeno instante,
decerto,
é melhor ir só com ela.

(Isto são coisas que digo,
que invento,
para achar a vida boa...
A canção que vai comigo
é a forma de esquecimento
do sonho sonhado à-toa...)

[Obra poética. Rio, José Aguilar, 1958. 160.]

CANÇÃO NAS ÁGUAS

Acostumei minhas mãos
a brincarem na água clara:
por que ficarei contente?
A onda passa docemente:
seus desenhos — todos vãos.
Nada pára.

Acostumei minhas mãos
a brincarem na água turva:
e por que ficarei triste?
Curva e sombra, sombra e curva,
cor e movimento — vãos.
Nada existe.

Gastei meus olhos mirando vidas
com saudade.
Minhas mãos por águas perdidas
foram pura inutilidade.

[Obra poética. Rio, José Aguilar, 1958. 206.]

EXPLICAÇÃO

A Alberto de Serpa

O pensamento é triste; o amor, insuficiente;
e eu quero sempre mais do que vem nos milagres.
Deixo que a terra me sustente:
guardo o resto para mais tarde.

Deus não fala comigo — e eu sei que me conhece.
A antigos ventos dei as lágrimas que tinha.
A estrela sobe, a estrela desce...
— espero a minha própria vinda.

(Navego pela memória
sem margens.

Alguém conta a minha história
e alguém mata os personagens.)

[Obra poética. Rio, José Aguilar, 1958. 242.]

CANÇÃO

Eras um rosto
na noite larga
de altas insônias
iluminada.

Serás um dia
vago retrato
de quem se diga:
"o antepassado."

Eras um poema
cujas palavras
cresciam dentre
mistério e lágrimas.

Serás silêncio,
tempo sem rastro,
de esquecimentos
atravessado.

Disso é que sofre
a amargurada
flor da memória
que ao vento fala.

[Obra poética. Rio, José Aguilar, 1958. 509.]

OS OUTROS

Irei por saudade
pisando os meus dias,
os dias guardados
sob lajes frias.

Irei pela margem
dos muros fechados,
com brancas estátuas
nos longos telhados.

Que som pelas pedras,
e que breve susto
nos bicos que saltam
pelo fofo musgo!

Verei pelas portas,
sem cachos nem tranças,
a sombra dos rostos
das antigas crianças.

E em jardins de densos,
verdes corredores,
as netas das águas
e as netas das flores.

Ninguém me pergunta
quem sou, de onde venho.
Passo, e não percebem,
vestida de vento.

Escuto cantigas
em redor da lua.
Ó pobres fantasmas,
quem vos continua?

Noivas esquecidas,
velhinhos enfermos,
vinde ouvir os sinos
de festas e enterros!

Mas todos levantam
uma eterna face,
como se a existência
nunca se acabasse.

Mirai vossas mãos
e vossos cabelos!
E o líquen do tempo
entre os vossos dedos!

Ah, ninguém me escuta. . .
Todos são felizes,
agarrando a vida
com finas raízes.

Fantasmas tranqüilos
em suas cadeiras,
esquecendo a morte
entre tantas queixas.

Talvez seja eu mesma
que ande aqui perdida.
Onde vejo a morte
todos vêem a vida. . .

[Obra poética. Rio, José Aguilar, 1958. 583.]

ROMANCEIRO DA INCONFIDÊNCIA
ROMANCE LVIII OU DA GRANDE MADRUGADA

SE JÁ VAI LONGE a alvorada,
então, por que tarda o dia?
Que negrume se levanta,
e com sua forma espanta
a luz que o mar anuncia?
Não é nuvem nem rochedo:
detende as rédeas ao medo!
—É o negro Capitania.
Olhai, vós, os condenados,
a grande sombra que avança:
livre de pasmo e alvoroço,
este é o que aperta o pescoço
aos réus faltos de esperança. . .
E, para gerais assombros,
ainda lhes cavalga os ombros,
e nos ares se balança!
Ah, não fecheis vossos olhos,
que hoje é tempo de agonia!
Lembrai-vos deste momento,
neste sinistro aposento
onde a morte principia!
Vêde o mártir como fita
sereno a sua desdita
e o negro Capitania!
"Oh! permite que te beije
os pés e as mãos. . . Nem te importe
arrancar-me este vestido. . .
Pois também na cruz, despido,
morreu quem salva da morte! "
Vêde o carrasco ajoelhado,
todo em lágrimas lavado,
lamentar a sua sorte!
Já vai o mártir andando,
cercado da clerezia.
Franjas, arreios dourados,
clarins, cavalos, soldados,
e uma carreta sombria,
que ihe vai seguindo os passos,
e onde há de vir em pedaços,
com o negro Capitania.
Ah, quanto povo apinhado
pelos morros e janelas!

Ouvidores e ministros
carregam perfis sinistros
no alto de faustosas selas.
Ondulam colchas ao vento
e – brancas de sentimento –
rezam donas e donzelas.
Ah, quantos degraus puseram
para a fúnebre alegria
de ver um morto lá no alto,
de assistir ao sobressalto
dessa afrontosa agonia!
E ver levantar-se o braço,
e ver pular pelo espaço
o negro Capitania!
"Nem por pensamento traias
teu Rei. . ." Mas, na grande praça
há um silencioso tumulto:
grito do remorso oculto,
sentimento da desgraça. . .
Pára o tempo, de repente.
Fica o dia diferente.
E agora a carreta passa.

ROMANCE LIX OU DA REFLEXÃO DOS JUSTOS

FOI TRABALHAR *para todos. . .*
– e vêde o que lhe acontece!
Daqueles a quem servia,
já nenhum mais o conhece.
Quando a desgraça é profunda,
que amigo se compadece?

Tanta serra cavalgada!
Tanto palude vencido!
Tanta ronda perigosa,
em sertão desconhecido!
– E agora é um simples Alferes
louco, – sozinho e perdido.

Talvez chore na masmorra.
Que o chorar não é fraqueza.
Talvez se lembre dos sócios
dessa malograda empresa.
Por eles, principalmente,
suspirará de tristeza.

Sábios, ilustres, ardentes,
quando tudo era esperança. . .
E, agora, tão deslembrados
até da sua aliança!
Também a memória sofre,
e o heróismo também cansa.

Não choram somente os fracos.
O mais destemido e forte,
um dia, também pergunta,
contemplando a humana sorte,
se aqueles por quem morremos
merecerão nossa morte.

Foi trabalhar para todos. . .
Mas, por ele, quem trabalha?
Tombado fica seu corpo,
nessa esquisita batalha.
Suas ações e seu nome,
por onde a glória os espalha?

Ambição gera injustiça
Injustiça, covardia.
Dos heróis martirizados
nunca se esquece a agonia.
Por horror ao sofrimento,
ao valor se renuncia.

E, à sombra de exemplos graves,
nascem gerações opressas.
Quem se mata em sonho, esforço,
mistérios, vigílias, pressas?
Quem confia nos amigos?
Quem acredita em promessas?

Que tempos medonhos chegam,
depois de tão dura prova?
Quem vai saber, no futuro,
o que se aprova ou reprova?
De que alma é que vai ser feita
essa humanidade nova?

ROMANCE LX OU DO CAMINHO DA FORCA

OS MILITARES, o clero,
os meirinhos, os fidalgos
que o conheciam das ruas,
das igrejas e do teatro,
das lojas dos mercadores
e até da sala do Paço;
e as donas mais as donzelas
que nunca o tinham mirado,
os meninos e os ciganos,
as mulatas e os escravos,
os cirurgiões e algebristas,
leprosos e encarangados,
e aqueles que foram doentes
e que ele havia curado
—agora estão vendo ao longe,
de longe escutando o passo
do Alferes que vai à forca,
levando ao peito o baraço,
levando no pensamento
caras, palavras e fatos:
as promessas, as mentiras,
línguas vis, amigos falsos,
coronéis, contrabandistas,
ermitões e potentados,
estalagens, vozes, sombras,
adeuses, rio, cavalos. . .

Ao longo dos campos verdes,
tropeiros tocando o gado. . .
O vento e as nuvens correndo
por cima dos montes claros.

Onde estão os poderosos?
Eram todos eles fracos?
Onde estão os protetores?
Seriam todos ingratos?
Mesquinhas almas, mesquinhas,
dos chamados leais vassalos!

Tudo leva nos seus olhos,
nos seus olhos espantados,
o Alferes que vai passando
para o imenso cadafalso,

onde morrerá sozinho
por todos os condenados.
Ah, solidão do destino!
Ah, solidão do Calvário...
Tocam sinos: Santo Antônio?
Nossa Senhora do Parto?
Nossa Senhora da Ajuda?
Nossa Senhora do Carmo?
Frades e monjas rezando.
Todos os santos calados.

(Caminha a Bandeira
da Misericórdia.
Caminha, piedosa.
Caísse o réu vivo,
rebentasse a corda,
que o protegeria
a santa Bandeira
da Misericórdia!)

Dona Maria I,
aqueles que foram salvos
não vos livram do remorso
deste que não foi perdoado...
(Pobre Rainha colhida
pelas intrigas do Paço,
pobre Rainha demente,
com os olhos em sobressalto,
a gemer: "Inferno... Inferno..."
com seus lábios sem pecado.)
         Tudo leva na memória
         o Alferes, que sabe o amargo
         fim do seu precário corpo
         diante do povo assombrado.
(Águas, montanhas, florestas,
negros nas minas exaustos...
—Bem podíeis ser, caminhos,
de diamante ladrilhados...)
Tudo leva na memória:
em campos longos e vagos,
tristes mulheres que ocultam
seus filhos desamparados...
Longe, longe, longe, longe,
no mais profundo passado...

— pois agora é quase um morto,
que caminha sem cansaço,
que por seu pé sobe à forca,
diante daquele aparato...
    Pois agora é quase um morto,
    partido em quatro pedaços,
    e — para que Deus o aviste —
    levantado em postes altos.

    (Caminha a Bandeira
    da Misericórdia.
    Caminha, piedosa,
    nos ares erguida,
    mais alta que a tropa.
    Da forca se avista
    a Santa Bandeira
    da Misericórdia.)

[Obra poética. Rio, José Aguilar, 1958. 806-813.]

ASSIM MORO EM MEU SONHO:...

Assim moro em meu sonho:
como um peixe no mar.
O que sou é o que vejo.
Vejo e sou meu olhar.

Água é o meu próprio corpo,
simplesmente mais denso.
E meu corpo é minha alma,
e o que sinto é o que penso.

Assim vou no meu sonho.
Se outra fui, se perdeu.
É o mundo que me envolve?
Ou sou contorno seu?

Não é noite nem dia,
não é morte nem vida:
é viagem noutro mapa,
sem volta nem partida.

Ó céu da liberdade,
por onde o coração
já nem sofre, sabendo
que bateu sempre em vão.

[Obra poética. Rio, José Aguilar, 1958. 933.]

References:

Amaral, Amadeu. "Cecília Meireles: o elogio da mediocridade." São Paulo, 1924.

Andrade, Carlos Drummond de. "Retrato natural." Jornal de Letras, Rio, 1 (jul 1949).

Andrade, Mário de. O empalhador. 65-69.

Autores e Livros. Rio, 3 (17 jan 1943).

Azevedo Filho, L. A. de. Poesia e estilo de Cecília Meireles. Rio, José Olímpio, 1970.

Bandeira. Apresentação. 166-168.

Barros, Poetas. 143-148.

Bruno. I, 247-249.

Carpeaux. Livros. 201-208.

Carvalho, Rui de Galvão. "A açorianidade na poesia de Cecília Meireles." Ocidente, Lisboa, 33 (1947) 8-15.

Correia. Anteu. 38-44.

Damaceno, Darci. Cecília Meireles, o mundo contemplado. Rio, Orfeu, 1967.

————. "Do cromatismo na poesia de Cecília Meireles." Ensaio, Rio, 1:3 (mar-jun 1953).

————. "Poesia do sensível e do imaginário." In: Obra poética de Cecília Meireles. Rio, José Aguilar, 1958. xiii-xvii.

Dy, Melot du. "Cecília Meireles." Synthèses, Bruxelles, 2:5 (1947) 204-208.

Figueiredo, Guilherme de. "Cecília Meireles em francês." Revista do Livro, 33 (1968) 139-140.

Freire, Natérica. "Poetisas do Brasil." Atlântico, Lisboa, 3a. série, 3 (1950) 7-14.

Gomes, Agostinho. "Nota à margem da obra de Cecília Meireles." Brasília, Coimbra, 3 (1946) 534-536.

Grieco. Evolução da poesia brasileira. 3rd ed. 202-203.

Guimaraens Filho, Alphonsus de. "Excursão pela poesia." O Diário, Belo Horizonte, 12 jan 1946.

Leite, Ascendio. "Cecília e a poesia." Letras e Artes, Rio, 4 mai 1948.

Lins, Álvaro. V, 96-99.

Lisboa, Henriqueta. "Galeria poética." Diário de Minas, Belo Horizonte, 2 out 1949.

Machado Filho, Aires da Mata. "História e poesia." O Diário, Belo Horizonte, 11 out 1953.

Mendes, Crisani. "A metáfora e Cecília Meireles." Jornal de Letras, 219 (1968) 7-10.

Milliet. Panorama. 74-76.

Mourão-Ferreira, David. "Motivos e temas na poesia de Cecília Meireles." Humboldt, 6:14 (1966) 55-58.

Murici. Panorama. III, 200-208.

_____. A nova literatura. 48-52.

Nemésio, Victorino. "A poesia de Cecília Meireles." In: Conhecimento de poesia. Salvador, Publicações da Universidade da Bahia, 1958. 322-327.

Olinto. Cadernos. 160-164.

Osório, João de Castro. "Cecília Meireles." Tribuna de Imprensa, Rio, 15 abr 1950.

Peluso, Lina Tâmega del. "A imagem da 'estrela' na poesia de Cecília Meireles." Colóquio, 58 (1970) 61-63.

Picchia, Menotti del. "Vaga música." A Manhã, Rio, 1 ago 1942.

Pimentel, Osmar. "Cecília e a poesia." Diário de São Paulo, 6 nov 1943.

Pires, Ézio. "Inconfidência na poesia de Cecília Meireles." Minas Gerais, 28 set 1968.

Portela. II, 83-88.

Ramos, Péricles Eugênio da Silva. In: Coutinho. A literatura. III (1) 571-577.

Ribeiro. Os modernos. 265-266.

Ricardo, Cassiano. "O prêmio de poesia da Academia." Dom Casmurro, 22 abr 1939.

Rodríguez Alemán, Mario A. "Cecília Meireles." Revista Cubana, Habana, 23 (1948) 243-248.

Sampaio, Nuno de. "O purismo lírico de Cecília Meireles." Comércio de Porto, Porto, 16 ago 1949.

Simões, João Gaspar. "Cecília Meireles." Diário de Lisboa, 25 mai 1948.

_____. "Fonética e poesia." A Manhã, Rio, 20 ago 1950. Also in: Obra poética. Rio, 1959. 1057-1063.

Valdés, Ildefonso Pereda. "La poesia de Cecília Meireles." Arte y Cultura Popular, Montevideo, abr-nov 1932.

Vieira, José Geraldo. "Mar absoluto de Cecília Meireles." Folha da Manhã, São Paulo, 20 jan 1946.

Vita, Dante Alighieri. "O som e a cor na poesia de Cecília Meireles." Nação Brasileira, Rio, ago 1953.

Vitureira, Cipriano. Tres edades de la poesia brasilera actual. Montevideo, 1952.

For additional bibliography see: Obra poética. Rio, Aguilar, 1958. 969-1072.

Carlos Drummond de Andrade

(1902-   )

Carlos Drummond de Andrade was born in Itabira do Mato Dentro, Minas Gerais, on October 31, 1902. His parents were Carlos de Paula Andrade and Julieta Drummond de Andrade. In 1916, after studying in the Grupo Escolar José Batista, he entered the Colégio Arnaldo in Belo Horizonte. There he became a fast friend of Gustavo Capanema and Afonso Arinos, but after six months had to return to Itabira because of poor health. In 1918 he went to Nova Friburgo to study in the Jesuit operated Colégio Anchieta. He was very sad and unhappy there for, although he was a good student, he was homesick, felt oppressed by the discipline and became rebellious. After enduring two years, he was expelled for bad comportment. It took his friends considerable time to persuade him to overcome his resentment for what he considered unjust treatment.

Although he came from a long line of farmers, he never took much interest in farming or in farms; on the other hand, he earned his first suit with long pants clerking in a local store. His literary bent surfaced early. One of his first published works, a short story, "José de Telhado," received a 50 mil-réis prize in *Novela Mineira*. Soon he was writing poems, short stories and criticism for newspapers and magazines, including *Para Todos* and *Ilustração Brasileira*. His first book of poems in prose (traditionally styled poetry never enthused him) he titled *Teia de aranha*, but it was never published, nor was his second, *25 poemas da triste alegria*, but his third, *Alguma poesia* was printed in 1930.

In 1923 he went to Rio to study pharmacy. After graduation (two years later) he never practiced the profession. While still a student he married Dolores Morais Drummond de Andrade in 1925. That same year he was one of the founders of the short-lived *A Revista*, and in the following year he returned to his home town, taught Portuguese for a short time in the Ginásio Sul Americano, and then went to Belo Horizonte to work on the *Diário de Minas*, later becoming its editor-in-chief. Aided by João Alphonsus, Emílio Moura, Martins de Almeida, and subsequently by Ciro dos Anjos, the newspaper became an outpost of Modernism.

Entering government service in 1929, he first worked successively in the ministries of Education, Interior, and Foreign Affairs. He went to Rio with Gustavo Capanema in 1934 and acted as the Minister of Education and Health's chief aid and director of the National Department of Education until 1945, resigning to briefly direct the *Tribuna Popular*. That same year he won the Sociedade Felipe d'Oliveira prize for his published works. Not long afterward he again began to work in the Ministry of Education, where he remained some twenty years. In the meantime, he had not abandoned his connection with the newspaper world, writing, among others, for the *Minas Gerais* and *Tribuna Popular* and *Correio da Manhã*. In the latter, for more than a decade beginning in 1954, he had a column titled "Imagens." He is one of the founders of the Sociedade Brasileira de Escritores. The poet and his wife have a married daughter.

Critical Commentary:

Carlos Drummond de Andrade has led a particularly dedicated literary career since the appearance of his first book in 1930. This is not to say that he has lived in an ivory tower. Although he was a public servant first in his native state and later in Rio de Janeiro, he is basically a writer, and has devoted his efforts to the expression of his reactions to the world he knows through the written word.

Andrade's excursions into the field of the short story and the *crônica* are particularly interesting and detract nothing from his reputation as a poet. He is very sensitive and self-conscious, and never has developed any interest in conversation, much less in conversation for conversation's sake. The outstanding characteristic of all his work may well be his honesty. He is sincere, not only in representing what he believes, what he feels and how he reacts to the reality that surrounds him, but also in his language, for he is painfully aware of the difficulty inherent in the search for the exact word and the appropriate phrase. His attitude frequently suggests that of the small child who, filled with wonderment of the world, has so many things to say but cannot find the lexical and syntactic means to communicate what is bubbling over within him to be said and yet which he is agonizingly self-conscious about expressing.

In Andrade's definition of poetry prime importance would be given to originality of perspective. He desires to find the unique, the clear, the simple, the imaginative in the world. He rejects standardization of any kind and wants expression to be unfettered from all social, political, or literary schools and groups. He permits no dependence on rhyme or rhythm, and whenever any such regularizing elements appear, and they do gradually as the years go by, the emphasis is set on greater dependence on the rhythmic unity of the strophe.

Andrade is an idealist and he is unhappy about what he finds around him, but he does not shrink away from reality: he tries to be of the world, but does not quite know how to succeed in doing so. He finds it unjust, brutal absurd, and incomprehensible. He is filled with so much uncertainty, caution, and reserve that at times he becomes awkward. He is pessimistic about humanity, life, and the universe in general. Not understanding the world, he often attempts to flee from it. This he does by taking a "don't-give-a-hang" attitude, or by making fun of it with a bitter, ironical humor that occasionally assumes the form of a joke or a wisecrack. Everywhere manifest are his solitude and his heartfelt desire to learn the secret of the world, that is to say, how it can be made better, more just, demonstrate some palpable meaning, and not be so mechanistic, so inhuman, and so brutal.

He is filled with pride at being a poet, no more, no less. He believes man has been abandoned by God. Since man can look forward to no paradise, life is everything. But life is enough, and it is good to live life. He goes out of his way to try to have faith in the future, faith in the present world and in the men of today. Nevertheless, he is well aware that in the final analysis the universe is indifferent to everything, and that we carry death deep within us. The material world gets better and better, but man continues in the same old rut.

Poetry itself constitutes an important theme and the poet studies and worries over the age old question of communication and how difficult it is to compose poetry. In his earlier work, he was particularly obsessed by his akwardness and timidity, which increased his reticence and aggravated the difficulty he had in expressing himself. A preoccupation with sex, another kind of self-expression, and perhaps more than a little inhibition concerning it, seem to underlie his gaucheness. Fear is another constant, because of man's untenable position in the universe. After all, everything may well be a dream in which injustice comes from absurdity, where nothing has any solution and where everything is forever. He appears to say also that our only hold on life lies in the fact that we all carry the past deep within us, so, if we live life at all, we must do so in the present by reliving the past through its re-creation in our works, the only way in our own lifetime over which we have some control, or we may do so in the future through our production, biologically by way of our offspring or intellectually and artistically in the form of our works, problematical avenues at best. The poet yearns to be eternal otherwise than biologically and there resides the problem and one of the reasons for his anguish, now over the enigma of poetry, again about the human condition. The poet is well read in the existentialist writers and often couches his anxiety in their terms. Not so marked in his poetry as in his *crônicas* and short stories is his fabulous imagination which, intellectualizing on the one hand and lyrical on the other, is capable of encompassing the unusual and the inexplicable. From time to time anti-American sentiments surface in his works. In his eyes America, the American way, and Americans in Brazil represent a mechanization and a dehumanization of the world that he strongly opposes. In the final analysis, however, this may not be so anti-American as it is antimodern. Although Andrade believes in the middle class and its merits, as well in the art, philosophy, science, and the comfort it has been able to afford, he is nevertheless self-conscious about it and feels that in some way he is to blame for enjoying its satisfactions. With the years, the poet has partially overcome his timidity and self-consciousness and has evolved away from the more egocentrical and social protest positions of earlier times to achieve greater equanimity of spirit and a more universal level of social awareness.

Suggested Reading and Other Texts:

Poetry: In: Alguma poesia: ' Infância," "Quadrilha," "Quero me casar," "Romaria"; In: Brejo das almas: "Poema patético"; In: Sentimento do mundo: "Congresso internacional de medo," "Mãos dadas," "Os ombros suportam o mundo," "Os mortos de sobrecasaca," "Lembrança do mundo antigo"; In: José: "José"; In: A rosa do povo: "Procura da poesia," "A flor e a náusea," "Nosso tempo," "Consolo na praia"; In: Claro enigma: "Legado," "Confissão," "Memória," "Ser," "Aspiração," "Cantiga de enganar," "Entre o ser e as coisas," "Morte das casas de Ouro Preto," "Convívio," "Permanência," "Perguntas," "A máquina do mundo"; In: Viola de bolso: "A dança e a alma," "Obrigado"; In: Fazendeiro do ar: "Eterno"; In: Lição das coisas: "Os dois vigários".

Prose: In: Contos de aprendiz: "Flor, telefone, moça," "Miguel e seu furto"; In: Passeios na ilha: "O zombeteiro Exu"; In: Fala amendoeira: "Premonitório".
Bandeira and Cavalheiro, 340-344; Coutinho, II, 204-211; III, 152-161, 236-237; Kopke, 42, 65, 137, 149, 161, 166, 177; Lisboa, Antologia, 17-18, 126-130; Moisés, Textos, 431-440; Murici, A nova literatura, 43-44; Nist, John, In the middle of the road, passim; Perez, II, 93-97; Scott-Buccleuch and Oliveira, 439-443.

Principal Works:

Poetry:
  Alguma poesia (Belo Horizonte, 1930)
  Brejo das almas (Belo Horizonte, 1934)
  Sentimento do mundo (Rio, 1940)
  Poesias [also contains: José] (Rio, 1942)
  A rosa do povo (Rio, 1945)
  Poesia até agora (Rio, 1948)
  A mesa (Niterói, 1951)
  Claro enigma (Rio, 1951)
  Viola de bolso (Rio, 1952)
  Fazendeiro do ar e poesia até agora (Rio, 1953)
  Viola de bolso, novamente encordoada (Rio, 1955)
  Soneto da buquinagem (Rio, 1955)
  50 poemas escolhidos pelo autor (Rio, 1956)
  Ciclo (Recife, 1957)
  Poemas (Rio, 1959)
  Antologia poética (Rio, 1962)
  Lição de coisas (Rio, 1962)
  Uma pedra no meio do caminho (Rio, 1967)
  Versiprosa: crônica da vida cotidiana e de algumas miragens (Rio, 1967)
  Reunião; 10 livros de poesia (Rio, 1969)

Prose:
Confissões de Minas (Rio, 1944)
O gerente (Rio, 1945)
"Personagens de João Alphonsus." In: Correio da Manhã, 18 set 1949
Contos de aprendiz (Rio, 1951)
Passeios na ilha: divagações sobre a vida literária e outras matérias (Rio, 1952)
Fala, amendoeira (Rio, 1957)
A bolsa e a vida (Rio, 1963)
Quadrante (Rio, 1962)
Cadeira de balanço (Rio, 1966)
Vozes da cidade (Rio, 1965)
Os caminhos de João Brandão (Rio, 1970)

A DANÇA E A ALMA

A dança? Não é movimento,
súbito gesto musical.
É concentração, num momento,
da humana graça natural.

No solo não, no éter pairamos,
nele amaríamos ficar.
A dança—não vento nos ramos:
seiva, força, perene estar.

Um estar entre céu e chão,
novo domínio conquistado,
onde busque nossa paixão
libertar-se por todo lado. . .

Onde a alma possa descrever
suas mais divinas parábolas
sem fugir à forma do ser,
por sobre o mistério das fábulas. . .

[Viola de bolso. Rio, MES, 1952. 8.]

OBRIGADO

Aos que me dão lugar no bonde
e que conheço não sei donde,

aos que me dizem terno adeus,
sem que lhes saiba os nomes seus,

aos que me chamam deputado,
quando nem mesmo sou jurado,

aos que, de bons, se babam: mestre!
inda se escrevo o que não preste,

aos que me julgam primo-irmão
do rei da fava ou do Indostão,

aos que me pensam milionário
se pego aumento de salário,

—e aos que me negam cumprimento
sem o mais mínimo argumento,

aos que não sabem que eu existo,
até mesmo quando os assisto,

aos que me trancam sua cara
de carinho alérgica e avara,

aos que me taxam de ultra-beócia
a pretensão de vir da Escócia,

aos que vomitam meus poemas,
nos mais simples vendo problemas,

aos que, sabendo-me mais pobre,
me negariam pano ou cobre,

—eu agradeço humildemente
gesto assim vário e divergente,

graças ao qual, em dois minutos,
tal como o fumo dos charutos,

já subo aos céus, já volvo ao chão,
pois tudo e nada nada são.

[Viola de bolso. Rio, MES, 1952. 13-14]

POEMA PATÉTICO

Que barulho é esse na escada?
É o amor que está acabando,
é o homem que fechou a porta
e se enforcou na cortina.

Que barulho é esse na escada?
É Guiomar que tapou os olhos
e se assoou com estrondo.
É a lua imóvel sobre os pratos
e os metais que brilham na copa.

Que barulho é esse na escada?
É a torneira pingando água,
é o lamento imperceptível
de alguém que perdeu no jogo
enquanto a banda de música
vai baixando, baixando de tom.

Que barulho é esse na escada?
É a virgem com o trombone,
a criança com o tambor,
o bispo com a campainha
e alguém abafando o rumor
que salta de meu coração.

[50 poemas escolhidos pelo autor. MEC, 1956. 10-11.]

LEGADO

Que lembrança darei ao país que me deu
tudo que lembro e sei, tudo quanto senti?
Na noite do sem-fim, breve o tempo esqueceu
minha incerta medalha, e a meu nome se ri.

E mereço esperar mais do que os outros, eu?
Tu não me enganas, mundo, e não te engano a ti.
Esses monstros atuais, não os cativa Orfeu,
a vagar, taciturno, entre o talvez e o se.

Não deixarei de mim nenhum canto radioso,
uma voz matinal palpitando na bruma
e que arranque de alguém seu mais secreto espinho.

De tudo quanto foi meu passo caprichoso
na vida, restará, pois o resto se esfuma,
uma pedra que havia em meio do caminho.

[50 poemas escolhidos pelo autor. MEC, 1956. 17.]

SER

O filho que não fiz
hoje seria homem.
Ele corre na brisa,
sem carne, sem nome.

Ás vezes o encontro
num encontro de nuvem.
Apóia em meu ombro
seu ombro nenhum.

Interrogo meu filho,
objeto de ar:
em que gruta ou concha
quedas abstrato?

Lá onde eu jazia,
responde-me o hálito,
não me percebeste,
contudo chamava-te

como ainda te chamo
(além, além do amor)
onde nada, tudo
aspira a criar-se.

O filho que não fiz
faz-se por si mesmo.

[50 poemas escolhidos pelo autor. MEC, 1956. 26-27.]

MORTE DAS CASAS DE OURO PRETO

Sobre o tempo, sobre a taipa,
a chuva escorre. As paredes
que viram morrer os homens,
que viram fugir o ouro,
que viram finar-se o reino,
que viram, reviram, viram,
já não vêem. Também morrem.

Assim plantadas no outeiro,
menos rudes que orgulhosas
na sua pobreza branca,
azul e rosa e zarcão.
ai, pareciam eternas!
Não eram. E cai a chuva
sobre rótula e portão.

Vai-se a rótula crivando
como a renda consumida
de um vestido funerário,
E ruindo se vai a porta.
Só a chuva monorrítmica
sobre a noite, sobre a história
goteja. Morrem as casas.

Morrem, severas. É tempo
de fatigar-se a matéria
por muito servir ao homem,
e de o barro dissolver-se.
Nem parecia, na serra,
que as coisas sempre cambiam
de si, em si. Hoje, vão-se.

O chão começa a chamar
as formas estruturadas
faz tanto tempo. Convoca-as
a serem terra outra vez.
Que se incorporem as árvores
hoje vigas! Volte o pó
a ser pó pelas estradas!

A chuva desce, às canadas.
Como chove, como pinga
no país das remembranças!
Como bate, como fere,
como traspassa a medula,
como punge, como lanha
o fino dardo da chuva

mineira, sobre as colinas!
Minhas casas fustigadas,
minhas paredes zurzidas,
minhas esteiras de forro,
meus cachorros de beiral,

meus paços de telha vã
estão úmidos e humildes.

Lá vão, enxurrada abaixo,
as velhas casas honradas
em que se amou e pariu,
em que se guardou moeda
e no frio se bebeu.
Vão no vento, na caliça,
no morcego, vão na geada,

enquanto se espalham outras
em polvorentas partículas,
sem as vermos fenecer.
Ai, como morrem as casas!
Como se deixam morrer!
E descascadas e secas,
ei-las sumindo-se no ar.

Sobre a cidade concentro
o olhar experimentado,
esse agudo olhar afiado
de quem é douto no assunto.
(Quantos perdi me ensinaram.)
Vejo a coisa pegajosa,
vai circunvoando na calma.

Não basta ver morte de homem
para conhecê-la bem.
Mil outras brotam em nós,
à nossa roda, no chão.
A morte baixou dos ermos,
gavião molhado. Seu bico
vai lavrando o paredão

e dissolvendo a cidade.
Sobre a ponte, sobre a pedra,
sobre a cambraia de Nize,
uma colcha de neblina
(já não é a chuva forte)
me conta por que mistério
o amor se banha na morte.

[50 poemas escolhidos pelo autor. MEC, 1956. 78-81.]

CONVÍVIO

Cada dia que passa incorporo mais esta verdade, de que
                    eles não vivem senão em nós
e por isso vivem tão pouco; tão intervalado; tão débil.
Fora de nós é que talvez deixaram de viver, para o que
                    se chama tempo.
E essa eternidade negativa não nos desola.
Pouco e mal que eles vivam, dentro de nós, é vida não
                    obstante.
E já não enfrentamos a morte, de sempre trazê-la conosco.

Mas, como estão longe, ao mesmo tempo que nossos atuais
                    habitantes
e nossos hóspedes e nossos tecidos e a circulação nossa!
A mais tênue forma exterior nos atinge.
O próximo existe. O pássaro existe.
E eles também existem, mas que oblíquos!   e mesmo
                    sorrindo, que disfarçados. . .

Há que renunciar a toda procura.
Não os encontraríamos, ao encontrá-los.
Ter e não ter em nós um vaso sagrado,
um depósito, uma presença contínua,
esta é nossa condição, enquanto,
sem condição, transitamos
e julgamos amar
e calamo-nos.

Ou talvez existamos somente neles, que são omissos, e
                    nossa existência,
apenas uma forma impura de silêncio, que preferiram.

[Claro enigma. Rio, J. Olímpio, 1951. 97-98]

A FLOR E A NÁUSEA

Preso à minha classe e a algumas roupas,
vou de branco pela rua cinzenta.
Melancolias, mercadorias espreitam-me.
Devo seguir até o enjôo?
Posso, sem armas, revoltar-me?

Olhos sujos no relógio da torre:
Não, o tempo não chegou de completa justiça.
O tempo é ainda de fezes, maus poemas, alucinações e espera.
O tempo pobre, o poeta pobre
fundem-se no mesmo impasse.

Em vão me tento explicar, os muros são surdos.
Sob a pele das palavras há cifras e códigos.
O sol consola os doentes e não os renova.
As coisas. Que tristes são as coisas, consideradas sem ênfase.

Vomitar esse tédio sobre a cidade.
Quarenta anos e nenhum problema
resolvido, sequer colocado.
Nenhuma carta escrita nem recebida.
Todos os homens voltam para casa.
Estão menos livres mas levam jornais
e soletram o mundo, sabendo que o perdem.

Crimes da terra, como perdoá-los?
Tomei parte em muitos, outros escondi.
Alguns achei belos, foram publicados.
Crimes suaves, que ajudam a viver.
Ração diária de erro, distribuída em casa.
Os ferozes padeiros do mal.
Os ferozes leiteiros do mal.

Pôr fogo em tudo, inclusive em mim.
Ao menino de 1918 chamavam anarquista.
Porém meu ódio é o melhor de mim.
Com ele me salvo
e dou a poucos uma esperança mínima.

Uma flor nasceu na rua!
Passem de longe, bondes, ônibus, rio de aço do tráfego.
Uma flor ainda desbotada
ilude a polícia, rompe o asfalto.
Façam completo silêncio, paralisem os negócios,
garanto que uma flor nasceu.

Sua cor não se percebe.
Suas pétalas não se abrem.
Seu nome não está nos livros.
É feia. Mas é realmente uma flor.

Sento-me no chão da capital do país às cinco horas da tarde
e lentamente passo a mão nessa forma insegura.

Do lado das montanhas, nuvens maciças avolumam-se.
Pequenos pontos brancos movem-se no mar, galinhas em pânico.
É feia. Mas é uma flor. Furou o asfalto, o tédio, o nojo e o ódio.

[Antologia poética. Rio, Editora do Autor, 1962. 19-21.]

ROMARIA

A Milton Campos

Os romeiros sobem a ladeira
cheia de espinhos, cheia de pedras,
sobem a ladeira que leva a Deus
e vão deixando culpas no caminho.
Os sinos tocam, chamam os romeiros:
Vinde lavar os vossos pecados.
Já estamos puros, sino, obrigados,
mas trazemos flores, prendas e rezas.

No alto do morro chega a procissão.
Um leproso de opa empunha o estandarte.
As coxas das romeiras brincam no vento.
Os homens cantam, cantam sem parar.

Jesus no lenho expira magoado.
Faz tanto calor, há tanta algazarra.
Nos olhos do santo há sangue que escorre.
Ninguém não percebe, o dia é de festa.

No adro da igreja há pinga, café,
imagens, fenômenos, baralhos, cigarros
e um sol imenso que lambuza de ouro
o pó das feridas e o pó das muletas.

Meu Bom Jesus que tudo podeis,
humildemente te peço uma graça.
Sarai-me, Senhor, e não desta lepra,
do amor que eu tenho e que ninguém me tem.

Senhor, meu amo, dai-me dinheiro,
muito dinheiro para eu comprar
aquilo que é caro mas é gostoso
e na minha terra ninguém possui.

Jesus meus Deus pregado na cruz,
me dá coragem pra eu matar
um que me amola de dia e de noite
e diz gracinhas à minha mulher.

Jesus Jesus piedade de mim.
Ladrão eu sou mas não sou ruim não.
Por que me perseguem não posso dizer.
Não quero ser preso, Jesus ó meu santo.

Os romeiros pedem com os olhos,
pedem com a boca, pedem com as mãos.
Jesus já cansado de tanto pedido
dorme sonhando com outra humanidade.

[Antologia poética. Rio, Editora do Autor, 1962. 41-43.]

CONGRESSO INTERNACIONAL DO MEDO

Provisoriamente não cantaremos o amor,
que se refugiou mais abaixo dos subterrâneos.
Cantaremos o medo, que esteriliza os abraços,
não cantaremos o ódio porque esse não existe,
existe apenas o medo, nosso pai e nosso companheiro,
o medo grande dos sertões, dos mares, dos desertos,
o medo dos soldados, o medo das mães, o medo das igrejas,
cantaremos o medo dos ditadores, o medo dos democratas,
cantaremos o medo da morte e o medo de depois da morte,
depois morreremos de medo
e sobre nossos túmulos nascerão flores amarelas e medrosas.

[Antologia poética. Rio, Editora do Autor, 1962. 117.]

NOSSO TEMPO
A Osvaldo Alves

I

Este é tempo de partido,
tempo de homens partidos.

Em vão percorremos volumes,
viajamos e nos colorimos.
A hora pressentida esmigalha-se em pó na rua.
Os homens pedem carne. Fogo. Sapatos.
As leis não bastam. Os lírios não nascem
da lei. Meu nome é tumulto, e escreve-se
na pedra.

Visito os fatos, não te encontro.
Onde te ocultas, precária síntese,
penhor de meu sono, luz
dormindo acesa na varanda?
Miúdas certezas de empréstimo, nenhum beijo
sobe ao ombro para contar-mo
a cidade dos homens completos.

Calo-me, espero, decifro.
As coisas talvez melhorem.
São tão fortes as coisas!
Mas eu não sou as coisas e me revolto.
Tenho palavras em mim buscando canal,
são roucas e duras,
irritadas, enérgicas,
comprimidas há tanto tempo,
perderam o sentido, apenas querem explodir.

II

Este é tempo de divisas,
tempo de gente cortada.
De mãos viajando sem braços,
obscenos gestos avulsos.

Mudou-se a rua da infância.
E o vestido vermelho
vermelho
cobre a nudez do amor,
ao relento, no vale.

Símbolos obscuros se multiplicam.
Guerra, verdade, flores?
Dos laboratórios platônicos mobilizados
vem um sopro que cresta as faces
e dissipa, na praia, as palavras.

A escuridão estende-se mas não elimina
o sucedâneo da estrela nas mãos.

Certas partes de nós como brilham!   São unhas.
anéis, pérolas, cigarros, lanternas,
são partes mais íntimas,
a pulsação, o ofego,
e o ar da noite é o estritamente necessário
para continuar, e continuamos.

III

E continuamos. É tempo de muletas.
Tempo de mortos faladores
e velhas paralíticas, nostálgicas de bailado,
mas ainda é tempo de viver e contar.
Certas histórias não se perderam.
Conheço bem esta casa,
pela direita entra-se, pela esquerda sobe-se,
a sala grande conduz a quartos terríveis,
como o do enterro que não foi feito, do corpo esquecido na mesa,
conduz à copa de frutas ácidas,
ao claro jardim central, à água
que goteja e segreda
o incesto, a bênção, a partida,
conduz às celas fechadas, que contêm:
        papéis?
        crimes?
        moedas?

Ó conta, velha preta, ó jornalista, poeta, pequeno historiador urbano,
ó surdo-mudo, depositário de meus desfalecimentos, abre-te e conta,
moça presa na memória, velho aleijado, baratas dos arquivos, portas
                                rangentes, solidão e asco,
pessoas e coisas enigmáticas, contai;
capa de poeira dos pianos desmantelados, contai;
velhos selos do imperador, aparelhos de porcelana partidos, contai;
ossos na rua, fragmentos de jornal, colchetes no chão da costureira,
                luto no braço, pombas, cães
                errantes, animais caçados, contai.
Tudo tão difícil depois que vos calastes. . .
E muitos de vós nunca se abriram.

IV

É tempo de meio silêncio,
de boca gelada e murmúrio,
palavra indireta, aviso
na esquina. Tempo de cinco sentidos

num só. O espião janta conosco.
É tempo de cortinas pardas,
de céu neutro, política
na maçã, no santo, no gozo,
amor e desamor, cólera
branda, gim com água tônica,
olhos pintados,
dentes de vidro,
grotesca língua torcida.
A isso chamamos: balanço.

No beco,
apenas um muro,
sobre ele a polícia.
No céu da propaganda
aves anunciam
a glória.
No quarto,
irrisão e três colarinhos sujos.

V

Escuta a hora formidável do almoço
na cidade. Os escritórios, num passe, esvaziam-se.
As bocas sugam um rio de carne, legumes e tortas vitaminosas.
Salta depressa do mar a bandeja de peixes argênteos!
Os subterrâneos da fome choram caldo de sopa,
olhos líquidos de cão através do vidro devoram teu osso.
Come, braço mecânico, alimenta-te, mão de papel, é tempo de comida,
mais tarde será o de amor.

Lentamente os escritórios se recuperam, e os negócios, forma indecisa, evoluem.
O esplêndido negócio insinua-se no tráfego.
Multidões que o cruzam não vêem. É sem cor e sem cheiro.
Está dissimulado no bonde, por trás da brisa do sul,
vem na areia, no telefone, na batalha de aviões,
toma conta de tua alma e dela extrai uma porcentagem.

Escuta a hora espandongada da volta.
Homem depois de homem, mulher, criança, homem,
roupa, cigarro, chapéu, roupa, roupa, roupa,
homem, homem, mulher, homem, mulher, roupa, homem,
imaginam esperar qualquer coisa,
e se quedam mudos, escoam-se passo a passo, sentam-se,
últimos servos do negócio, imaginam voltar para casa,
já noite, entre muros apagados, numa suposta cidade, imaginam.

Escuta a pequena hora noturna de compensação, leituras, apelo ao
[cassino, passeio na praia,
o corpo ao lado do corpo, afinal distendido,
com as calças despido o incômodo pensamento de escravo,
escuta o corpo ranger, enlaçar, refluir,
errar em objetos remotos e, sob eles soterrados sem dor,
confiar-se ao que bem me importa
do sono.

Escuta o horrível emprego do dia
em todos os países de fala humana,
a falsificação das palavras pingando nos jornais,
o mundo irreal dos cartórios onde a propriedade é um bolo com flores,
os bancos triturando suavemente o pescoço do açúcar,
a constelação das formigas e usurários,
a má poesia, o mau romance,
os frágeis que se entregam à proteção do basilisco,
o homem feio, de mortal feiúra,
passeando de bote
num sinistro crepúsculo de sábado.

VI

Nos porões da família,
orquídeas e opções
de compra e desquite.
A gravidez elétrica
já não traz delíquios.
Crianças alérgicas
trocam-se; reformam-se.

Há uma implacável
guerra às baratas.
Contam-se histórias
por correspondência.
A mesa reúne
um copo, uma faca,
e a cama devora
tua solidão.
Salva-se a honra
e a herança do gado.

VII

Ou não se salva, e é o mesmo. Há soluções, há bálsamos
para cada hora e dor. Há fortes bálsamos,

dores de classe, de sangrenta fúria
e plácido rosto. E há mínimos
bálsamos, recalcadas dores ignóbeis,
lesões que nenhum governo autoriza,
não obstante doem,
melancolias insubornáveis,
ira, reprovação, desgosto
desse chapéu velho, da rua lodosa, do Estado.
Há o pranto no teatro,
no palco? no público? nas poltronas?
há sobretudo o pranto no teatro,
já tarde, já confuso,
ele embacia as luzes, se engolfa no linóleo,
vai minar nos armazéns, nos becos coloniais onde passeiam ratos noturnos,
vai molhar, na roça madura, o milho ondulante,
e secar ao sol, em poça amarga.

E dentro do pranto minha face trocista,
meu olho que ri e despreza,
minha repugnância total por vosso lirismo deteriorado,
que polui a essência mesma dos diamantes.

VIII

O poeta
declina de toda responsabilidade
na marcha do mundo capitalista
e com suas palavras, intuições, símbolos e outras armas
promete ajudar
a destrui-lo
como uma pedreira, uma floresta,
um verme.

[Antologia poética. Rio, Editora do Autor, 1962. 118-124.]

QUADRILHA

João amava Teresa que amava Raimundo
que amava Maria que amava Joaquim que amava Lili
que não amava ninguém.

João foi para os Estados Unidos, Teresa para o convento,
Raimundo morreu de desastre, Maria ficou para tia.

Joaquim suicidou-se e Lili casou com J. Pinto Fernandes
que não tinha entrado na história.

[Antologia poética. Rio, Editora do Autor, 1962. 144-145.]

CANTIGA DE ENGANAR

O mundo não vale o mundo,
         meu bem.
Eu plantei um pé-de-sono,
brotaram vinte roseiras.
Se me cortei nelas todas
e se todas me tingiram
de um vago sangue jorrado
ao capricho dos espinhos,
não foi culpa de ninguém.
O mundo,
       meu bem,
             não vale
a pena, e a face serena
vale a face torturada.
Há muito aprendi a rir,
de quê? de mim? ou de nada?
O mundo, valer não vale.
Tal como sombra no vale,
a vida baixa. . . e se sobe
algum som deste declive,
não é grito de pastor
convocando seu rebanho.
Não é flauta, não é canto
de amoroso descencanto.
Não é suspiro de grilo,
voz noturna de nascentes,
não é mãe chamando filho,
não é silvo de serpentes
esquecidas de morder
como abstratas ao luar.
Não é choro de criança
para um homem se formar.
Tampouco a respiração
de soldados e de enfermos,
de meninos internados
ou de freiras em clausura.

Não são grupos submergidos
nas geleiras do entressono
e que deixam desprender-se,
menos que simples palavra,
menos que folha no outono,
a partícula sonora
que a vida contém, e a morte
contém, o mero registro
da energia concentrada.
Não é nem isto, nem nada.
É som que precede a música,
sobrante dos desencontros
e dos encontros fortuitos,
dos malencontros e das
miragens quo oc condensam
ou que se dissolvem noutras
absurdas figurações.
O mundo não tem sentido.
O mundo e suas canções
de timbre mais comovido
estão calados, e a fala
que de uma para outra sala
ouvimos em certo instante
é silêncio que faz eco
e que volta a ser silêncio
no negrume circundante.
Silêncio: que quer dizer?
Que diz a boca do mundo?
Meu bem, o mundo é fechado.
se não for antes vazio.
O mundo é talvez: e é só.
Talvez nem seja talvez.
O mundo não vale a pena,
mas a pena não existe.
Meu bem, façamos de conta.
De sofrer e de olvidar,
de lembrar e de fruir,
de escolher nossas lembranças
e revertê-las, acaso
se lembrem demais em nós.
Façamos, meu bem, de conta
—mas a conta não existe—
que é tudo como se fosse,
ou que, se fora, não era.
Meu bem, usemos palavras.
Façamos mundos: idéias.

Deixemos o mundo aos outros,
já que o querem gastar.
Meu bem, sejamos fortíssimos
—mas a força não existe—
e na mais pura mentira
do mundo que se desmente,
recortemos nossa imagem,
mais ilusória que tudo,
pois haverá maior falso
que imaginar-se alguém vivo,
como se um sonho pudesse
dar-nos o gosto do sonho?
Mas o sonho não existe.
Meu bem, assim acordados,
assim lúcidos, severos,
ou assim abandonados,
deixando-nos à deriva
levar na palma do tempo
—mas o tempo não existe,
sejamos como se fôramos
num mundo que fosse: o Mundo.

[Antologia poética. Rio, Editora do Autor, 1962. 205-208.]

ETERNO

E como ficou chato ser moderno.
Agora serei eterno.
Eterno!   Eterno!
O Padre Eterno,
a vida eterna,
o fogo eterno.
(Le silence éternel de ces espaces infinis m'effraie.)

—O que é eterno, Iaiá Lindinha?
—Ingrato!   é o amor que te tenho.

Eternalidade eternite eternaltivamente
            eternuávamos
                  eternissíssimo
A cada instante se criam novas categorias do eterno.

Eterna é a flor que se fana
se soube florir
é o menino recém-nascido
antes que lhe dêem nome
e lhe comuniquem o sentimento do efêmero
é o gesto de enlaçar e beijar
na visita do amor às almas
eterno é tudo aquilo que vive uma fração de segundo
mas com tamanha intensidade que se petrifica e nenhuma força o resgata
é minha mãe em mim que a estou pensando
de tanto que a perdi de não pensá-la
é o que se pensa em nós se estamos loucos
é tudo que passou, porque passou
é tudo que não passa, pois não houve
eternas as palavras, eternos os pensamentos; e passageiras as obras.
Eterno, mas até quando? é esse marulho em nós de um mar profundo.
Naufragamos sem praia; e na solidão dos botos afundamos.
É tentação e vertigem; e também a pirueta dos ébrios.

Eternos! Eternos, miseravelmente.
O relógio no pulso é nosso confidente.

Mas não quero ser senão eterno.
Que os séculos apodreçam e não reste mais do que uma essência
ou nem isso.
E que eu desapareça mas fique este chão varrido onde pousou uma sombra
e que não fique o chão nem fique a sombra
mas que a precisão urgente de ser eterno bóie como uma esponja no caos
e entre oceanos de nada
gere um ritmo.

[Antologia poética. Rio, Editora do Autor, 1962. 225-227.]

References:

Andrade, Mário de. "A poesia em 1930." Aspectos, 1946, 26-45.
Anselmo, Manuel. Família literária luso-brasileira. Rio, José Olímpio, 1943.
    47-54.
Bandeira. Apresentação. 175-179.
————. Crônicas da província do Brasil. Rio, Civilização Brasileira, 1937.
    135-138.
Barbosa, João Alexandre. "Silêncio e palavra em Drummond de Andrade." O
    Estado de São Paulo, 11 jul 1971.
Barros. Espelho. 357-364.

Bastide. Poetas. 77-83.

Campos, Haroldo de. "Drummond, mestre de coisas." O Estado de São Paulo, 27 out 1962.

Carpeaux. Livros. 192-196.

―――――. Origens e fins. Rio, Casa do Estudante do Brasil, 1943. 329-338.

Castelo, José Aderaldo. Homens e intenções. São Paulo, Conselho Estadual de Cultura, 1959. 65-106.

Castro, Sílvio. "Tempo presente I: crítica literária." Rio, Anuário da Literatura Brasileira, 1961. 46-51.

César, Guilhermino. "Brejo das almas." Boletim do Ariel, 4:2 (nov 1934) 40.

Chagas, Wilson. "Mineração do outro." O Estado de São Paulo, 28 out 1967.

Chamie, Mário. "Ptyx: o poeta e o mundo." O Estado de São Paulo, 27 out 1962.

Correia, Roberto Alvim. "Carlos Drummond de Andrade." A Manhã, Rio, 6 jul 1944.

―――――. O Mito. 187-193.

―――――. "Sentimento do mundo." Revista do Brasil, 3a. fase, 4:32 (fev 1941) 66-69.

Costa, Dante. "Sinceridade em termos trágicos." Revista Acadêmica, 56 (jul 1941).

Cunha, Dulce Sales. Autores contemporâneos brasileiros. São Paulo, s.e., 1951, 103-118.

Dantas, Pedro (Prudente de Morais Neto). "Crônica literária." A Ordem, 5:15 (mai 1931) 298-304.

Delgado, Luís. "Sentimento e visão do mundo." Jornal do Comércio, Recife, 16 jul 1944.

Dutra, Waltensir e Cunha Fausto. Biografia crítica das letras mineiras. Rio, INL, 1956.

Elias, José. "Drummond: o poeta." Minas Gerais, 14 set 1968.

Escorel, Lauro. "Itinerário de Carlos Drummond de Andrade." O Estado de São Paulo, 21 out 1943.

Faria, Otávio de. "Carlos Drummond de Andrade e Minas." Revista Acadêmica, 56 (jul 1941).

Ferreira, Lívia. "Drummond e José." O Estado de São Paulo, 8 jun 1968.

―――――. "Em torno da procura da poesia." Revista do Livro, 10 (1967) 129-139.

Francisco, Joaquim. "Drummond e a 'Confidência do itabirano'." Minas Gerais, 4 out 1969.

Franco, Afonso Arinos de Melo. Espelho. 146-150.

―――――. Mar de sargaços. São Paulo, Martins, 1944. 72-94.

Frebot, Luís Israel. "O padre, a moça: filme e poema." O Estado de São Paulo, 28 ago 1971.

Freitas Júnior. 147-1952.

Freixieiro, Fábio. O pio da coruja (ensaios literários). Belo Horizonte, São Vicente, 1967. 53-73.

Frieiro. Letras. 36-44.

Garcia, Oton Moacir. Esfinge clara. Palavra-puxa-palavra em Carlos Drummond de Andrade. Rio, São José, 1955.

Genofre. 69-77.

Grieco. Evolução da poesia. 3rd ed. 204-206.

Grossman, Judith. "Carlos Drummond de Andrade: um certo modo de ver." Cadernos Brasileiros, 43 (1967) 43-54.

Haidai, Julieta e Tieko Yamaguchi. "Bloqueio I: dinâmica da verticalidade e horizontalidade." O Estado de São Paulo, 25 jul 1971.

Holanda, Aurélio Buarque de. "Territorio lírico." 53-59.

Holanda, Sérgio Buarque de. "O mineiro Drummond." Diário Carioca, Rio, 9 e 30 nov 1952.

Houaiss, Antônio. "Carlos Drummond de Andrade." Minas Gerais, 14, 21, 28 jun; 5, 12, 26 jul; 2 ago 1969.

————. "Poesia e estilo de Carlos Drummond." Cultura, Rio, I:1 (set-dez 1948) 167-186.

————. "Sobre uma fase de Carlos Drummond de Andrade." Seis poetas e um problema. 49-77.

Kopke, Carlos Burlamáqui. "O processo crítico para o estudo do poema." Revista brasileira de poesia, 3 (ago 1948) 36-42.

Kovadloff, Santiago. "O homem na poesia de Carlos Drummond de Andrade." Minas Gerais, 11 abr 1970.

Lima, Alceu Amoroso (Tristão de Ataíde). Estudos. V, 121-124.

Lima, Luís Costa. Lira e antilira. Rio, Civilização Brasileira, 1968, 133-236.

Lins, Álvaro. I, 63-71; III, 68-85; V, 83-91.

Lisboa. Convívio poético.

Lucas. Horizontes. 149-155.

————. "Temas literários." 83-93.

Machado Filho. 149-156.

Marques, Oswaldino. "Poesia até agora." Leitura, 48 (abr 1948) 19-21.

Martins, Hélcio. A rima na poesia de Carlos Drummond de Andrade. Rio, José Olímpio, 1968.

Martins, Luís. "Notas sobre C.D.A." O Estado de São Paulo, 27 out 1962.

Mendes. 7-16.

Merquior, José Guilherme. "Notas em função de Boi tempo." Minas Gerais, 2, 9 ago 1969.

Milliet. Diário. IV, 19-24.

————. Panorama. 66-71.

Monteiro, Adolfo Casais. A palavra essencial: estudos sobre a poesia. São Paulo, Nacional, 1965. 48-50.

Moura, Emílio. "O poeta e seu sentimento do mundo." O Diário, Belo Horizonte, 6 fev 1941.

Murici. A nova literatura. 41-43.

Nist, John. "Conscience of Brazil: Carlos Drummond de Andrade." Américas, 15:1 (jan 1963) 32-35.

————. In the middle of the road. Tucson, University of Arizona Press, 1965.

Nunes, Benedito. "Carlos Drummond: a morte absoluta." O Estado de São Paulo, 3, 10 jan 1971.

O'Brien, M. Patricia. "O contraste de campo e cidade em 'José.' de Carlos Drummond de Andrade." Ocidente, 78 (1970) 167-171.

Oliveira, José Osório de. Enquanto é possível. Lisboa, Universo, 1942. 141-150.

Oliveira, Martins de. 195-202.

Perez. I, 87-91.

Pignatari, Décio. Áporo–um inseto semiótico." Minas Gerais, 30 ago 1969.

Pimentel, Osmar. 39-56.

_____. "Poesia moderna." Folha da Manhã, São Paulo, 20 e 27 nov 1948.

Ramos, Maria Luísa. "Um modelo poético." O Estado de São Paulo, 21 mar 1970.

Ramos, Péricles Eugênio da Silva. "O modernismo na poesia." In: Coutinho. A literatura. III (1) 579-589.

Renault, Abgar. "Notas sobre um dos aspectos da evolução da poesia de Carlos Drummond de Andrade." Revista Acadêmica, 56 (jul 1941).

Ribeiro, João. "Alguma poesia." Jornal do Brasil, 13 nov 1930. Also in: Os modernos.

Rónai, Paulo. "A poesia de Carlos Drummond de Andrade." Revista do Brasil, 3a fase, 6:56 (dez 1943) 26-32.

Sales, Almeida. "Carlos Drummond de Andrade." Letras e Artes, 12 e 26 mai e 23 jun 1946.

Sales, Francisco Luís de Almeida. "Poesia e vida em Carlos Drummond de Andrade." Diálogo, São Paulo, 4 jul 1956 e 5 out 1956.

Sánchez-Saez, Bráulio. "Carlos Drummond de Andrade, poeta enfocado al mundo." Sustancia, Tucumán, 4:15-16 (jun-jul 1943) 689-696.

Sant'Ana, Afonso Romano de. Drummond: o gauche no tempo. Rio, Lia, 1972.

_____. "Poesia e memória em Drummond." O Estado de São Paulo, 3 out 1971.

Santiago, Silviano. "Camões e Drummond: a máquina do mundo." Hispania, 49:3 (set 1966) 389-394.

Saraiva, Arnaldo. "Carlos Drummond de Andrade, jornalista." Minas Gerais, 31 ago 1968.

_____. "Drummond: jovem crítico modernista." O Estado de São Paulo, 10 mai 1969.

_____. "Os poemas em prosa de Drummond." Minas Gerais, 17 jan 1970.

Sena. 13-23.

Silva, Domingos Carvalho da. "Um menino de Itabira." O Estado de São Paulo, 27 out 1962.

Souza, Gilda de Melo e. "Dois poetas." Revista Brasileira de Poesia, São Paulo, 2 (abr 1948) 72-76.

Stage, Jan. Carlos Drummond de Andrade–Brasiliens bitre stemme. Den ny Verden. Copenhagen, 3:3 (1966) 71-80.

Teles, Gilberto Mendonça. Carlos Drummond de Andrade: seleta em prosa e verso. Rio, José Olímpio, 1971. 205-223.

_____. Drummond: a estilística da repetição. Rio, José Olímpio, 1970.

Augusto Meyer
(1902-1971)

Augusto Meyer Jr. was born in Porto Alegre, Rio Grande do Sul, on January 24, 1902. His forebears arrived in Brazil in 1851 as members of the Foreign Legion to fight against the Argentine dictator Rosas. When he was a youngster his parents, Augusto Ricardo Meyer and Rosa Meyer, lived in the township of Encruzilhada, where his father managed the Cerro d'Árvore mine. He began his studies in Colégio Bom Conselho, operated by nuns, in Porto Alegre, later attended the Jesuit-run Colégio Anchieta, and then went to study with his uncle, Emílio Meyer, who influenced him to study English, French, Italian, and Latin. As he already spoke German, he studied Goethe, Schiller, and Heine in the original. French literature, however, was to demand his primary interest. Between the ages of ten to fifteen, he studied painting with João Riedel, and was at that time convinced that his career lay in the plastic arts. He entered the Law School in Porto Alegre but, unused to the discipline of rigid courses of study and fixed class hours, he left it to continue his education on his own. Around 1915, he began to take a serious interest in literature. His first signed article appeared in *O Eco do Sul* of Rio Grande. At the invitation of a friend, Dario Bittencourt, he published his first poems in the Negro newspaper *O Exemplo* of Porto Alegre. When Fernando Caldas became manager of *Correio do Povo*, Augusto Meyer dropped the pseudonym, Guido Leal, under which he had contributed to it on occasion, and wrote for the paper regularly. The *Diário de Notícias* and the magazine *Madrugada* were the rallying flags of the Modernist movement in Rio Grande do Sul and Augusto Meyer was a contributor to their literary pages. As time went by, he came in contact with many other writers (they would often gather in front of the Globo bookstore), including Moisés Velinho, about whom he stated that, were it not for the friendship that drew them together, he probably would not have been a poet.

His first book of poems, mostly sonnets, *Ilusão querida*, appeared in 1923 and was followed three years later by *Coração verde* in free verse. It was in 1929, after two other books of poetry, that he published *Poemas de Bilu*, which was to establish him as his state's chief Modernist poet. In 1932 he married Sara de Souza, from Cachoeira, who was the granddaughter of the author of the well known regionalist poem, 'Antônio Chimango.' Two years later he was promoted from assistant director to director of the Biblioteca Pública of his home state. In 1935, his study, *Machado de Assis*, went to press. The following year, at the invitation of Getúlio Vargas, he went to Rio to direct the recently founded Instituto Nacional do Livro, holding the post until 1956 and then again for several years in the 1960s.

In the meanwhile, at the invitation of the United States Department of State, he and his wife proceeded up the west coast of South America to visit the United States in 1944. Ten years later he went to Europe, where he visited France, Italy, Spain, and Portugal and gave a course on Brazilian culture in the School of Philosophy in Hamburg. On May 12, 1960, he was elected to chair 13 of the Brazilian Academy of Letters.

Critical Commentary:

Augusto Meyer's intellectual activities were centered mainly in poetry and criticism. In both fields his youthful inclination toward the plastic arts may be especially meaningful. Although he properly belonged to the Modernist movement, his personal view of life and art prevailed over any slavish inclinations to imitate his contemporaries. His interest in criticism grew with the years and his intellectual development; indeed, he was counted among the top-flight critics in Brazil. Although his literary interests are decidedly international, his best studies are on Machado de Assis.

His poetry is usually happy in tone and bright in color. The good natured humor that erupts from time to time dispels the vague notion of melancholy that haunts his poetic horizons induced by his oneness with nature and life itself. Noteworthy is the faithfulness with which he holds to early themes and perspectives, principally those dealing with the human types, places, flora and fauna of his native state. The pervading low-toned feeling of intimacy and contentment combines with the vaguely romantic air that haunts his poetry to produce a touch of melancholy. Indeed, one of his basic themes is the eternal *ubi sunt* question.

His perspective is frequently that of the adult who, yearning for the golden years of his childhood and youth, re-creates in his mind's eye that long departed world through impressionistic word pictures. Combining the visual and the tactile, he gives an immediate feeling of the substance and texture of the concrete things, persons, and incidents that he conjures up in his imagination, evocations that are stylized through the sublimating effect of imagery. Other constants are his suggestive interest in women, and his evocation of himself as the wide-eyed, towheaded youngest Bilu, his alter-ego.

As the years passed, his poetry tended to become more inwardly directed, more heartfelt, and somewhat less visual. Apparent is a new concern for life's difficulties and suffering, but there is no complaint. The poet is full of life, he basks in it, aware of all the little things that make it dear and sweet. This, plus the folklore motifs of his home state generates a distinctly nostalgic aura. A positively happy note exudes in some of the compositions of *Poemas de Bilu*. Even so, the 1928-1929 period was one of experimentation and Meyer even went so far as to compose an imitation of a Middle Age "Romance." By then he controlled the techniques of Modernist visual and sonorous imagery that give his language a certain popular character, and had acquired a deeper insight into life's meaning, underlining how the truly important things of life are the simple ones close to nature. His new incursions into folklore are accompanied by strong influences from poets at home and abroad. Experiments with form led to the prose poems of *Literatura e poesia*. In them he emphasizes the metaphysical and insists that man must go forward and produce, for man must make himself (an idea akin to that of the existentialists of the following decade), be firmly against mediocrity, and not be afraid to dream. He points out that the world is made of forms, colors, and visions and that "ver é integrar a forma para sentir a essência." In later poetry he returned to more rigidly structured verse forms and rhyme schemes. The colors become more sombre and there is more frequent insistence on moonlight and death. Even so, the wholesome feeling of uplift and affirmation does not diminish, and the evident depth of feeling and sincerity assure us that this poetry is not written merely as a pastime or to gain glory.

Suggested Reading and Other Texts:

In: Algumas poesias: "Flor de Maricá"; In: Coração verde: "Sombra verde," "Humildade," "Serão de junho," "Cantiga de roda," "Humilde surdina," "Mãe alegria," "Serrano"; In: Giraluz: "Galpão," "Manhã de estância," "Veranico," "Esbanjamento"; In: Duas Orações: "Oração ao Negrinho do Pastoreio", In: Poemas de Bilu: "Tranquito," "Minuano," "Alegria" "À maneira de mim mesmo (carta)," "Canção encrencada"; In: Literatura e poesia: "Metapatafísica"; In: Folhas arrancadas: "Toante," "Distância," "Elegia de Maio".

Bandeira e Cavalheiro, 346-349; Kopke, 55, 94, 111; Lisboa, Antologia, 29-30; Murici, A nova literatura, 37-40; Perez, I, 63-68.

Principal Works:

Poetry:
Ilusão querida (Porto Alegre, 1923)
Coração verde (Porto Alegre, 1926)
Duas orações (Porto Alegre, 1928)
Giraluz (Porto Alegre, 1928)
Poemas de Bilu (Porto Alegre, 1929)
Sorriso interior (Porto Alegre, 1930)
Literatura e poesia (Porto Alegre, 1930)
Poesias (Rio, 1957)
No tempo da flor (Rio, 1966)

Essay and criticism:
Machado de Assis (Porto Alegre, 1935)
Prosa dos pagos (S. Paulo, 1943)
À sombra da estante (Rio, 1947)
Le bateau ivre (Rio, 1955)
Preto e branco (Rio, 1956)
Gaúcho, história de uma palavra (Porto Alegre, 1957)
Camões o Bruxo e outros ensaios (Rio, 1958)
A chave e a máscara (Rio, 1964)
A forma secreta (Rio, 1965)

Folklore:
Guia do folclore gaúcho (Rio, 1951)
Cancioneiro gaúcho (Porto Alegre, 1952)

Memoires:
Segredos da infância (Porto Alegre, 1948)

FLOR DE MARICÁ

Este perfume tão fino
é a saudade de um perfume
e parece que resume
o amor de um poeta menino.

Era um doce desatino,
era este mesmo perfume
e em meu peito um vivo lume,
um nome, um segredo, um hino!

Mas onde estás, poeta louro?
E onde está o teu tesouro
de amor, de mágoa e queixume?

De tudo aquilo, ficou-me
o vago aroma de um nome
e a saudade de um perfume.

[Poesias-1922-1955. Rio
São José, 1957. 16.]

SOMBRA VERDE

Sobre o capim orvalhado e cheiroso. . .

Maciez das boninas,
espinho das rosetas,
cricris sutis nesse mundo imenso,
tão pequenino. . .

Volúpia de gozar as sensações,
de sentir junto a mim o coração da terra,
no seu trabalho milenário e silencioso,
como se eu fosse longamente uma raíz profunda. . .

Mãe-Verde. . .

Reclinei-me em seu regaço,
onde há venenos e perfumes.

E todo o cheiro das suas folhagens.
toda a seiva dos seus frutos,
frescura de águas claras e de folhas verdes
vêm banhar como um bálsamo as pálpebras fechadas.

[Poesias-1922-1955. Rio
São José, 1957. 30.]

HUMILDADE

Que alegria me sobe à garganta quando eu penso que tu vives,
que o teu lábio me espera na sombra,
na sombra mansa, como um fruto escondido!

És todo um aroma de promessas doces,
mulher!
És o jardim que eu plantarei com as minhas mãos,
que eu regarei com as minhas mãos.

Tu me ensinaste a humildade que se busca
ansiosamente, como um murmúrio de águas.

Mulher, as aves têm a tua voz.
A casa ri o teu riso pelas paredes,

o vento assopra o teu nome claro,
teu nome que faz tudo amanhecer.
E ando a colher nas flores o teu perfume,
ando a beijar-te nas folhas do caminho,
ando a levar-te comigo pelas ruas!

Cousa frágil, terrível, inocente,
mulher...
Eu não sou nada mais que uma ânfora vazia,
lábio ardendo a chama dos janeiros,
terra gretada...

Quando serei alguma cousa em tua carne espiritualizada?
Chegarão as fontes que jorram na alma e gorgolejam de alegria?

Mas que alegria!   que alegria!   que alegria!

Que alegria transborda quando eu penso: Ela vive!
Que alegria não ser nada...

Viver da tua esmola...

Ser a sombra de uma sombra...

Que alegria ser unicamente esta fome de ser...

E, um dia, um dia,
chegar ao teu lábio
e ser...

[Poesias-1922-1955. Rio
São José, 1957. 33-34.]

SERÃO DE JUNHO

Ouve: alguém bateu na porta...
Janelas brilham no escuro.
Cada casa é uma estrelinha.
Cada estrela é uma família.
E o minuano, pobre-diabo
que não quer ficar no escuro,
bate, bate, empurra a porta,
praguejando como um doido:

— Pelo amor de Deus, eu quero
a esmola rubra do fogo!

Mas ninguém abre ao minuano.
que noite fria lá fora!
Cada casa é uma estrelinha.
Há mais estrelas na terra
do que no céu, Deus do céu!
Lá fora que noite fria!
E o minuano, pobre-diabo,
andando sempre, andarengo,
para enganar a miséria,
geme e dança pela rua,
e enquanto assovia — chora,
e enquanto chora — assovia...

[Poesias-1922-1955. Rio
São José, 1957. 48.]

SERRANO

Eu devia nascer lá na Serra, entre os pinheiros,
quando o ar cheira a resina, a campo novo e a lenha verde.

(O aroma que há nas derrubadas...)

Nascer lá, quando o céu é macio como um beijo,
e há barro vivo nas estradas...

Penso na encosta cheia de uvas e cantigas,
onde a alegria é um mosto que espumeja,
nesse ondular voluptuoso, de uma graça antiga,
que há nos gestos lentos das vindimadeiras,
na sombra que dança pelos muros de cal,
no ouro do sol furando a sombra das parreiras.

Domingo

A igrejinha nova é um brinquedo na montanha.

Brincam sinos.

Há uma festa de cores pela estrada:
lenços vermelhos, pintalgados,

colonos ingenuamente enfeitados,
para a missa, que é um brinquedo na montanha.

Brincam sinos, brincam sinos.

Domingo.

(Eu devia nascer lá na Serra, entre os pinheiros...)

[Poesias-1922-1955. Rio
São José, 1957. 62-63.]

MANHÃ DE ESTÂNCIA

Manhã de estância, risadas de joâo-de-barro,
a casa antiga escancarada aos quatro ventos,
janelas cheias de horizonte,
toda a frescura matinal no lábio doce como um fruto.

Manhã cedo— quero-queros, mugidos
para muito muito longe
e o largo abraço das figueiras bravas.

Canta mais claro um retinir de esporas.

Há matungos boflando, de focinho no pasto.

As ovelhas são bolas de estopa.

Quanto alecrim roxeia a baixada!

O potrilho zaino relincha.
Em seu nitrido há um fogaréu sonoro
como um toque de alvorada!
Parece que um arroio de luz me inunda os nervos,
meu assobio imita os bem-te-vis,
minha voz chama o sol.

Agora boiam na cerração ilhotas de coxilhas
lavadas de sereno.

Como a visão repousa horizontalizada!

Eu vi a luz nascer pela primeira vez no mundo.

[Poesias-1922-1955. Rio
São José, 1957. 79-80.]

ESBANJAMENTO

Cigarra, eu também não tenho carne nem sangue
e sou tão leve,
que às vezes sinto uma saudade humana do chão.

Uma gota de orvalho me embebeda,
um raio de sol me coroa,
a nuvem que passa me chama,
e eu lá vou, cousa passiva e boa,
ébrio de vento e de volúpia,
sem saber, sem lembrar — à toa. . .

Amo tudo que é móvel e flutuante
porque os meus olhos não se fecham sobre a imagem
e as minhas mãos têm o orgulho das corolas vazias. . .

Ah!   viver como um reflexo
no movimento facílimo das ondas!

Viver na dispersão do esbanjamento!

Depois,
deitar o corpo na terra,
ouvir a voz embaladora
do vento bom no capim:

— Dorme dorme que eu te embalo,
no chão escuro há uma luz,
há um sol claro de perdão.
Dorme dorme, nina-nana,
hás de voltar para o chão. . .

Fecho os meus olhos sobre o mundo — quanta luz!

(Esta voz embaladora
é o vento bom no capim?)

Fecho os olhos para o sol.

Quanta luz dentro de mim!

[Poesias-1922-1955. Rio
São José, 1957. 119-120.]

ORAÇÃO AO NEGRINHO DO PASTOREIO

Negrinho do Pastoreio,
venho acender a velinha
que palpita em teu louvor.

A luz da vela me mostre
o caminho do meu amor.

A luz da vela me mostre
onde está Nosso Senhor.

Eu quero ver outra luz
na luz da vela, Negrinho,
clarão santo, clarão grande
como a verdade e o caminho
na falação de Jesus.

Negrinho do Pastoreio,
diz que você acha tudo
se a gente acender um lume
de velinha em seu louvor.

Vou levando esta luzinha
treme-treme, protegida
contra o vento, contra a noite. . .
É uma esperança, queimando
na palma da minha mão.

Que não se apague este lume!
Há sempre um novo clarão,
Quem espera acha o caminho
pela voz do coração.

Eu quero achar-me, Negrinho!
(Diz que você acha tudo)
Ando tão longe, perdido. . .
Eu quero achar-me, Negrinho:
a luz da vela me mostre
o caminho do meu amor.

Negrinho, você que achou
pela mão da sua Madrinha
os trinta tordilhos negros
e varou a noite toda

de vela acesa na mão
(piava a coruja rouca
no arrepio da escuridão,
manhãzinha, a estrela-d'alva
na voz do galo cantava,
mas quando a vela pingava,
cada pingo era um clarão),
Negrinho, você que achou,
me leve à estrada batida
que vai dar no coração!
Ah os caminhos da vida
ninguém sabe onde é que estão!

Negrinho, você que foi
amarrado num palanque,
rebenqueado a sangue pelo
rebenque do seu patrão,
e depois foi enterrado
na cova de um formigueiro
pra ser comido inteirinho
sem a luz da extrema-unção,
se levantou saradinho,
se levantou inteirinho:
seu riso ficou mais branco
de enxergar Nossa Senhora
com seu Filho pela mão!

Negrinho santo, Negrinho,
Negrinho do Pastoreio,
você me ensine o caminho
pra chegar à devoção,
pra sangrar na cruz bendita
pelos cravos da Paixão.
Negrinho santo, Negrinho,
quero aprender a não ser!
Quero ser como a semente
na falação de Jesus,
semente que só vivia
e dava fruto enterrada,
apodrecendo no chão.

[Poesias-1922-1955. Rio
São José, 1957. 125-127.]

TRANQUITO

Volúpia da roupa nova e da carne lavada.
Meu passo é leve como a luz loura.
Parece que vão voar as árvores no ar
e eu sou como o balão mal seguro na mão.

Tenho vontade de brincar de motorneiro,
de nuvem, de corrupio, de astro. . .
Sou um tranquito de petiço contente,
vou aos trancos e barrancos de astro em astro.

Todas as casas me disseram: entra!
todas as caras perguntaram: que tal?
Carrego o cosmos pelo dedo minguinho
e acho tudo muito bem tal e qual.

[Poesias-1922-1955. Rio
São José, 1957. 139.]

CANÇÃO ENCRENCADA

Eu sou o filóis Bilu,
malabarista metafísico,
grão-tapeador parabólico.

Sofro de uma simbolite
que me estraga as evidências.
Quem pensa pensa que pensa,
o besouro também ronca,
vai-se ver . . . não é ninguém.

Reduzo tudo a mim-mesmo,
não há nada que me resista:
pois o caminho mais curto
entre dois pontos, meu bem,
se chama ponto de vista.

[Poesias-1922-1955. Rio
São José, 1957. 175.]

TOANTE

Da outra margem do rio
Vem soprado na brisa
Um trêmulo gemido,
Um suspiro de sino.

Fino som, suave som
Roça leve na onda,
Vem de longe, tão longe!
Vem de lá não sei onde. . .

Vem assim ressoando
A uma enorme distância
Dia a dia, ano a ano,
Desde o fundo da infância. . .

É um murmúrio, um queixume
Anunciando o crespúsculo?
Sinto frio, sinto um brusco
Arrepio de susto. . .

[Poesias-1922-1955. Rio
São José, 1957. 262.]

References:

Bandeira, Manuel. "Augusto Meyer: coração verde." Revista do Brasil, 2a. fase,
    1:9 (15 jan 1927) 41-42.
_____. "O humor na poesia brasileira." Américas, 6:10 (out 1959) 18.
Bruno. I, 101-114.
Carpeaux, Oto Maria. Livros. 155-161.
Carvalho, Rui de. "Augusto Meyer." Dom Casmurro, 20 ago 1938.
David, Carlos. "A educação do poeta: notas para uma biografia literária."
    Revista do Livro, 2:6 (jun 1927) 195-198.
Figueira, Gastón. "Tres poetas brasileños." Revista Iberoamericana, 20:39 (mar
    1955) 169-174.
Lima, Alceu Amoroso (Tristão de Ataíde). Estudos. III, 56-71.
Martins, Ciro. "Perspectivas de Augusto Meyer." O Estado de São Paulo, 17, 24
    e 31 out 1970.
Milliet. Panorama. 55-56.
Morais, Carlos Dante de. Realidade e ficção. Rio, MES, 1952. 44-61.
_____. Viagens interiores. Rio, Schmidt, 1931. 103-130.
Murici. A nova literatura. 33-37.
Olinto. Cadernos. 165-171.
Perez. I, 57-62.

Pinto da Silva, João. Vultos do meu caminho. 2a. série, Porto Alegre, Globo, 1926. 186-193.

Proença, Manuel Cavalcanti. Estudos. 479-484.

Ramos, Péricles Eugênio da Silva. In: Coutinho. A literatura. III (1) 596-601.

Velinho, Moisés. Letras da província. Porto Alegre, Globo, 1944. 39-58.

Xavier, Raul. "Palavras e tempo de Ari." O Estado de São Paulo, 20 jul 1968.

Augusto Frederico Schmidt

(1906-1965)

Modernism's businessman poet, Augusto Frederico Schmidt, was born April 18, 1906, in the city of Rio de Janeiro. Gustavo Schmidt, his father, came from a well-to-do family and had studied in England. His mother, Anita de Azevedo, was from Bahia. At an early age Augusto attended kindergarten in Copacabana at the Colégio dos Andradas. In 1913 the family went to Switzerland for his mother's health, and Augusto and his sister, Madalena, were boarded at the Collège de Champs Soleil in Lausanne.

After his father's death in 1916, he returned to Brazil and attended a number of schools, including the one run by Dona Guiomar Beltrão in Tijuca, and the Colégio São José, taking his examinations in the Colégio Pedro II in 1922. He was a sad and lonely boarding student, always auxious for his grandmother's Sunday visits. In 1922 he began to contribute short poetical and prose items in *O Beira Mar*, published in Copacabana. Although more and more enthused by literature, he was not inclined toward his studies and left school. Following his first job as a clerk in Rio, he rose rapidly in the business world.

His work, however, did not prevent him from active participation in literary circles. When in 1924 he went to São Paulo for two years, he linked himself to Mário de Andrade, Oswald de Andrade, Plínio Salgado, and Ribeiro Couto. At the age of twenty he published his first book, a volume of poetry titled *Canto do Brasileiro Augusto Frederico Schmidt*. It was well received and as the years went by it was to be followed by over a dozen others in verse, not to mention volumes containing *crônicas*, memoires, and travel impressions. In 1934 he founded a publishing business whose imprint is to be found on a number of first editions of well-known Modernist writers. After the First World War he was a frequent traveler to Europe and the United States on business. After an extended trip to Portugal, he reported his impressions in *Paisagens e seres*. In 1934 he married Ieda Ovalle Lemos Schmidt, niece of the composer, Jaime Ovalle. In addition to his activities in the business, industrial, and newspaper world, after 1956 he held important public and diplomatic posts. He was mainly responsible for launching

Operation Pan America, which became the Alliance for Progress. He was the first Brazilian representative to the European Economic Community and the head of the Brazilian Delegation to the United Nations (1959). As Brazilian Minister of Foreign Affairs, he presided over the Council of Twenty-One at the Bogotá Conference (1960). Returning to the political arena in 1963, he vigorously combated the policies of President Goulart. He died on February 7, 1965.

Critical Commentary:

Almost forty years of literary activity netted Schmidt over a dozen books of poetry. Unlike the inaugurators of Modernism, he was neither nationalistic nor experimental in his approach to verse. The often strident and frequently polemical and smart-alecky attitude was likewise absent. He simply utilized the technical gains of the previous generation to express his personal, intimate reactions, less to reality than to his own place in the universe.

Throughout his career as a poet Schmidt was primarily preoccupied with death, with the need to give himself to his Maker. It is a persistent theme. For him Death was a haven, a port; his highest goal was to live life, die mature, and give himself to Death like a ripe fruit. Although he often wrote of his own death, more frequently he sang of the death of young maidens, at times when they were in the throes of dying, or again after they had expired. As the autumn of his life drew near, his poetry turned increasingly toward life, it became less restrained and single-tracked, more sensual, and considerably more virile. The poet, exceedingly timid toward womankind, defines love as amplitude and calmness.

Throughout Schmidt's poetry there is an ever present interest in the supernatural; a metaphysical and even a mystical aura fills the air with its heavy incense. Its presence is real. Schmidt's poetry is heavy with religiosity and anxiety, and he yearns to give himself to God through Christ. All else seems empty and useless; Christ would provide him with a reason for being. Despite the frequent laughter of others in an unbelieving age, he wears his faith openly on his sleeve. Lassitude permeates the poet's reality, he accepts the status quo, and allows life to carry him along aimlessly as he revels in solitude and emphasizes the transitory nature of the world. Happy are the dead, he says, and tears are a kind of liberation. Poetry represents the immortal spirit of life and expresses eternity itself. The sea, rude and terrible, in later years a constantly recurring theme, is a mirror of the spirit of God. Schmidt's mystical orientation is further underlined by the important influence of the Bible on his work. It is a source of continual inspiration, a pattern for verse, and a mine of expressions, images, and themes.

There is no desperation in his verse, but the tone is sad and melancholic, even tediously so on occasion. Everything points up his yearning for calm and quiet, not to mention his desire to die a good Christian. But as the years went by, the tentativeness, the whispers so customary in his youthful poetry, became louder, bolder and the poet, somewhat more emotional, became more captivated by the charms of living women.

The form of Schmidt's poetry is uncomplicated and his poems are generally short. His verse forms are irregular and unrhymed, but he does occasionally use measured verse, as well as the general pattern of the more traditional strophes, all of which underlines the proximity he felt to his cultural past. His language, moreover, is clear and uncomplicated; indeed, aside from the personification of nature, land, even of aromas, there is a dearth of metaphors and imagery. His perspective is subjective, low-keyed, metaphysically directed, and visually oriented. Especially effective are his use of repetition, often initial in the verses, or taking the form of leitmotifs, and the employment of rhythm to take the place of end rhyme. But the traditional stance is seen also in his striving for balance and in his solemn, intimate diction. From about 1934 his poetry becomes technically smoother, more communicative, and thematically broader in scope.

Evidently there is much of the Romantic in Schmidt: in his diffuse, mystical attitude toward man's place in the world, in his recognition of man and nature, both being products of God and consequently somehow related to each other, and in his timidly adolescent, largely plantonic reaction to women.

Suggested Reading and Other Texts:

In: Navio perdido: "Quando eu morrer," "Alma"; In: Pássaro cego: "Veio com a doçura de uma sombra," "Noturno," Libertação," "De amor," "Purificação," "Depois," "O amor"; In: Canto da noite: "Voz," "Morte do homem," "Momento," "Despedida ('Os que seguem. . .'),'' "A que perdi," "Canto da madrugada"; In: Estrela solitária: "Perfumes da noite," "Destino da beleza," "Poema ('Não morrer—mas ser recolhido,. .'),'' "História da borboleta branca," "Poema ('Eu estou na tua alma . . .'),'' "A poesia está abandonada," "Noite de amor," "Vem, ó doce morte! " "Elegia," "Soneto ('Eu queria dar a expressão . . .'),'' "Mãos," "Mar," "Eu queria o olhar dos cegos"; In: Mar desconhecido: "Vou para o outono," "Paisagem"; In: Poemas inéditos: "Canção para seduzir a sereia," "Soneto".

Bandeira e Cavalheiro, 353-355; Brito, Panorama, 183-190; Coutinho, Antologia, II, 216-220; III, 238-241; Kopke, 93, 139, 148, 162, 167; Lisboa, Antologia, 19-20, 123-125; Moisés, Textos, 425-430; Murici, A nova literatura, 31-32; Perez, I, 53-54.

Principal Works:

Poetry:

Canto do brasileiro Augusto Frederico Schmidt (Rio, 1928)
Cantos do liberto Augusto Frederico Schmidt (Rio, 1929)
Navio perdido (Rio, 1929)
Pássaro cego (Rio, 1930)
A desaparição da amada (1931)
Canto da noite (S. Paulo, 1934)
A estrela solitária (Rio, 1940)

Mar desconhecido (Rio, 1942)
Poesias escolhidas (Rio, 1946)
Fonte invisível (Rio, 1949)
Mensagem aos poetas novos (S. Paulo, 1950)
Ladainha do mar (1951)
Morelli (1953)
Os reis (1953)
50 poemas escolhidos pelo autor (Rio, 1957)
Poesias completas, 1928-1955 (Rio, 1956)
Aurora lívida (Rio, 1958)
Babilônia (Rio, 1959)
Antologia poética (Rio, 1962)
O caminho do frio (Rio, 1964)
Sonetos (Rio, 1965)

Prose:
O galo branco [crônicas, reminiscências] (Rio, 1948)
Paisagens e seres [impressões] (Rio, 1950)
Discurso aos jovens brasileiros (1956)
As florestas, páginas de memórias (Rio, 1959)
Antologia de prosa (Rio, 1964)
Prelúdio à revolução (Rio, 1964)

ALMA

Às vezes eu sinto — minha alma
    Bem viva
    Outras vezes porém ando erradio,
    Perdido na bruma, atraído por todas as distâncias.

Às vezes entro na posse absoluta de mim mesmo
    E a minha essência é alguma coisa de palpável
    E de real.
    Outras vezes porém ouço vozes chamando por mim,
    Vozes vindas de longe, vozes distantes que o
        vento traz nas tardes mansas.

Sou o que fui. . .
Sou o que serei. . .

Às vezes me abandono inteiramente a saudades estranhas
    E viajo por terras incríveis, incríveis.

Outras vezes porém qualquer coisa à-toa —
O uivo de um cão na noite morta,
O apito de um trem cortando o silêncio,
Uma paisagem matinal,
Uma canção qualquer surpreendida na rua —

Qualquer coisa acorda em mim coisas perdidas no tempo
E há no meu ser uma unidade tão perfeita
Que perco a noção da hora presente, e então

Sou o que fui.
E sou o que serei.

[Poesias completas (1928-1955)
Rio, J. Olímpio, 1956. 54-55.]

LIBERTAÇÃO

Abandonaria os meus tristes e inúteis livros,
Abandonaria o meu quarto,
Abandonaria a minha casa,
Abandonaria a minha terra
E os meus parentes e amigos.
Abandonaria a tua lembrança,
A tua lembrança mil vezes infeliz.
Deixaria tudo, até os meus sentimentos,
Até as minhas saudades.

Como uma grande criança eu te seguiria, Senhor.
Eu iria contigo, se te lembrasses de passar ao alcance dos meus olhos.

Iria contigo para outros países.
Iria contigo para outros contatos.
Porque as raízes que me prendem aqui não são fundas,
Sou como o arbusto tenro que o vento arranca do seio da terra.

Eu iria contigo, Senhor!
E minha partida seria uma infinita libertação.
Há muito que erro perdido neste país,
Há muito que me vou sentindo diferente dos que habitam aqui,
Dos que estão mesmo mais próximos de mim.
Há muito que não compreendo o que eles falam
Porque os sentimentos deles me são estranhos e incompreensíveis.

Iria contigo para outros países,
Deixando tudo que aderiu ao meu ser,
Deixando meus sentimentos, deixando minhas lembranças.

E seria uma grande libertação, porque a consciência
[da inutilidade de tudo há
[muito habita o meu coração!

[Poesias completas (1928-1955)
Rio, J. Olímpio, 1956. 108-109.]

MOMENTO

Desejo de não ser nem herói e nem poeta
Desejo de não ser senão feliz e calmo.
Desejo das volúpias castas e sem sombra
Dos fins de jantar nas casas burguesas.

Desejo manso das moringas de água fresca
Das flores eternas nos vasos verdes.
Desejo dos filhos crescendo vivos e surpreendentes
Desejo de vestidos de linho azul da esposa amada.

Oh! não as tentaculares investidas para o alto
E o tédio das cidades sacrificadas.
Desejo de integração no cotidiano.
Desejo de passar em silêncio, sem brilho
E desaparecer em Deus — com pouco sofrimento
E com a ternura dos que a vida não maltratou.

[Poesias completas (1928-1955)
Rio, J. Olímpio, 1956. 190.]

DEPOIS

A que perdi está misturada, tão misturada comigo
Que às vezes sobe ao meu coração o seu coração morto
E sinto o seu sangue correr nas minhas veias.
A que perdi é tão presente no meu pensamento
Que sinto misturarem-se com as minhas lembranças

[de infância as lembranças
[de sua infâcia desconhecida
A que perdi é tão minha que as minhas lágrimas
[vieram dos seus olhos
E as suas é que descem dos meus.
A que perdi está dentro do meu espírito como o filho
[no corpo materno
Como o pensamento na palavra
Como a morte no fim dos caminhos do mundo.

[Poesias completas (1928-1955)
Rio, J. Olímpio, 1956. 209.]

A QUE PERDI

Parece que ainda a ouço respirar. Parece
Que ainda a vejo aqui, o olhar febril
E as mãos, trêmulas mãos, magras mãos, agoniadas
Se agitando como a chamar alguém, como a dizer adeus.

Hoje que não está mais, hoje que a levaram
Para a paz funda, para o abrigo derradeiro,
É que sinto o que foi a sua pobre vida
E começo a sofrer todos os seus sofrimentos.

Passa alguém na calçada assobiando, assobiando.
Espio a noite e a rua escura, através da vidraça:
Rua por onde a levaram há pouco ainda,
Para o descanso, para o silêncio sem remédio.

Olho o leito, onde deu o último suspiro:
Está nu o colchão e nus os travesseiros.
No chão uns frascos, já inúteis, de remédios;
E um livro de oração, numa velha cadeira.

Uma enorme agonia enche toda a minha alma,
Sinto o meu coração tornar-se pequenino.
Penso em que nunca mais a verei neste mundo
E não posso, meu Deus, crer que seja verdade!

Ajoelho-me no chão onde ela andou outrora
E ponho-me a rezar por sua alma liberta,

Embora não me fuja da memória o espaço estreito
De terra onde ela está se desfazendo aos poucos.

Abro o armário, depois, o armário que foi dela:
Tanto vestido, tanta roupa abandonada. . .
E da roupa, enchendo o quarto todo,
Vem o perfume dela, o seu perfume raro.

O vestido vermelho e branco; e o cinzento,
O último que usou para ir à cidade;
E o vestido escuro de viagem — e a revejo no trem
Fitando a paisagem tristemente.

Principio a chorar. Nem um ruído na noite morta.
Sinto-me muito só: uma grande agonia,
De estar tão só assim, enche-me o coração.
E começo a chamá-la soluçando. . .

[Poesias completas (1928-1955)
Rio, J. Olímpio, 1956. 136-137.]

DESTINO DA BELEZA

Quando o tempo desfaz as formas perecíveis,
Para onde vai, qual o destino da Beleza,
Que é a expressão da própria eternidade?

Na hora da libertação das formas,
Qual o destino da Beleza, que as formas puras realizaram?

Qual o destino do que é eterno,
Mas está configurado no efêmero,
No momento inexorável da purificação?

A Beleza não morre.
Não importa que o seu caminho
Seja visitado pela destruição, que é a própria lei
E pelas sombras.

A Beleza não morre.
Deus recolhe as flores que o tempo desfolha;
Deus recolhe e música das fisionomias que o tempo escurece
                                        e silencia;
Deus recolhe o que venceu as substâncias frágeis

E realizou o milagre do Espírito Impassível
No movimento e na matéria.
Deus recolhe a Beleza como o corpo absorve a sua sombra
Na hora em que a luz realiza o seu destino de unidade e pureza.

[Poesias completas (1928-1955)
Rio, J. Olímpio, 1956. 257.]

HISTÓRIA DA BORBOLETA BRANCA

Eu queria cantar a borboleta branca,
A misteriosa dançarina
Que eu vi, palpitante e estranha,
Na manhã estival.

Eu queria cantar a borboleta branca
Que eu vi, inquieta,
Na orla da montanha áspera,
Lutando e vivendo.

Era uma flor. Era uma pétala de rosa,
Leve e branca.
Era uma flor, mas viva e trágica,
Em luta com o mundo.

Na estrada, sob o sol extremo e inflexível,
As árvores pacientes
Esperavam a distante consolação da noite,
Da noite libertadora.

Mas a borboleta branca vivia a sua hora única,
E era como um espírito,
E era como um pensamento claro
Surgido da terra.

Vendo-a dançar, inquieta e muito branca,
Na ardente manhã,
Lembrei-me de que a noite triste e inevitável
A encontraria em pouco morta.

Lembrei-me de que as sombras a surpreenderiam
– Com as suas frágeis asas,

Que se agitaram nos céus azuis como velas no mar,
Machucadas e escuras.

Lembrei-me de que a noite a encontraria exausta e desmaiada
– A dançarina flor branca,
Virgem louca, que o amor do sol violentamente
Destruiu e perdeu.

No entanto a borboleta branca era um claro pensamento,
Era uma idéia inocente
Perdida entre as coisas rudes e ásperas,
Na manhã luminosa.

A borboleta branca era a vida, era a frágil vida,
Na sua efêmera plenitude.
Vendo-a, meu coração sofreu a compreensão dos destinos
                              [delicados
Das lágrimas e da poesia!
Vendo-a, senti a luta misteriosa do que é branco e
                              [eterno
Com o que é, no tempo,
Duração e força, escuro e resistência.
Limitação e certeza.

A montanha e as árvores pareciam não existir.
A borboleta branca dançava,
E era a poesia e o eterno espírito da vida,
Na sua mais clara e efêmera imagem.

                    [Poesias completas (1928-1955)
                    Rio, J. Olímpio, 1956. 264-266.]

A POESIA ESTÁ ABANDONADA

A Poesia está abandonada. Os cantos e os clamores
Que aqueciam outrora e sempre as almas, hoje estão
                    [sem forças e sem poder,
Esquecidos, e ninguém os sente mais, ninguém mais
                    [os acolhe.
A Poesia é errante!   Ninguém mais a quer!

No entanto, que necessidade de ser poeta, que necessidade
                    [de dar fuga

Aos sentimentos desesperados e sem forma que estão palpitando
                                        [sem cessar
No fundo mar do coração, no fundo mar do coração!

Que necessidade de música em evasão!
Que necessidade de dar equilíbrio e ritmo às aspirações,
                              [aos desejos, às saudades,
Que estão em desassossego, em desespero silencioso,
No fundo mar do coração!

Que necessidade de música, de aurora, de céus líricos,
De horizontes sem termo!   Que necessidade veemente de poesia!
Que necessidade de palavras, de harmonias, de lamentações!

Que necessidade de flores e de almas
No fundo mar do coração!
Que necessidade de heroísmo, de aventuras!
Que desejo de sol e de um tempo novo!
Que ânsia de sonhos, de quimeras e de crenças!
Que desejo de ver em fuga as prisioneiras naves,
De ver a vida, há tanto deserta, palpitar de novo
No fundo mar do coração!

Ser poeta é ter liberdade.
Ser poeta é ter a sua música.
Ser poeta é ter a alegria, brilhando
Mesmo entre as lágrimas crepusculares.
Ser poeta é abrir caminhos para
O fundo e escuro mar
Prisioneiro no coração.

Ser poeta é ouvir os sinos!
Ser poeta é sentir que os sinos estão tangendo e
                              [enchendo os ares!
Ser poeta é ter no olhar a força que ilumina as
                              [pobres coisas!
Ser poeta é estar abrigado dos indefinidos rumores
                              [da morte!
Ser poeta é ser levado pelas correntes, ao sabor das águas!
Ser poeta é gritar, cantar, sofrer!

A necessidade de ser poeta é funda e poderosa,
Nesta hora em que a Poesia vai morrer para o mundo,
Em que a Poesia está errante, sem lar, desabrigada,
Sem poder melhorar o mundo, sem poder salvar o mundo,

O pobre mundo, escuro e triste,
Que os ventos do desespero dominaram e perderam!

A hora é da Poesia!   A hora é do Canto!

[Poesias completas (1928-1955)
Rio, J. Olímpio, 1956. 275-276.]

VEM, Ó DOCE MORTE!

Trazida nos braços dos anjos,
Brincando com os azuis incensos,
Com as pequenas mãos molhadas pelo orvalho da última aurora,

– Vem, ó doce morte!

Vem, ó doce morte,
Noites de estrelas,
Noiva imponderável,
Berço de infanta,
Perfume de outras eras,
Sonho de esperanças!
Vem, ó doce morte!

Vem com as nuvens brancas,
Vem com a noite esquiva,
Vem com as flores novas nos jardins da noite!
Vem, ó doce morte,
Morte humilde e simples,
Morte de criança, frágil e macia!

Vem, ó doce morte,
Morte pequenina, morte de inocência, morte alegre e boa!
Vem, ó doce morte!

[Poesias completas (1928-1955)
Rio, J. Olímpio, 1956. 309.]

SONETO

Eu queria dar a expressão da beleza,
Eu queria dar a expressão da poesia

Que as almas que não sabem falar
Recebem e guardam para sempre.

Eu queria dizer o que uma paisagem
Despertou num espírito cujo destino, morrendo, é o
         [silêncio.
Eu queria traduzir os ritmos das almas pobres
De expressão, mas cheias de musicalidade.

Eu queria ser o poeta das coisas mais simples,
Eu queria ser o poeta das coisas mais rudimentares,
Das coisas que as almas mais simples podem alcançar.

Eu queria aquecer com o meu canto ingênuo
Os corações em que o Espírito é mais esquivo,
Os corações abandonados pela poesia e polo sol
         [Poesias completas (1928-1955)
         Rio, J. Olímpio, 1956. 359.]

EU QUERIA O OLHAR DOS CEGOS

Eu queria o olhar dos cegos, para ver
As coisas invisíveis e as coisas tocadas pelo Espírito.
Eu queria, por um momento, o olhar dos cegos,
Para distinguir as luzes e para ver a luz pura e única.

Eu queria o imenso olhar dos cegos, para sentir,
Na sua plenitude e na sua essência, as formas imutáveis
         [e perfeitas.
Eu queria compreender o que é verdadeiro e eterno,
E o que é vestido pelas luzes imaginárias e que vem
         [de mim mesmo.

Eu queria o sentido da iluminação na eternidade,
O sentido da grande luz, da luz criadora e divina,
Da luz primeira, ainda isenta do efêmero e do tempo.

Eu queria o olhar dos cegos, para receber pelos ouvidos
A luz ainda na sua forma primeira e última,
A luz que é a própria música e que só na música se
         [revela e aparece.
         [Poesias completas (1928-1955)
         Rio, J. Olímpio, 1956. 370.]

References:

Amado, Gilberto. "Augusto Frederico Schmidt." Boletim do Ariel, 2:6 (mar 1933) 148-149.

Andrade, Almir de. "Estrela solitária." Revista do Brasil, 3a. fase, 3:25 (jul 1940) 63-68.

Andrade, Mário de. Aspectos. 54-59; 185-204.

—————. "Augusto Frederico Schmidt." Revista Acadêmica, 53 (fev 1941).

—————. "Estrela solitária." Diário de Notícias, Rio, 9 e 16 jun 1940.

Anonymous. "A poesia me puxa pelos cabelos." Diário Carioca, Rio, 16 set 1951.

—————. "Augusto Frederico Schmidt aos 50 anos." Correio da Manhã, Rio, 14 abr 1956.

—————. "Schmidt: o numeroso." Jornal de Letras, Rio, jan 1950.

Anselmo, Manuel. Família literária luso-brasileira. Rio, José Olímpio, 1943. 55-62.

Bandeira. Apresentação. 181-184.

—————. Crônicas da província do Brasil. Rio, Civilização Brasileira, 1937.

—————. "Schmidt, poeta." Revista Acadêmica, 53 (fev 1941).

Barbosa, Francisco Assis. "Reportagem." Diretrizes, Rio, 12 mar 1943.

Barros. Espelho. 365-373.

Bastide. Poetas. 85-92; 93-98.

Benevides, Artur Eduardo. A lâmpada e os apóstolos. Fortaleza, Clã, 1952. 25-44.

Borba, José César. "Humildade e inquietação." O Jornal, Rio, 19 out 1941.

—————. "Presença de Augusto Frederico Schmidt." Revista do Brasil, 3a. fase, 4:36 (jan 1941) 85-98.

Cardoso, Lúcio. "Sobre um poeta." Lanterna Verde, 5 (jul 1937) 90-92.

Castro, Sílvio. "Aurora lívida." Tribuna dos Livros, Rio, 22-23 mar 1958.

—————. "Tempo presente I: crítica literária." Rio, Anuário da Literatura Brasileira, 1961. 41-45; 138-141.

Cavalcanti, E. di. "Augusto Frederico Schmidt." Boletim do Ariel, 2:10 (jul 1933) 295-296.

—————. "Retratos de uma geração." Boletim do Ariel, Rio, ago 1933.

Condé, João. "Flash." O Cruzeiro, Rio, 8 ago 1953.

Correia. Anteu. 45-51.

Costa, Dante. "Augusto Schmidt." Revista Acadêmica, 53 (fev 1941).

Cunha, Dulce Sales. "Autores contemporâneos brasileiros." São Paulo, s.e., 1951. 121-126.

Dantas, F. C. Santiago. "Saudação." O Jornal, Rio, 15 set 1940.

Dantas, Pedro (Prudente de Morais Neto). "Crônica literária." A Ordem, 5:14 (abr 1931) 235-239.

Faria, Otávio de. "Dois poetas." Rio, Boletim do Ariel, 1935. 115-231.

Fonseca, A. Gabriel de Paula. "Estrela solitária." O Jornal, Rio, 12 mai 1940.

Fonseca, José Paulo Moreira da. "Estudos sobre 'Fonte Invisível'." Letras e Artes, Rio, 12 mar 1950.

_____. "Poesias completas." Correio da Manhã, Rio, 26 mai 1956.

Fusco, Rosário. "Augusto Frederico Schmidt." O Jornal, Rio, 7 jun 1931.

Gersen, Bernardo. "Memória e introspecção." Diário de Notícias, Rio, 16 mar 1958.

_____. "Tendências na poesia." Diário de Notícias, Rio, 6 out 1956.

Grieco, Agripino. "Augusto Frederico Schmidt." O Jornal, Rio, 17 mai 1931.

_____. Evolução da poesia. 3rd. ed. 198-201.

Holanda, Aurélio Buarque de. "Território lírico." O Cruzeiro, 83-98.

Jobim, Renato. "Anotações de leitura." Rio, Revista Branca, s.d., 25-28.

_____. "Considerações sobre um poeta maior." Diário Carioca, Rio, 10 jun 1956.

Jurema, Aderbal. Poetas e romancistas de nosso tempo. Recife, 1953.

Lima, Alceu Amoroso. Estudos. III, 56-71; V, 137-148.

_____. "Glória: espinhos e solidão." Diário de Notícias, Rio, 15 abr 1956.

_____. Poesia. 124-136.

Linhares, Temístocles. "Memórias e confissões de um poeta." Letras e Artes, Rio, 89 (20 jun 1948).

Lins, Álvaro. Jornal de critica, 1941, I, 44-53; 1944, III, 57-67; 1951, VI, 148-157.

Lins, Edson, História e crítica da poesia brasileira. Rio, 1937. 99 ff.

Lousada, Wilson A. "Posição do poeta." Revista Acadêmica, 53 (fev 1941).

Melo, Tiago de. "Cinqüenta anos de vida do poeta Schmidt." Manchete, Rio, 7 abr 1956.

Meneses, Raimundo de. "Como vivem e trabalham os nossos escritores." Folha da Manhã, São Paulo, 23 set. 1956.

Milliet. Diário. III, 175-182.

_____. Panorama. 60-65.

Peregrino Júnior. "Temperamento de Schmidt." Revista Acadêmica, 53 (fev 1941).

Pérez, Renard. "Augusto Frederico Schmidt." Correio da Manhã, Rio, 5 nov 1955.

Pérez. Escritores. I, 47-51.

Ramos, Péricles Eugênio da Silva. "O modernismo na poesia." In: Coutinho. A literatura. III (1) 628-635.

Rego, José Lins do. Gordos e magros. Rio, Casa do Estudante do Brasil, 1942. 38-44.

Revista Acadêmica. 53 (fev 1941). Special number dedicated to Augusto Frederico Schmidt.

Ribeiro, Alves. "A poesia de Augusto Frederico Schmidt." Boletim do Ariel, 4:7 (abr 1935) 191-192.

Ribeiro, João. "Canto do brasileiro." Jornal do Brasil, 25 jul 1928.

_____. Os modernos. 181-183; 183-188.

Ribeiro, Ivan. "A poesia e alguns poetas." Boletim do Ariel, Rio, Nov 1936.

Serpa Filho, Jorge de. "Schmidt." O Jornal, Rio, 12 mar 1950.

Souza, Afonso Félix de. "Sobre a poesia de Augusto Frederico Schmidt." Orfeu, 6 (verão de 1949) 5-12.

Souza, Otávio Tarqüínio de. "Poesia." O Jornal, Rio, 1934.

Teixeira, Diva Múcio. "O anjo da morte foi o maior acontecimento na vida de Augusto Frederico Schmidt." Vanguarda, Rio, 5 out 1953.

Vinicius de Morais
(1913-   )

The most movie-minded of the Modernist poets, Marcus Vinitius da Cruz de Melo Morais, was born in Rio de Janeiro (Gávea) on October 19, 1913. His father was Clodoaldo Pereira da Silva Morais and his mother Lídia Cruz de Morais. His early years were spent at his grandfather's country house in Gávea. At the age of five, he moved with his family to the Ilha do Governador, where they lived until he was fourteen. He began his schooling in the Escola Afrânio Peixoto, and went on to Colégio Santo Inácio. He was a good student, except in mathematics, acted in school plays, wrote a farce, sang in the chorus, and on one occasion sang a solo during a midnight mass. During that period his fervent Catholicism suffered a crisis. Encouraged by family and friends, he continued to compose poetry, which he gathered in a notebook titled *Faederis arca*. But he suffered a great deception when a poet friend of the family, João Lira Filho, told him that he should desist from literature. He learned to play the guitar, joined composers Paulo and Haroldo Tapajós to make up a little instrumental group that played at parties in the homes of friends, and began adding words to their songs. Out of this came two important successes, 'Loura ou Morena' and 'Canção da Noite,' which gained great popularity.

Entering the Faculdade Nacional de Direito in 1930, there he met Jorge Amado and became associated with the Centro Acadêmico de Estudos Jurídicos e Sociais among whose members were Otávio de Faria, who was to have considerable influence on him, San Tiago Dantas, Américo Lacombe, and Hélio Viana. It was in 1932, at the suggestion of Otávio de Faria, that Tristão de Ataíde printed 'A transfiguração da montanha' in *A Ordem*. It was his first published poem. His first book, *O caminho para a distância*, was marked by an intellectual and aristocratic attitude.

While studying law he took the Reserve Officers' Training Course and was made a second lieutenant in 1933. That same year he took his law degree. While at Otávio de Faria's country place in Itatiaia he wrote a 300 page novel, *Antônia*, which he later tore up. There he also composed his second volume of verse,

Forma e exegese, which, in 1935 won the Sociedade Felipe d'Oliveira Prize, and began to develop an interest in the movies. After graduation he practiced law for about a month, but abandoned it definitely for literature, publishing the long poem, *Ariana, a mulher*, in 1936. From that year until 1938 he represented the Ministry of Education on the Movie Censorship Board.

In September of 1938 the British Council granted him a scholarship at the University of Oxford to study English language and literature. In 1939, while in England, he married Beatriz Azevedo de Melo Morais. In Paris when the Second World War broke out, he returned to Brazil and from 1940 to 1942 was a movie critic for *A Manhã*, then managed by Cassiano Ricardo. The following year he entered the diplomatic service. At the request of Foreign Minister Oswaldo Aranha, he accompanied Waldo Frank on an extensive journey around Brazil in 1943. That trip is said to have been influential in his adoption of a strong anti-fascist attitude.

In 1944 he directed the supplement to *O Jornal*, and two years later he came to the United States to serve as Vice-Consul in Los Angeles, where he took a particular interest in the movies, made many friends among actors and musicians, and traveled considerably with his wife and two children, Suzana and Pedro. On a trip to Mexico he renewed his acquaintance with Pablo Neruda, and met Rivera, Siqueiros, and Paul Éluard.

Early in 1951 he returned to Brazil and remarried, having two children by his second wife, Lila Maria Esquerdo e Bôscoli. For a time he was a member of the Commissão do Instituto Nacional de Cinema, but he soon went back to newspaper work, writing movie criticism in *Última Hora*, *Flan*, and, in 1953, in *A Vanguarda*. In France in 1952 to help organize a film festival, he stayed on with the embassy in Paris until 1956 when, with the French producer Sacha Gordine, he filmed *O carnaval carioca*, a documentary in cinemascope. In 1956, too, his *Orfeu da Conceição* was staged in the Teatro Municipal, with music by Antônio Carlos Jobim, and stage decoration by Oscar Niemeyer. A short time later the film version made by the French director Marcel Camus won a first prize at the 1959 Cannes Festival, and an Oscar Award for the best foreign film. Subsequently, much of his poetic genius has been engaged in composing lyrics for popular songs, as he had done in his youth.

Critical Commentary:

Vinicius de Morais gained immense popularity for the many samba and bossa nova lyrics he has composed, as well as for the film version of his play *Orfeu negro*. But he is a poet through and through, and his verse reveals the ups and downs of a long and painful search for himself. A profound change took place between his first published poetry, *Caminho para a distância* (1933), and *Para viver um grande amor* (1962). In the beginning his themes largely revolved around sex, its dynamic urge, and the imperious need for its fulfillment. There is something wild, even caricaturesque about its treatment. Portrayed are seductions, the physical attractiveness of women, scenes alluding to the sex act—even descriptions of coitus. These poems are marked by a fierce, driving, satanic quality, yet they so touch the reader with their sadness and melancholy that he sympathizes with the poet's struggle. Often there is repetition in the style of Gertrude Stein, or things are said for the purpose of shocking the reader. So great is the hallucinatory effect, that one sometimes wonders whether the poet is drunk or delirious. On occasion he invents words, usually based on Portuguese, but sometimes derived from English. He freely mixes Portuguese and English, and even wrote an interesting poem in English, "Of God and Gold."

It became apparent in the fifties that the poet's early preoccupation, almost mania, for women and sex began to change in a number of ways. From the desperate, somewhat mystical, frenzied poetry of the earlier years, irregular in length of line and uneven in rhythm and form, he gradually came to employ more traditional patterns, but always with the emphasis on narration, and came to produce more effective verse. From this evolution stem two attitudes. What was pure animal instinct before became love, a less primitive and demanding emotion with several variations, inasmuch as it is directed toward mankind, toward his wife, and toward his children, rather than toward woman: the poet has acquired a social consciousness. He has found to some degree his place in the scheme of things as a husband, father, and neighbor. He now speaks with a clear voice about more shareable and immediately understandable themes. Since he is no longer obsessed with himself, he has made effective use of some of the collective verse forms (the ballad, for example) of his literary heritage. Technically he has achieved a greater degree of skill and a deeper sense of proportion. Claudel, Manuel Bandeira, García Lorca, and perhaps T. S. Elliot are suggested in his different poetical postures.

Orfeu da Conceição, three acts in verse, merits a word apart because of its success on the stage and on film. It follows the classical myth quite closely and complies, too, with the tenants of Greek theater. However, it has fullest impact as a play only when one knows the implications and the faithfulness of the attempt to follow the ancient plot and dramatic technique. The exceptional movement on stage and the visual and sound effects are especially noteworthy, leaving aside the natural grace of the verse. And all that in the play even when read. Nevertheless, there is something that slips away from real, living theater: although it seems to have been written but yesterday, it has an aged quality.

Suggested Reading and Other Texts:

In: Antologia poética: "Soneto de fidelidade," "A morte," "Soneto do maior amor," "Soneto da véspera," "Poema de Natal," "Cinepoema," "Mensagem à poesia," "A paixão da carne," "O filho do homem," "Elegia na morte de Clodoaldo Pereira da Silva Moraes, poeta e cidadão," "A brusca poesia da mulher amada (II)," "Balada negra," "A balada das duas mocinhas de Botafogo"; In: Para viver um grande amor; poema e crônicas; Orfeu da Conceição; tragédia carioca: "O poeta aprendiz," "Dia do meu pai" (prosa), "Sobre poesia–prosa" (prosa), "O verbo no infinito," "Um beijo," "Soneto do amor como um rio".

Bandeira and Cavalheiro, 377-379; Brito, Panorama, VI, 207-211; Coutinho, Antologia, II, 221-223; Kopke, 145, 153, 157, 169, 236, 238; Lisboa, Antologia, 11-12, 109; Moisés, Textos, 459-463; Perez, I, 383-386.

Principal Works:

Poetry:
O caminho para a distância (Rio, 1933)
Forma e exegese (Rio, 1935)
Ariana, a mulher (Rio, 1936)
Novos poemas (Rio, 1938)
Cinco elegias (Rio, 1943)
Poemas, sonetos e baladas (S. Paulo, 1948)
Pátria minha (Barcelona, 1949)
Antologia poética (Rio, 1954)
Livro de sonetos (Rio, 1957)
Novos poemas II [1949-1956] (Rio, 1959)
Para viver um gramde amor: poemas e crônicas (Rio, 1962)
Cordélia e o peregrino (Rio, 1965)
Para uma menina com uma flor [crônicas] (Rio, 1966)
O mergulhador [poemas] (Rio, 1968)
Obra poética (Rio, 1968)

Theater in verse:
Orfeu da Conceição: tragédia carioca (Rio, 1960)

Theater in prose:
Procura-se uma rosa [Em colaboração com P. Bloch e Gláucio Gill] ([Rio], 1961)

References:

Alvarenga, Otávio Melo. 153-167.
_____. "Vinícius de Morais." Diário de Minas, Belo Horizonte, 27 abr; 4 e 11 mai 1952.
Andrade, Mário de. O empalhador. 15-21.
Autores e Livros. Rio, 4 (9 mai 1943).
Bandeira. Apresentação. 184-185.
Cardoso, Lúcio. "Ariana, a mulher." A Noite, Rio, mar 1937.
_____. "Uma interpretação da poesia de Vinícius de Morais." O Jornal, Rio, 5 jan 1936.
Costa Filho, Odilo. "V. M." Jornal do Comércio, Rio, out 1933.
Delgado, Luís. "Forma e exegese." Diário da Manhã, Recife, mar 1936.

Escorel, Lauro. "Forma e exegese." A Ofensiva, Rio, ago 1936.

_____. "Forma e exegese." A Nação, Rio, 1937.

Faria, Otávio de. "Dois Poetas." Rio, Boletim do Ariel, 1935. 235-331.

_____. "Tentativa de um panorama a propósito de 'Forma e Exegese'." Literatura, Rio, out 1933. Also in: Boletim do Ariel, 5:4 (jan 1936) 99-100.

_____. "Ariana, a mulher." Correio do Povo, Porto Alegre, fev 1937.

Jardim, Reynaldo. "Considerações em torno da peça 'Orfeu da Conceição'." Jornal do Brasil, Rio, 30 set 1956.

Levin, Willy. "Forma e exegese." Fronteira, Recife, fev 1935.

Machado, Antônio de Alcântara. "V.M." Diário de São Paulo, nov 1933.

Melo, Mário Vieira de. "V.M." Literatura, Rio, nov 1933.

Milliet, Diário. V, 219-223.

_____. Panorama. 84-87.

Pallottini, Renata. "Vinícius de Morais: aproximação." São Paulo, Separata da Revista Brasiliense, 1958. 137-165.

Pereira, Paulo. "V.M." Correio da Manhã, Rio, 4 dez 1955.

Perez. I, 375-381.

Ramos, Péricles Eugênio da Silva. "O modernismo na poesia." In: Coutinho. A literatura. III (1), 645-649.

Ribeiro. Os modernos. 199-200.

Serrano, Jônatas. "Forma e exegese." A Ordem, Rio, dez 1935.

Silva, Dora Ferreira da. "A temática da poesia de Vinícius de Morais." Diálogo, São Paulo, 11 ago 1959. 15-26.

Silveira, Tasso da. "V.M." A Nação, Rio, mai 1934.

Souza, Otávio Tarqüínio de. "Forma e exegse." O Jornal, Rio dez 1936.

Tati. 303-306.

Vieira, José Geraldo. "Caminho para a distância." Boletim do Ariel. Rio, nov 1933.

José Américo de Almeida
(1887-   )

Generally recognized as the inaugurator of the modern, regional novel in Brazil, José Américo de Almeida, to many known simply and affectionately as 'Zé Américo,' was born in Areia, Paraíba, on January 10, 1887. Following primary and secondary schooling in his native state, he attended Law School in Recife, then still a Positivist outpost. After graduation in 1908, he was mainly occupied in politics, but always with an overriding interest in social problems, as witnessed by the book of essays published in 1922, *A Paraíba e seus problemas*. In his native state, he rose from the post of District Attorney to that of Attorney General, and then to Secretary of the Interior and Justice in Governor João Pessoa's administration in the twenties. From that vantage point stemmed his first and most important novel, *A bagaceira* (1928). Almeida was one of the leaders of the 1930 Revolution and Vargas named him Minister of Viação e Obras Públicas, a post he held from 1930 to 1934. In it he sought to organize efforts to officially take cognizance of and try to implement ways to remedy the plight of the people in the perennially drought-stricken Northeast. He was a senator from 1935 to 1937 and it was during that period that he published his second and third novels, *O boqueirão* (1935) and *Coiteiros* (1936), and launched his ill-fated campaign for the presidency. Later he was elected Governor of Paraíba and, in Vargas's second term, he assumed his former portfolio in the cabinet. Among other federal positions held were Minister of the Tribunal de Contas and Ambassador to the Vatican. The politician-novelist married Alice Melo, with whom he had three children, José, Reinaldo, and Selda. He was elected to the Brazilian Academy of Letters in 1966.

Critical Commentary:

Almeida has two main roles: the moral role as reformer, and the esthetic role as seeker of an adequate literary mold into which to pour his preoccupations with social justice. From his artistic treatment of the land, whose social and economic dilemmas he knew so well, was to stem the northeastern branch of the socially oriented fiction of the Generation of 1930.

Almeida's activity as a reformer began with the sociological study, *A Paraíba e seus problemas*. He later turned to the novel as a more efficient instrument of communication because of its wider audience. But to perceive the facts, present ideas, and marshal arguments was not enough; public service offered a means of putting his idealism into practice.

The author was upset that in a land as rich as Brazil so many people should live such miserable lives—and even die of hunger. He was appalled, too, by the petty selfishness which he found in politicians. So, his most important novel, *A bagaceira* (1928), was the literary attempt of a sincere idealist and reformer to call the attention of the Brazilian reading public to the ills of the Northeast. In the introduction he outlined his ideas concerning social justice, as well as some notions about the nature and function of literature. Unfortunately, he did not always follow his own good literary advice.

In regionalism he saw the basis for the universal, emphasizing, moreover, that pain is universal. His reformer's attitude prompted him to point out that *A bagaceira* is a sad book, but that through it he sought a better world. He maintained that we must understand life as it is, that we live in a semi-barbarous world which, to be made real, must be interpreted through its violence. He declared that he was not simply talking about some latter-day Naturalism, for, he emphasized, to see well is not to see all, but to see what others do not see. The social reformer stopped short, however, of tampering with language, since the legend on his banner proclaimed that the aim of writing is to discipline and to construct.

The two main characteristics of *A bagaceira* are its lyrical simplicity and its romantic, almost melodramatic air. Its greatest defect, and unhappily one basic to the work, is its faulty articulation: many of the novelistic ingredients, bonafide in themselves, are found whole, unprocessed, and not completely integrated. The characters are largely symbols. The author's idyllic perspective, as much regarding Nature as with respect to the uncharacteristic freedom allowed Soledade, the principal female character, does some violence to the plausibility of the novel. Discounting the highly regionalistic vocabulary (there is a glossary) and the picturesqueness of the dialogs, the language is markedly classical as it oscillates between sentimental, neo-Romantic descriptions of the Northeastern reality and graphically neo-Naturalistic recitals of the brutal and impetuous life encountered in the *sertão* and in the cane fields. Reservations aside, *A bagaceira* is an imaginative and interesting first novel of a series that would soon develop as the writers of the Generation of 1930 found their stride and began describing the contemporary Brazilian scene in minute detail.

Suggested Reading and Other Texts:

A bagaceira.
Murici, A nova literatura, 312-315; Scott-Buccleuch and Oliveira, 360-365.

Principal Works:
A Paraíba e seus problemas [ensaios] (Paraíba, 1922)
A bagaceira [romance] (Paraíba, 1928)
O boqueirão [romance] (Rio, 1935)
Coiteiros [romance] (Rio, 1936)
Mil novecentos e quarenta e cinco [discursos políticos] (Rio, 1945)
Ocasos de sangue [biografias] (Rio, 1954)
A palavra e o tempo, 1937-1945-1950 (Rio, 1965)
O ano do anjo [memórias] (Rio, 1968)
O ano do négo [memórias] (Rio, 1969)
Eu e eles [memórias] (Rio, 1970)

A BAGACEIRA
GENTE DO MATO

Lúcio não se dissociava do problema humano do Marzagão.

Sua nova sensibilidade tinha uma direção mais útil e um ímpeto criador.

Reconciliava-se com a terra feracíssima, isenta de todos os obstáculos do trabalho: de nuvens de gafanhotos, tufões, geadas, secas, terremotos . . .

Mas só era rica a natureza.

Ele calculava como essa vitalidade poderia ser produtiva. E via a índole de progresso do latifúndio coarctada pelos vícios de seu aproveitamento.

Quanta energia mal empregada na desorientação dos processos agrícolas!

A falta de método acarretava uma precariedade responsável pelos apertos da população misérrima. A gleba inesgotável era aviltada por essa prostração econômica. A mediania do senhor rural e a ralé faminta.

Ele tinha a intuição dos reformadores; tentava assimilar os melhores estímulos da luta pela vida. Mas seu instinto de ação ainda era inutilizado pelas sentimentalidades emolientes. Visões exageradas deformavam-lhe o equilíbrio das relações imediatas. Noções confusas, projetos imprecisos resultavam na incapacidade de realizar, no desastre das tentativas. Goravam as concepções práticas.

Com o risco de se malquistar com o pai, ensaiava objetivar esse vago talento de iniciativas. Pleiteava uma aplicação mais vantajosa dessas forças malbaratadas.

Dagoberto era o pé de boi do engenho chinfrim. Desdenhava:

—Aquele grangazá só tem palanfrório. Não se pode dar um tipo mais lelé. Por ele eu já tinha me acabado.

*   *   *

Lúcio forcejava interessar o coração de Soledade na sua assistência aos moradores.

Entravam nas bibocas de gravatá. E ela nauseava-se. O chão cheirava a urina velha e a bouba endêmica.

Santo Deus! os guris lázaros, embastidos de perebas, coçando as sarnas eternas. Sambudos, com as pernas de taquari, como uma laranja enfiada em dois palitos.

As cabecinhas grisalhas do lendeaço fediam a ovo podre.

Mas não choravam, não sabiam chorar.

Soledade saía, aos engulhos, desse hálito de pocilga.

E João Troçulho satirizava:

—Essa é como urubu novo que dorme debaixo da asa do urubu velho e lança quando vê gente. . .

—Vomita mesmo? —perguntou o estudante, sem se zangar.

—Ora, lança até as tripas. . .

A natureza caridosa procurava encobrir essa miséria. A gitirana encostava-se na baiúca infeta, marinhava pela parede rota e ia desabrochar, toda espalhada, na coberta de palha, formando o que nenhuma casa rica ostentava: um teto de flores.

Os cochicholos secos, como árvores derrubadas, ficavam, assim, bonitos, que nem moitas de manacá.

O jardim nativo balsamizava essa porcaria.

E o vento vinha varrer o terreiro.

* * *

Não havia choça paupérrima que não tivesse um gafo.

Era o sócio da fome.

Os pobres gozos herbívoros! Comiam capim, pastavam como carneiros.

A canzoada magérrima juntava-se no faro do cio e, mordendo-se, parecia que não tinha outros ossos para roer.

—Sik! sik! —estumava o dono da casa, com os dentes cerrados, baixinho.

Só pelo gosto de se levantar e gritar da porta:

—Ca. . . chorro! 'chorro!

E, num grande entono:

—Vá se deitar!

Desse modo, descontava o servilismo irremissível.

Voltava a sentar-se com um ar de quem mandou e foi obedecido.

E, uma última expansão de autoridade:

—Sé-vergonho!

Mas, infeliz do transeunte que levasse o agressor à bordoada.

Passava também um ou outro porco que de tão magro parecia um cão tinhoso.

* * *

Os meninos nus eram criados pelo sol enfermeiro.

Divertiam-se pegando gafanhotos e lagartixas, matando os bichinhos do mato—divertiam-se, como podiam, com essas maldades inocentes.

Às vezes, as nuvens vinham brincar com eles, descendo em sombras, correndo pelos caminhos.

E os garotinhos cantavam para o bambual dançar. Ensinavam ao xexéu a viaiar. Colhiam os frutos silvestres que a mata lhes dava dados. Eram mais alegres que os colegiais afortunados.

Lúcio observava essa alegria, lamuriando:

—Não há nada mais triste do que uma criança triste. . .

* * *

João Troçulho cedia à ociosidade dominical. Estendia-se, ao sol, como um animal cansado. Como um lagarto preguiçoso.

Lúcio despertou-o:

—Porque não desembaraça aquele cavalo que está se enforcando?

—Eu não tenho conta com cavalo, patrãozinho. Diga a Latomia que está escornado na bagaceira.

Era a manivela das ordens do dia. . . O sistema de supressão da personalidade eliminava todo o poder de iniciativa.

A mulataria prostava-se amorrinhada pela fadiga do aluguel.

Deitados, semelhavam torrões da terra preta.

—O pessoal ficava aqui panzuando—uma porque não tem trajo decente e porque, se Deus se esquece da gente, a gente também se esquece dele—doutrinava João Troçulho.

Soledade amiserava-se:

—Esse infeliz . . .

O cabra espinhou-se, como nunca:

—Desinfeliz é quem me chama! . . .

Era o mais afrontoso dos epítetos . . .

Só havia duas infelicidades para essa condição indizível: as bexigas e o serviço militar. Só tinham medo dessas duas calamidades . . . Mas na guerra improvisavam-se heróis.

—Qual é o seu maior desejo, João Troçulho? —indagou Lúcio.

—Comer até matar a vontade.

—Então, é só por isso que devora toda a feira de uma vez e passa o resto da semana em jejum?

—Quem guarda comer guarda barulho . . .

—E quando não tem o que comer?

—Come com a testa . . .

Dagoberto tinha a experiência desse regime de privações crônicas:

—Pobre de barriga cheia, Deus te livre! . . .

Era uma penúria ostensiva que não se envergonhava nem se carpia.

Nada tinham de seu: só possuiam, como costumavam dizer, a roupa do corpo.

Viver assim era, apenas, esperar pela morte.

Mas não tinham idéia de nada melhor. Os contrastes e confrontos é que são chocantes.

Riam sem ter de quê: não cumprimentavam sem sorrir.

E olhavam para cima e viam todo o céu de uma vez.

Passavam fitas naturais nas auroras e nos ocasos miraculosos. Havia música de graça nos coretos do arvoredo. Perfume de graça em cada floração.

E o sol fazia-lhes visitas médicas entrando pelos rasgões dos tugúrios.

Afinal, valia a pena viver, porque ninguém se matava. Não se dava o caso de um suicídio.

*   *   *

Lúcio exortava João Troçulho ao trabalho:

—Porque não planta um quinguingu?

—Não se tem fuga, patrãozinho: é no eito todo o dia que Deus dá. Se fosse coisa que se tivesse tempo, mas é no rojão de inverno a verão. E a gente não tem ganância. O que adianta a gente se matar?

— É pra melhorar a vida.

—Não viu Xinane? Xinane não era vivedor? Mas—cadê? —no fim de conta, coisíssima nenhuma. O patrão toca da terra, sem se fazer por onde . . . De uma hora pra outra, se está no oco do mundo. Amanhece aqui, anoitece acolá.

—Tem a justiça.

—Agradeço! A gente é de fazer isso! Não vê que ninguém vai fazer mal ao senhor de engenho!

—Porque não endireita a casa, nao tira as goteiras?

—Por homem queimar? Quando bota pra fóra e a gente não arriba logo, quer, no fim de conta, tocar fogo e . . . toca mesmo.

—E faz isso?

—De toda viagem.

—Porque não cria galinha?

Pra raposa passar no papo? De que serve?

—Qual a parte que cabe ao lavrador?

—É coisa que eu não sei . . . Quem faz a conta é o homem.

A todas as outras perguntas, o cabra desconversava:

—Eu não sei . . .

Era o homem que não sabia nada—o instrumento inconsciente que tinha a enxada como o membro principal.

Depois, passou a aprovar tudo com o estribilho de uma inflexão peculiar:

—Ahn, bom! . . .

E ainda afirmava:

—Não deixa de não ser . . .

Nenhum agenciava melhor sorte. Na área da fartura, na gleba munificente, propícia a todas as culturas, essa gente vegetativa, de uma passividade fatalista, afeita à lida de sol a sol, não plantava uma rama de batata à beira do rancho.

Lúcio indicava o exemplo do sertanejo:

—No roçado dele não canta combonge. Chegou aqui chorando miséria; chegou apitando, com uma mão na frente, outra atrás, mas, se não bromar . . .

*   *   *

No terreiro dos casebres floridos as moças cantavam a bom cantar.

Era a chama dos amores brutais.

As borboletas brincavam com elas: davam-lhes pancadinhas nas faces, como quem bate com um leque madrigalesco.

Passavam as lavadeiras vistas de longe como monstros macrocéfalos—com uma trouxa na cabeça e outra trouxa na barriga. Enchiam as panças, já que não podiam encher os estômagos.

Mulheres extraordinárias! Filhavam uma e, não raro, duas vezes por ano. Engendravam-se em prazeres fugazes eternidades de sofrimentos. Os apetites com que a natureza capciosa encadeava as gerações deserdadas eram uma série de sacrifícios irresistíveis. Amplexos de corpos moídos. Procreações desastradas. Fábrica de anjos. A fecundidade frustrada pela miséria e pela morbidez geral.

E meninotas transformadas em peitos, carregando o peso dessas sexualidades improvisadas, cantavam a bom cantar:

–Eu quero é me casar. . .

Tinham por único adereço o coração aos pulos, como se estivesse dependurado do pescoço.

Se algum vagalume errático se sentava em seus cabelos, parecia uma joia furtada.

E o vento desfolhava-lhes nas cabeças os malmequeres votivos.

* * *

. . . .

[A bagaceira. 9a. ed. Rio, J. Olímpio. 1967. 75-80.]

References:

Batista, Juarez da Gama. José Américo: retratos e perfis. João Pessoa, Edições Correio das Artes, 1965.
————. A sinfonia pastoral do nordeste. João Pessoa, Faculdade de Filosofia, 1967.
Campos. Crítica. I, 238-247.
Euclides, José. "Prolegômenos de sociologia e crítica." Rio, A Noite, 1938. 122-144.
Grieco. Evolução da prosa. 2nd. ed. 120-125.
————. Gente nova. 107.
————. "Grande romance ou simples bagaceira? " O Jornal, Rio, 22 abr 1928.
Lima, Alceu Amoroso. Estudos. III, 137-151.
Lima, Luís Costa. In: Coutinho. A literatura. 2nd ed. V, 279-283.
Louzada Filho, O. C. "Prefácio a nordestes." O Estado de São Paulo, 7 jan 1967.
Magalhães, Juraci. Preface to: O ano do négo. Rio, Record, 1969.
Meneses, José Rafael de. José Américo um homem do bem comum. Rio, 1967.
Montenegro, Olívio. 151-155.
Murici. A nova literatura. 308-312.
Pinto, Luís. Antologia da Paraiba. Rio, 1951.
Proença, Manuel Cavalcanti. Estudos. 373-425.
Ramos, José Ferreira. O humor poético na obra de José Américo. João Pessoa, Universidade de Paraíba, 1968.
Ribeiro. Os modernos. 282-286.

Rocha Filho, Rubem. "Manhãs de Tambau (visitando José Américo)." Cadernos Brasileiros, 51 (1969) 5-18.

Romano, Luís. "A mensagem de um livro: 'A bagaceira.' " Vértice, 28 (1968) 670-685.

Sena. 259-272.

Vítor, Nestor. Os de hoje. 143-152.

Graciliano Ramos

(1892-1953)

Undoubtedly the most capable and profound student of man and man's relation to his environment in the field of contemporary Brazilian prose was Graciliano Ramos. Born in Quebrângulo, Alagoas, on December 27, 1892, his family moved to Buíque, Pernambuco two years later. There his father had bought a farm, but the venture failed and he went back to the dry-goods business. The future novelist first studied in Viçosa, then in Maceió, but at the age of eighteen he accompanied his father to Palmeira dos Índios. Mr. Ramos was not at all pleased by his son's growing inclination toward letters, as already evidenced by his constant reading and the sonnets he often composed, and sought to get him interested in the business. Young Graciliano was not to be so easily swayed, however; he went to Rio to make his own way. He found the life of a proofreader not to his taste, returned a year later, went into business for himself, and married. Later he became the editor of *O Índio*, was elected to the School Board, and later still was elected mayor of the city. Strangely enough, he first really became known from the first report he made on the operation of his office, for it attracted the attention of the poet-publisher Augusto Frederico Schmidt. In 1930 he was named Director of the Imprensa Oficial de Alagoas. Three years later he published his first novel, *Caetés*. The year 1934 marked the appearance of the novel *S. Bernardo*, and found him the Director of Public Instruction in Alagoas. The rhythm of his writing was rapidly increasing and in 1936 he published *Augústia*, considered to be one of Brazil's great novels. In that same year he was charged with being a communist, arrested, and sent to Rio. It was during that period of imprisonment that he conceived what is probably his greatest creation, *Vidas secas*. After his release he was named an Inspector of Secondary Education. As time went by he began to devote himself more and more to reflections on his earlier years and to the short story genre. His last works were *Memórias do cárcere*, which, as the title indicates, is an evocation of the period he spent in jail, and *Viagem*, which records impressions of his travels behind the iron curtain. Death came to him in Rio de Janeiro on March 20, 1953.

Critical Commentary:

Graciliano Ramos is considered one of the most powerful psychological analysts in contemporary Brazilian letters, where he has made impressive use of interior monologue, free association, symbolism, and leitmotifs. He is quite aware of the effects to be achieved by careful structuring. His fame rests principally on the novels, *S. Bernardo* and *Angústia*, on the vigorous kleidoscopic episodes of *Vidas secas*, as well as on such first-rate short stories as "Um ladrão," "Dois dedos," and "Ciúmes."

A vigorous exponent of emphasis on the local scene, which he often sees through ironical eyes, he advocates a psychologically honest portrayal, free from both exuberant idealism and excessive realism. Nevertheless, he is a latter-day Naturalist and ostensibly follows a deterministic philosophy. He is indignant at both selfishness and injustice; his works unmistakably reveal his fervent hopes for a better world.

The characters, types representing social groups or ideas, are inexorably molded by their surroundings and act out their individual tragedies on a dramatic "slice-of-life" stage. Typically, they are simply complicated animals who, trapped by life and motivated by self-interest, are fighting for survival. They seem to have no future. There are struggles between country and city ways, of man against nature, and between man and his fellowmen, but particularly Ramos pits man against man's institutions and conventions and man against his own human condition. Hope for improvement must be sought in environmental change, however improbable its eventual attainment may appear.

Ramo's language is essentially that of speech. It is quick, flowing, direct, the same in descriptions as in conversations, whose easy, intimate tone it reflects. Even so, it is a painstakingly formed but somewhat dry instrument of expression, classical in its clarity, precision, and economy.

Suggested Reading and Other Texts:

São Bernardo; Angústia; Vidas secas; Insônia.

Barbosa and Cavalheiro, Obras-primas, 125-132; Coutinho, Antologia, I, 103-105, 274-278; Lins and Holanda, Roteiro, II, 775; Magalhães Júnior, O conto do norte, I, 212-226; Moisés, Textos, 474-480; Scott-Buccleuch and Oliveira, 366-377.

Principal Works:

Caetés [romance] (Rio, 1933)
São Bernardo [romance] (Rio, 1934)
Angústia [romance] (Rio, 1936)
Vidas secas [romance] (Rio, 1938)
A terra dos meninos pelados (P. Alegre, 1941)
Histórias de Alexandre [contos] (Rio, 1944)
Infância [reminiscências] (Rio, 1945)

Dois dedos [contos] (Rio, 1945)
Histórias incompletas [contos] (P. Alegre, 1946)
Insônia [contos] (Rio, 1947)
Memórias do cárcere (Rio, 1953)
Viagem; Checoslováquia–U.R.S.S. [4 vols.] (Rio, 1954)
Linhas tortas [crônicas, 1915-1952] (S. Paulo, 1962)
Viventes das Alagoas; quadros e costumes do nordeste (S. Paulo, Martins, 1962)

VIDAS SECAS
Contas

Fabiano recebia na partilha a quarta parte dos bezerros e a terça dos cabritos. Mas como não tinha roça e apenas se limitava a semear na vazante uns punhados de feijão e milho, comia da feira, desfazia-se dos animais, não chegava a ferrar um beserro ou assinar a orelha de um cabrito.

Se pudesse economizar durante alguns meses, levantaria a cabeça. Forjara planos. Tolice, quem é do chão não se trepa. Consumidos os legumes, roídas as espigas de milho, recorria à gaveta do amo, cedia por preço baixo o produto das sortes. Resmungava, rezingava, numa aflição, tentando espichar os recursos minguados, engasgava-se, engolia em seco. Transigindo com outro, não seria roubado tão descaradamente. Mas receava ser expulso da fazenda. E rendia-se. Aceitava o cobre e ouvia conselhos. Era bom pensar no futuro, criar juízo. Ficava de baca aberta, vermelho, o pescoço inchado. De repente estourava:

–Conversa. Dinheiro anda num cavalo e ninguém pode viver sem comer. Quem é do chão não se trepa.

Pouco a pouco o ferro do proprietário queimava os bichos de Fabiano. E quando não tinha mais nada para vender, o sertanejo endividava-se. Ao chegar a partilha, estava encalacrado, e na hora das contas davam-lhe uma ninharia.

Ora, daquela vez, como das outras, Fabiano ajustou o gado, arrependeu-se, enfim deixou a transação meio apalavrada e foi consultar a mulher. Sinhá Vitória mandou os meninos para o barreiro, sentou-se na cozinha, concentrou-se, distribuiu no chão sementes de várias espécies, realizou somas e diminuições. No dia seguinte Fabiano voltou à cidade, mas ao fechar o negócio notou que as operações de sinhá Vitória, como de costume, diferiam das do patrão. Reclamou e obteve a explicação habitual: a diferença era proveniente de juros.

Não se conformou: devia haver engano. Ele era bruto, sim senhor, via-se perfeitamente que era bruto, mas a mulher tinha miolo. Com certeza havia um erro no papel do branco. Não se descobriu o erro, e Fabiano perdeu os estribos. Passar a vida inteira assim no toco, entregando o que era dele de mão beijada! Estava direito aquilo? Trabalhar como negro e nunca arranjar carta de alforria!

O patrão zangou-se, repeliu a insolência, achou bom que o vaqueiro fosse procurar serviço noutra fazenda.

Aí Fabiano baixou a pancada e amunhecou. Bem, bem. Não era preciso barulho não. Se havia dito palavra à-toa, pedia desculpa. Era bruto, não fora ensinado. Atrevimento não tinha, conhecia o seu lugar. Um cabra. Ia lá puxar questão com gente rica? Bruto, sim senhor, mas sabia respeitar os homens. Devia ser ignorância da mulher, provavelmente devia ser ignorância da mulher. Até estranhara as contas dela. Enfim, como não sabia ler (um bruto, sim senhor), acreditara na sua velha. Mas pedia desculpa e jurava não cair noutra.

O amo abrandou, e Fabiano saiu de costas, o chapéu varrendo o tijolo. Na porta, virando-se, enganchou as rosetas das esporas, afastou-se tropeçando, os sapatões de couro cru batendo no chão como cascos.

Foi até a esquina, parou, tomou fôlego. Não deviam tratá-lo assim. Dirigiu-se ao quadro lentamente. Diante da bodega de seu Inácio virou o rosto e fez uma curva larga. Depois que acontecera aquela miséria, temia passar ali. Sentou-se numa calçada, tirou do bolso o dinheiro, examinou-o, procurando adivinhar quanto lhe tinham furtado. Não podia dizer em voz alta que aquilo era um furto, mas era. Tomavam-lhe o gado quase de graça e ainda inventavam juro. Que juro! O que havia era safadeza.

—Ladroeira.

Nem lhe permitiam queixas. Porque reclamara, achara a coisa uma exorbitância, o branco se levantara furioso, com quatro pedras na mão. Para que tanto espalhafato?

—Hum! Hum!

Recordou-se do que lhe sucedera anos atrás, antes da seca, longe. Num dia de apuro recorrera ao porco magro que não queria engordar no chiqueiro e estava reservado às despesas do Natal: matara-o antes de tempo e fora vendê-lo na cidade. Mas o cobrador da prefeitura chegara com o recibo e atrapalhara-o. Fabiano fingira-se desentendido: não compreendia nada, era bruto. Como o outro lhe explicasse que, para vender o porco, devia pagar imposto, tentara convencê-lo de que ali não havia porco, havia quartos de porco, pedaços de carne. O agente se aborrecera, insultara-o, e Fabiano se encolhera. Bem, bem, Deus o livrasse de história com o governo. Julgava que podia dispor dos seus troços. Não entendia de imposto.

—Um bruto, está percebendo?

Supunha que o cevado era dele. Agora se a prefeitura tinha uma parte, estava acabado. Pois ia voltar para casa e comer a carne. Podia comer a carne? Podia ou não podia? O funcionário batera o pé agastado e Fabiano se desculpara, o chapéu de couro na mão, o espinhaço curvo:

—Quem foi que disse que eu queria brigar? O melhor é a gente acabar com isso.

Despedira-se, metera a carne no saco e fora vendê-la noutra rua, escondido. Mas, atracado pelo cobrador, gemera no imposto e na multa. Daquele dia em diante não criaria mais porcos. Era perigoso criá-los.

Olhou as cédulas arrumadas na palma, os níqueis e as pratas, suspirou, mordeu os beiços. Nem lhe restava o direito de protestar. Baixaxa a crista. Se não baixasse, desocuparia a terra, largar-se-ia com a mulher, os filhos pequenos e os cacarecos. Para onde? Hem? Tinha para onde levar a mulher e os meninos? Tinha nada! Espalhou a vista pelos quatro cantos. Além dos telhados, que lhe reduziam o horizonte, a campina se estendia, seca e dura. Lembrou-se da marcha penosa que fizera através dela, com a família, todos esmolambados e famintos. Haviam escapado, e isto lhe parecia um milagre. Nem sabia como tinham escapado. Se pudesse mudar-se, gritaria bem alto que o roubavam. Aparentemente resignado, sentia um ódio imenso a qualquer coisa que era ao mesmo tempo a campina seca, o patrão, os soldados e os agentes da prefeitura. Tudo na verdade era contra ele. Estava acostumado, tinha a casca muito grossa, mas às vezes se arreliava. Não havia paciência que suportasse tanta coisa.

—Uma dia um homem faz besteira e se desgraça.

Pois não estavam vendo que ele era de carne e osso? Tinha obrigação de trabalhar para os outros, naturalmente, conhecia o seu lugar. Bem. Nascera com esse destino, ninguém tinha culpa de ele haver nascido com um destino ruim. Que fazer? Podia mudar a sorte? Se lhe dissessem que era possível melhorar de situação, espantar-se-ia. Tinha vindo ao mundo para amansar brabo, curar feridas com rezas, consertar cercas de inverno a verão. Era sina. O pai vivera assim, o avô também. E para trás não existia família. Cortar mandacaru, ensebar látegos—aquilo estava no sangue. Conformava-se, não pretendia mais nada. Se lhe dessem o que era dele, estava certo. Não davam. Era um desgraçado, era como um cachorro, só recebia ossos. Por que seria que os homens ricos ainda lhe tomavam uma parte dos ossos? Fazia até nojo pessoas importantes se ocuparem com semelhantes porcarias.

Na palma da mão as notas estavam úmidas de suor. Desejava saber o tamanho da extorsão. Da última vez que fizera contas com o amo o prejuízo parecia menor. Alarmou-se. Ouvira falar em juros e em prazos. Isto lhe dera uma impressão bastante penosa: sempre que os homens sabidos lhe diziam palavras difíceis, ele saía logrado. Sobressaltava-se escutando-as. Evidentemente só serviam para encobrir ladroeiras. Mas eram bonitas. Às vezes decorava algumas e empregava-as fora de propósito. Depois esquecia-as. Para que um pobre da laia dele usar conversa de gente rica? Sinhá Terta é que tinha uma ponta de língua terrível. Era: falava quase tão bem como as pessoas da cidade. Se ele soubesse falar como sinhá Terta, procuraria serviço noutra fazenda, haveria de arranjar-se. Não sabia. Nas horas de aperto dava para gaguejar, embaraçava-se como um menino, coçava os cotovelos, aperreado. Por isso esfolavam-no. Safados. Tomar as coisas de um infleiz que não tinha onde cair morto! Não viam que isso não estava certo? Que iam ganhar com semelhante procedimento? Hem? que iam ganhar?

—Ah!

Agora não criava porco e queria ver o tipo da prefeitura cobrar dele imposto e multa. Arrancavam-lhe a camisa do corpo e ainda por cima davam-lhe facão e cadeia. Pois não trabalharia mais, ia descansar.

Talvez não fosse. Interrompeu o monólogo, levou uma eternidade contando e recontando mentalmente o dinheiro. Amarrotou-o com força, empurrou-o no bolso raso da calça, meteu na casa estreita o botão de osso. Porcaria.

Levantou-se, foi até a porta de uma bodega, com vontade de beber cachaça. Como havia muitas pessoas encostadas ao balcão, recuou. Não gostava de se ver no meio do povo. Falta de costume. Às vezes dizia uma coisa sem intenção de ofender, entendiam outra, e lá vinham questões. Perigoso entrar na bodega. O único vivente que o compreendia era a mulher. Nem precisava falar: bastavam os gestos. Sinhá Terta é que se explicava como gente da rua. Muito bom uma criatura ser assim, ter recurso para se defender. Ele não tinha. Se tivesse, não viveria naquele estado.

Um perigo entrar na bodega. Estava com desejo de beber um quarteirão de cachaça, mas lembrava-se da última visita feita à venda de seu Inácio. Se não tivesse tido a idéia de beber, não lhe haveria sucedido aquele desastre. Nem podia tomar uma pinga descansado. Bem. Ia voltar para casa e dormir.

Saiu lento, pesado, capiongo, as rosetas das esporas silenciosas. Não conseguiria dormir. Na cama de varas havia um pau com um nó, bem no meio. Só muito cansaço fazia um cristão acomodar-se em semelhante dureza. Precisava fatigar-se no lombo de um cavalo ou passar o dia consertando cercas. Derreado, bambo, espichava-se e roncava como um porco. Agora não lhe seria possível fechar os olhos. Rolaria a noite inteira sobre as varas, matutando naquela perseguição. Desejaria imaginar o que ia fazer para o futuro. Não ia fazer nada. Matar-se-ia no serviço e moraria numa casa alheia, enquanto o deixassem ficar. Depois sairia pelo mundo, iria morrer de fome na caatinga seca.

Tirou do bolso o rolo de fumo, preparou um cigarro com a faca de ponta. Se ao menos pudesse recordar-se de fatos agradáveis, a vida não seria inteiramente má.

Deixara a rua. Levantou a cabeça, viu uma estrela, depois muitas estrelas. As figuras dos inimigos esmoreceram. Pensou na mulher, nos filhos e na cachorra morta. Pobre de Baleia. Era como se ele tivesse matado uma pessoa da família.

[Vidas secas. S. Paulo, Martins, 1963. 121-129.]

References:

Abreu, Maria Isabel. "O protesto social nas obras de Graciliano Ramos." Hispania, 48:4 (dez 1965) 850-855.

Aguiar Filho, Adonias. "Modernos ficcionistas." 121-127. Also in: O romance brasileiro de 30. Rio, Bloch, 1969. 75-79.

Alvarenga. 121-129.

Amado, Jorge. "Notícia de dois romances." Boletim do Ariel, 6:2 (nov 1936) 42-43.

Andrade, Almir de. Aspectos. 96-100.

Anselmo, Manuel. Família literária luso-brasileira. Rio, José Olímpio, 1943. 220-223.

Austregésilo, Laura. "As várias faces secretas de Graciliano Ramos." Homenagem a Graciliano Ramos. Rio, Alba. 1943. 74-88.

Ávila, Afonso. "O Graciliano que nos interessa." O Estado de São Paulo. 15 mai 1969.

Ayora, Jorge. "O homem e a sociedade nos romances de Graciliano Ramos." ITA Humanidades. 6 (1970) 111-118.

Barbosa, Francisco de Assis. "50 anos de Graciliano Ramos." Homenagem a Graciliano Ramos. Rio, Alba, 1943. 33-54. Also in: Achados do vento. Rio, INL, 1958.

Barros. Espelho. 255-262.

Besouchet, Freitas. Literatura. 131-138.

Bizarri, Edoardo. "Graciliano Ramos, romancista." Diálogo, 1 set 1955, 43-54; 2 dez 1955, 43-60.

Brandão, Otávio. "Graciliano e seu passado." Diário de Notícias, Rio, 23 jun 1963.

Brasil, Assis. Graciliano Ramos, ensaio. Rio, Organização Simões, 1969.

Brayner, Sônia. In: Coutinho. A literatura. 2nd ed., V, 326-344.

Brito, Monte. "Graciliano Ramos." O Jornal, 31 ago; 7, 14, 21 e 28 set; 5 out 1947.

Bruno, Haroldo. 79-100.

Câmara, Leônidas. "A técnica narrativa de Graciliano Ramos." Estudos Universitários. 7 (1967) 81-114.

Cândido, Antônio. Ficção e confissão: ensaio sobre a obra de Graciliano Ramos. Rio, José Olímpio, 1956.

_____. "Graciliano Ramos." O Jornal, Rio, 17, 24 e 31 out: 7 nov 1945.

Carpeaux. Origens. 339-351.

Castelo, José Aderaldo. Homens e intenções. São Paulo, Conselho Estadual de Cultura. 1959. 3-20.

Cavalcanti, Waldemar. 172-174.

_____. "O romance 'Caetés'." Boletim do Ariel, 3:3 (dez 1933) 73.

Coelho, Lauro Augusto Machado. "Angústia de Graciliano Ramos." Revista Literária da Universidade Federal de Minas Gerais, 3 (1968) 107-120.

Coelho, Nelly Novais. "Solidão e luta em Graciliano Ramos." Tempo, solidão e morte. São Paulo, Conselho Estadual de Cultura, 1964.

Costa, Dias da. "Vidas Secas." Dom Casmurro, 7 abr 1938.

Coutinho, Carlos Nelson. "Uma análise estrutural dos romances de Graciliano Ramos." Revista Civilização Brasileira, Rio, 5, 6 mar 1966.

Cristóvão, Fernando. "Um inédito de Graciliano Ramos." Colóquio, 3 (1971) 44-49; 4 (1971) 53-58.

Cruz-Coronado, Guillermo de la. "Graciliano Ramos: trayectoria y personalidad." Panorama, 4:13 (1955) 48-60.

Ellison. 111-132.

Feldman, Helmut. Graciliano Ramos: eine untersuchung zur selbstdarstellung in seinen epischen werk. Geneve, Librarire Droz, 1965. (Graciliano Ramos:

reflexos de sua personalidade na obra. Fortaleza, Universidade do Ceará, 1967.)

Franco, Afonso Arinos de Melo. Idéia. 35-39.

Freixieiro, Fábio M. "O estilo indireto livre de Graciliano Ramos." Revista do Livro, 4:14 (jun 1959) 79-85.

————. "Da razão à emoção, II." Rio, Tempo Brasileiro, 1971. 102-114.

Fusco. Vida. 101-108.

Gonçalves, Floriano. "Graciliano Ramos e o romance." Preface to: Caetés. Rio, Jośe Olímpio, 1947. 9-76.

————. "Infância." Província de São Pedro, 6 (set 1946) 112-121.

Grieco. Gente nova. 42-58.

Hamilton, Russell G. "Character and idea in Ramos' 'Vidas Secas'." Luso-Brazilian Review, 5:1 (jun 1968) 86-92.

Hays, R. H. "The world's sorrow." New Republic, New York, 17 jun 1946.

Holanda, Aurélio Buarque de. "Caetés." Boletim do Ariel, 3:5 (fev 1944) 127-129.

————. "Homengem a Graciliano Ramos." Rio, Alba, 1943.

Jurema, Aderbal. " 'São Bernardo' de Graciliano Ramos." Boletim do Ariel, 4:3 (dez 1934) 68.

Knoll, Vítor. "Vidas Secas." Revista do Livro, 27-28 (1965) 7-30.

Kury, Adriano da Gama. "Notas de estilística: o discurso indireto livre, arma estilística de Graciliano Ramos." Minas Gerais, 21 jun 1969.

Lima, Medeiros. "O homem na obra de Graciliano Ramos." Rumo, Rio, 3a. fase, 1:1 (1943) 71-74.

Lins, Álvaro. II, 73-82; V, 119-126; VI, 54-69.

Lucas, Fábio. Horizontes. 60-67.

————. "Uma viagem em torno da estrutura." O Estado de São Paulo, 24 jan 1970.

Martins, Wilson. "Graciliano Ramos, o Cristo e o Grande Inquisidor." Província de São Pedro, 11 (mar-jun 1948) 105-112.

Mazzara, Richard A. "New perspectives on Graciliano Ramos." Luso-Brazilian Review, 5:1 (jun 1968) 93-100.

Meneses, Djacir. 308.

Monteiro, Adolfo Casais. "Graciliano sem nordeste." O Estado de São Paulo, 7 nov 1959.

Montenegro, Olívio. 165-170.

Mourão, Rui. "Graciliano Ramos e o contexto social brasileiro." O Estado de São Paulo, 11 mai 1968.

————. "Estruturas: ensaio sobre o romance de Graciliano." Belo Horizonte, Tendência, 1969.

Peregrino, Júnior. "Três ensaios: Modernismo, Graciliano, Amazônia." Rio, São José, 1969.

Pereira. 151-157.

Pinto, Rolando Morel. Estudos de romance. São Paulo, Conselho Estadual de Literatura, 1965. 9-25.

————. Graciliano Ramos: autor e ator. São Paulo, Faculdade de Filosofia, Ciências e Letras de Assis, 1962.

Pontes, Joel. 117-132.

Portela. I, 192-194.

Rego, José Lins do. "O mestre Graciliano Ramos." Homenagem, Rio, Alba, 1943. 89-93.

Sales, Almeida. "Graciliano Ramos." Cadernos da hora presente, 1 (mai 1939) 155-159.

Sales, Fritz Teixeira de. "O caso Graciliano Ramos." Dom Casmurro, 15 jul 1937.

Santiago, Silviano. "Compte-rendu: Estruturas, de Rui Mourão." Minas Gerais, 2 ago 1969.

Schade, George D. "Three contemporary Brazilian novels." Hispania, 39:4 (dez 1956) 391-396.

Schmidt, Augusto Frederico. "Discurso de Augusto Frederico Schmidt." Homenagem. Rio, Alba, 1943. 10-18.

Sena. 227-241.

Silva, Belchior Cornélio da. O pio da coruja. Belo Horizonte, São Vicente, 1967. 11-50.

Silva, Pereira da. "Graciliano Ramos: ensaio crítico-psicanalítico," Rio, Aurora, 1950.

Silveira, Joel. Um guarda-chuva para o coronel. Rio, Civilização Brasileira. 1968.

Simões. Caderno. 268-271.

————. Crítica. 300-311.

Sodré. Orientações. 99-121.

Sovereign, Marie F. "Pessimism in Graciliano Ramos." Luso-Brazilian Review, 7:1 (Summer 1970) 57-63.

Táti. 103-173.

Tavares, Júlio. "Sugestões de 'Vidas Secas'." Revista Acadêmica, 35 (mai 1938).

Torres Rioseco, Arturo. "Graciliano Ramos." Cuadernos Americanos, 12:5 (1953) 281-288.

Zagury, Eliane. "Graciliano Ramos: um clássico." Mundo Nuevo, Paris, 9 (1967) 49-56.

Plínio Salgado

(1895-   )

Plínio Salgado was born on January 22, 1895, in S. Bento do Sapucaí, São Paulo, the son of Francisco das Chagas Esteves Salgado and Ana Francisca Rennó Cortez. Plínio did his primary work at home with his mother, a school-teacher, later studying in Pouso Alegre. first in the Externato S. José, and later in the Ginásio Diocesano. His father's death forced him to abandon thoughts of further education and he began to earn his living as a gradeschool teacher. Politics, however, began to attract him, and he founded the Municipalista Party in order to attack the state government. For political reasons he soon found it expedient to leave his home town and move to São Paulo. There, turning to journalism, he started as a proofreader, became a writer, and subsequently held the position of editor of the influential *Correio Paulistano.* From that time forward Salgado was to found *A Razão, A Marcha, A Ofensiva,* and *Idéia Nova* in Rio, edit *Gazeta* in S. Paulo, manage and write for a long series of newspapers–*O País* and *Gazeta de Notícias* in Rio, *Gazeta* in S. Paulo, and *Era Nova* in Bahia–and magazines (*Novíssima* and *Klaxon* in S. Paulo). But politics were to continue to be as much a constant in his life as was the newspaper world. In 1927, the year following the success of the novel, *O estrangeiro*, he won election to a four-year term to the state legislature for the Partido Republicano Paulista. On his return from a trip to Europe and the Orient, he became editor in chief of the newspaper *A Razão,* founded the Sociedade de Estudos Políticos, and in 1931 and 1932 published his second and third novels, *O esperado* and *O cavaleiro de Itararé.* That same year he founded the political party known as the Ação Integralista Brasileira. As its leader, his candidacy for the Presidency was almost assured until Vargas engineered the coup d'état of November 10, 1937, and assumed dictatorial power. Salgado spent his exile in Portugal occupied largely in writing on religious and moral topics. When amnesty was granted he returned home and founded the Partido de Representação Popular in 1946. In 1955 he was that party's unsuccessful presidential candidate and subsequently represented that party in the Chamber of Deputies for Paraná from 1958 to 1963 and subsequently for São Paulo. In recent years he has attended such international congresses as the Conversaçoes Católicas Internacionais (Sebastián, 1948), UNESCO (Paris, 1961), and União Interparlamentar (Rome 1962). In addition to his literary and political activities, both of which contribute to his status as one of the most controversial figures in contemporary Brazil, Salgado is a well-known orator and member of the Academia Paulista de Letras.

Critical Commentary:

Plínio Salgado is doubtlessly one of the most controversial of all Brazilian writers since the advent of Modernism. But the controversy should remain with the man and not be transferred to the fiction writer. A simple look at the publication dates of *O estrangeiro* (1926), *O esperado* (1931), and *O cavaleiro de Itararé* (1932), at the structure of these books, and at the techniques used in their development makes clear that they represent important steps in the maturation of the modern Brazilian novel.

Whereas the novel of the Brazilian Northeast would continue along nineteenth century structural lines and would in the beginning emphasize the perspective of the reminiscence, Salgado's novels show significant innovations in form, language, tone, and visual angle. They are constructed on several planes, have numerous characters whose lives are interdependent, have character-symbols that are a function of ideas as well as of occupations, and the world described is contemporary, with even a future projection. The attitude of the author is basically moral.

Salgado is worried about what is happening in his country, for he sees that neither those in power nor those seeking control, neither the idealists nor the realists, nor anybody else, is coming up with viable solutions to Brazil's problems in its transition from a feudal landholding, slave-powered aristocracy to an urban orientated, industrialized, popular democracy. It is a period of profound change, everyone senses that revolution is in the offing, practically everyone favors it, but nobody agrees about what kind of revolution it should be, or what results it should strive for. There seems to be no direction; chaos and turmoil are everywhere. In *O cavaleiro de Itararé*, Salgado unveils a materialistic world in which fraud, cuts, payoffs, percentages, and embezzlement are everyday occurrences. The characters are weak: they compromise their positions and even change banners. Everything is relative for them. Significantly, the title of that novel derives from a folkloric, malefic spirit who, it is believed, sows chaos and destruction through the night everywhere he rides. The author aims to show the state of degradation and disarticulation of Brazil, point out the panaceas offered by the opposing groups, and show the errors and deficiencies of each. Since in his view Brazil needs regulation and regeneration at all levels and in all fields, he exhorts his countrymen to be honest, face the facts, act disinterestedly, have solid virtues, be strong, and, of course, do something effective to set Brazil on the road toward the future.

In these novels of ideas of unabashed symbolism the characters clothe the ideas and points of view in play. Folklore is incorporated into the very warp and woof of the fiction, and with it customs and material evidences that have a role in setting the stage and evoking the time of the reality described. Cuts and clips reminiscent of the movies which recently had become very popular give sharp episodic insights into different aspects of the national scene. The viewpoint, however, is always that of the omniscient and omnipresent author who develops the different themes and makes the characters conform to their ideologies with evident impartiality.

Although Salgado announced the trilogy by stating that *O estrangeiro* was a warning, that *O esperado* was a prognosis and that *O cavaleiro de Itararé* had as its purpose to be either a glorification of, or an anathema to Brazilian nationality, he insists he is not defending a thesis in those "crônicas da vida brasileira," as he calls them, only wishing to relate the numerous contradictory aspects of the episodes of the Brazilian drama by gathering a series of snapshots to make up a vast study. He calls *O cavaleiro de Itararé*, for example a "sarcastic expression of pain and irony, it is the ghost of bloody revolutions, it is the spectacle of marionettes that are moved by invisible cords." He goes on to say that there is no doctrine, no polemic, no politics, no struggle—only exposition. Indeed since the plot, also on the level of ideas, involves a series of interwoven lives, there is a series of episodes, each with its own problems and individual endings, all of which suggests the style of the movie documentary. This is all the more true inasmuch as the novels' endings terminate on such an ascendant emotional note, and are so prophetic in tone, that they really are not endings at all, but rather the anxious cry of the author-moralist summing up the several crises which he has woven together to form the plots.

In addition to letters, Salgado uses other extra-literary devices such as announcements, signs, and names of things and products to dramatize the present and heighten the sense of reader presence. The settings are purposefully attuned to enhance the ideological and moral atmosphere, and the latter is achieved more through the actions and thoughts of the characters than through descriptions of locale. The characters, too, are depicted minimally, especially as far as physical attributes are concerned, for their relevance stems from their acts, which in turn originate in the ideas each espouses. The dialogs are very short, often simply offer a glance at a character, merely serve to underline and fortify a thought, or again represent but one side of a conversation. The strong social, political, and moral preoccupation of *O estrangeiro* is successively intensified in *O esperado* and *O cavaleiro de Itararé*. As the author shows himself to be more and more a reformer and ideologist, he sacrifices plausibility to some extent on the altar of his plots. Even so, his extensive ideological symbolism does not appreciably diminish the fictional value of the novels.

In *O estrangeiro* there are numerous visual and sound images, as well as an obvious endeavor to create a lyrical language. On the other hand, the utterances are often so short as to be telegraphic: single, nude words often represent complete thoughts. The tendency toward linguistic realism, however, becomes more pronounced in the two later novels. All three are filled with poignant contemporary tragedies: the tragedy of the *sertanejo*, the factory worker, the stenographer, the industrialist, the thinker, the young army officer, and the politician, to mention but a few. Salgado attacks the materialism of his time and place and finds everywhere a lack of faith, not only in Brazil and its institutions, but also in man himself: there is complacency, a total lack of civic responsibility, everyone is simply out to get his share, and the rising new aristocracy of money is as foreign to the country as it is uniform, faceless, and without personality.

Salgado has published a great number of works, mostly *crônicas* and essays concerning Brazil, his travels, politics, and sociology. He has also written extensively on religious and moral themes, and has a book of poetry and another of children's literature. Nevertheless, it will be his three early novels that will hold open a place for him in the initial phase of the development of the modern Brazilian novel.

Suggested Reading and Other Texts:

O estrangeiro.
Murici, A nova literatura, 389-394.

Principal Works:

Fiction:
O estrangeiro [romance] (S. Paulo, 1926)
O esperado [romance] (S. Paulo, 1931)
O cavaleiro de Itararé [romance] (S. Paulo, 1932)
A voz do Oeste [romance poema] (1933)
Tripandé [romance] (Rio, 1972)

Crônicas and essays:
Discurso às estrelas (1930)
O Oriende [livro de viagem] (1931)
Geografia sentimental [interpretação psicológica dos costumes brasileiros]
    (1935)
Nosso Brasil [evocações históricas dedicadas à juventude] (1936)
Como nasceram as cidades do Brasil (Lisboa, 1946)
Viagens pelo Brasil [in Obras completas] (1954-1956)
Atualidades brasileiras [in Obras completas] (1954-1956)
Contos e fantasias [in Obras completas] (1954-1956)
Roteiro e crônica de mil viagens [in Obras completas] (1954-1956)
Sentimentais [in Obras completas] (1954-1956)

Political philosophy and sociology:
O que é o Integralismo (1933)
Psicologia da Revolução (1933)
Palavra nova dos tempos novos (1934)
A quarta Humanidade (1934)

Despertemos a Nação (1935)
A doutrina do Sigma (1935)
Cartas aos camisas-verdes (1937)
Páginas de combate (1937)
O conceito cristão da Democracia (1945)
A mulher no século XX (Porto, 1946)
O Integralismo perante a Nação (1947)
Pio IX e o seu tempo [saiu como prefácio de obra de Vilegranche; depois
    como volume aparte em Obras completas]
Espirito da burguesia (1951)
Mensagem às pedras do deserto (1954)
O ritmo da história (1956)
Reconstrução do homem (1957)

Religion and morality:
Vida de Jesus (1942)
A aliança do sim e do não (1944)
O Rei dos Reis (1945)
Primeiro, Cristo! (1946)
A imagem daquela noite (1947)
Direitos e deveres do homem (Rio, 1950)
A tua cruz, Senhor . . . (1953)
São Judas Tadeu e São Simão Cananita (1954)
A inquietação espiritual na literatura brasileira (1956)
Preface to Imitação de Cristo (1962)

Poetry:
O poema da Fortaleza de Santa Cruz (1939)
Poemas do exílio [inéditos]
Poesias avulsas [inéditas]

Children's literature:
Sete noites de Joãosinho (1959)

Political and parliamentary action:
Discursos (1950)
Livro verde da minha campanha (1956)
Doutrina e tática comunistas (1959)
O Integralismo na vida brasileira (1959)
Discursos na Câmara dos Deputados [1ª série] (1960)
Trinta anos de apostolado (1961)
A crise parlamentar (1962)
O império capitalista soviético (1962)

Other Works:
A boa nova (1915)

A anta e o curupira (1926)
Literatura e política (1927)
O curupira e o carão (1928)
Aventuras do Alferes Chicão (1930)
Obras completas [20 vols.] (S. Paulo, 1954-1956)

O ESTRANGEIRO

III

A TERRA JOVEM

Na manhã clara de setembro, na ponta de um coqueiro decepado, gesticulava, o pano verde-amarelo.

As ruazitas do vilarejo enchiam-se de crianças. Blusas cáqui, chapeirão de feltro, polainas, varapaus; escoteiros das Escolas Reunidas.

* * *

Ivã fez-se amigo do diretor das Escolas Reunidas. E Juvêncio tornou-se um bom *cicerone*, descerrando ao moscovita os segredos da terra.

* * *

«. . . afastando-se das costas d'África, para evitar as calmarias, veio encontrar no Ocidente uma terra desconhecida. . .»

* * *

A campanha, forrada de árvores mansas, coroava-se de estrelas da noite lírica de abril. E Juvêncio prosseguia, falando de cor um ensaio que andava compondo:

* * *

«E, então, tudo era a selva, onde dormia o Mistério.

Bandos de periquitos, projeções verdes da terra, estampavam-se no céu, ainda inocente de crimes.

Continuação indefinida da manhã úmida e verde em que a arca de Noé encalhou na montanha.

Altas palmeiras emergindo das florestas oceânicas, estilizando a alma sentimental da rude natureza meridiana.

Macacos balouçando nos cipoeirais pendentes das perobeiras.

Oceano, oceano . . .

O jaguar vinha dormitar à sombra das gameleiras, nas barrancas dos rios turvos, emplumados de garças.

Manhãs de janeiro! Cheiro molhado de terra moça e virgem; grotas frias, com gemidos sensuais de rolas e sussurros confidentes sob a mantilha dos caetés.

Capivaras, caetetus, antas bufando. Sobre o coro diluviano das cigarras, gaviões meteoros—*pinhé! pinhé!*

Corpo de moça! Como interessa o espírito caprino das raças procriadoras!

Foi o aroma afrodisíaco da Atlântida que acordou o instinto pagão dos velhos povos desvirginadores, adormecido nos séculos claustrais do Misticismo . . .»

Eram assim as lições de Juvêncio.

* * *

Ivã queria ver um caboclo autêntico. Contou-lhe o amigo que eram raros. Quase todos estavam no sertão. Poucos ficaram nas redondezas, cantando à viola, empalamados.

Alguns,—pequenos agricultores, taverneiros, carreadores ou peões, exceção feita ao Zé Candinho —, andavam por ali, mas guardavam poucos traços do caboclo genuíno, ou antes, eram uma expressão inferior do caboclo.

O legítimo, esse prosseguia a sua faina, rumo das brenhas, afastando-se da onda absorvente dos estrangeiros.

Dizia exaltado, num largo gesto:

— Caboclo! Hércules em fuga, a rebentar portas de bronze!

* * *

Um dia falou:

«A onça e o índio fogem espavoridos ao tropel do herói pardo.

O machado arrasa os jequitibás golpeando os ecos arautos.

Cataclisma de raças; sedimentação de caracteres civilizadores: sobre o rastro do selvagem o rastro do mameluco; depois, sobre a terra desvirginada e domada, o colono estrangeiro estabilizando a agricultura. . .

Os buritis fixam nas asas abertas a volada inicial da fuga vertiginosa. E os braços do caboclo são como as asas dos buritis agitadas pelo vento.

Abriu-se um dilema: ou caminhar, ou ser absorvido. Ir de encontro ao Mistério, ou desaparecer.

* * *

Os que partem são fortes como fundadores de países. Os que ficam, são como seu Indalécio, olhos morteiros, toadas monótonas nos lábios. . .»

* * *

As crianças das Escolas Reunidas eram filhos de italianos, espanhóis, japoneses, sírios, mulatinhos espertos puxados ao português.

Cantavam o hino nacional e respondiam na ponta da língua, se lhes preguntavam—quem descobriu o Brasil?

—Foi o almirante português Pedro Álvares Cabral.

Um livro com Tomé de Souza de espada entre bugres, cocares e padres dizia que tudo fora obra do Acaso.

* * *

A bandeira flutuava—palpitante cabeleira verde—na ponta do caule esguio, que parecia um homem comprido e entusiasmado.

O gavião no alto—*pinhé! pinhé!* descrevia grandes círculos azuis. E as vozes afinadinhas:

Ouviram do Ipiranga as margens plácidas
de um povo heróico o brado retumbante. . .

Juvêncio vibrava. Nem uma nota fora do compasso! Eram uníssonas, como saídas de uma só boca, de um só peito, de um só coração.

* * *

Nhô Indalécio vivia uma vida à parte, no sítio pequeno, criando porcos, vacas leiteiras, que mugiam em torno do curral, duas léguas distante da fazenda. Abria uma pequena clareira de cereais no oceano infinito do café.

A filha do Nhô Indalécio, a Policena de grandes olhos rasgados, apaixonou-se pelo Humberto, o primogênito de Carmine, na última festa da vila.

* * *

Os colonos faziam suas pequenas lavouras. Carmine e os filhos principiaram a apartar economias. Concetta achava a terra menos triste, porém estremecia, como uma pomba assustada, quando ouvia o tropel do baio de arreios prateados do administrador. A velha mãe da família, a gorda Maria Antônia, nas tardes tranqüilas, vinha ao terreiro tecer grossas meias de algodão. Ivã não dava para a lavoura e pensava numa vaga indústria, que o levaria à fortuna.

* * *

Que sabem os colonos da vida dos fazendeiros? Uma vez por ano a família vinha de São Paulo.

* * *

Uma tarde domingueira, Concerta—um vestido claro de organdi, a saia orlada de babados, os braços e o colo nus—veio sentar-se no terreiro para as conversas do pôr-do-sol. Rosa rósea emergindo de camélias, um cheiro insultante de mulher jovem, primavera de intenções misteriosas.

Carmine fumava. Ivã considerou: a trança é um risco a nanquim; na Rússia as mulheres, em geral, são louras.

Quase sentia o hálito da moça.—É uma fruta amadurando. . . Falavam sobre a colheita que findava. E a carótida impulsionava pancadas azuis no pescoço moreno.

A propósito de um Santo Antônio sem auréola da matriz de Mandaguari, a mulher de Carmine narrou milagres de S. Genaro. Concetta referia-se a cousas do campo, da Pátria longínqua. Falava com desenvoltura e ignorância e as banalidades tinham irradiações de graça nos lábios vermelhos e nos olhos castanhos.

Ivã, deslocado no meio ingênuo, experimentava uma subalterna atração física por aquele corpo de primavera e aqueles olhos de barcarola mediterrânea. Afagou a barba loura e sentiu-se moço. Uma grande tristeza entrou no seu coração.

* * *

A vendola da fazenda pertencia ao velho Nagib Khouri, um bom sírio que se casara com a filha de um caboclo de barba amarela, morto à faca numa contenda no meio da estrada. Negros em noites secas vinham tomar cachaça e tocar sanfona.

* * *

Barril bojudo e azul, os arcos de azarcão. Bicho gordo mostrando as costelas de sangue. Torneira mijando em copos poliédricos.

Pitos de barro, pedras de tirar fogo, cerveja Polo Norte da fábrica de Mogi-Mirim.

O lampeão de carbureto enluarava o armazém e a festa dos rótulos encarnados de anisete e capilé.

Sobre os caixões de querosene, Zé Candinho, viola em punho, gemia endeixas roceiras; Mingote, negro fulá, Scatena, calabrês de bigodões pendentes, faziam chorar a sanfona.

As portas rasgavam dois retângulos ofuscantes na treva.

Mariposas e besouros resmungões dançavam na ilha de luz destacada na larga noite rural.

* * *

—Um martelo de pinga, seu Nagib.

A escuridão.

A colônia adormecida.

* * *

Viera do norte do Estado o Zé Candinho, costumes tão diferentes. Caboclinhas de olhos negros, batuques em Santo Antônio, destala de fumo nas noites frígidas.

Naquele pedaço do Oeste era tudo café e italianos. Pernoitara ali, para seguir avante. Era um dia de festa e vira a filha de Carmine. Ficou apanhando café.

Um caboclo não se subordina assim a uma vida parada. Não é como o italiano conformado ao espaço de algumas léguas. O caboclo nasce para derrubar, em combate singular, canjaranas e guarantãs. Lançar fogo nas roçadas, ficar olhando as labaredas gibóias na noite espavorida. Depois, seguir. E ele ficara ali, apanhando café.

* * *

E, entretanto, viera do norte do Estado, onde as cidades são paradas como lagoas e os municípios pontilhados de clãs modorrentas.

Terra boa, Mãe-Velha, que deu de mamar à nação paulista. . .

Silêncios picados de enxadas. Gente da beira do Paraíba, cor de açafrão, papudos da Serra de Santa Luzia.

Raro se ouvia por lá sotaque estrangeiro. Nunca se alterava um pormenor da paisagem. Apenas os casebres ficavam mais negros e esburacados, os brejos mais esverdinhados na moldura dos tufos de tabua.

E as cidades cabeças de comarca, sonolentas e tristes, paredes largas, prosápias antigas de casarões baroniais, que as chuvas metralhavam e descascavam. Grandes igrejas pesadas olhando os morros. Uma cruz negra dominando o panorama. . .

* * *

Nhem. . . pan!

Nhem. . . pan!

Monjolo ruminando, macetando.

Alta noite. Olhos vivos no escuro, entre lembranças saudosas. . .

E o monjolo:

—Nhem. . . pan!

—Nhem. . . pan!

Maquinismo primitivo, que alimenta as gerações desde Martim Afonso de Sousa. Milho, fubá, cangica, farinha de beijús brancos. . .

—Nhem. . . pan!

Cantiga de velha mãe, insistente, modorrenta, no meio da noite e do vento.

Mistura de *tan-tan* da Costa d'África e bocejo d'água aos tombos: *chóóóóó. . .*

* * *

Alguns moços saíam para o sertão, rumo do Sapecado fatídico, divisa da terra com o inferno.

Foi no rumo do sertão que Zé Candinho abalou do antigo sítio dos Miranhos.

Passou por São Paulo, como quem atravessa um mar de luz, entre agentes de hotéis *mambembes* e *escruchantes* barafustados na multidão de tilburis e caras de máscaras de ignoradas *camorras*.

Aportou do outro lado, à margem da Mogiana, até onde o dinheiro deu.

Trabalharia ali alguns dias; cavar dinheiro para alcançar Rio Preto.

De lá, dar um mergulho no sertão *brabo*.

* * *

Caboclo domesticado: Nhô Indalécio.

* * *

Ivã era mau trabalhador. Deixava de ir ao cafezal, com freqüência, para procurar Juvêncio no vilarejo.

O diretor das Escolas Reunidas de Mandaguari rejubilava-se ao vê-lo.

Era uma pessoa «com quem se podia conversar».

* * *

V
INDALÉCIO, ETC.

Aconteceu que os porcos de Nhô Indalécio aventuraram excursões pela fazenda.

Martiniano mandou avisá-lo. «Que mataria os bichos».

Indalécio pôs mais um fio de arame na cerca.

Os suínos eram teimosos. Romperam a barreira, entraram insolentes como hussardos.

Troaram tiros de espingarda.

* * *

Seguiu-se uma proclamação. «Que não se queixe à polícia, se não quiser levar umas lambadas, com este chicote».

Nhô Indalécio mandou dizer que não se queixava à polícia. Entregava a injúria nas mãos de Deus. E São Benedito, que chamava em testemunho, haveria de pagar tanta malfeitoria.

* * *

E pôs-se a ruminar:

...era uma vez um homem perverso, que se comprazia em espezinhar os fracos. Na sua besta pinhão, levantando poeira nas estradas, passava como um terror.

(Indalécio recordava...)

...chamava-se Chico Pereira e usava botas de cano alto. Garrucha na cintura, chapéu quebrado na testa...

(Lembrava-se perfeitamente de tudo).

...Um dia, numa vendola, um sujeitinho magruço, pedindo um martelo de pinga, esqueceu de o oferecer ao Chico Pereira. O vendeiro tremeu, pensando nas cinco orelhas humanas que o valentão trazia, à maneira de rosário, debaixo da camisa.

Chico Pereira mandou vir uma garrafa de aguardente e um prato fundo. Pediu farinha. O rapagote olhava de banda, enfezado. O vendeiro fazia-lhe sinais, que fugisse. À-toa. O minguera tinha talento e era finca-pé.

Chico Pereira mexeu uma sopa de farinha e cachaça e voltou-se para o homenzinho de meia-tigela:

— Beba, moço!

—O quê?

E Chico, imperativo:

— Chupe!

Puxou a garrucha, apontou-a contra o peito franzino do piraquara, que recuou até umas sacas de sal.

E o vendeiro não viu bem o resto. Viu, apenas, o caipirinha enfezado abaixar-se e, em seguida, erguer-se, a faca enterrada na barriga do Chico Pereira. Foi um amém.

* * *

(— «Sim, senhores jurados, Indalécio agiu como um homem de brio, lavando a sua honra com sangue!»)

* * *

—Sangue, sangue de porco, chouriço. . . Chouriço é feito com sangue. . . *Ô muié*, arranje um chouriço hoje pra janta.

* * *

Zé Candinho era um Apolo de ferro enferrujado. Vermelho-pardo, feições bonitas. A foice e o machado adormeceram-lhe junto à trouxa. E como apanhar café o envergonhava, Hércules fez-se domador de burros.

Como as palmeiras de braços abertos, Zé Candinho enraizara ali.

As palmeiras olham sempre o mesmo horizonte. Ele via sempre a mesma pessoa.

Entre o sátiro de nariz farejante e o homem branco, impassível ou tímido, a filha de Carmine Mondolfi preferia o peão rude e valente.

Cuja viola, nas noites de luar, embalava o sono da colônia.

E falava mais às almas dos imigrados do que as próprias canções italianas. Porque eram um estado de alma no ambiente inédito, tristes como exílios. . .

* * *

Juvêncio ouvindo Zé Candinho, considerava:

«Tem-se à conta de tristeza o que é uma relação de extensões. O brasileiro sente a imensidade da sua terra e a sua toada é amargurada por se constituir de compassos longos. Toma-se como causa o que não passa de uma conseqüência.»

* * *

Ei . . . . . ô . . . . .

Remate infalível das cantigas roceiras. O éco vai-se desdobrando como uma trena.

E a voz parece medir as distâncias dos horizontes da Pátria.

* * *

Para o imigrante, enquadrado no âmbito das fazendas, a cantiga cabocla tem a fascinação das sereias quando falavam aos filhos de Ulisses dos mistérios do Mar Tenebroso.

Mas ela fala dos segredos do indefinido sertão.

* * *

Nossa canção é um esquema geográfico. É a relação numérica entre o Homem e a Terra».

Juvêncio concluia:

«Pátria é a voz do País saindo pela boca do Homem».

* * *

Ao troc-troc de mula arisca, Zé Candinho monologava, pela estrada poeirenta:

—Na minha terra casa-se um homem quando tem um pala e um cavalo. Hei-de inteirar meu lote de bestas e comprar minha quadra de chão.

Havia bons sítios das bandas de Sorocaba. Com a venda da legítima, cinqüenta alqueires de noruega, teria com o que principiar.

* * *

Nhô Indalécio deu de cara com Martiniano no armazém do Nagib Khouri. Tarde de dia santo, borborinhava ali um magote de colonos, nas peripécias da escopa e da morra.

Moleques jogavam a malha no terreiro. Nhô Indalécio descobriu-se respeitosamente:

—*Estardes, seu* Martiniano.

O administrador voltou-lhe as costas. Indalécio amarelou.

Martiniano (e a oportunidade era ótima para se impor ao respeito da colônia) dirigiu-se aos circunstantes:

—A gente encontra certos sujeitos que metem nojo. Rogam pragas, bufam de longe, e, depois, vêm cumprimentar, com uma cara de cão escorraçado. . .

Nhô Indalécio sentiu um frio nos joelhos. Os pulsos tremiam.

* * *

(. . .e, era uma vez um valentão que se chamava Chico Pereira. Andava de garrucha na cintura e chapéu quebrado na testa. . .)

—Há certos indivíduos, continuou Martiniano, que ficariam melhor vestindo saias!

E pediu uma garrafa de cerveja.

(. . .mas, um dia, numa vendola, um sujeitinho magruço não se lembrou de oferecer da sua pinga ao Chico Pereira. O vendeiro tremeu, pensando nas cinco orelhas. . .)

Martiniano bebeu a cerveja e voltou-se para Nhô Indalécio, segurando-o pela camisa de algodãozinho vermelha:

—Sujeitos tão patifes, que se fazem desentendidos!

—*Tá loco, seu* Martiniano? *Tá loco, home? Qué isto? Qué isto?*

—É isto, seu patife!
E o chicote vibrou.

* * *

À noite, deitando salmoura nos vergões do rosto, Nhô Indalécio considerou:
—Se eu fosse italiano, as cousas não ficavam assim. O cônsul tomaria em consideração. Mas que pode fazer um pobre brasileiro?

* * *

No dia seguinte, apareceu um soldado no sítio, com uma intimação para o Indalécio.
—Louvado seja Deus, exclamou Nhá Gertrudes: em Mandaguari já souberam.

* * *

Carmine Mondolfi, espírito conciliador, procourou uma solução pacífica para o caso Indalécio-Martiniano.
Principalmente porque o Humberto também se mostrava irritado contra o administrador. Ainda mais que, ultimamente, reparava na insistência com que o biltre assediava a Concetta.
Carmine ponderava:
—É com jeito, e não com violências, que se vence na vida!

[O estrangeiro. 5a. ed. S. Paulo, Panorama. 21-34.]

References:

Andrade, Rodrigo, M. F. de. "Plínio Salgado." Revista do Brasil, 2a. fase, 1:9 (15 jan 1927) 42-43.
Ellison, Fred. "Brazil's New Novel." Berkeley, Los Angeles, University of California Press. 38-39.
Grieco. Evolução da poesia. 2nd ed. 229-230.
Lima, Alceu Amoroso (Tristão de Ataíde). Estudos. V, 197-205.
Morais Neto, Prudente de. "Plínio Salgado: 'O estrangeiro'." Revista do Brasil, 2a. fase, 1:4 (30 out 1926) 41-42.
Murici. A nova literatura. 382-388.
Riedel, Dirce Côrtes. In: Coutinho. A literatura. 2nd ed. V, 260-268.
Vítor, Nestor. "Os de hoje." São Paulo, Cultura Moderna, 1938, 116-123.

Mário de Andrade
(1893-1945)

Mário Raul de Morais Andrade, often called the "Father of Modernism," was born in São Paulo, September 9, 1893. Following the Ginásio Nossa Senhora do Carmo, he studied in the Conservatório Dramático e Musical de São Paulo where, beginning in 1922, he taught the History of Music. But his teaching career had actually begun earlier, for when his first book of verse came out in 1917, *Há uma gota de sangue em cada poema*, he was already a teacher. He was the principal figure in the Modernist movement from its inception in 1922 with the Semana de Arte Moderna, and his second book, *Paulicéia desvairada*, can be considered a manifest of the movement. In 1935 he was director of the newly established Cultural Department of the Prefecture of the Municipality of São Paulo. In view of his enthusiastic interest in all the arts, including folklore, it is no surprise that he was the founder of the Sociedade de Etnografia e Folclore, as well as of the Serviço do Patrimônio Histórico e Artístico National. Named director of the Instituto de Artes of the University of the Federal District, he also taught history and the philosophy of art in that institution in 1938. An assiduous writer for newspapers and magazines, he was the literary critic for the *Diário de Notícias* of Rio de Janeiro in 1939-40. In addition to being a lecturer, a literary and art critic, a musicologist, a fiction writer, a poet, and a member of the Academia Paulista de Letras, he is unquestionably one of the most important literary leaders in Brazil, regardless of period. Part of Mário de Andrade's great influence on his younger contemporaries was exercised through his voluminous correspondence. He died on February 25, 1945, in São Paulo.

Critical Commentary:

If Oswald de Andrade was the iconoclastic force that steam-rollered Modernism's opposition, Mário de Andrade, on the other hand, was the dynamic, fertile, affirmative, and inspired heart of the movement. His leadership was accepted by all from the very earliest beginnings of the new literary current, and

229

he gained great success in all the genres in which he wrote. Moreover, he had an outstanding influence on his companions and on the younger generations. His intellectual curiosity and keen inspiration carried him into numerous fields of endeavor. Although the principal literary areas in which he worked are the short story and the novel, literary criticism and poetry, his importance in the musical world should not be overlooked.

When Mário de Andrade published *Paulicéia desvairada* in 1922, he established his own poetical freedom and freed all poetry in Brazil from the chains that held it bound to the past. In so doing he at first appeared to be an impressionist, but he was more than that. His thrust was also affirmative, for he brought popular speech to cultured poetry, giving both a value they had not enjoyed before. He went out of his way to collect expressions from many parts of the country and link them up and relate them in novel ways, stylizing, in effect, the oral language. As Andrade matured, he became increasingly convinced that the poet must not depend on inspiration alone, but must be a careful craftsman and polish and repolish his work. As time went by, his attitude became more serene and he came to accept such traditional devices as rhyme and fixed strophes. Most of his poetry was written between 1917 and 1941.

However important his verses are in the history of the development of poetry in Brazil, his prose fiction will be even more enduring, and more so his short stories than incursions into the novel genre. An interesting aspect of his fiction is its violent change of pace. For example, he wrote *Amar, verbo intransitivo* in 1927 and *Macunaíma, o herói sem nenhum caráter* in the following year. The former is relatively traditional structure, but thematically must have been a shocker to staid, middle class São Paulo society, inasmuch as it concerns a German housemaid who has fallen in love with love itself and discreetly makes a business of initiating the sons of well-to-do Paulista families into the secrets of sexual life. *Macunaíma,* on the other hand, is a novel that has no traditional nerve or plot structure, but which is constructed of all manner of time-tried elements taken from the inherently native areas of folklore, legend, and myth. They are retold and woven into a new modern tapestry that results in something on the order of an unorthodox rapsody, a diffuse allegorical epic of Brazil that not infrequently recalls of the adventures of a Paul Bunyon. In the short story, too, Mário de Andrade's inventive genious is extraordinary. Plots do not follow a straight line. There are frequent and unexpected shifts in viewpoint, as well as byzantine dislocations of locale. The language is a stylization of popular speech, and the dialogs are very natural. Not infrequently the axis is a strong personal tragedy. Popular expressions, slang, proverbs, word clusters and clichés, and the detailed and prolific references to the country's flora and fauna and ethnic types are artfully intermixed. All his work seemed inspired by the desire to reform and to perfect. His major concern to modernize the literary language, for example, was exceedingly serious as was everything else he did, and he made every effort to clarify and document his innovations. Andrade is one of Brazil's greatest writers in the short story genre, and in it gives full play to his sensibility and profound understanding of psychology as his characters face life's problems.

Suggested Reading and Other Texts:

Poetry: "Cabo Machado," "O poeta come amendoim," "Sambinha," "Noturno de Belo Horizonte" (selections), "Coco do major," "Cantigas do ai," "Lenda das mulheres de peito chato," "Improviso do mal de América," "Mãe," "Lundu do escritor difícil," "Melodia moura," "Eu nem sei si vale a pena ...," "Quando eu morrer quero ficar ...".
Novels: Macunaíma; Amar, verbo intransitivo.
Short stories: In: Primeiro andar: "Caso pançudo"; In: Belazarte: "Piá não sofre? Sofre," "Menina de olho no fundo," "Nízia Figueira, sua criada," "Caso em que entra bugre"; In: Contos novos: "O peru de Natal," "Vestida de preto," "O poço".
Poetry: Bandeira and Cavalheiro, 253-257; Brito, Panorama, VI, 6-24; Coutinho, Antologia, I, 279-292; II, 163-166; III, 263-267, 325-335; Kopke, 27, 29, 48, 58, 106, 121, 246, 247; Lisboa, Antologia, 30-34, 140-141; Moisés, Textos, 375-389. Prose: Barbosa and Cavalheiro, 245-258; Lins and Holanda, II, 785-794; Murici, A nova literatura, 358-362; Scott-Buccleuch and Oliveira, 378-386.

Principal Works:

Fiction:

Primeiro andar [contos] (1926)
Amar, verbo intransitivo [romance] (S. Paulo, 1927)
Macunaíma, o herói sem nenhum caráter [romance rapsódico] (1928)
Belazarte [contos] (S. Paulo, 1934)
Os filhos da Candinha [crônicas] (S. Paulo, 1943)
Contos novos [contos] (S. Paulo, 1947)
"Brasília" [conto] In: Revista da Academia Paulista de Letras, 10:39 (set 1947) 63-76.

Criticism:

A escrava que não é Isaura [poética] (S. Paulo, 1925)
O Aleijadinho e Álvares de Azevedo [ensaios] (Rio, 1935)
O movimento modernista [discurso] (Rio, 1942)
Aspectos da literatura brasileira [ensaios] (Rio, 1943)
O empalhador de passarinho [ensaios] (S. Paulo, s.d., póstumo)

Musicology:

Ensaio sobre a música brasileira (S. Paulo, 1928)
Compêndio de história da música (S. Paulo, 1929)
Modinhas imperiais (S. Paulo, 1930)
Música, doce música (S. Paulo, 1933)
A música e a canção populares no Brasil (Rio, 1936)
O samba rural paulista (S. Paulo, 1937)
Namoros com a medicina (Porto Alegre, 1939)

A expressão musical nos Estados Unidos (Rio, 1940)
Música no Brasil (S. Paulo, 194¹)
Pequena história da música [refundição do "Compêndio"] (S. Paulo, 1942)
O baile das quatro artes (S. Paulo, 1943)

Miscellaneous:
Padre Jesuíno de Monte Carmelo (Rio, 1945)
Cartas de Mário de Andrade a Manuel Bandeira (Rio, 1958)
71 Cartas de Mário de Andrade [coligidas e anotadas por Lígia Fernandes] (Rio, 1961)
Mário de Andrade escreve cartas a Alceu Meyer e outros [coligidas e anotadas por Lígia Fernandes] (Rio, 1968)

Poetry:
Uma gota de sangue em cada poema (S. Paulo, 1917)
Paulicéia desvairada (S. Paulo, 1922)
O losango cáqui (S. Paulo, 1926)
Clã do jaboti (1927)
Remate de males (S. Paulo, 1930)
O carro da miséria (1941)
A costela do Grã Cão (1941)
Poesias (S. Paulo, 1941)
Lira paulista: Carro da miséria (S. Paulo, 1946)
Poesias completas (S. Paulo, 1955)
"Poesias inéditas," In: Revista do Livro, 20 (dez 1960) 73-103.
Obras completas [20 vols.] (S. Paulo, 1944-1951)

O PERU DE NATAL

O nosso primeiro Natal de família, depois da morte de meu pai acontecida cinco meses antes, foi de conseqüências decisivas para a felicidade familiar. Nós sempre fôramos familiarmente felizes, nesse sentido muito abstrato da felicidade: gente honesta, sem crimes, lar sem brigas internas nem graves dificuldades econômicias. Mas, devido principalmente à natureza cinzenta de meu pai, ser desprovido de qualquer lirismo, duma exemplaridade incapaz, acolchoado no medíocre, sempre nos faltara aquele aproveitamento da vida, aquele gosto pelas felicidades materiais, um vinho bom, uma estação de águas, aquisição de geladeira, coisas assim. Meu pai fora de um bom errado, quase dramático, o puro-sangue dos desmancha-prazeres.

Morreu meu pai, sentimos muito, etc. Quando chegamos nas proximidades do Natal, eu já estava que não podia mais pra afastar aquela memória obstruente do morto, que parecia ter sistematizado pra sempre a obrigação de uma lembrança dolorosa em cada almoço, em daca gesto mínimo da família. Uma vez que eu sugerira à mamãe a idéia dela ir ver uma fita no cinema, o que resultou foram lágrimas. Onde se viu ir ao cimema, de luto pesado! A dor já estava sendo cultivada pelas aparências, e eu, que sempre gostara apenas regularmente de meu pai, mais por instinto de filho que por espontaneidade de amor, me via a ponto de aborrecer o bom do morto.

Foi decerto por isto que me nasceu, esta sim, espontaneamente, a idéia de fazer uma das minhas chamadas "loucuras". Essa fora aliás, e desde muito cedo, a minha esplêndida conquista contra o ambiente familiar. Desde cedinho, desde os tempos de ginásio, em que arranjava regularmente uma reprovação todos os anos; desde o beijo às escondidas, numa prima, aos dez anos, descoberto por Tia Velha, uma detestável de tia; e principalmente desde as lições que dei ou recebi, não sei, duma criada de parentes: eu consegui, no reformatório do lar e na vasta parentagem, a fama conciliatória de "louco". "É doido, coitado! " falavam. Meus pais falavam com certa tristeza condescendente, o resto da parentagem buscando exemplo para os filhos e provavelmente com aquele prazer dos que se convencem de alguma superioridade. Não tinham doidos entre os filhos. Foi o que me salvou, essa fama. Fiz tudo o que a vida me apresentou e o meu ser exigia para se realizar com integridade. E me deixaram fazer tudo, porque eu era doido, coitado. Resultou disso uma existência sem complexos, de que não posso me queixar um nada.

Era costume sempre, na família, a ceia de Natal. Ceia reles, já se imagina: ceia tipo meu pai, castanhas, figos, passas, depois da Missa do Galo. Empanturrados de amêndoas e nozes (quanto discutíamos os três manos por causa do quebra-nozes. . .), empanturrados de castanhas e monotonias, a gente se abraçava e ia pra cama. Foi lembrando isso que arrebentei com uma das minhas "loucuras";

—Bom, no Natal, quero comer peru.

Houve um desses espantos que ninguém não imagina. Logo minha tia solteirona e santa, que morava conosco, advertiu que não podíamos convidar ninguém por causa do luto.

—Mas quem falou de convidar ninguém! essa mania. . . Quando é que a gente já comeu peru em nossa vida! Peru aqui em casa é prato de festa, vem toda essa parentada do diabo. . .

—Meu filho, não fale assim. . .

—Pois falo, pronto!

E descarreguei minha gelada indiferença pela nossa parentagem infinita, diz-que vinda de bandeirantes, que bem me importa! Era mesmo o momento pra desenvolver minha teoria de doido, coitado, não perdi a ocasião. Me deu de sopetão uma ternura imensa por mamãe e titia, minhas duas mães, três com minha irmã, as três mães que sempre me divinizaram a vida. Era sempre aquilo: vinha aniversário de alguém e só então faziam peru naquela casa. Peru era prato de festa: uma imundície de parentes, já preparados pela tradição, invadiam a casa por causa do peru, das empadinhas e dos doces. Minhas três mães, três dias antes já não sabiam da vida senão trabalhar, trabalhar no preparo de doces e frios finíssimos de bem feitos, a parentagem devorava tudo e inda levava embrulhinhos pros que não tinham podido vir. As minhas três mães mal podiam de e-xaustas. Do peru, só no enterro dos ossos, no dia seguinte, é que mamãe com titia inda provavam um naco de perna, vago, escuro, perdido no arroz alvo. E isso mesmo era mamãe quem servia, catava tudo pro velho e pros filhos. Na verdade ninguém sabia de fato o que era peru em nossa casa, peru resto de festa.

Não, não se convidava ninguém, era um peru pra nós, cinco pessoas. E havia de ser com duas farofas, a gorda com os miúdos, e a seca, douradinha, com bastante manteiga. Queria o papo recheado só com a farofa gorda, em que havíamos de ajuntar ameixa preta, nozes e um cálice de Xerez, como aprendera na casa de Rose, muito minha companheira. Está claro que omiti onde aprendera a receita, mas todos desconfiaram. E ficaram logo naquele ar de incenso assoprado, se não seria tentação do Dianho aproveitar receita tão gostosa. E cerveja bem gelada, eu garantia quase gritando. É certo que com meus "gostos", já bastante afinados fora do lar, pensei primeiro num vinho bom, completamente francês. Mas a ternura por mamãe venceu o doido, mamãe adorava cerveja.

Quando acabei meus projetos, notei bem, todos estavam felicíssimos, num desejo danado de fazer aquela loucura em que eu estourara. Bem que sabiam, era loucura sim, mas todos se faziam imaginar que eu sozinho é que estava desejando muito aquilo e havia jeito fácil de empurrarem pra cima de mim a. . . culpa de seus desejos enormes. Sorriam se entreolhando, tímidos como pombas desgarradas, até que minha irmã resolveu o consentimento geral:

—É louco mesmo! . . .

Comprou-se o peru, fez-se o peru, etc. E depois de uma Missa do Galo bem mal rezada, se deu o nosso mais maravilhoso Natal. Fora engraçado: assim que me lembrara de que finalmente ia fazer mamãe comer peru, não fizera outra coisa aqueles dias que pensar nela, sentir ternura por ela, amar minha velhinha adorada. E meus manos também estavam no mesmo ritmo violento de amor, todos dominados pela felicidade nova que o peru vinha imprimindo na família. De modo que, ainda disfarçando as coisas, deixei muito sossegado que mamãe cortasse todo o peito do peru. Um momento aliás, ela parou, feito fatias um dos lados do peito da ave, não resistindo àquelas leis de economia que sempre a tinham entorpecido numa quase pobreza sem razão.

—Não senhora, corte inteiro! só eu como tudo isso! Era mentira. O amor familiar estava por tal forma incandescente em mim, que até era capaz de comer pouco, só pra que os outros quatro comessem demais. E o diapasão dos outros era o mesmo. Aquele peru comido a sós redescobria em cada um o que a cotidianidade abafara por completo, amor, paixão de mãe, paixão de filhos. Deus me perdoe mas estou pensando em Jesus. . .Naquela casa de burgueses bem modestos, estava se realizando um milagre digno do Natal de um Deus. O peito do peru ficou inteiramente reduzido a fatias amplas.

—Eu que sirvo!

"É louco mesmo! " pois porque havia de servir, se sempre mamãe servira naquela casa! Entre risos, os grandes pratos cheios foram passados pra mim e principiei uma distribuição heróica, enquanto mandava meu mano servir a cerveja. Tomei conta logo dum pedaço admirável da "casca", cheio de gordura e pus no prato. E depois fatias brancas. A voz severizada de mamãe cortou o espaço angustiado com que todos aspiravam pela sua parte no peru:

—Se lembre de seus manos, Juca!

Quando que ela havia de imaginar, a pobre! que aquele era o prato dela, da Mãe, da minha amiga maltratada, que sabia da Rose, que sabia meus crimes, a que eu só lembrava de comunicar o que fazia sofrer! O prato ficou sublime.

—Mamãe, este é o da senhora! Não! não passe não!

Foi quando ela não pôde mais com tanta comoção e principiou chorando. Minha tia também, logo percebendo que o novo prato sublime seria o dela, entrou no refrão das lágrimas. E minha irmã, que jamais viu lágrima sem abrir a torneirinha também, se esparramou no choro. Então principiei dizendo muitos desaforos pra não chorar também, tinha dezenove anos. . .Diabo de família besta, que via peru e chorava! coisas assim. Todos se esforçavam por sorrir, mas agora é que a alegria se tornara impossível. É que o prato evocara por associação a imagem indesejável de meu pai morto. Meu pai, com sua figura cinzenta, vinha pra sempre estragar nosso Natal, fiquei danado.

Bom, principiou-se a comer em silêncio, lutuosos, e o peru estava perfeito. A carne mansa, de um tecido muito tênue, boiava fagueira entre os sabores das farofas e do presunto, de vez em quando ferida, inquietada e redesejada, pela intervenção mais violenta da ameixa preta e o estorvo petulante dos pedacinhos de noz. Mas papai sentado ali, gigantesco, incompleto, uma censura, uma chaga, uma incapacidade. E o peru estava tão gostoso, mamãe por fim sabendo que o peru era manjar mesmo digno do Jesusinho nascido.

Principiou uma luta baixa entre o peru e o vulto de papai. Imaginei que gabar o peru era fortalecê-lo na luta, e, está claro, eu tomara decididamente o partido do peru. Mas os defuntos têm meios visguentos, muito hipócritas de vencer: nem bem gabei o peru que a imagem de papai cresceu vitoriosa, insuportavelmente obstruidora.

—Só falta seu pai. . .

Eu nem comia, nem podia mais gostar daquele peru perfeito, tanto que me interessava aquela luta entre os dois mortos. Cheguei a odiar papai. E nem sei que inspiração genial, de repente me tornou hipócrita e político. Naquele instante que hoje me parece decisivo da nossa família, tomei aparentemente o partido de meu pai. Fingi, triste:

—É mesmo. . .Mas papai, que queria tanto bem à gente, que morreu de tanto trabalhar pra nós, papai lá no céu há de estar contente. . . (hesitei, mas resolvi não mencionar mais o peru) contente de ver nós todos reunidos em família.

E todos principiaram muito calmos, falando de papai. A imagem dele foi diminuindo, diminuindo e virou uma estrelinha brilhante do céu. Agora todos comiam o peru com sensualidade, porque papai fora muito bom, sempre se sacrificara tanto por nós, fora um santo que "vocês, meus filhos, nunca poderão pagar o que devem a seu pai", um santo. Papai virara santo, uma contemplação agradável, uma inestorvável estrelinha do céu. Não prejudicava mais ninguém, puro objeto de contemplação suave. O único morto ali era o peru, dominador, completamente vitorioso.

Minha mãe, minha tia, nós todos alagados de felicidade. Ia escrever "felicidade gustativa", mas não era só isso não. Era uma felicidade maiúscula, um
amor de todos, um esquecimento de outros parentescos distraidores do grande
amor familiar. E foi, sei que foi aquele primeiro peru comido no recesso da
família, o início de um amor novo, reacomodado, mais completo, mais rico e
inventivo, mais complacente e cuidadoso de si. Nasceu de então uma felicidade
familiar pra nós que, não sou exclusivista, alguns a terão assim grande, porém
mais intensa que a nossa é impossível conceber.

Mamãe comeu tanto peru que um momento imaginei, aquilo podia lhe fazer
mal. Mas logo pensei: ah, que faça! mesmo que ela morra, mas pelo menos que
uma vez na vida coma peru de verdade!

A tamanha falta de egoísmo me transportara o nosso infinito amor. . .Depois
vieram umas uvas leves e uns doces, que lá na minha terra levam o nome de
"bem-casados". Mas nem mesmo este nome perigoso se associou à lembrança de
meu pai, que o peru já convertera em dignidade, em coisa certa, em culto puro
de contemplação.

Levantamos. Eram quase duas horas, todos alegres, bambeados por duas gar-
rafas de cerveja. Todos iam deitar, dormir ou mexer na cama, pouco importa,
porque é bom uma insônia feliz. O diabo é que a Rose, católica antes de ser
Rose, prometera me esperar com um champanha. Pra poder sair, menti, falei que
ia a uma festa de amigo, beijei mamãe e pisquei pra ela, modo de contar onde é
que ia e fazê-la sofrer seu bocado. As outras duas mulheres beijei sem piscar. E
agora, Rose. . .

[Obras completas XVII, Contos Novos.
S. Paulo, Martins, 1947. 91-98.]

References:

Adonias Filho. "Mário de Andrade." Jornal do Comércio, Rio, 19 jan 1958.
————. "O caso Mário de Andrade." Jornal de Letras, Rio, jul 1955.
Ala Arriba. São Paulo, out 1957. Number dedicated to author.
Almeida, Fernando Mendes de. "Notas para um estudo crítico sobre a poesia de
  Mário de Andrade." São Paulo, Conselho Estadual de Cultura, 1962. 9-47.
————. "Viagem em redor de uma calva. 'Ensaio sobre a poesia de Mário de
  Andrade.' " 1 (mai 1939) 69-85.
Alphonsus, João. "Mário de Andrade." Diário de Belo Horizonte, 14 out 1943.
Alvarenga, Oneida. "Sonoro política." Revista do Arquivo Municipal de São
  Paulo, 6 (jan 1946) 7-44.
Alvarenga. 187-191.
Alves, Osvaldo. "A voz de Mário de Andrade." O Jornal, Rio, 18 mar 1945.
Ávila, Afonso. "O poeta e a consciência crítica." Petrópolis, Vozes, 1949. 46-51.

Amaral, Araci. "Cendrars no Brasil: uma saudação a Mário de Andrade." O Estado de São Paulo, 25 jan 1969.

Andrade, Carlos Drummond de. Confissões de Minas. Rio, Americ-edit, 1944.

_____. "Mário, dia 9." Correio da Manhã, Rio, 9, 10, 11 jul 1957.

_____. "Mário de Andrade, professor." Correio do Povo, Porto Alegre, 6 nov 1954.

_____. "Na solidão solitude." O Estado de São Paulo, 9 out 1948.

Andrade, Oswald de. "O meu poeta futurista." Jornal do Comércio, São Paulo, 27 mai 1921. Also in: Ala Arriba, São Paulo, out 1957.

Araújo, Luís Corrêa de e Fernando Correia Dias. "Mário de Andrade, Minas e os mineiros." Minas Gerais, 8 jan 1968.

Autores e Livros. 18 jul 1943.

Ayala, Walmir. "Novas cartas de Mário de Andrade." Minas Gerais, 27 jul 1968.

Bairão, Reinaldo. "Notas sobre Mário de Andrade." Modernismo. Estudos críticos. Rio, Revista Branca, 1954.

Bandeira, Antônio Rangel. Espírito e forma. São Paulo, Martins, 1957. 13-20.

_____. "Mário de Andrade e a subversão das coisas." Correio da Manhã, Rio, 7 jan 1945.

Bandeira. Apresentação. 143-148.

_____. Preface to: Cartas de Mário de Andrade. Rio, 1958.

_____. Crônicas da província do Brasil. Rio, Civilização Brasileira, 1937. 147-150.

_____. "Mário de Andrade: animador da cultura musical brasileira." Rio, 1956.

_____. "Mário de Andrade e a questão da língua." Anhembi, 2:8 (23 out 1952) 291-301.

_____. "Mário de Andrade: o losango cáqui." Revista do Brasil, 2a. fase, 1:2 (30 set 1926) 36-37.

_____. "Mário de Andrade e a questão da língua." De poetas e de poesias. MEC, Rio, 1954 (Rio, São José, 1957. 127-142). Also: Itinerário de Pasárgada, Rio, Jornal de Letras, 1954. 56-61.

Barata, Mário. "Ainda Mário de Andrade." Diário de Notícias, 20 mar 1955.

_____. "Homenageando Mário de Andrade." Diário de Notícias, Rio, 6 e 13 mar 1955.

Barbosa, Francisco de Assis. "Mário de Andrade em família." Correio da Manhã, Rio, 26 mar; 2, 16, 26 abr 1955.

_____. "Testamento de Mário de Andrade e outras reportagens." Rio, 1954.

Barreto Filho, "Conversa sobre estética." Diário de Notícias, Rio, 18 jul 1943.

Barreto, Plínio. 189-194.

Bastide, Roger. "Macunaíma." Revista do Arquivo de São Paulo, Homenagem a Mário de Andrade. 6 (jan 1946) 45-50.

_____. Poetas. 55-61.

Bastos, Humberto. "Os três ciclos da poesia de Mário de Andrade." Diário de São Paulo, 7 mai 1943.

Batista, J. Cunha. "Minha obra pode servir de lição: entrevista com Mário de Andrade." Leitura, Rio, jan 1944.

Besouchet, Freitas. Diez escritores. M. Gleizer, 1939. 91-104.

————. Literatura. 99-111.

Bezerra, João Clímaco. "Macunaíma." O Jornal, Rio, 14 ago 1955.

Borba, Osório. "A deserção da inteligência." Diário de Notícias, Rio, 26 jan 1944.

Brito, Mário da Silva. "Evocação de Mário de Andrade." O Estado de São Paulo, 21 mar 1970.

————. História. 64 ff.

————. "Mário de Andrade e seu primeiro livro." Revista do Livro, 3:10 (jun 1958) 205-209.

Bruno, Haroldo. I, 73-77.

Campos, Paulo Mendes. "Mário de Andrade." Jornal de Letras, Rio, fev 1952.

Cândido, Antônio. "Mário de Andrade." Letras e Artes, Rio, 156 (5 mar 1950).

————. O observador. 83-88.

————. "Mário de Andrade." Revista do Arquivo Municipal de São Paulo. 6 (jan 1946) 69-73.

Carpeaux, Oto Maria. "Nota sobre Mário de Andrade, escritor euro-americano." O Estado de São Paulo, 3 out 1948.

Carvalho, Ronald de. " 'Macunaíma' de Mário de Andrade." Estudos. 2a. série. 151-152.

Cascudo, Luís da Câmara. "Mário de Andrade." Boletim do Ariel, 3:9 (jun 1934) 233-235.

Castelo Branco, Carlos Heitor. "Macunaíma e a viagem grandota." São Paulo, Conselho Estadual de Cultura, 1970.

Castelo, Branco, W. "Um espírito polêmico." Leitura, Rio, jul 1943.

Castro, Moacir Werneck de. "Os abismos insondáveis." Diário de Notícias, Rio, 13 de mai 1945.

————. "A despedida de Mário de Andrade." O Jornal, Rio, 4 mar 1945.

————. "Mário de Andrade e os moços." Província de São Pedro, Porto Alegre. 6 (set 1946).

————. "O poeta Mário de Andrade." Anuário Brasileiro de Literatura. Rio, 1942.

Cavalcanti, Valdemar. "Depoimentos de Mário de Andrade." O Jornal, Rio, 13 mar 1955.

Cavalheiro, Edgard. "Confissões de Mário de Andrade." Revista do Globo, Porto Alegre, 7 abr 1945.

————. "Notas sobre Mário de Andrade." Folha da Manhã, São Paulo, 22 fev 1948.

Coelho, Nelly N., Mário de Andrade para a nova geração. São Paulo, Saraiva, 1970.

Correia. Anteu. 190-195.

Cunha, Dulce Sales. 28, 35-52.

Di Antônio, Robert. "O sexo contra o cosmos em 'A Serra do Rola-Moça'." Minas Gerais, 24 out 1970.

Duarte, Paulo. "Paixão e morte de Mário de Andrade." O Estado de São Paulo, 1945.

_____. "Vida e morte de Mário de Andrade." Revista do Arquivo Municipal de São Paulo, 6 (jan 1946) 75-86.

Eneida (Eneida Costa de Morais). "Reportagem literária." Diário de Notícias, Rio, 27 fev 1955.

_____. "O roteiro de Macunaíma." Diário de Notícias, 20 mar 1955.

O Estado de São Paulo, 28 fev 1970. Special number dedicated to the author.

Etienne Filho, João. "Lembranças de Mário de Andrade." O Diário, Rio, 28 fev 1954.

Fernandes, Florestan. "Mário de Andrade e o folclore brasileiro." Revista do Arquivo Municipal de São Paulo, 6 (jan 1946) 135-158.

Figueiredo, Guilherme. "Um amigo morreu no *front.*" Diário de Notícias, Rio, 4 mar 1945.

_____. "Mário de Andrade." Anuário Brasileiro de Literatura, Rio, 1943-1944.

_____. "Mário de Andrade e os filhos de Candinha." Diário de Notícias, Rio, 29 ago 1943.

Foster, David William. "Some formal types in the poetry of Mário de Andrade." Luso-Brazilian Review, 2:2 (dez 1965) 75-95.

Franco, Afonso Arinos de Melo. "Malazarte poeta." Diário de Notícias, Rio, 29 mar 1942. Also in: Portulano. São Paulo, Martins, 1945. 62-69.

_____. "Mário de Andrade." Revista Brasileira, Rio, 12 (12 mar 1945). Freitas Júnior. 33-64.

Góes, Fernando. "História da Paulicéia desvairada." Revista do Arquivo Municipal de São Paulo, 6 (jan 1946) 89-105.

_____. "Notícia sobre a vida e a obra de Mário de Andrade." O Tempo, São Paulo, 27 fev 1955.

_____. "Ressurgimento de Mário de Andrade." O Jornal, Rio, 27 fev 1955.

Grieco. Evolução da poesia. 2nd ed. 218-219.

_____. Gente nova. 120-129.

Guimaraens Filho, Alphonsus de. "Mário de Andrade." Revista da Academia Paulista de Letras, 8:32 (12 dez 1945) 169-171.

Haddad, Jamil Almansur. "A poética de Mário de Andrade." Revista do Arquivo Municipal de São Paulo, 6 (jan 1946) 115-132.

Hart, Thomas R. "The literary criticism of Mário de Andrade." In: Denetz, Peter, et al. The disciplines of criticism: essays on literary theory, interpretation, and history. New Haven, Yale University Press, 1968.

Hecker, Filho, Paulo. "Mário de Andrade." O Estado de São Paulo, 14 mar 1970.

Homenagem a Mário de Andrade. In: Revista do Arquivo Municipal de São Paulo, São Paulo, 12:107 (jan-fev) 7-196. (includes a number of articles.)

Iglésias, Francisco. "Elegia de abril." Letras e Artes, 12 jun 1949.

Isgorogota, Judas. "Mário de Andrade: a poética do desvairismo." Correio Paulistano, 5 nov 1955.

Ivo, Ledo. "Lição de Mário de Andrade." Rio, MES, 1952.

Jobim, Renato. "Mário redivivo." Jornal do Comércio, Rio, 16 nov 1958.

Kopke, C. Burlamaqui. "Valorização do estético em Mário de Andrade." Meridianos do conhecimento estético. São Paulo, 1950.

Lacerda, Carlos. "Mário de Andrade." Diário de Notícias, Rio, 17 out 1943.

_____. "Sinceridade e poesia." Revista Acadêmica, 60 (mai 1942).

Lamego, Alberto. "Mário de Andrade." Jornal do Comércio, Rio, 31 jul 1949.

Leandro, A. J. Sousa. "Mário de Andrade." Jornal de Letras, Rio, 29 (nov 1951).

Leão, Múcio. "As cartas de Mário de Andrade." Jornal do Brasil, Rio, 7 abr 1945.

Leite, Luísa Barreto. "Morreu um combatente." Revista Acadêmica, Rio, 65 (abr 1945).

Leitura. Rio, mar 1945. Number dedicated to author.

Lima, Alceu Amoroso (Tristão de Ataíde). Estudos. I, 58-66; 67-76; II, 26-29; V, 125-133.

_____. "Mário de Andrade." Vamos Ler, Rio, 15 mar 1945.

_____. "Mário de Andrade." O Jornal, Rio, 14 mar 1945.

_____. "Mário de Andrade." Diário de Notícias, Rio, 10 e 20 mar 1955.

Lima, Jorge de. Dois ensaios. Maceió, Casa Ramalho, 1929. 87-90; 126-138.

Lima, Luís Costa. Lira e antilira (Mário, Drummond, Cabral.) Rio, Civilização Brasileira, 1968. 33-132.

Lima, Rossini Tavares de. "A paixão folclórica de Mário de Andrade." Jornal do Comércio, Rio, 1 jan 1956.

Linguanoto, Daniel. "No 10o. aniversário da morte do Papa do Modernismo no Brasil." Manchete, Rio, 22 mar 1955.

Linhares, Temístocles. "Um roteiro pouco literário." Diário de Notícias, Rio, 14 ago 1955.

Lins, Álvaro. II, 22-32; IV, 154-166; V, 75-82.

_____. Os mortos de sobrecasaca. Rio, José Olímpio, 1963.

Lins, Edson. História. Passim.

Lisboa, Henriqueta. "Convívio poético." [Belo Horizonte, Publicações da Secretaria de Educação do Estado de Minas Gerais, Coleção cultural no. 4, 1955]

_____. "Lembrança de Mário." O Estado de São Paulo, 8 out 1948.

Lopez, Telê Porto Ancona. "A estréia poética de Mário de Andrade." O Estado de São Paulo, 23 mai 1971.

_____. "Mário de Andrade no 'Diário Nacional'." O Estado de São Paulo, 20 jun 1971.

Lucas, Fábio. "Amar, verbo intransitivo." Luso-Brasilian Review, 8:1 (jan 1971) 69-77.

_____. "O cronista Mário de Andrade." Diário de Minas, Belo Horizonte, 15 mai 1955.

_____. "Horizontes da crítica." 30-60.

_____. "Caminhos da consciência literária nacional." Revista do Livro, 5:17 (mar 1960) 9-17.

Machado, Lourival Gomes. "Mário de Andrade, crítico de arte." Revista do Livro, Rio, 3-4 (dez 1956).

Machado Filho. 227-245.

Martins. A evolução. I, 169.

Martins, Wilson. Interpretações. Rio, José Olímpio, 1946. 155-185.

_____ : In: Coutinho. A literatura. 2nd ed. V, 522-525.

Martins, Justino. "Presença e ausência de Mário de Andrade." Revista Globo, Porto Alegre, 23 fev 1946.

Matos, Mário. "O morto está vivo." O Jornal, Rio 15 jan 1946.

Melo, Luís Correia de. Dicionário de autores paulistas. São Paulo, 1954. 56-68.

Mendes, Ciro. "Balazarte." Revista do Arquivo Municipal de São Paulo, 6 (jan 1946) 159-162.

Mendes, Oscar. "Lembrança de Mário de Andrade." Tentativa. Atibaia, São Paulo, dez 1949.

Menegale, J. Guimarães. "Sinceridade de Mário de Andrade." Jornal do Comércio, Rio, 30 nov 1958.

Milliet. Diário. I, 166-174; V, 86-93.

_____. "Mário de Andrade." Jornal do Comércio, Rio, 4 mai 1958.

_____. "Mário de Andrade brasileiro." O Jornal, Rio, 18 mar 1945.

_____. Panorama. 7-15.

_____. "O poeta Mário de Andrade." Diário de Notícias, Rio, 24 jun 1945.

_____. "O poeta Mário de Andrade." Revista do Arquivo Municipal de São Paulo, 6 (jan 1946) 65-86.

_____. Términus seco e outros coquetéis. São Paulo, Irmãos Ferraz, 1932. 297-308.

Minas Gerais. 15 jun 1968. Number of the Supplement dedicated to the author.

Miranda, Adalmir da Cunha. "A esfinge de Mário de Andrade." São Paulo, 1957.

_____. "Mário em estética." O Estado de São Paulo, 6 dez 1958.

Miranda, José Tavares de. "Breve notícia sobre o poeta Mário." Planalto, São Paulo, 6 abr 1945. 14-16.

Monteiro, Adolfo Casais. "Mário de Andrade." Correio da Manhã, Rio, 7 mai 1955.

_____. "Presença de Mário de Andrade." O Estado de São Paulo, 8 dez 1954.

Montenegro, Olívio. "Mário de Andrade." O Jornal, Rio, 23 abr 1950.

_____. O romance brasileiro. 2nd ed. 199-214.

Morais, Emanuel de. "Notas sobre o 'Noturno'." Diário Carioca, Rio, 6, 13, 30 abr 1952.

Morais Neto, Prudente de (Pedro Dantas). "Crônica literária." A Ordem, 6:17 (jul 1931) 43-46.

_____. "Mário de Andrade." Estética, 1:3 (abr-jun 1925) 306-318.

_____. "Mário de Andrade." O Jornal, Rio, 27 mai 1945.

_____. "Uma questão de gramática: amar, verbo intransitivo." O Jornal, Rio, 6 jul 1927.

_____. "Sobre a influência de Mário de Andrade." Diário Carioca, Rio, 26 fev 1950.

Mota, Dantas. "Mário de Andrade." O Estado de São Paulo, 15 mar 1958.

Mota Filho, Cândido. "Elogio de Mário de Andrade." Revista da Academia Paulista de Letras, 9:36 (dez 1946) 123-137.

Murici, Andrade. "Mário de Andrade e os estudos do folclore nacional." Jornal do Comércio, Rio, 27 abr 1938.

_____. "No aniversário do nascimento de Mário de Andrade." Jornal de Letras, Rio, out 1951.

Neme, Mário. "A linguagem de Mário de Andrade." Revista do Arquivo Municipal de São Paulo, 6 (jan 1946) 107-114.

Nist, John. "The creative force of Mário de Andrade." Américas, 17:1 (jan 1963) 27-29.

Olinto, Antônio. "Mário de Andrade." O Globo, Rio, 15 mar 1958.

_____. "Permanência de Mário de Andrade." Jornal de Letras, Rio, mai 1958.

Oliveira, Osório de. 170-171.

Pacheco, João. Poesia e prosa de Mário de Andrade. São Paulo, Martins, 1970. 89-94.

Pais, José Paulo. "O juiz de si mesmo." O Tempo, São Paulo, 27 mai 1955.

_____. "Mistério em casa." São Paulo, Conselho Estadual de Cultura, 1961.

Pinheiro, Maciel. "Mário de Andrade e o linguajar brasileiro." Correio da Manhã, Rio, 26 mar 1955.

Proença, Manuel Cavalcanti. "Arraiada de Mário." Revista do Livro, 5:17 (mar 1960) 25-30.

_____. "Roteiro de 'Macunaíma'." São Paulo, Anhembi, 1955.

_____. Estudos. 336-358.

Putnam. Marvelous Journey. New York, 1948. 131-132; 209-210.

Ramos, Péricles Eugênio da Silva. "A poesia de Mário de Andrade." Folha da Manhã, São Paulo, 10, 17, 31 ago 1958.

_____. "O modernismo na poesia." In: Coutinho. A literatura. III (1), 496-511.

Rebelo, Sílvio. "Mário de Andrade e a respor bilidade dos intelectuais." O Jornal, Rio, 22 mar 1945.

Reis, Antônio Simões dos. "Mário de Andra , (Bibliografia sobre a sua obra)." Suplemento da Revista do Livro, Rio, MEC, s.a.

_____. Poetas do Brasil. II, 171-191.

Revista do Arquivo Municipal de São Paulo. São Paulo, Ano 12, 107 (jan-fev 1946). Number dedicated to the poet.

Ribeiro. Os modernos. 84-89.

_____. "Macunaíma." Jornal do Brasil, 31 out 1928. Also in: Os modernos. 81-84.

_____. "Amar, verbo intransitivo." Jornal do Brasil, 13 abr 1927. Also in: Os modernos. 78-81.

Riedel, Dirce Cortes. In: Coutinho. A literatura. 2nd ed. V, 228-240.

Roitman, Maurício. "Os piás precisam falar." Diário de Notícias, Rio, 4 mar 1945.

Santa Cruz, Luís. "Atualidade de 'A escrava'." Diário Carioca, Rio, 2 set 1951.

Santiago, Silviano. "Dedicatórias." O Estado de São Paulo, 25 abr 1970.

Santos, Graco da Silveira. "Em torno de um congresso." O Estado de São Paulo, 11 abr 1970.

Schmidt, Augusto Frederico. "Cartas de Mário de Andrade." Correio da Manhã, Rio, 26 mar 1950.

_____. "Discurso sobre a morte de um herói literário." Correio da Manhã, Rio, 6 mai 1945.

_____. "Mário de Andrade, morto." Correio da Manhã, Rio, 18 mar 1945.

Sena, Homero. "República das letras." O Jornal, Rio, 18 fev 1945.

Silva, Domingos Carvalho da. "Notas sobre Mário de Andrade." Tribuna da Imprensa, Rio, 28, 29 jan; 11, 12 fev 1956.

Silveira, Joel. "Encontro com Mário de Andrade." Vamos Ler, Rio, 4 mai 1939.

Sodré, Nélson Werneck. "Posição de Mário de Andrade." Correio Paulistano, 22 jun 1954.

Teixeira, Maria de Lourdes. "Cartas de Mário de Andrade." Folha da Manhã, São Paulo, 9 nov 1958.

_____. "Mário de Andrade por ele mesmo." Folha da Manhã, São Paulo, 16 nov 1958.

Uribe-Echevarría, Juan. "Homenaje a Mário de Andrade." Atenea, 80:239 (mai) 120-132.

Vita, Dante Alighieri. "Mário de Andrade: sentimento da terra e colonização do homem." Correio Paulistano, 30 ago 1953.

Vítor. Os de hoje. 153-173.

Washington, Luís. "Mário de Andrade, crítico literário." Folha da Manhã, São Paulo, 2 mar 1945.

José Geraldo Vieira

(1897-   )

José Geraldo Manuel Germano Correia Vieira Machado da Costa's parents moved from the Azores to Brazil just a few months before his birth, in Rio de Janeiro, on April 16, 1897. When he was eleven, his family moved from Laranjeiras to Tijuca. In 1908, following his primary work done at home with tutors, he entered the Colégio Santa Rosa, Niterói, as a boarding student. The ensuing year brought the death of his mother, and then, a few months later, that of his father, who had been a legation officer in Switzerland. Due to these circumstances, José Geraldo was brought up by a maternal uncle from the Azores, who was an important Brazilian textile industrailist. In 1911 he was graduated in science and letters and March of the next year found him in Europe. There he did considerable reading in the National Library in Paris, visited Switzerland, and returned home in 1914 to enroll in the School of Medicine.

José Geraldo early became an avid reader and nourished literary ambitions. Even as a boarding school student he had begun a first novel, *Márcia, a Vestal.* As a fourth year medical student he began contributing short stories, later gathered and published as *A ronda do deslumbramento*, to *O Jornal* on a weekly basis. His first prose article, however, came out in *Mundo Literário*, published by the wife of Clóvis Beviláqua. In addition to the Beviláqua home, he was a frequent visitor also to that of Coelho Neto. Shortly after graduation from Medical School (his thesis was *Em torno do instinto sexual*), he wrote the prose poem *Triste epigrama* after the style of Oscar Wilde, printing it privately in March, 1919. Later that year he made a second trip to Europe, where, in the beginning of 1920, he enrolled in a special course in radiology at the Odéon Medical School, Paris. Meanwhile, he kept on contributing short stories to *O Jornal*. In 1921 he went on to Germany, where he come into contact with Dadaism, and continued his radiological studies at the Universities of Berlin and Frankfurt, taking his vacations in Italy.

In Rio in September, 1922, following an extended trip through Europe, he married and established an radiology practice in Cinelândia. During the 1925

244

Carnival he wrote *A mulher que fugiu de Sodoma* for which, when published in 1931, he shared a Brazilian Academy of Letters award with Érico Veríssimo. His second novel, *Território humano*, is frankly autobiographical and introspective, and quite unlike the Northeastern novel then the focus of almost universal attention. During this period he was writing literary criticism for *A Nação*.

In 1941 the author moved to Marília, São Paulo state, and there reworked *Memórias de um anjo da guarda*, subsequently published under the title of *A quadragésima porta*. There is also wrote *A túnica e os dados*, *Carta à minha filha em prantos*, and began to take interest in left-wing politics. He left Marília, however, abandoned medicine (he had developed a skin reaction to radio-activity), decided on a purely literary career, and began to earn his living in São Paulo by doing translations. Although he translated over one hundred books between 1943 and 1957, this did not prevent him from publishing two novels, *A ladeira da memória* and *O albatroz*.

In 1956, again turning to journalism, he inaugurated a section in *Folha da Manhã* titled "Letras Estrangeiras." In recent years he has become well known in pictorial and plastic art circles as an art critic for *Folhas* (S. Paulo), as director of the magazine *Habitat*, as a contributer to *Prisme des Arts* (Paris), and as a member of the advisory board of the Museu de Arte Moderna of São Paulo. Vieira is a member of the Academia Paulista de Letras. He has a daughter by his first marriage and three grandchildren in the United States, and is linked by a second marriage to novelist Maria Lourdes Teixeira.

Critical Commentary:

The most Proustian of the contemporary Brazilian novelists, and the one who has remained most aloof from the paths followed by his Modernist contemporaries, is José Geraldo Vieira. Interestingly enough, he has been praised to the skies by some critics and totally ignored by others; neither stance seems appropriate.

Vieira is a very sensitive, talented, and dedicated writer, a real artist in the use of language, and a man endowed with an enviable culture. Perhaps he has not become better known and more widely appreciated because his novels often are very long, densely written, and recreate an unusually artistic world of ideas, books, fine music, painting, and sculpture, not to mention material well-being that is far removed from the life of the everyday Brazilian reader, who may find it difficult to understand, let alone appreciate.

Vieira began to write early and he later gathered in *A ronda do deslumbramento* (1922) the short stories he contributed to Rio magazines when he was still in law school. They, along with *Triste epigrama*, the prose poem he had published the year before, betray the strong influence of Symbolism, with its emphasis on suggestion, the senses, and the ethereal. An excellent example is the short story titled 'Uma operação gratuita'; despite its realistic details and technical descriptions it is suggestively pathetic and vaguely mysterious.

Close reading makes it eminently clear that his fiction reflects quite faithfully many of his own personal experiences, both direct and indirect, and this situation is not unique to *Território humano*, which he admits is based largely on his own life.

The reader notes to what degree Vieira emphasizes the unforeseen in the work, how happenings are largely fortuitous and, therefore, susceptible to the laws of chance and that under such circumstances man has little opportunity to defend himeself. Even so, he recommends that we should be democratic, work for social justice, try to develop ourselves, and seek high goals that make life worthwhile by being useful to mankind. Since his aim, too, is to show us the ambivalent nature of the human race, his characters are neither all good nor all bad. So, with all mundane worries banished from his field of view, he concentrates on problems dealing with self-fulfillment, particularly as it hinges on the relations between the sexes. Indeed, the sentimental novel, which in his case is not entirely innocent of existentialist undercurrents, looms large in his fiction.

As a technician of the novel, Vieira stands high. He uses a large number of approaches and devices, including the use of letters, dreams, reminiscences, and lists of things and political and cultural events. Such enumerations recall the cuts and panning of the movies and serve as a glue to join the diverse episodes, enhance the feeling of presence, and often show the passage of time. But by and large, he is as much enamoured by variations of the roman fleuve, with its dense, psychological interpretation of reality, as he is by the diaphanous, poetical treatments so characteristic of Maeterlinckian style. Therefore, as he focusses attention on the characters, he illuminates them against the background of a rather all-encompassing reconstruction of the times. The characters, well traced and lifelike, almost lead their own lives and so reveal themselves through their own thoughts and actions. The women are often as memorable as the men, and are usually of sterner fiber. They are realistic, long-suffering, motivated by a high sense of duty and loyalty, not only to those they love, but to mankind as well. Their inner strength notwithstanding, in the final analysis they are dominated by instinct. The men, on the other hand, share the cultural interests and refined esthetic tastes of the women, are very idealistic, and are more deeply concerned with the arts. They possess an unusually strong ability to withstand sexual temptation and have marked androgynous tendencies. In general, the author's technique is based on reminiscences and not infrequently, the tone is akin to that of confession.

Time, as noted, is usually concerned with an evocation of times past. Although the dialogs are convincing, they are not so important as the psychological descriptions of the inner workings of the minds of the characters. The perspective is cosmopolitan and especially sight and sound orientated. Regardless of whether the first or the third person is used, the viewpoint can shift from character to character so that the reader often sees the same reality through several consciousnesses. Flashbacks are particularly important, as is the deft and judicious use of free associations of ideas.

Vieira's language is realistic in its details, suggestive but never sordid; it is traditionally inclined, and leans strongly toward the lyrical in tone and toward the eloquent in number and rhythm. The dialogs testify to the sensitivity of his ear, for in them he often captures a wide range of speech habits.

His novels are quite long and their smooth development is often impeded by inordinately long lists. The plots are often thin and loose, with endings frequently inconsequential and left in the air. The plausibility achieved in the episodes, and not infrequently in the dialogs, is of a very high order, and is usually greater than the impact received from the total ambient. Vieira is unquestionably a powerful prose writer and a talented linguistic craftsman, in spite of his prolixity and diffuseness, which he holds well in check in *O albatroz*, making it his best achievement.

Suggested reading and other texts:

O albatroz; A ladeira da memória.
Kopke, 1943; Raimundo Magalhães Júnior, O conto do Rio de Janeiro, 255-264; Murici, A nova literatura, 320-322; Perez, I, 243-248.

Principal Works:

Poetry:
O triste epigrama [poema em prosa] (1919)

Short story:
A ronda do deslumbramento [contos] (Rio, 1922)

Novel:
A mulher que fugiu de Sodoma (Rio, 1931)
Território humano (Rio, 1936)
A quadragésima porta (Porto Alegre, 1943)
Carta à minha filha em prantos (S. Paulo, 1946)
A túnica e os dados (P. Alegre, 1947)
A ladeira da memória [romance] (S. Paulo, 1950)
O albatroz [romance] (S. Paulo, 1952)
O terreno baldio [romance] (S. Paulo, 1961)
Obras completas (São Paulo, 1961-   )
Paralelo 16: Brasília [romance] (S. Paulo, 1966)

O ALBATROZ
VII
O Anjo de Frá Angélico

Apesar do estado em que Carlos lhe chegou à casa na barata *Opel* dum colega, atulhada de mais outros, Virgínia sentiu um grande alívio, afinal. E enquanto ele a rir contava cenas ferozes e violentas do trote no Realengo, ela agradecia a Deus o fato de o filho haver escolhido a carreira do Exército, já que o avô Gama não o convencera a se matricular no pardieiro da Praia de Santa Luzia. Para a Marinha não queria que o filho entrasse. Não por causa das considerações nervosas e alarmantes da tia Judite, citando a revolta da Ilha das Cobras e dos marinheiros da esquadra em 1910. Era que o mar, assim tamanho, a angustiava. Chegara ao ponto de ficar com verdadeira fobia, tendo proibido que o filho, quando ginasiano, fizesse parte de qualquer clube de regatas, freqüentasse banhos de mar ou fosse a piqueniques em Paquetá ou no Saco de São Francisco.

—Bem sei que é mania. Mas, pelo amor de Deus! Não quero, pronto! Há tantos outros lugares! A Cascatinha, Paineiras...

Se Carlos devia a tio Maurício e ao *Colégio Santo Inácio* a forma notável com que tirara diploma de bacharel em ciências e letras em 1912 e a relativa facilidade com que no ano seguinte afrontara exames e provas para ser aceito na Escola Militar, não devia menos a Virgínia o aperfeiçoamento de caráter e as vantagens de disciplina e critério que desde logo o habilitaram a se distinguir entre a juventude da sua geração.

Virgínia jamais se conformara com a morte do marido. Continuava a reagir contra a traição que os havia despojado da condição lírica ao tempo em que, inexperientes, mal começavam a embelezar a existência. Artur não pudera sequer dizer ao mundo ao que viera. Em rapaz não se preparara para uma luta e sim para uma usufruição; sua mocidade não chegara a ser uma investida programada, pois apenas tivera tempo de comparticipar duma quermesse, dum passeio e duma regata—que era como ele considerava o amor, a existência e a profissão. Com sua índole alegre e espontânea fora colhido à falsa fé pelo destino; e isso logo no primeiro óbice que o esperou na noite não como um tropeço mas como uma explosão. Num convés de plataforma sobre o trópico fora expulso como fração dum todo, antes que manômetros o pusessem de sobreaviso contra o panteísmo e a técnica.

Já o filho, porém, estava advertido constantemente, desde pequeno, pela vigilância materna. Assim, ao preço alto daquele tributo e sob a guarda quase mitológica dum pessimismo consciente, Carlos em 1913 não tinha nada do garoto de fundo de chácara de 1906. O exemplo radioso do pai já não o incitava mais; agora era a circunspeção serena da mãe a ensinar-lhe que não aceitasse quotas de acaso da vida e sim definisse seu temperamento através duma opção. Durante os estudos e as tarefas, ela assistia à estruturação daquele caráter, enervava-o com a vontade e a sanção para que não sucedesse o inesperado desagregá-lo anarquicamente—como sucedera ao corpo do pai.

Em 1906, pensara em mudar de bairro. Mas o velho Gama resolveu morar com a filha e o neto porque a necessidade de obras e reparos, os atrasos de impostos e o tamanho do casarão, dificultavam a eventual idéia de o alugar a algum bom inquilino. Conseqüentemente, tendo cedido a residência do Cosme Velho para a irmã Judite e como isso em nada o prejudicasse, pois já não clinicava, passando o mais do tempo a realizar sua obra sobre Feijó, o marquês do Paraná, o marquês de Olinda, Saraiva, Sinimbu e outros estadistas, logo se aclimatou em harmonia dócil com os filhos e o neto ali no Jardim Botânico.

Maurício, mais moço seis anos do que a irmã, passou desde logo a ser uma espécie de preceptor do sobrinho, e em pouco o porão mereceu o apelido genérico de *"Universidade"* e a chácara o de seu respectivo *"campus".* Isso não impedia que professor e aluno fossem duas vezes por semana ao centro da cidade, instalados num bonde elétrico de *Jardim Botânico,* saltassem na Galeria Cruzeiro e não mais no Largo da Carioca e assistissem a algum programa cinematográfico no *Parisiense,* a algum concerto no salão nobre da *Associação dos Empregados no Comércio* ou mesmo a qualquer conferência no último andar do *Jornal do Comércio.* Ou que discutissem política acompanhando com alvoroço, por exemplo, a campanha eleitoral para a Presidência, não raro atiçando o velho Gama, um civilista *enragé.* Passavam pela *Garnier* a fim de adquirir livros encomendados por Virgínia, davam a volta clássica pelo triângulo Avenida Central, Rua do Ouvidor e rua Gonçalves Dias, entravam na *Colombo* ou na *Lallet.* Maurício envergava fraques espessos, calça listrada, polainas, chapéu coco, e exibia sua coleção de bengalas, alfinetes de gravata, colarinhos duros de brilho impoluto, e coletes vistosos de traspasse.

Com a aparecimento de cinemas luxuosos, postavam-se na sala de espera do *Odeon* ou do *Palais,* ouvindo a orquestra que dividia o salão em 1^a e 2ª classe a 1.000 réis e a 500 réis, empolgavam-se com a Lídia Quaranta e a Bertini, repetiam o *Quo Vadis?,* apaixonavam-se pela Borelli. Certas noites de sábado iam ao *Municipal* ouvir ópera lá da torrinha, e depois ceavam "média" no *Lamas.* Os domingos em casa giravam em torno de figurões que iam visitar o velho Gama; e os assuntos eram variadíssimos. A Duse em *Rosmersholm;* a Després em *Fedra;* a Lorenzo em *Gioconda.* Mas também havia debates sobre Pinheiro Machado e o Morro da Graça, o barão do Rio Branco e o almirante Alexandrino.

Pouco depois, Carlos travou conhecimento com a vida noturna, pois o primo Eusébio, filho da tia Judite, tinha uma *Delaunay* e os levava ao *Frontão* e à *Mère Louise,* assim como aos cafés da Lapa.

Rio antigo, das conversas sobre literatura e política nas mesinhas boêmias dos *caldos de cana* da Galeria Cruzeiro citando os parnasianos, as visitas de Ferri e Blasco Ibañez, o *salão* da Escola de Belas-Artes, as caricaturas do Raul e do Calixto. Ou na porta da *Garnier* conhecendo grupos solenes nas cadeiras ao pé da caixa, ou vendo passar o Barreto, o Hasslocher, o Mariano, metidos aquele em escarpins macios e fraque branco, o segundo em atlético jaquetão, o último com costeletas de toureador ególatra. Ou a trindade Bevilácqua fuçando vitrinas. Ou o João do Rio ao lado do Roberto Gomes, um espesso e rotundo, o outro diáfano e lívido. E também a figura do Rui saltando duma sege na esquina e indo a pé até ao *Briguiet.* E tomaram parte em dois ou três carnavais, rodando em *corso* vagaroso desde a Praça Mauá até à Glória, ou esperando numa esquina (onde o carro tomara lugar desde de manhã) a passagem dos préstitos.

Rio antigo do compositor Nazaré, de fraque sorumbático tocando piano na sala de espera do *Avenida;* das matinês no *Trianon;* do teatro *Fênix,* sempre fechado, nos fundos do imponente *Palace-Hotel;* diante deste, o estacionamento dos automóveis marca *Pope,* de descarga aberta, nos quais turistas iam até Copacabana e o Alto da Boa Vista. Rio antigo do *Teatro São José* lançando a gíria; dos belchiores da rua da Carioca; do mercado de flores perto do *Parc Royal;* das

missas de sétimo dia na igreja de São Francisco; do aglomeramento de sumidades
aposentadas diante do *Club de Engenharia*; dos ajuntamentos defronte das entra-
das da *Colombo*; dos funcionários públicos de Lima Barreto; dos pregões de
loterias; dos *camelots* na esquina da rua dos Ourives perto do *Barateiro*; das casas
de penhores ao lado da *Politécnica* e do *Gabinete Português de Leitura*; dos
passeios no Flamengo; das pensões do Catete; do tempo em que terrenos de areia
em Copacabana custavam muito menos do que um lote baldio na Tijuca; dos
pontos de bondes na Praça Quinze, no largo do Rocio e no Largo de São
Francisco; Rio antigo hoje, mas naquele tempo moderno quando o Passos ainda
era tido como o nosso Haussmann, pois já não se tomava um bote no cais
Pharoux para se ir a bordo dum navio e sim, com sol tropical, se viam transa-
tlânticos atracados no cais do porto rente a armazéns seriados. Rio ainda dos
carros enfeitados e alegres dos romeiros da Penha; das construções de mestres de
obras nos bairros residenciais; dos coretos com bandas nas noites domingueiras;
dos namoros em gradis; dos guardas-noturnos desengonçados; dos comícios retó-
ricos; das passeatas de estudantes; da vida noturna na Lapa; das paradas e das
procissões; dos carros particulares da burguesia com motoristas fardados; das
velhas *Benz e Mercedes* da *Garagem Batista* levando famílias pacatas a Jacare-
paguá e ao Leme. . .

Mas depois que o neto se matriculou no Realengo, o doutor Gama aconselhou
Virgínia a largar o casarão tão precisado de obras e onde as despesas não
conseguiam mais um padrão de conforto. Decidira também fazer outra viagem à
Europa; e convidou a filha a acompanhá-lo, estipulando que Maurício e Carlos
ficariam tomando conta da residência do Cosme Velho, donde a mana Judite se
mudara definitivamente.

Assim, quando pai e filha embarcaram no *Avon*, já um indivíduo endi-
nheirado da Estrada Dona Castorina alugara a chácara.

Um ano e pouco, depois, passando por lá no carro do primo Eusébio—que
entrara para a Faculdade de Medicina—Carlos foi encontrar o antigo solar do avô
transformado num pardieiro com todas as características de promiscuidade das
chamadas "cabeças de porco". O gradil da frente, além de todo enferrujado,
tinha vãos abertos. As duas abas do portão monumental tinham sido vendidas, de
modo que a antiga alameda central passara a ser uma espécie de beco, porque de
cada lado se erguiam duas armações de madeira onde se vendiam mudas de
plantas em tinas. Os antigos canteiros eram terra batida. Os gramados laterais,
cheios de tiririca e capim, mamona e urtiga, serviam de coradouro a lavandeiras
que alugavam cômodos no porão. As cascatas artificiais, outrora cheias de
avencas tremulantes sob filetes de água que gotejavam das penhas esverdeadas de
limo, estavam agora secas e encoscoradas de poeira, parecendo furnas em cujos
relevos exteriores uma gataria incrível dormia enrodilhada como bichos dispostos
num ex-presépio. Nas janelas da frente havia cordas estendidas, gaiolas depen-
duradas, travesseiros e roupas de crianças. Onde antes tinha sido o saguão, se via
a oficina dum sapateiro. Onde fora a sala de visitas, tabiques formavam quatro
cômodos. Na antiga sala de escritório outros tabiques deixavam ver manequins,
cabides, oratórios, violões, folhinhas e móveis.

O porão habitável transformara-se numa série de compartimentos superlo-tados onde a miséria e a proliferação se patenteavam no número de crianças e cachorros discerníveis. Os antigos cômodos para criadagem lá fora pareciam ter virado senzala.

—Se mamãe visse isto ficaria aborrecida. Não só por este português estar explorando tanta gente (deve tirar aqui umas vinte vezes o aluguel que paga), como pela interpretação especialíssima que deu ao contrato que assinou.

*   *   *

Carlos recebeu da França—após os cartões indispensáveis da Ilha da Madeira—várias cartas documentadas com aspectos de avenidas e *boulevards*, monumentos e museus. E descrições de passeios. Meses depois as notícias vinham em postais de São Rafael, Cannes, Nice, Mônaco, Menton, Bordighera e Ventimiglia. Apenas uma carta de San Remo; uma carta serena demonstrando amenidade.

Mas as grandes cartas maternas começaram em Florença. As apreciações, os comentários, o entusiasmo, os pormenores, evidenciavam que aquela alma plácida e recôndita se alvoroçara em misticismo e em estética, visto como uma inteli-gência invulgar e uma perspicácia atilada estavam a serviço duma sensibilidade muito fina que ali encontrara perspectiva para seu pendor artístico.

Ah! Que cartas brilhantes e sensíveis! Carlos lia, mostrava a Maurício, en-tusiasmavam-se os dois ante aqueles trechos empolgantes e bem pessoais, com a influência benéfica e admirável que tal estada estava exercendo em Virgínia. Depois de reler muito tantas páginas de contemplação que a mãe conseguia transmitir, Carlos passava em revista cautelosamente a pilha de postais mos-trando o Palazzo Vecchio, a Piazza della Signora, a Loggia dei Lanzi, o Bargello, a casa dos Alighieri, o Palazzo Strozzi, a igreja de São Lourenço, a de Santa Cruz, o santuário de Santa Maria Novella, as pontes sobre o Arno, o Piazzale Michel-angelo, São Miniato, as termas etruscas, o claustro do convento no alto de Fiésole.

Mas havia agora nessas cartas um aspecto que Carlos por falta de idade ainda não pressentira: a eleição duma alma para os arroubos místicos tanto quanto para os deslumbramentos plásticos. Resultou desse novo ângulo que a alma de sua mãe lhe mostrou, haver Carlos incidentemente passado algumas tardes na *Biblioteca Nacional* folheando e se detendo num ou noutro trecho de obras ilustradas sobre arte antiga, medieval e renascentista, coisa que de certa forma o habilitou, por alto, a comparticipar do estado de graça e de enlevo materno. O que, aliás, se deu quando chegaram inefáveis epístolas de Arezzo, a respeito de Peiro della Francesca; de Perúsia, a propósito do semblante severo e orgulhoso da cidade na crista da montanha; de Assiz, com transbordamentos patéticos diante de Giotto, Cimabue e Lorenzetti; diante de Santa Clara em corpo no relicário e em alma dourada na pintura de Simone Martini; da basílica e do Sacro Convento; dos campos e colinas da Umbria; das igrejas de Santo Apolinário e de São Vital, em Ravena, como um verdadeiro transporte de pasmo ante os mosaicos não só desses templos como os do mausoléu de Galla Placídia.

Ainda assim, tinha que recorrer a tio Maurício que lhe fazia preleções mais sobre Teodósia e Justiniano do que sobre a arte bizantina.

Depois, cartas de Rímini (por causa disso tio Maruício leu uns trechos de Dante referentes a Paolo e Francesca); de Ferrara; por fim, antes do regresso a Paris pela Suíça, uma formidável carta de Veneza, escrita do Albergo Cavalletto, velho de sete séculos, atrás da Praça São Marcos. E uma fotografia entre pombos diante da Basílica, outra numa gôndola saltando no cais particular da antiga residência do doge Orseolo. E um cinzeiro de cristal de Murano. . .

*   *   *

Influência talvez daquele anjo músico de Frá Beato Angélico mandado de Florença, Carlos certa tarde, ao passar diante do *Instituto de Música* se enterneceu por uma criaturinha duns quinze anos que saíra do vestíbulo e ficara parada esperando condução ali na esquina. Que bonde iria tomar? Águas Férreas. Acompanhou-a sentado no banco de trás, vendo apenas a caixa do violino emergir rente àquele ombro, e os cabelos louros esvoaçarem sob a boina.

Ela só saltou bem depois da fábrica de tecidos, para lá do bairro de Laranjeiras, no recanto mais ameno do Cosme Velho, após a estação dos bondes para Paineiras e Corcovado. Entre muros aparando lances da floresta fresca, havia um sobrado, depois de muitas casas e jardins burgueses. A menina abriu um portão cuja campainha suspensa badalou pastoralmente.

Descobriu que três vezes por semana, àquela mesma hora, a aluna do *Instituto* saía da aula e tomava o bonde. Deu em acompanhá-la no incógnito, sem ousar fitá-la de frente, sem coragem de sorrir, de dizer uma palavra, ignorando se ela notara ou percebera que era acompanhada. Duas semanas depois deu em adotar o estratagema de passar rente à casa quase todas as noites, enfiando postais de Florença, Veneza, Assiz, Nice, Paris, (vistas de paisagens e reproduções de obras de arte) na caixa do correio existente do lado de dentro do gradil da vivenda sossegada.

Vigiava a casa de longe, passava transido de emoção pela calçada, não ousava quase erguer os olhos, familiarizava-se apenas com as roseiras dos canteiros. Transposto o primeiro acanhamento, nem assim conseguia surpreender qualquer manifestação de vida lá dentro. Não sairia aos domingos para a missa? Não iria tarde alguma a qualquer cinema? Não daria passeios nem mesmo ali pela Ladeira do Ascurra? Pôs-se de sentinela. Nada.

Acabou-se a coleção de postais. Ainda havia, porém, um fator que talvez preponderasse vantajosamente: a farda da Escola Militar; passou a sentar-se no mesmo banco do bonde. Mas na Glória ou no Largo do Machado, algum sujeito ignaro se sentava no vão entre ambos. . .

E Carlos imaginava como seria a sua voz, que gestos faria conversando . . . Nem disso se pôde certificar, porque ela viajava sempre sozinha, não saía nunca do *Instituto* num bando de colegas.

No Realengo, não sentia saudades da mãe nem do avô, apesar da ausência que durou dez meses; é que a correspondência era fluente e constante. Contudo, sentia saudades daquele ser etéreo, quase teórico, romantizado pelos cabelos louros e pela caixa de violino. Tanto, que aos sábados se despejava do trem da Central, baldeava depressa de bonde na Lapa, arrumava-se assim que chegava ao Cosme Velho, ia namorar por hipótese junto a um lampião, hipnotizando o sobradinho do arrabalde sereno.

Quantas noites, depois de semanas no Realengo, semanas cheias de exercícios, marchas, aulas de trigonometria, mecânica, terrenos em vertente e em contra-vertente, grupamento horizontal, curvas de densidade, dispersão e rasância, Carlos não passou para cima e para baixo diante da vivenda fechada, fumando seus primeiros cigarros! Nos domingos valia-se da amizade estouvada do primo Eusébio, filho de tia Judite; apoderava-se da barata *Delaunay,* percorria nos dois sentidos, de descarga aberta, aquele trecho de curva e de subida, sem que ocasião alguma surgisse à janela a criatura loura, de expressão quieta, sem vibratilidade. E aquele violino, para que era? Pois não o ouvia nunca! Tocaria os exercícios de manhã? . . . Passou de manhã. Jardim plácido, com caramanchão aos fundos e estufa e árvores na aba da encosta. Nisto, o violino . . . um trecho da *Berceuse,* do *Jocelyn.* . .

* * *

Mas eis que coisas mais gerais e mais veementes surgiram com um crime na remota Sérvia. . . Ameaça de guerra. Ultimato. Telegramas. Nervosismo.

Ainda bem que o avô e a mãe chegaram pelo *Astúrias.*

Conflagração européia! Opiniões ponderadas do velho Gama. Emoção atenta de Virgínia. Conversas agradáveis às refeições, contando coisas de França e de Itália.

O Eusébio passou a influir com sua força de boêmio. O grande incentivo foi decerto a automóvel. Passeios vagarosos junto às calçadas do lado par do Flamengo cheias de bandos de moças e raparigas, estudantes e namoradas, com bancos e palmeiras, gradis e canteiros. Do outro lado, o mar, a barra. . . Passeios em velocidade até ao Leme, e ao longo da Avenida Atlântica que orlava o areial de Copacabana com uma faixa de asfalto junto a terrenos baldios, muros, residências apalacetadas, prédios de mau gosto, edifícios tipo Biarritz ou Cannes, diante dum mar aconcavado em jade e alabastro.

Discussões até altas horas na *Brahma* ou na *Americana,* ali debaixo do *Hotel Avenida,* na Galeria Cruzeiro, por entre a música das orquestras vienenses e os ruídos dos bondes. A batalha do Marne. A atitude da Itália. A senilidade de Francisco José. A juventude do príncipe de Gales. Ou, na rua do Passeio, na rua Chile, ou então na Lapa, o conhecimento equívoco de clubes e botequins onde uma vida noturna se arrastava até de madrugada.

Carlos esqueceu a violinista incógnita, agitou-se com as peripécias preocupadoras do conflito mundial, até que, quando a guerra passou a ser paradoxalmente estática nas trincheiras, ele a procurou conhecer em livros como *Le Feu* e *Les Croix des Bois.*

[O albatroz. S. Paulo, Saraiva, 1952. 68-78.]

References:

Aguiar Filho, Adonias. Modernos ficcionistas. 20-28.
Cândido. Brigada. 31-44.

Grieco, Agripino. Caçadores de símbolos. Rio, Leite Ribeiro, 1923.
Haddad, Jamil Amansur. "Literatura e mistificação." s.l., s.e. 1967.
Lins, Álvaro. IV, 92-99.
Martins, Wilson. Interpretações. 47-51.
Milliet. Diário. II, 11-17.
Morais Neto, Prudente de (Pedro Dantas). "Crônica literária." A Ordem, 7:25 (mar 1932) 207-211.
Murici. A nova literatura. 316-320.
Olinto, Antônio. In: Coutinho. A literatura. 2nd ed. V, 344-349.
Perez. I, 235-241.
Ribeiro. Os modernos. 288-291.

Ribeiro Couto
(1898-1963)

Best known as the innovator of *Penumbrismo* in Brazilian poetry, Rui Ribeiro Couto was born in Santos on March 12, 1898, where he did his primary studies. His secondary schooling and part of his law work was done in São Paulo, although he took his degree in Rio de Janeiro in 1919. He started writing at an early age, and his first verses appeared in the Santos newspapers when he was fifteen. Indeed, he began his newspaper work in his teens and rose from proofreader to the editorial staff of the *Correio Paulistano* and other important newspapers in São Paulo and Rio. Although a precursor of Modernism (his first book appeared in 1921), he took an active part in the Semana de Arte Moderna in 1922. Because of a chest ailment he sought the highlands for his health's sake. Thus, between 1924 and 1928 he held such posts as that of public prosecutor and police commissioner in small interior cities in his home state and in Minas Gerais. It was a period particularly fruitful in poetry and the short story. Couto's diplomatic career, begun in 1928, carried him up the echelons to an ambassadorship by way of Marseille, Paris, Amsterdam, and Belgrade. He was in charge of the latter post from 1947 until shortly before his death in 1963. In addition to his active participation in journalism, Couto gained recognition in the world of poetry, the short story, the novelette, and the novel. His principal talent, however, revealed itself in his prose fiction. He also wrote essays, *crônicas* and travel books. In 1934 he was elected to the Brazilian Academy of Letters. In 1957 he was awarded the International Poetry Prize by Les Amitiés Françaises for his work *Le jour est long*. Ribeiro Couto died in Paris in May, 1963.

Critical Commentary:

Couto's most inspired poetry is found in his first work, *O jardim das confidências*, 1921, and in his penultimate collection, *Cancioneiro do ausente*, 1943. His evocation of the past, his nostalgic focussing of attention on his youthful experiences and bygone days, often attains an immediately engaging level of musicality and lyrical expression, but all too frequently he fails to sustain the reader empathy first inspired. The most important effect that Moderism had on his poetry was to free his strophes from the fixed patterns of his youth and to diminish the musicality of his earlier verses.

Ribeiro Couto is the inaugurator of what in poetry has been called *Penumbrismo*, a sentimentalism deriving from Symbolism, a state of mind manifest in a vaguely melancholic and confidential toned view of reality, in tender memories of places, things, and customs, in a certain attachment to family relationships, and in a renewed interest in women as women.

His ambience, often foggy and cold, is filled with shadings and shadows. Themes are daily life as he knew it, evocations of the past and of the far away homeland that he yearned for. The sea and rain are among the constants in his poetry. He had a tender interest in the world about him. Attracted by the commonplace, he captured locales, things and little occurrences he saw about him. But his reaction to reality was more photographic than profound, his language more matter-ot-fact than metaphorical, and his poetical expression more prosaic that lyrical. If he was emotionally a Symbolist, he was a Parnassian in perspective, and only in later years did his work reflect an appreciable involvement in life. His stance was that of a person on the outside looking in; he never got inside his themes, and this psychological distance from his subjects had as its outcome a series of snapshots which occasionally attain movie-like sequences, suggesting inventories in verse.

Although Couto's prose is not so abundant as his poetry, it is much more engrossing, effective and esthetically developed—and that, in spite of the fact that he did not give it the long-term attention he lavished on his verse. In his short stories, novelettes, and novels he has a worldly, sophisticated approach to his age. His language is easy, warm and witty and his dialogue is quick and realistic. His themes are curious and sophisticated and his characters, although little developed, are plausible as types. The worldly situations which he nimbly manipulates, coupled with a sparkling intrigue, plus engaging by-play between the characters, provide the principle axes of his plots. Although his interest in women is only suggested in his verses, principally by the frequent description of a woman walking by, they constitute the main preoccupation of his prose. This theme, suggesting Couto's Symbolistic antecedents, centers on women's warmth, paradoxically strong and weak qualities, and the ambivalence of their drives and impulses, which they themselves do not understand, all the while possessing an inexplicable inner strength and determination that renders them superior, and at times majestic. Altogether, with his many genuine talents in prose, he might have become a considerably more important figure in Brazilian fiction that he is, had he dedicated to it the attention he did to his verse.

Suggested Reading and Other Texts:

Poetry: In: O jardim das confidências: "No jardim em penumbras," A moça da estaçãozinha pobre," "Elegia do inverno em São Paulo"; In: Poemetos de ternura e de melancolia: "Chuva silenciosa"; In: Um homem na multidão: "O vagabundo"; In: Canções de amor: "Canção do mau presságio"; In: Província: "Contentamento," "O banho"; In: Cancioneiro do amante: "O enterro da formiga," "Adeus à Ladeira do Ascurra," "Noite num bosque da Europa," "Elegia," "Lamentação da mãe sozinha," "Depois da chuva"; In: Entre o mar e rio: "Fadinho orgulhoso," "Menino dormindo".

Prose: Cabocla [romance]; Clube das esposas enganadas [novela]; "Conquista" [conto].

Bandeira and Cavalheiro, 298-301; Barbosa and Cavalheiro, 312-318; Brito, Panorama, VI, 36-40; Coutinho, Antologia, I, 293-302; II, 192-193; Lisboa, Antologia, 36-39, 136-138; Kopke, 56, 114; Moisés, Textos, 420-425; Murici, A nova literatura, 145-147.

Principal works:

Poetry:
O jardim das confidências (S. Paulo, 1921)
Poemetos de ternura e de melancolia [1920-1922] (S. Paulo, 1924)
Um homem na multidão (Rio, 1926)
Canções de amor (S. Paulo, 1928)
Noroeste e outros poemas do Brasil (S. Paulo, 1933)
Província (Coimbra, 1933)
Correspondência de família (Lisboa, 1933)
Poesia, I: O jardim das confidências, II: Poemetos de ternura e de melancolia
    (Rio, 1934)
Cancioneiro de Dom Alfonso (Lisboa, 1939)
Cancioneiro do ausente (S. Paulo, 1943)
Dia longo, poesias escolhidas [1915-1943] (Lisboa, 1944)
Arc en ciel (Paris, 1949)
Entre mar e rio (Lisboa, 1952)
Poesias reunidas (Rio, 1960)
Longe (Lisboa, 1961)

In French:
Rive étrangère (Paris, 1951)
Jeux de l'apprenti animalier (1955)
Le jour est long, choix de poèmes traduits par l'auteur (Paris, 1958)

Novel:
Prima belinha [romance] (Rio, 1940)
Cabocla [romance] (S. Paulo, Clube do Livro, 1949)

Short Story:
A casa do gato cinzento (S. Paulo, 1921)
Circo de cavalinhos (1922)
O crime do estudante Batista (S. Paulo, 1922)
Baianinha e outras mulheres (Rio, 1927)

Clube das esposas enganadas (Rio, 1933)
Largo da Matriz e outras histórias (Rio, 1940)
Uma noite de chuva e outros contos (Lisboa, 1944)
Isaura (Lisboa, 1945)

Miscellaneous:
Cidade do vício e da graça (1924)
Espírito de São Paulo (1932)
Presença de Santa Teresinha (1934)
Conversa inocente [crôncias] (Rio, 1935)
Chão de França (S. Paulo, 1935)
Mal du pays (Paris, 1949)
Barro do Município [crônicas] (1956)
Dois retratos de Manuel Bandeira (Rio, 1960)
Sentimento lusitano [ensaios] (S. Paulo, 1961)

Theatre:
Nossos papás (1921)

A CONQUISTA

—Agora é a vez do Barbosa!

Então o Barbosa, que era um homem de quem não se conhecia uma só aventura, sorriu levemente e principiou a contar:

"—À tarde, naquele ponto de bondes onde a multidão se aglomera, rumorosa, a rapariga apareceu. Tinha olhos luminosos. Era empolgante. A velha que a seguia, de capa humilde, parecia uma criada. Mas era simplesmente a mãe.

"—Mamãe, chegue-se para aqui.

"A rapariga olhou todas as pessoas uma por uma. Cada olhar transmitia o mistério de um fluido. Todos a desejaram. Eu senti uma paixão delirante, súbita. Dessas paixões. . .

"Justamente, aqueles olhos se demoraram mais em mim: na largura de meus ombros, no comprimento de meus braços e de minhas pernas, na minha boca, nas minhas pupilas. O exame pôs-me na trama nervosa uma trepidação de luxúria violenta. A velha pareceu perceber o meu desejo enorme, agudo, e encolheu-se olhando a filha com uma proteção infinita. . .

"De repente a rapariga abriu caminho aos encontrões e atravessou a rua, seguida pela velha. Não me fizera nenhum sinal, mas o fulgor daqueles olhos, tanto tempo fixos em mim, era inequívoco: ela me desejava. Portanto, eu fizera uma conquista, senhores. E segui-a.

"Estávamos na Rua da Assembléia. Ela foi para o lado do porto e, próximo à Rua do Carmo, entrou numa farmácia. Parei na calçada, sob uma árvore, discreto. Daí a instantes as duas saíram.

"A velha, insignificante na sua magreza decrépita, trazia no rosto uma expressão de dor costumeira e irremediável. Que sofrera ela ao pé da filha, há minutos, naquele escuro ar da farmácia, junto ao balcão de vidro? Eu não podia adivinhar o que acontecera lá dentro, mas calculei que houvera, de certo, alguma discussão rápida e terrível, dessas discussões entre mães dominadas e filhas nervosas, imperiosas, elétricas. . . Pareceu-me despudorado prosseguir na conquista, penetrar na intimidade turva daquelas duas pessoas que não se compreendiam, que se chocavam, que se torturavam. Num dado momento a rapariga me contaria, forçosamente, que não se dava com o gênio da mãe.

"Quando eu, com o delicado pensamento da renúncia, tratava já de esgueirar-me pela multidão, e desaparecer, senti que aqueles dois olhos me atraíam, me agarravam. Obedeci, infantil, sem resistência. Demais, a rapariga era esplêndida—vamos e venhamos. Oh, tê-la nem que fosse uma só vez! Ouvi-la junto à minha boca, toda ela quente, o corpo num frêmito!

"Acompanhei-a. Seguiu em direção ao Largo da Carioca, alta, elegante, fazendo os homens pararem para olhá-la. E o ritmo ondulante de suas formas era tão exageradamente sugestivo, que eu tinha a impressão, quase a certeza, de exalar-se dela um aroma afrodisíaco. Apressei o passo para senti-lo. Aproximei-me dela, aspirei-a bem de perto, quase a tocar-lhe o pescoço com o meu rosto. Surpreso, senti que ela não tinha cheiro nenhum. Absolutamente nenhum. Foi como se eu constatasse que ela era muda, ou surda, ou que trazia uma perna de borracha. . . E o desencanto momentâneo de sabê-la inodora, de verificar-lhe aquela monstruosidade sutil, que me surpreendia sobretudo nela, tão provocante, foi para mim um mal inexprimível.

"Ao chegar à esquina da Avenida, parou, tornou a olhar-me com um brilho excepcional nos olhos. A velha parou também, maquinalmente, habituada àquelas interrupções freqüentes, sem razão. A rapariga tomou logo a calçada e caminhou para os lados do mar. A evocação do panorama que nós olharíamos de lá, daquele fim da Avenida, na hora encantadora da noite que chegava, deu ao meu desejo um latejo mais forte. Era como se a rapariga fosse ficar mais bela, fosse ficar nua na moldura da natureza.

"Mas, ao chegar ao Teatro Municipal, dobrou à direita e foi por Evaristo da Veiga. Seguiu até os Arcos. Depois, Mem de Sá até a Praça dos Governadores e tomou por Gomes Freire. Entrando por Visconde do Rio Branco, chegou ao portão do Campo de Santana e transpôs o jardim mal iluminado, com passeantes raros pelas alamedas e vadios adormecidos pelos bancos.

"Por que a seguira eu assim, estupidamente, sem nada dizer, nem tentar? Não fora, talvez, tão estupidamente assim . . . Pois ela, durante aquele trajeto enorme, parara vezes sem conta e me olhara exprimindo um desejo tão forte, que eu não tinha dúvida: carregava-me para algum amável retiro.

"Mas ao entrar no Campo de Santana resolvi acabar com aquilo. Bastava! Também, eu não era nenhum parvo que fosse a pé até o Andaraí, por exemplo, por causa de uma mulher desconhecida que parecia sofrer de automatismo ambulante. E tomei a resolução cínica de dirigir-me à velha, que caminhava sempre um pouco mais atrás. . .

"—Diga-me uma coisa. . .

"Ela parou, voltou-me o rosto amarelo, rugoso, com pelancas a sobrar das maxilas.
"—Escute aqui: eu estou andando desde a Avenida. Então como é?
"Olhou-me muito, como se não tivesse ouvido, como se pensasse numa pessoa longínqua. Com os dedos magros e encardidos tirou-me um fiapo de linha do paletó e ficou a olhar em torno idiotamente. Então insisti:
"—Preciso saber em que isto vai dar. Estou andando há muito mais de uma hora!
"A rapariga ia já um pouco à distância, alta, direita, elegante, ondulante, sem perceber o que se passava atrás, ou possivelmente a fingi-lo.
"—Parece-me que mais do que isso é impossível fazer. A paciência também se esgota. O que é que aquela rapariga é sua? Que quer ela de mim? Aonde me leva?
"A velha estremeceu, os olhinhos fundos animaram-se por um instante, mas voltaram logo ao amortecimento. Chegou-se mais a mim, toda encolhida, agarrou-se ao meu casaco e disse com voz de choro, o rosto numa caricatura de dor:
"—Desculpe... O senhor desculpe...
"Era estranho! Estranhíssimo!
"—Não compreendo, senhora...
"—O senhor desculpe...
"E como se arrancasse uma coisa dolorosa de dentro, pôs a mão escarnada no peito, apertou-o, e falou:
"—A minha filha é louca... A sua loucura dá para andar assim pela cidade a olhar os homens daquela maneira... Não tem remédio. Tenho feito tudo para que ela sare. Já vi que é mesmo impossível. Só por um milagre, dizem os médicos. Então tenho que me submeter à vontade dela: obriga-me a comprar vestidos caros e sai pela rua como uma pessoa que pode. No entanto, nós não podemos. Não imagina os meus sacrifícios! E como se eu não a acompanhar é capaz de sofrer um desastre, ou encontrar quem abuse dela, tenho que me sujeitar a este papel que o senhor vê... Está ouvindo?
"Ao redor de mim, as árvores rodavam, todo o jardim rodava. Que sofrimento longo, delicioso! E a velha concluiu, sem saber que tornava brutalmente maior a minha dor:
"—Muitos outros homens já têm feito o mesmo que o senhor, já se têm enganado. Alguns não querem aceitar a explicação que eu dou, e insistem. Mas o senhor não se zanga, não é? Desculpe, sim? Até outro dia.
"E foi-se, encolhida, insignificante, torta, apressando o passo para alcançar a rapariga que ia lá longe, quase a perder-se de vista, de certo olhando já outros homens, fascinando outros homens na sua estéril obsessão inconsciente..."
Barbosa acabou de contar e acendeu um cigarro. E no grupo dos alegres rapazes houve silêncio por um longo quarto de hora, porque a todos já sucedera acompanhar aquela rapariga, sem que nenhum deles suspeitasse nunca da verdade.

[Histórias de cidade grande (contos escolhidos).
S. Paulo, Cultrix, 68-72.]

References:

Andrade, Goulart de. In: A noite, Rio, 23 nov 1921.
Andrade, Mário de. O empalhador. 199-203.
_____. "Ribeiro Couto, um homem na multidão." Manhã, Rio, 18 e 25 set 1926.
Andrade, Rodrigo M. F. de. "Ribeiro Couto." Estética, 1:2 (jan-mar 1925) 213-215.
_____. "Um poeta novo." O Dia, Rio, nov 25 1921.
d'Aubarède, Gabriel. In: Les Nouvelles littéraires. fev 6, 1958.
Bandeira, Manuel: "Apologia de um poeta." O Dia, Rio, dez 9 1921.
_____. Apresentação. 154-157.
Barbosa, J. Alexandre. In: Coutinho. A literatura. 2nd. ed. V, 273-279.
Barros. Espelho. 351-356.
Carvalho, Ronald de. Estudos. 2a. série. 69-77.
Dantas, Pedro (Prudente de Morais Neto). "Crítica literária." A Ordem, 7:26 (abr 1932) 278-281.
_____. "Um homem no mundo." Manhã, Rio, 25 set 1926.
Grieco. Evolução da poesia. 3rd. ed. 188-190.
Holanda, Sérgio Buarque de. "Ribeiro Couto." Estética, 1:1 (set 1924) 91-92.
_____. "Ribeiro Couto, um homem na multidão." Revista do Brasil, 2a. fase, 1:1 (15 set 1926) 31.
Lima, Alceu Amoroso (Tristão de Ataíde). Estudos. I, 49-57; III, 109-122.
_____. Poesia. 81-97.
Martins, L. M. Luís. "Ribeiro Couto e o Prix International de Poésie." O Estado de São Paulo, 6 abr 1958.
Milliet, Diário. III, 210-218.
_____. Panorama. 42-48.
Montalegre, Duarte de. "Ribeiro Couto, poeta da serenidade." Brasília, Coimbra, 4 (1949) 69-83.
Monteiro, Adolfo Casais. "A poesia de Ribeiro Couto." Lisboa, Presença, 1935.
Murici. A nova literatura. 143-145.
Otávio Filho, Rodrigo. "O Penumbrismo." In: Coutinho. A literatura. III (1), 367-372.
Ramos, Péricles Eugênio da Silva. "O modernismo na poesia." In: Coutinho. A literatura. III (1), 555-560.
Ribeiro. Os modernos. 99-116.
Rodrigues, Mário. "O jardim das confidências." São Paulo, Babel, 1923. 91-97.
Rónai, Paulo. "Ribeiro Couto, tradutor de si mesmo." O Estado de São Paulo, 30 mar 1958.
Silveira, Tasso da. "O jardim das confidências." Seleta, Rio, 24 nov 1921.

Amando Fontes
(1899-1963)

The inaugurator of Brazil's urban novel of protest during the prose revolution
of the 1930s, Amando Fontes, was born on May 15, 1899, in the port city of
Santos. His pharmacist father, Turíbio da Silveira Fontes, died when the future
novelist and Moderate Federal Deputy was only five, so his maternal grandparents raised him on their farm near Aracaju and in São Paulo. His early studies
in D. Zizi Cabral's private school in São Paulo proved him so talented that he
was admitted to the Ateneu Sergipense at the age of 10. His diligence did not
hold out, however, and he left the school and at the age of 15 began work as a
proof reader on the *Diário da Manhã* in Aracaju, but soon went to live with an
uncle in Belo Horizonte, where it was hoped he could find some public office
that would pay for his studies. Illness interrupted the voracious appetite he
developed there for reading, and forced him back to the farm of his childhood
early in 1917.

In 1919, however, he finished his preparatory studies and enrolled in the
School of Medicine in Rio, where he was often in the company of his childhood
friend, Jackson de Figueiredo. Sickness again forced him to drop out of school.
Later, in Sergipe, he joined an uncle in the operation of the Aguiar farm, along
with some salt flats near Aracaju. More and more enchanted by literature, he and
other youthful friends gathered around the poet Garcia Rosa for inspiration.
Soon some of his own poems appeared in local papers and he conceived and
wrote the first two chapters of *Os Corumbas*. A civil service examination then
won for him the position of sales tax inspector. After marrying Corália Leal
Teixeira on July 31, 1923, he moved to Bahia and entered Law School, graduating in 1928, and then going into manufacturing in Curitiba, Paraná.

On the heels of the 1930 Revolution, we find the ubiquitous Fontes in Rio
practicing law. Only then could he again take up *Os Corumbas*, which, when
published in 1933, won him the newly inaugurated Felipe d'Oliveira Prize. Soon
after being named Portuguese professor by the Federal District, he entered
politics and was elected Federal Deputy for his adopted state of Rio de Janeiro

from 1934 to 1937. The year 1937 also marked the publication of his second novel, *Rua do Siriri*. In 1939 he returned to his former position as tax inspector. Eight years later he was again elected Federal Deputy (this time from his home state) and as such he was one of the signers of the Federal Constitution. Reelected in 1950, at the end of his term he left politics and returned to his former position in the Ministry of the Interior. His death occurred in Rio de Janeiro in 1963.

Critical Commentary:

Amando Fontes wrote only two novels, *Os Corumbas*, and *A Rua do Siriri*. Both better represent a reformer's outrage against social injustice than they do works of art. The author, a clinical but partisan observer, sets out to show how clearly impossible is the role of the poor in a country at that time, and by his own description, still in violent transition between feudalism and industrialism, but with the worst traits of each. Under such a system, Fontes emphasizes, the poor man always gets mistreated and misused. Simply obtaining the food to sustain life becomes a task of titanic proportions. The individual under such circumstances, debased and crushed to the level of an animal—even of a thing— finds himself at the total mercy of even the lowest of the bosses. The latter can and do use their positions to satisfy their personal and selfish designs and desires. Without the possibility of assuring oneself the food to live, one becomes the slave of those who can take away that pittance necessary to continue life; simple survival thus becomes almost impossible.

Fontes' heart is filled with compassion for the needy and repugnance toward injustices, but his literary pretentions are minimal. His language is cultured, even though with a popular ring, and is almost childish in its directness and candidness; surprisingly enough, it is not at all sensational in view of the brutalizing things that happen to the characters. The chapters are short, the dialogs are quite natural, and there is an air of simplicity and honesty in the style. Since the socio-economic situation is of prime importance to the author, the setting is very sketchy, and the plot is sparked by the strong constantly taking advantage of the weak. The characters, little more than names, are motivated by the most basic of impulses, largely hunger and sex, and are meant to symbolize thousands of other unfortunates in like circumstances. Indeed, the reader has the sensation of viewing a documentary film. The story just simply goes on; suspense is created more by the reader's desire to know what happened to each individual "case" in the study than by anything the author does in any literary sense to produce it. Likewise, the considerable pathos is due, not so much to the language, as it is to the brutal circumstances of life that the characters lead. Everywhere reigns the blackest despair. A feeling of complete emptiness prevails, and the characters lose all meaningful direction. And yet, no matter how far they fall into the abyss of life, it is clear that some of the principal ones are motivated by a sense of honor and decency, even though the latter are simply neither sufficient nor effective arms with which to defend oneself from the onslaught of life in such a primitive,

cannibalistic and degenerate social order as the one depicted. The latter, it is
clear to see, the author would rigorously overhaul.

Suggested Reading and Other Texts:

Os Corumbas.
Murici, A nova literatura, 219-222.

Principal Works:

Os Corumbas [romance] (Rio, 1933)
Rua do Siriri [romance] (Rio, 1937)

OS CORUMBAS

Treze

. . . .

Foi quando um acontecimento, de toda sorte inesperado, veio dar força e
estimular a ação dos operários.

A política de Sergipe se encontrava numa de suas efervescências periódicas.
Iam-se realizar as eleições para a renovação da Câmara Federal. A oposição,
representada pelo Dr. Pereirinha, que desfrutava de grande prestígio em todo o
Estado, e pelo General Rolando Martins, abertamente apadrinhado pelo Centro,
desenvolvia uma cabala intensíssima.

O Presidente do Estado, nessa época, era um homem voluntarioso e trucu-
lento, que não admitia dissensões ao seu governo. Sob seu guante a oposição não
desfrutava de um só momento de trégua. Não havia arma ou processo de que
hesitasse lançar mão com o fim de sufocá-la. Já havia mandado fechar o jornal do
Pereirinha. No interior cometia as maiores violências, fazendo prender e espal-
deirar os que dissentiam de seus atos.

A opinião pública, porém, desde o primeiro instante condenou a ação do
Presidente. O martírio de certos chefes municipais bem conhecidos veio en-
grossar ainda mais a coorte dos descontentes. Por fim, todo o Estado formou
contra o Partido dominante.

Ante os protestos e a grita que de toda parte se erguiam, o Presidente ainda
mais se exasperou. E desmandou-se por completo, suprimindo comarcas, criando
impostos escorchantes, anexando municípios.

Foi justamente a essa hora que ocorreu o desacordo entre os patrões e os
operários: e o detentor do governo sergipano imediatamente planejou um hábil
golpe, que lhe traria a adesão da gente pobre.

Certo dia, fez vir à sua presença o Dr. Celestino, delegado de Polícia da
Capital, e começou a lhe explicar:

—Mandei chamá-lo, Dr. Celestino, para lhe dar pessoalmente algumas ordens. O Prado está doente. E além disso, ao senhor mesmo é que deve caber essa missão, por suas velhas ligações com as classes trabalhadoras. Trata-se do seguinte; essas duas Fábricas me movem uma oposição surda e tenaz. Com parte de dar liberdade de opinião aos operários, cabalam às escondidas contra mim. Agora chegou a vez de eu lhes dar uma lição. Como o senhor sabe, eles não perdem vaza para explorar a miséria alheia. Nessa questão do trabalho noturno estão fazendo assim. Resolvi, então, me pôr decididamente ao lado dos operários, ajudá-los de toda forma, para que vençam a partida. Quero, portanto, que o senhor aja nesse sentido. Procure os chefes da greve, dê-lhes pleno conhecimento dessa minha deliberação. Ante a luta que vimos sustentando, é preciso angariar simpatias, deste ou daquele lado. . .

E, estendendo a mão para o rapaz:

—Compreendeu tudo claramente, não é assim? Pois bem: tem carta branca. Pode agir.

* * *

"Tomar o partido dos oprimidos contra os opressores! " Uma grande alegria alvoroçou o delegado.

Ele era um jovem de vinte e poucos anos, que não fazia muito deixara os bancos acadêmicos. Trabalhador e inteligente, tinha-se feito por si mesmo. Sua facilidade verbal lhe havia granjeado, desde os tempos de estudante, renome de orador.

Filho de pai sem fortuna, pequeno lavrador lá nos sertões, Celestino havia-se criado entre campônios, conhecendo-lhes de perto as privações e os sofrimentos. Daí, por certo, lhe ficaram aquele pendor pelos humildes, aquela espécie de piedade que sentia por todos os que vivem do suor derramado cada hora.

Na Faculdade tinha-se distinguido, sobretudo, por suas idéias liberais. De contínuo aludia à "Idéia Nova". Assim, quando se estabeleceu no Aracaju, com o diploma de bacharel já conquistado, pôs-se a patrocinar gratuitamente os presos pobres e defendeu com brilho e ardor certa causa que apaixonara os saveiristas. A sociedade dos choferes, a dos estivadores não tardaram em convidá-lo para seu advogado. Houve quem o tachasse de revolucionário e comunista. Mas isso não impediu que o governo, por insistência de um chefe político sertanejo, o nomeasse delegado-geral do Aracaju.

* * *

Do Palácio, Celestino correu a procurrar José Afonso, que era seu velho conhecido. No entusiasmo em que se achava, nem fez alusão ao móvel oculto que acionara o Presidente. E inconscientemente exagerava o que este lhe dissera:

—Você não avalia, Zé Afonso! O *homem* está positivamente indignado. Diz que nunca viu uma exploração igual a essa! Querer que se troque a noite pelo dia sem a menor compensação! Estou certo que, se a lei permitisse, mandaria chamar os gerentes na Polícia e os obrigaria a pagar o serviço da noite pelo dobro, como é justo. Agorinha mesmo mandou me procurar e disse: "Celestino, sei que você é amigo e protetor dos operários. Eu também sou. Sempre fui. Vamos prestigiá-los de forma decidida nessa questão, até que eles vençam totalmente."

O secretário da Sociedade Proletária olhava o seu interlocutor com um grande pasmo. Sua surpresa era tamanha, que não queria acreditar.

Depois de um curto silêncio, foi ainda o Delegado quem falou:

—Como é, homem? Está indeciso? Eu recebi as ordens mais positivas e mais claras. Se quer vencer, é mãos à obra!

Uma chama de alegria fulgiu no olhar do comunista. Apertou efusivamente a mão de Celestino. E, a comoção transparecendo na voz, exclamou:

—Obrigado, doutor... Eu sei que devemos essa reviravolta à sua ação. Os proletários de Sergipe reconhecem o muito que lhe devem. E saberão ser gratos, algum dia...

Conversaram ainda uns dez minutos, concertando planos, estabelecendo prós e contras. À despedida, Celestino pôs a mão no ombro do tipógrafo:

—Você tem fibra, sabe querer e tem talento, Zé Afonso! Ainda hei de vê-lo muito alto, no posto que de justiça lhe compete!

Nessa noite houve uma reunião secreta entre José Afonso e seus quinze lugares-tenentes mais dispostos. Eram contramestres, foguistas, mecânicos, pedreiros e tipógrafos.

Taciturno e confiante, ação sem palavras, Pedro Corumba se encontrava em meio deles.

Somente madrugada se apartaram. Deram-se as mãos em silêncio. Todos estavam emocionados.

*   *   *

Uma questão operária em Aracaju! A cidade presa de pânico, fervendo sob os mais disparatados boatos. Grupos nas esquinas, nas casas de comércio, só a falar no caso. Automóveis passando rápidos, ora cheios de soldados. O Studebaker e o Hudson das duas Fábricas em movimento contínuo pelas ruas. Na Chefatura e em Palácio, reuniões e conferências sucessivas. As classes conservadoras alarmadas. A gente humilde receosa, por seu turno, de ver a fome pela porta...

Ainda no domingo, manhãzinha, os operários mais graduados e sem os quais não seria possível o funcionamento dos teares, foram avisados, em boletins distribuídos por mão misteriosa. "de que não deveriam comparecer aos serões, para evitar funestas conseqüências".

Alguns, por serem amigos dos patrões; outros, pelo temor de serem despedidos; e um maior número ainda pela necessidade de ganhar um pouco mais—sempre houve, na primeira noite, gente bastante no serviço. A comparência de serventes e mulheres foi até superior ao número preciso. As Fábricas já davam a partida como ganha...

Mas, na madrugada de terça-feira, veio a revanche, em que ninguém acreditava. Os operários que retornavam do trabalho foram agredidos a cacete, de emboscada, nos aterros e vielas por onde tinham seu caminho.

Um pano sobre os rostos, disciplinados e certos, os grevistas atacavam em vários pontos. Vinham em grupos de quatro e seis. Silenciosos. Dispostos a tudo.

Houve gritos, ataques, mulheres que se rasgaram, saltando cercas, a correr. Muitos se atiraram pelos mangues, ferindo-se nas ostras pontiagudas, atolando-se na vasa. Os poucos homens que pretenderam reagir, apanharam duramente. Cinco ficaram por terra, malferidos. Dizia-se que entre os atacantes um tivera o ventre rasgado a canivete e fora carregado para lugar seguro e ignorado nos braços dos companheiros.

As Fábricas sentiram, então, toda a gravidade de perigo. Esqueceram questões de concorrência, que as havia afastado desde muito, e passaram a deliberar como um só corpo, unidas e solidárias. As suas Diretorias, incorporadas, foram até a presença do Chefe de Polícia, que prometeu tomar as mais severas providências.

Porém, ainda no outro dia e por toda a semana, repetitram-se as investidas dos grevistas. Os outros tiveram medo. E na sexta-feira os serviços noturnos não mais se puderam realizar. A Polícia, novamente procurada, confessou-se impotente. O delegado Celestino, a quem a questão ficara afeta, dizia "que para acabar com a greve seria preciso recolher à prisão todo o operariado da cidade, pois que todo ele se achava levantado contra as Fábricas".

A população, no entretanto, não se deixou enganar um só instante. Logo viu que o governo cruzara os braços de propósito. Compreendeu que tudo aquilo nada mais era que uma conseqüência da luta partidária. E protestou. A Associação das Indústrias lançou manifesto, prestigiando a Têxtil e a Sergipana. O Comércio e as Profissões Liberais a acompanharam.

Mas nem assim o Presidente cedeu uma só linha. E obstinado, rubro de ódio, repetia a quem quer que lhe fosse falar sobre o assunto:

—Todos os que defendem as Fábricas são nossos inimigos disfarçados. Não está se vendo logo! Aproveitam-se do momento pra fazer oposição ao meu governo. Mas hei de mostrar-lhes que comigo ninguém brinca!

Os operários sabiam disso e exultavam. Nenhum entusiasmo era maior que o do filho de Geraldo. Fizera-se uma espécie de secretário, o homem de maior confiança do tipógrafo. E quando este falava, já aludindo, agora, à "marcha vitoriosa para as grandes conquistas", era de Pedro o primeiro brado que se erguia, chamando pela desforra imediata. . .

*　　*　　*

Uma suave noite de luar. O Cotinguiba, como um enorme peixe de escamas reluzentes, descia, preguiçoso, para o Sul.

A cidade em silêncio. Apenas, às vezes, o cantar de um galo, triste; um cão ladrando, longe; o ressoar dos passos de um transeunte retardado. . .

O Palácio Presidencial conservava-se ainda iluminado àquela hora.

Súbito, o buzinar de um automóvel em disparada. Ouve-se o ronco do motor. Aproxima-se. Pára em frente ao Palácio. Celestino salta, afobado, e fala qualquer coisa com o chofer. Sobe as escadas de mármore a correr. Chega à sala do café, onde se achava o Presidente, cercado de seus auxiliares. E, depois de apertar a mão de todos:

—Recebi o seu recado agora mesmo, Presidente. Vim correndo. O que é que V. Ex.ª determina?

Mergulhado numa vasta poltrona, onde seu pequeno corpo se perdia, o Presidente balançava sem cessar uma das pernas, o sobrecenho carregado, apertando de vez em quando os lábios entre os dentes. Numa das mãos agitava, nervoso, um maço de papeluchos de cor verde.

Levou alguns instantes sem responder ao Delegado, olhando-o fixamente. Depois, fazendo acompanhar suas palavras de gestos secos, enérgicos, começou:

—Dr. Celestino, vou ter uma conversa séria com o senhor. Atente bem. Essa questão entre os operários e as Fábricas enveredou por um terreno bastante perigoso. Seu plano, posto em execução com ordem minha, mas sem que eu conhecesse os seus detalhes, fracassou inteiramente, não deu certo. O que vejo são perturbações da ordem a toda hora, sem que as Fábricas cedam uma só linha. Ora, isso não pode continuar por essa forma mais um dia. Alguns jornais do Rio já fizeram comentários contra nós, jogando-me sobre as costas até a responsabilidade desses atentados contra a propriedade e a vida alheias. Precisamos, de uma vez por todas, colocar um ponto final nessa história. Se eu já estava pensando assim antes, agora, que o Presidente da República apelou para mim, na qualidade de correligionário e amigo, para que se faça um acordo na política estadual, a solução do caso se torna urgente e imperativa. E eu vou agir nesse sentido.

Tão brusca era aquela mudança de atitudes, que Celestino julgou não haver bem entendido, e perguntou, com um ar perplexo:

—Como, Presidente?

—Como? O senhor não entendeu? Pois é isso: acabo de receber um longo telegrama do líder—é este aqui—pedindo a inclusão na chapa oficial do Pereirinha e do Rolando, sob o argumento, muito justo, aliás, de que sendo todos amigos do governo, não é conveniente, ante a delicadeza do momento nacional, continuar mantendo, senão alimentando dissensões pelos Estados. Acrescentou que agradaria sobremodo ao Presidente o congraçamento de todos aqueles que o apóiam com patriotismo e desinteresse no Congresso. Diz tudo isso em termos cordiais, chamando-me de "prezado chefe da política sergipana", declarando que tudo espera de meu espírito de colaboração, de meu amor às Instituições e à Pátria. Diante disso, como é natural, não posso desatendê-lo.

Ora, um dos obstáculos ao entendimento proposto vem sendo justamente essa maldita greve, que está se revestindo de uma violência desmedida, com correrias e arruaças repetidas, no momento da entrada e da saída do serviço. A maioria da população, não se pode esconder, tomou partido contra nós. Precisamos mostrar que não damos mão forte a desordeiros.

O Delegado estremeceu. Uma revolta súbita invadiu-o. E gaguejou:

—Mas, Presidente. . . eu não entendo . . .

—Não entende, o quê? — perguntou, já meio agastado, o detentor do governo sergipano.

Celestino ganhou coragem. E, num assomo:

—Isso, Presidente: de se querer castigar esses pobres homens, que defendiam seus direitos, que tiveram o nosso apoio integral. . .

—Alto lá, senhor doutor. . . — atalhou o Presidente, já vermelho. — Eu nunca mandei ninguém espancar os companheiros. Eles se excederam por sua conta exclusiva. Esbordoaram, deram facadas, cometeram verdadeiros crimes, que nem eu, nem o senhor, por certo, autorizamos. E para quem ofende a lei, castigo! Esse é o papel da Polícia!

Essas últimas palavras foram proferidas em tom forte, bradadas quase.

Celestino compreendeu o terreno falso em que pisava. Uma intensa palidez cobriu-lhe o rosto. E enquanto se firmava em motivos que o levariam a resistir, assaltou-o, malgrado seu, a idéia de recuar. Que fazer, então? Hesitou. Foi quando lhe veio a lembrança de promover um acordo, que harmonizasse todos os interesses. E sugeriu:

—Mas. . .V. Exª não acha, Presidente, que era melhor eu mesmo procurar esses rapazes e aconselhá-los a se portarem com mais calma? Eles, com certeza, me ouvirão. Se o não quiserem, então a Polícia agirá. . . V. Ex.ª compreende: é pela situação esquerda em que eu me acho colocado. . .

—Seria bom, de fato. Eu compreendo que a sua posição é delicada. Mas, no pé em que as coisas se encontram, só uma atitude nos compete: romper de uma maneira clara e ostensiva com essa gente, para dar uma satisfação em regra à opinião pública. Só assim o conseguiremos. As Fábricas, o Comércio, todos estão contra nós. Precisamos modificar esse ambiente.

Celestino tinha os olhos no chão. Recordava-se, naquele instante, das conversas entretidas com os grevistas, das promessas solenes que muitas vezes lhes fizera. Todo o seu ser vibrou, numa revolta. E manifestou-a ao Presidente, sem rebuços:

—V. Exª me perdoe. Mas eu me consideraria um degradado moral se tomasse. . .

—Basta, senhor doutor! – explodiu o chefe do Governo, interrompendo-o. – Eu não compreendo um correligionário que se apega a questões de nonada, quando estão em jogo os altos interesses do Partido. Agora, se o senhor prefere ficar com essa gente e abandonar os amigos políticos. . .

O Presidente ia falando e na cabeça do delegado os mais desencontrados pensamentos perpassavam. Em verdade, ele não dispunha da energia necessária para romper, ali mesmo, bravamente. Por outro lado, insistir no ponto de vista de não castigar os rebelados, seria, dado o exaspero em que se encontrava o Presidente, arriscar sua carreira, o seu futuro. Depois, não melhoraria em nada a situação dos operários. Sua permanência na Polícia ser-lhes-ia, até, mais útil. Poderia suavizar investidas, desviar perseguições. Agarrou-se a essa evasiva. As últimas resistências de seu caráter cederam. E concertou, encabulado:

—Eu não sabia que era assim. . . Se se trata de uma questão política, de um serviço ao Partido, absolutamente eu não me escuso. Sou um soldado. V. Exª pode ordenar, que eu cumpro.

Já estava senhor de si. Chegou a acrescentar, enfaticamente:

—Não é meu hábito desertar nas ocasiões mais difíceis!

A cólera do Presidente não tardou muito a se esvair. E voltando a falar em sua voz pausada, disse, com entonação cordial, a Celestino:

—Momentos difíceis como esse são espinhos do ofício, meu amigo. Vejo que, por um lado, o senhor tem sua razão. O caso é mesmo delicado para si, dada sua situação anterior. Mas isso se remedeia facilmente. Basta, apenas, que deixe para outro a execução das diligências. O Prado já reassumiu o cargo e toma a frente de tudo. . .

O Chefe de Polícia, Dr. Prado Antunes, aproximou-se.

—Não é, Prado? – interrogou o Presidente de Sergipe. – Você se encarrega do trabalho. . .

—Sem dúvida! . . . Já está tudo preparado. . .

Celestino interveio:

—É prisão?

—Prisão. . . e deportação.

O Delegado bateu os olhos. Não pôde reprimir um sentimento íntimo de repulsa, que lhe contraiu os músculos da face. Mas limitou-se a perguntar:

—E eu, doutor? O que é que devo fazer?

—Apenas me apontar, nome por nome, os cabeças.

—Não precisa. Deixei-os, ainda agora, reunidos na sede da "Sociedade". Ficaram aguardando o meu regresso. . . É só chegar de surpresa.

O Chefe da Segurança apertou apressadamente a mão de todos e disse, a rir, antes de transpor o umbral:

—Vai ser uma limpa em regra. . . Não sei é se no porão do *Ita* cabe tudo. . .

. . . .

[Dois romances de Amando Fontes: Os Corumbas; Rua do
Siriri. Rio, J. Olímpio, 1961. 57-65.]

References:

Almeida, Renato. "O romance dos Corumbas." Lanterna Verde, 1, (mai 1934) 52-55.

Amado, Gilberto. "Os Corumbas." Boletim do Ariel, 2:12 (set 1933) 313.

Amado, Jorge. "P.S." Boletim do Ariel, 2:10 (jul 1933) 292.

Anselmo, Manuel. Família literária luso-brasileira. Rio, José Olímpio, 1943. 238-243.

Barros. Espelho. 127-132.

Carneiro, J. Fernando. "Sergipanas e francesas." Boletim do Ariel, 7:4 (jan 1938) 110.

Faria, Otávio de. "Jorge Amado. Amando Fontes." Boletim do Ariel, 3:1 (out 1933) 7-8.

Franco, Alfonso Arinos de Melo. Idéia. 35-39.

Góes, Fernando. "Um romance, outro romance e algumas notas." Aspectos, 2:13-14 (set-out 1938) 107-111.

Lins, Álvaro. V, 146-151.

Milliet. Diário. IV, 71-73.

Montelo, Josué. Uma palavra. 155-156.

Montenegro, Olívio. 2nd ed., 253-263.

Murici. A nova literatura. 216-219.

Ribeiro, João. "Os Corumbas." Jornal do Brasil, 3 ago 1933. Also in: Os modernos. 332-334.

Toop, Walter R. "Amando Fontes: time and chronology." Luso-Brazilian Review, 6:1 (jun 1969) 60-84.

José Lins do Rego
(1901-1957)

The author of the celebrated Sugarcane Cycle of the Brazilian Northeast was born in the bighouse of his maternal grandfather's plantation, Corredor, in Paraíba, on June 3, 1901. The memory of José Lins do Rego Cavalcanti's childhood years spent there would be the principal inspiration of his early novels. His father, João do Rego Cavalcanti, had married a cousin, Amélia Lins, as was common among the landed aristocracy in those days. After his mother died when he was a mere eight months old, his father returned to his own plantation in Itambé, Pernambuco, and little José was given to maiden aunts to bring up. At ten he attended an extremely old-fashioned and strict school. the Instituto Nossa Senhora do Carno, directed by Eugênio Lauro Maciel Monteiro. The bitter experience of those three years would later provide details for the novel, *Doidinho*. From the Colégio Diocesano, where he began writing for the *Revista Pio X*, he transferred to the Instituto Carneiro Leão. In 1919 he enrolled in the Law School in Recife, where he met José Américo de Almeida, Olívio Montenegro, and Gilberto Freire; the latter was to have an especially strong influence on him. As his interest in writing intensified, he wrote a column in the João Pessoa, *Diário do Estado*, did literary reviews in the *Jornal do Recife*, and founded with Osório Borba the newspaper *D. Casmurro*. By 1922 he had already become active in political journalism.

Upon graduation from Law School he married Naná Massa, also of a Paraíba land-owning family. After a year as district attorney in Manhuçu, Minas Gerais, he moved to Maceió, where he was a bank inspector for nine years. His newspaper activities never diminished. He came to know Graciliano Ramos and Aurélio Buarque de Holanda, and through correspondence continued his contacts with Gilberto Freire. When the 1930 Revolution broke out, his reaction was characteristically like his antagonism toward Modernism, which he had already made clear in 1926 in the preface to Jorge de Lima's *Poemas Escolhidos*: he was not a revolutionary. Needless to say, that attitude prompted his ouster from his job; only through the efforts of José Américo de Almeida was he

271

reinstated. About a year after being named sales tax inspector in 1931, a post he was to hold throughout his life, he began to write his first novel, *Menino de Engenho*. Published the following year, it was an immediate success and won the Fundação Graça Aranha prize. Shortly thereafter he began a second novel, *Doidinho*, which also gained critical and popular approval. His third, *Bangüê* (as well as his succeeding works) was published in an edition large for the time and place, and prompted the author's decision in 1935 to reside in Rio de Janeiro and dedicate his efforts to literature. Subsequently he traveled extensively in Europe and in 1944 visited Uruguay and Argentina on a cultural mission. Lins do Rego died in 1956 after dedicating twenty-one years to letters, particularly the novel. In the meantime he had given large amounts of time and energy to journalism and wrote for several newspapers including *O Globo*, *Jornal dos Sports* (he was an avid soccer fan) and the Diários Associados chain. He occupied chair 25 in the Brazilian Academy of Letters.

Critical Commentary:

The creator of the admirable Sugarcane Cycle novels, the most representative writing to come out of the Brazilian Northeast, may well be regarded by future generations as an even greater novelist than his enthusiastic contemporaries thought him to be. Those novels, plus the more thematically universalist *Pureza, Pedra Bonita, Riacho doce,* and *Fogo morto*, are psychological and social documents of great importance. But Lins do Rego was a true artist. He did not just copy life, he transposed it and fashioned a new synthesis. Of course, by making art, he judged and documented life; but for all the admitted breadth and depth of his recreation of the Northeastern Brazilian scene, the social character of his novels, even in those of the well-known Sugarcane Cycle, is low-toned, and ancillary to the author's concern about people. His literary preoccupation is mainly with his characters.

Lins do Rego wrote twelve novels apart from travel impressions, criticism, stories for children, and memoirs. For six of these novels, the axis is the decadent ambient of the patriarchal plantation world of the Northeast. Although the remainder are set in other geographical areas, he continued to deal, although in a literarily more clearly defined and refined way, with the same preoccupations that derived from his recollections of childhood experiences.

The Sugarcane Cycle novels are today his best known works. Reminiscences of the author's childhood on his grandfather's sugar plantation and his student days serve as points of departure that permit him to recreate the densely human atmosphere of the Northeast as it underwent the social and economic transformations that wracked it following the abolition of slavery up to and including the industrialization of sugar and the predominance of giant sugar mills. In other words, the gamut transversed is from the *bangüê*, the small, slave-operated plantation with a minimal and crude sugar processing system, to the gigantic corporation-owned, impersonal sugar enterprise that continued slavery in fact, but, José Lins do Rego would insist, with none of the latter's more humanitarian characteristics. So we witness, among other things, not only the economic deterioration, but also the social dissolution and moral degeneration of the world once dominated by the big land-owning families, the dispersal of the former slaves, and the migration of farm workers to the coastal cities. Many have seen in these books an artistic documentation of Gilberto Freire's socio-cultural studies of the region.

The folklore he absorbed as a youngster from his elders and from former slaves, and the oral tradition of the story-tellers of the region, as well as the latter's occupational and social types, including clear cases of characters modeled after members of his own family, all join to give his early novels an intensive human density, plausibility, presence, and unity of impression in which man and ambient are irrevocably inter-related. But there is more to it than simple reminiscences.

Lins do Rego possesses great instinctive force, is a very persuasive story-teller, and is endowed with a real capacity to develop situations and characters. Even though not described in detail, the latter convince us of their authenticity and impose their presence on us. In his own way he is a poet. He saw the world more lyrically than rationally and was always attentive to sensations: from rhythms to disease and death, from pain to insanity and highly dramatic scenes. His style is non-linear, and his technique is patently expressionistic. He uses leitmotivs and other repetitions, as well as minute descriptions of special traits and phenomena, to create living and memorable characters. Plots and ambients, too, are portrayed in successive, independent perceptions. To these devices are added recollection and monologue to propel the action. The result is a totality of impression based on disconnected but interwoven clusters of notions. The technique is said to be oral and based on that of the traditional poets and story-tellers of the Northeast. In his later novels he employed the same procedures, albeit considerably matured through refinement and greater structuralization. In a few cases he adapted them to the tripartite configuration of the sonata so apparent in the form and psychological development of *Pureza*, but especially noteworthy in *Riacho doce* and *Fogo morto*, where everything has its place and moment and each stage of the unfolding is well controlled and meaningfully advanced. This amounts to a vast superiority in craftsmanship over his first novels which were hastily written, spontaneous, and amorphous in structure. Indeed, his highest accomplishment is undoubtedly *Fogo morto*. Even though its scene is laid in the cane country, the book belongs to the second series of novels that began with *Pureza* in 1937. In it he reached a level of technical and intellectual sophistication and character portrayal not subsequently attained.

Lins do Rego's language is direct, clear, simple, untrammeled, and shows unmistakably the impact of the colorful and rich spoken language of the Northeast, with its special colloquial character, including its more traditional vocabulary and syntax. In his earlier novels there is a marked dearth of dialogue due to his dependence on reminiscences and monologues, and on the development of characters through lyrically employed repetitions. The tone is normally sad and often present in a dense feeling of impending disaster; nature not infrequently accompanies the characters' state of mind or foreshadows things to come. Throughout all his novels runs a developing thread of thought, epitomized in his later novels, that one must not stand idly by and let environment take over control of our destiny. There is a growing but unsystematized feeling that, however difficult it may be to react against one's reality, and he gives ample examples of those who never made the attempt, man's highest achievements are the attainment of such interrelated goals as freedom of action and fulfillment at the level of the individual and the conquest of justice and human dignity with regard to society at large.

Suggested Reading and Other Texts:

Menino de engenho; Usina; Fogo morto.
Coutinho, Antologia, I, 111-132; Murici, A nova literatura, 329-333; Scott-Buccleuch and Oliveira, 418-430.

Principal Works:

Menino de engenho (Rio, 1932)
Doidinho [romance] (Rio, 1933)
Bangüê [romance] (Rio, 1934)
O moleque Ricardo (Rio, 1935)
História da velha Totonha [livro para crianças] (Rio, 1936)
A usina [romance] (Rio, 1936)
Pureza (Rio, 1937)
Pedra bonita [romance] (Rio, 1938)
Riacho doce [romance] (Rio, 1939)
Água-mãe [romance] (Rio, 1941)
Gordos e magros [crônicas] (Rio, 1942)
Fogo morto [romance] (1943)
Pedro Américo (Rio, 1944)
Poesia e vida [ensaios curtos] (Rio, 1945)
Conferências no Prata. Tendências do romance brasileiro
     Raul Pompéia. Machado de Assis (Rio, 1946)
García Lorca (S. Paulo, 1946)
Eurídice [romance] (Rio, 1947)
Obras [11 vols.] (Rio, 1947)
Homens, seres e coisas [ensaios] (Rio, 1952)
Bota de sete léguas [crônicas] (Rio, 1952)
Cangaceiros (Rio, 1953)
Meus verdes anos [memórias] (Rio, 1956)

FOGO MORTO
Terceira Parte
O CAPITÃO VITORINO

. . . .
—O que é isto, hein? O que é isto, hein?
Uma voz forte respondeu lá de fora:
—Não é nada, Coronel. O negro está assombrado.
Era o Capitão Antônio Silvino no Santa Fé. Os cangaceiros cercaram a casa e o negro Floripes, amarrado, chorava de medo.
—Cala a boca, negro mofino—gritou o chefe.
—Hein, Amélia, quem é que está aí?
—Não é o Tenente Maurício não, Coronel; pode ficar sem susto. Mande acender as luzes da casa, Coronel.
Seu Lula abriu a porta da frente, e D. Amélia acendeu o candeeiro da sala de visita. Entrou na sala o Capitão Antônio Silvino, de peito coberto de medalhas, de anéis nos dedos, de rifle pequeno na mão, e o punhal atravessado na cintura. Os cabras ficaram na porta.
—Meninos, vigiem isto por aí.
O capitão olhou para a sala bonita, para os quadros da parede, para o piano estendido como morto.
—O Coronel tem uma casa de primeira.
O velho acordara para sentir o perigo. O negro Floripes chorava.
—Manda este negro parar com isto, senão vai se calar de uma vez.
—Capitão, eu peço ao senhor para não matar o negro – falou D. Amélia.
—Minha senhora, eu não ando acabando com o mundo não. Não sou o Tenente Maurício.
—Eu sei, capitão.
—Como foi, Amélia, hein, o que quer ele?
—Tenho nome, Coronel, tenho nome. Estou aqui para fazer boa paz.
Já estava sentado no marquesão. O piano ficava bem defronte do chefe. D. Olívia começou a gritar.
—O que há lá dentro?
—Não é nada não, capitão. É uma irmã doente.
Alguns dos cangaceiros estavam aboletados nas cadeiras da sala. E o capitão falou:
—Coronel, como eu disse, estou em boa paz. Não ando matando e esfolando como os mata-cachorros. Agora quero também que me ajude. Eu mandei uma carta ao senhor para lhe pedir proteção para um morador seu. Vejo que o senhor deixou o homem onde estava! Nele não se bole. Homem que merece a minha proteção eu protejo mesmo. Protejo na ponta do punhal, na boca do rifle. Isto, felizmente, o Coronel sabe.
Seu Lula ouvia a fala pausada do homem, branco, de bigodes pretos, de cara rude.

—Tenho estes meninos comigo. É uma rapaziada de bom proceder. Só dou fogo onde é preciso dar fogo. Agora, inimigo é inimigo.

D. Amélia, pálida:

—O capitão não come nada?

—Eu agradeço, minha senhora.

E voltando-se para o velho:

—Coronel, eu sei que o senhor tem muito dinheiro.

—Como?

—Não é preciso esconder leite, Coronel. O dinheiro é seu. Mas para que esconder?

—Capitão, aqui nesta casa não há riqueza.

—Minha senhora, eu sei que tem. Soube até que muita moeda de ouro. Eu vim buscar um pedaço para mim. É verdade, tenho aí estes meninos que preciso contentar.

—Capitão, não há ouro nenhum.

—O velho sabe onde tem a botija.

—Como?

—Como o quê?

Os cangaceiros se riram.

—Velho, eu não sou homem para marmota. Estou aqui na boa paz. Faço tudo no manso.

—Mas capitão. . .

—Minha senhora, mulher velha eu sempre respeito. Minha mãe sempre me dizia: "Toma cuidado com mulher velha". Eu estou falando com o coronel. E ele parece que não me dá ouvido.

Seu Lula, abatido, olhava para o capitão como se quisesse dizer alguma coisa e não atinasse:

—Capitão, nada tenho.

—Eu sei que tem. Ouro há nesta casa. Eu até quero sair daqui amigo de todos. Lá em Vitória tinha um senhor de engenho com botija, e eu dei um jeito que fez gosto. O bicho, na primeira cipoada, contou tudo.

—Capitão, eu lhe peço pela Virgem Nossa Senhora. Não temos ouro enterrado.

—Minha senhora, eu já disse, o meu negócio é com o velho. Eu não faço mal a ninguém. Agora, ninguém me engana.

—Como?

—Velho, não me venha com partes de doido que não me pega. Eu quero o dinheiro de ouro.

—Capitão, eu já lhe disse, isto tudo é invenção do povo.

—Minha senhora, eu sei como é tudo isto. A D. Inês do safado do Quinca Napoleão também dizia a mesma coisa, e eu soube que me enganaram. Daqui desta casa eu saio hoje com o ouro enterrado.

O velho Lula continuava parado, indiferente à arrogância do homem. D. Amélia avaliava o perigo que corriam. Neném escondida no quarto e D. Olívia, aos gritos, falando para o pai:

—Velho, vai para o inferno.

O capitão, então, gritou:

—Meninos, o povo desta casa está mesmo escondendo leite. Aqui a coisa tem que sair à força. Godói, pega o velho.

D. Amélia correu para os pés do capitão:

—Pela Santa Virgem, não faça uma coisa desta.

—Pega o velho, Godói.

Levaram Seu Lula que começou a tremer, os olhos vidrados. O cangaceiro soltou-o, e o corpo do Coronel estendeu-se no chão, batendo com uma fúria desesperada. Os cangaceiros cercaram para ver o ataque. D. Amélia abraçou-se com o marido. Durava o acesso. Os homens ficaram um instante sérios. Depois o chefe deu as ordens.

—Vamos cascavilhar tudo isso.

Estendido no marquesão, o senhor do engenho arquejava. A mulher perto dele chorava, enquanto os cabras já estavam no quarto rebulindo em tudo. Foi quando se ouviu um grito que vinha de fora. Apareceu o velho Vitorino, acompanhado de um cangaceiro:

—Capitão, este velho apareceu na estrada, dizendo que queria falar com o senhor.

—Quem é você, velho?

—Vitorino Carneiro da Cunha, um criado às ordens.

—E o que quer de mim?

—Que respeite os homens de bem.

—Não estou aqui para ouvir lorotas.

—Não sou loroteiro. O Capitão Vitorino Carneiro da Cunha não tem medo de ninguém. Isso que estou dizendo ao senhor disse na focinheira do Tenente Maurício.

—O que é que quer este velho?

—Tenho nome, capitão, fui batizado.

—Deixa de prosa.

—Estou falando como homem. Isto que o senhor está fazendo com o Coronel Lula de Holanda é uma miséria.

—Cala a boca, velho.

Um cangaceiro chegou-se para perto de Vitorino.

—Olha, menino, estou falando com o teu chefe. Ainda não cheguei na cozinha.

—Deixa ele comigo, Beija-Flor.

—O que eu lhe digo, Capitão Antônio Silvino, é o que digo a todo mundo. Eu, Vitorino Carneiro da Cunha, não me assusto com ninguém.

—Pára com isto, senão eu te mando dar um ensino, velho besta.

Tenho nome. Sou inimigo político do Coronel Lula, mas estou com ele.

—Está com ele? Pega este velho, Cobra Verde.

Vitorino fez sinal de puxar o punhal, encostou-se na parede e gritou para o cangaceiro:

—Venha devagar.

Uma coronhada de rifle na cabeça botou-o no chão, como um fardo.

—Puxa este bicho lá para fora.

Seu Lula parecia morto, estendido no marquesão. Os cabras cascavilhavam pelos quatro cantos da casa.

—É capaz de estar aí dentro.

E apontou para o piano.

—Velha, como é que se abre este bicho?

D. Amélia levantou-se para erguer a tampa do piano. O chefe olhou para o marfim encardido, olhou para as teclas.

—Este bicho ainda toca? Toca uma coisinha para a gente ouvir. Onde está a moça da casa para tocar? Velha, toca um baiano.

D. Amélia sentou-se no tamborete.

—Velha, toca um baiano.

As mãos finas de D. Amélia bateram no teclado. Um som rouco encheu a casa. E uma valsa triste começou a sair dos dedos nervosos de D. Amélia. Os cangaceiros pararam para ouvir, A música triste, dolente, tropeçava de quando em vez na memória de D. Amélia, mas rompia a dificuldade e espalhava-se pela sala. Vitorino, lá de fora, gritava:

—Estes bandidos me pagam.

A valsa continuava, entretendo o bando que olhava o piano. Quando parou, o capitão disse:

—Cobra Verde, manda aquele velho se calar.

Com pouco ouviu-se um gemido de dor.

—Pára, Cobra Verde. Deixe este peste gemer.

Tinham arrancado os tijolos do quarto de Seu Lula. E nada de aparecer o ouro enterrado. O velho, estendido, acordara do seu torpor e o capitão chegou-se para perto:

—Velho, acaba com esta história de ataque. Eu não estou para perder meu tempo.

Era como se não falasse com ninguém. Um silêncio de morte encheu a sala.

—Esta desgraça só fala mesmo na ponta do punhal.

Outra vez D. Amélia ajoelhou-se aos pés do cangaceiro.

—Pela Virgem Maria, Capitão, eu lhe dou as minhas jóias e as de minha filha.

—Nada, velha, eu quero é a botija enterrada. Este velho está pensando que eu sou de brincadeira.

Lá fora Vitorino parou de gemer. D. Olívia cantava:

—Serra, serra, serrador, serra a madeira de Nosso Senhor.

—Capitão, é capaz de o dinheiro estar escondido no instrumento.

É verdade. Vire o bicho de papo para cima.

Estenderam no meio da sala o piano de cauda que o Capitão Tomás trouxera do Recife. Parecia um grande animal morto, com os pés para o ar. Um cangaceiro de rifle quebrou a madeira seca, como se arrebentasse um esqueleto.

Tiraram os quadros das paredes.

—É capaz de ter dinheiro guardado em quadros com segredos.

Mas quando ia mais adiantada a destruição das grandezas do Santa Fé, parou um cavaleiro na porta. Os cangaceiros pegaram os rifles. Era o Coronel José Paulino, do Santa Rosa. O chefe chegou na porta.

—Boa noite, Coronel

—Boa noite, Capitão. Soube que estava aqui no engenho do meu amigo Lula e vim até cá.

E olhando para o piano, os quadros, a desordem de tudo:

—Capitão, aqui estou para saber o que quer o senhor, do Lula de Holanda.

E vendo D. Amélia aos soluços, e o velho estendido no marquesão:

—Quer dinheiro, Capitão?

A figura do Coronel José Paulino encheu a sala de respeito.

—Coronel, este velho se negou ao meu pedido. Eu sabia que ele guardava muito ouro velho, dos antigos, e vim pedir com todo o jeito. Negou tudo.

—Capitão, me desculpe, mas esta história de ouro é conversa do povo. O meu vizinho não tem nada. Soube que o senhor estava aqui e aqui estou para receber as suas ordens. Se é dinheiro que quer, eu tenho pouco, mas posso servir.

Vitorino apareceu na porta. Corria sangue de sua cabeça branca.

—Estes bandidos me pagam.

—Cala a boca, velho malcriado. Pega este velho Cobra Verde.

—Capitão, o meu primo Vitorino não é homem de regular. O senhor não deve dar ouvido ao que ele diz.

—Não regula, coisa nenhuma. Vocês dão proteção a estes bandidos e é isto que eles fazem com os homens de bem.

D. Olívia gritava:

—Oh, Madalena, traz água para lavar os meus pés.

—Coronel, eu me retiro. Aqui eu não vim com o intento de roubar a ninguém. Vim pedir. O velho negou o corpo.

—Pois eu lhe agradeço, capitão.

A noite já ia alta. Os cangaceiros se alinharam na porta. Vitorino, quase que se arrastando, chegou-se para o chefe e lhe disse:

—Capitão Antônio Silvino, o senhor sempre foi da estima do povo. Mas deste jeito se desgraça. Atacar um engenho como este do Coronal Lula, é mesmo que dar surra num cego.

—Cala a boca, velho.

—Esta que está aqui só se cala com a morte.

Quase que não podia falar. E quando os cabras se foram, o Coronel José Paulino voltou para a sala para confortar os vizinhos. D. Amélia chorava como uma menina. Toda a casa-grande do Santa Fé parecia revolvida por um furacão. Só o quarto dos santos estava como dantes. A lâmpada de azeite iluminava os santos quietos. O negro Floripes chegara-se para rezar. Seu Lula, como um defunto, tinha os braços cruzados no peito. Tudo era de fazer dó. Os galos começaram a cantar. A madrugada insinuava-se no vermelho da barra. Um trem de carga apitou de muito longe. O bueiro surgia da névoa branca, e se podiam ver ainda no céu as últimas estrelas que se apagavam.

—Amélia, quem está aí?

O Coronel José Paulino entrou para falar com o amigo. E Vitorino, sentado no batente da casa-grande, lavava, numa bacia que Neném lhe trouxera, a ferida da cabeça.

—Bandidos, dizia ele, pensavam que me rebaixavam. Não há poder no mundo que me amedronte.

Agora já tinha chegado gente. O dia clareava a desgraça da sala revolta. O Coronel José Paulino despediu-se dos amigos e preparava-se para sair.
—Vitorino, vamos para casa.
—Está muito enganado. Daqui saio para a estação. Vou telegrafar ao Presidente para lhe contar esta miséria. O Rego Barros vai saber disto. Este merda do Antônio Silvino pensava que me fazia correr. De tudo isto, o culpado é você mesmo. Deram gás a este bandido. Está aí. Um homem como Lula de Holanda desfeiteado como um camumbembe. Eu não tenho dinheiro na burra, sou pobre, mas um cachorro deste não pisa nos meus calos.

. . . .

[Fogo morto. 6a. ed. Rio, J. Olímpio, 1965.
253-260.]

References:

Aguiar Filho, Adonias. "Modernos ficcionistas." 38-45.

Andrade, Almir de. Aspectos. 100-107, 121-135.

Andrade, Mário de. O empalhador. 118-122, 123-127, 247-250.

Andrade, Rodrigo M. F. de. " 'A Usina' e a invasão dos nortistas." Boletim do Ariel, 5:11 (ago 1936) 286.

Anselmo, Manuel. Família literária luso-brasileira. Rio, José Olímpio, 1943. 203-211.

Antunes, M. "Três romances de José Lins do Rego." Lisboa, Brotéria, 6 dez 1953.

Autores e Livros. Rio, 10 out 1948.

Barreto, Plínio. 207-214.

Barros. Espelho. 101-115.

Besouchet y Freitas. Literatura. 123-130.

Bezerra, Alcides. "O romancista da Várzea da Paraíba." Boletim do Ariel, 5:2 (nov 1935) 46-47.

Bloem, Rui. Palmeiras no litoral. São Paulo, Martins, 1945. 63-70.

Bruno, Haroldo. 135-148.

Cândido, Antônio. Brigada. 63-70.

——————. "O observador." 29-35

Carpeaux, Oto Maria. Preface to: Fogo Morto. Rio, José Olímpio, 1943. 7-13.

——————— e Franklin Thompson. José Lins do Rego. Rio, MES, 1952.

Castelo, José Aderaldo. José Lins do Rego—Modernismo e Regionalismo. São Paulo, Edart. 1961.

Cavalcanti, Valdemar. " 'Bangüê' de José Lins do Rego." Boletim do Ariel, 3:10 (jul 1934) 266-267.

——————. "Menino de engenho." Boletim do Ariel, 1:9 (jun 1932) 19.

——————. Jornal literário. 237-247.

Correia. Anteu. 156-172.

Costa, Dante. Cangaceiros: os olhos nas mãos. Rio, José Olímpio, 1960. 36-39.

Coutinho, Edilberto. José Lins do Rego: antologia e crítica. Brasília, Coordinada, 1971.

Coutinho, Odilon Ribeiro. José Lins do Rego: perda e reparação. 1961.

Cruls, Gastão. "Menino de engenho." Boletim do Ariel. 2:1 (out 1932) 14.

Cunha, Fausto. "A luta literária." Rio, Lidador, 1966. 71-77.

Dutra, Lia Correa. "O romance brasileiro e José Lins do Rego." Lisboa, Serra Nova, 1938.

Ellison. 45-79.

Faria, Otávio de. "José Lins do Rego." Boletim do Ariel. 3:3 (dez 1933) 67.

Franco, Afonso Arinos de Melo. Idéia. 35-39.

Freire, Gilberto. Perfil de Euclides da Cunha e outros perfis. Rio.

Fusco. Vida. 109-117.

Gersen, Bernardo. "José Lins do Rego e a cultura brasileira." Diário de Notícias, Rio. 22 e 29 set; 6, 13, 20 e 27 out 1957.

Góes, Fernando. "Um romance, outro romance e algumas notas." Aspectos. 2:13-14 (set-out 1938) 107-11.

Grieco. Gente Nova. 2nd. ed. 14-19.

Jurema, Aderbal. "O romancista da cana de açúcar." Boletim do Ariel. 6:3 (dez 1936) 72.

Kordon, Bernardo. "José Lins do Rego." Vanguardia, Buenos Aires, 6 dez 1939.

Landeira, Antônio Luís. "O nordeste e José Lins do Rego." Vértice. 30 (1970) 257-270; 472-481; 600-605.

Lima, Luís Costa. In: Coutinho. A literatura. 2nd ed., V, 283-304.

Lins. Álvaro. II, 83-93; IV, 100-107; V, 146-151.

_____ , Oto Maria Carpeaux e Franklin M. Thompson. José Lins do Rego. Rio, MES, 1952.

Meneses, Djacir. Evolução do pensamento literário no Brasil. Rio, Simões, 1954.

Milliet. Diário. I, 293-300; IV, 71-73.

Monteiro, Adolfo Casais. "Pureza." Boletim do Ariel. 7:6 (mar 1938) 174.

_____ . "O romance e os seus problemas." 143-157.

Montenegro, Olívio. "Um romance brasileiro." Boletim do Ariel. 2:6 (mar 1933) 153-154.

_____ . O romance. 2nd ed. 169-182.

Morais Neto, Prudente de (Pedro Dantas). Preface to: Menino de engenho. 3a. ed., Rio, José Olímpio. vii-xiv.

Murici. A nova literatura. 323-329.

Pacheco, João. "O mundo que José Lins do Rego fingiu." Rio, São José, 1958. 9-69.

Proença, Manuel Cavalcanti. Estudos. 438-469.

Quadros. 131-1-137.

Ribeiro. Os modernos. 326-331.

Silveira, Edmund da. "Literary aspects of José Lins do Rego's 'Sugar cane cycle'." Hispania. 38:4 (dez 1955) 404-413.

Silveira, Joel. "Dois tipos de romance: José Amado e José Lins do Rego." Dom Casmurro, 5 ago 1937.

Simões, João Gaspar. Crítica. Porto, Latina, 1942. 174-203.

Sobreira, Ivan Bichara. "O romance de José Lins do Rego." União, Paraíba, 1970.

Sodré. Orientações. 125-149.

Thompson, Franklin M. " 'Fogo Morto', Epitaph of a way of life." Modern Language Journal, 6 (out 1950). Translated into Portuguese in: Lins, Carpeaux e Thompson. José Lins do Rego. Rio, MES, 1952. 23-38.

Vasconcelos, João. "Usina." Fronteiras, Recife. 5:16 (ago 1936) 4-5.

Veloso, Paulo. "O menino de engenho através da psicanálise." Boletim do Ariel, 2:10 (jul 1933) 273-274.

Vidal, Ademar. "A vida rural fixada nos nossos romances." Boletim do Ariel. 4:4 (jan 1935) 99-100.

Vilanova. José Brasileiro Tenório. "Linguagem e estilo de 'Menino de engenho'." Recife, Imprensa Universitária, 1962.

Érico Veríssimo

(1905-   )

The most versatile novelist of the Generation of 1930 was born December 17, 1905, in Cruz Alta, Rio Grande do Sul, to pharmacist Sebastião Veríssimo and Abigail Lopes Veríssimo. His childhood was spent between his home on Avenida General Osório and that of his maternal grandparents on the same street. His family's desire to send him to Europe to study did not materialize because of financial difficulties that obliged his mother to support the family. The dream of the University of Edinburgh was exchanged for the Ginásio Cruzeiro do Sul in Porto Alegre. Even then he was soon obliged to leave school and go to work, first in a general store and then in a bank. When he had gathered sufficient funds, he opened a pharmacy with his father's former partner, Miguel de Paoli. Érico's early interest in English prompted him to open an English class in the pharmacy, which also soon became a meeting place for the intellectuals of Cruz Alta. The business failed, but the pharmacy venture had one saving grace: the future novelist fell in love with the girl across the street, Mafalda Volpi, and he married her.

On infrequent trips to Porto Alegre he came into contact with the staff of the magazine *Madrugada*, among them, Augusto Meyer, and through the latter Érico began to publish short stories and drawings on the literary page of *Diário de Notícias* and *Correio do Povo*. Drawing was then his first love, and so when he moved to Porto Alegre in 1930 he sought work as an artist. But his drawings didn't attract as much attention as his short stories, and the following year he was invited to be the manager of the *Revista do Globo*, later becoming its director. About that time he also began to work for the Globo publishing house, where, because of his knowledge of English and his literary interests, he was called upon to select and translate works for publication.

In 1932 he gathered his short prose selections and published them under the title *Fantoches*, followed the next year by his first novel, *Clarissa*, thus inaugurating a regular production pattern destined to encompass more than four decades of prose fiction. From this point on, his life is almost his bibliography.

In 1935 he published *Caminhos cruzados* which received the Brazilian Academy's Graça Aranha Prize. The novel was so new in Brazil both in technique and in theme, that the author was accused of being a communist and of writing immoral material.

Than same year he published *Música ao longe*, a sequel to *Clarissa*, and it received the Machado de Assis Prize offered by the Companhia Editora Nacional.

In the late thirties and early forties he took keen interest in children's and juvenile literature writing *O urso com música na barriga, Aventuras do avião vermelho, Os três porquinhos pobres, Vida do elefante Basílio, Aventuras de Tibicuera, Outra vez os três porquinhos*, and *Viagem à aurora do mundo*. He also had a radio program on Rádio Farroupilha, "Clube dos Três Proquinhos," on which he told children's stories.

In 1936 he published *Um lugar ao sol* and in 1938 *Olhai os lírios do campo,* which set unheard of sales records for the time. *Saga* (1940), too, was an immediate best seller. As a result of a trip to the United States, he published in 1941 his first travel book, *Gato preto em campo de neve*, followed by *A volta do gato preto* (1946), *México, história de uma viagem* (1946), and *Irsael em Abril* (1970). He saw *O resto é silêncio* come out in Porto Alegre in 1942, but the next year he was again in the United States teaching Portuguese and Brazilian literature at the University of California at Berkely and giving lectures at divers colleges throughout the country. That experience prompted him to prepare *Brazilian literature*, written directly in English. The year 1949 saw *O continente* appear; it heralded the first part of the ambitious trilogy titled *O tempo e o vento*, which may be described as the epic of the people of Rio Grande do Sul. The second volume, *O retrato*, appeared in 1951; the third, *O arquipélago*, published in three parts, came out in 1961-1962. In 1953 he was again in the United States where he remained as the head of the Department of Cultural Affairs of the Pan American Union until 1956. Meanwhile, *Noite* appeared in 1954, the same year the Brazilian Academy awarded him the Machado de Assis Prize for his total literary production. In 1959, while he was in Europe, *O ataque* (mostly short stories) came off the presses. Subsequently, Veríssimo has made frequent trips to the United States as well as others to Europe and Israel His latest novels are *O senhor embaixador* (1965), *O prisioneiro* (1967) and *Incidente em Antares* (1972).

Critical Commentary:

No other member of the recognizedly idealistic Generation of 1930 has so consistently proclaimed such a lofty and clear message of peace, justice, and brotherhood as has Érico Veríssimo. He is a consummate storyteller, a multifaceted, versatile, and much translated novelist, and the creator of fast-moving dialog and of a universal literary language. Closely aligned with English and American trends in fiction, more than any other Brazilian novelist he has known how to capitalize on the aesthetic gains made by the movies as the latter's techniques apply to fiction. Indeed, he is one of his country's most serious students of the novel genre and fictional art in general He reads and studies the current production in several languages in an effort to better understand the role of the writer (artist) and to further uncover the mysteries of fiction and, indeed, of art itself, a preoccupation that frequently surfaces to demand a significant role in his works themselves, such as *O resto é silêncio* and *O tempo e o vento*.

Veríssimo's first ambition was to be a pictorial artist, and from that first love he went on to painting with words; indeed, he has a particularly sharp visual grasp of the world. Like the painter, he knows how to choose the proper angle and setting for his presentations. Moreoever, he prefers to recall happenings and evoke them through reminiscences—see them framed, as it were—rather than focus attention on them at the moment of occurrence. However, he is not interested in painting the physical ambience, nor is he concerned with psychological development, portraying the intricacies of the human mind, or developing a complex philosophy.

As a human being, Veríssimo is a humanitarian and a reformer; as a Brazilian he is a firm, but genteel patriot. He clearly emphasizes the utilitarian character of art in his thinking and in the unfolding of his novels. He believes that men of good will should seek to organize the world through good works so as to eliminate social injustice; violence and extremes should be eschewed, for all men should be brothers—sincere, honest, and helpful to each other. He has faith in man and his ability eventually to raise himself above the vestiges of animalness that still prevent his total success and complete maturation: man will succeed and will eventually achieve happiness through self-development and love.

His first works of fiction coincide with second generation Modernism's early search for the poetic in the Brazilian reality. They have an aura of the nostalgia of reminiscences, the vagueness and mystery of expressionism, as well as the diffused light and luminescence of pictorial impressionism. Add to that the fact that in the beginning he, along with others, had a marked tendency toward the use of one character, one perspective, one place, and a limited space and time—the novelette—as in *Clarissa* (1933).

Beginning with *Caminhos cruzados* (1935), he moved from the novelette and short story to the full-fledged novel with multiple planes and perspectives. Through the use of flashbacks and such devices as telescoping, montage, collage, the documentary, the newsreel, the diary, as well as counterpoint, he began to enlarge his vision temporally and spatially to assume a more structured view of the world. In the middle of the some dozen years it took to complete the several volumes of his masterpiece, the epic historical novel *O tempo e o vento*, he wrote an existentialist, surrealistic novelette, *Noite*, thus momentarily joining the main direction of contemporary French fictional experience. Veríssimo is particularly sensitive to music and his works frequently have a symphonic character in their organization, and musical motifs and points of departure are often intrinsic structural elements.

Veríssimo's style is uncomplicated, direct, conversational, intimate—completely natural despite its structural sophistication. The action and dialog are swift and the characters move at quite a rapid pace. He is an urban novelist, particularly of Brazil's growing middle class, of which he is an outstanding and unbiased analyst. The high humanitarian level of his stance has been criticized: he is called too distant, and too dispassionate toward the work-a-day problems and difficulties that the poor face in Brazil, as well as too unconcerned with his state's telluric heritage. Aside from *O tempo e o vento* (and even there his intent and perspective are at bottom city oriented), his novels do not deal with farming, ranching, or the bellicose history of his native Rio Grande do Sul. Nor is there dependence on local color, folklore, exoticism, or tradition. These traits alienated many Brazilian critics from him during the thirties and forties when some of his contemporaries were being lauded precisely for that which he had no interest in doing. But involved he is.

Because he is impartially critical of all kinds of excesses and fanaticism, he has been called to task for being unpatriotic. He is honest with himself, and does not shy away from difficult problems. But he is not simply a reporter, or a producer of documentaries. He is a creator of characters, and through them, of situations. He puts the characters into play, so they can act, react, and interact, for his interest is man, not governments, scenery, architecture, or indeed, the complexities of the mind. In so doing he paints dynamic, visually perceived sketches. He is particularly adept at giving importance to what at first glance may seem to be insignificant aspects of life. Érico Veríssimo is so human as a person that it is difficult to think of anyone who has more capacity to sympathize honestly and unaffectedly with his fellow man. And he does so without ostentation, a fine artist who recreates reality without deforming it and without fanfare. And yet, for all the apparent simplicity of his view of his Brazilian world, it is really a sharply focused universal picture of human nature that he provides. But this can best be sensed in the totality of his works; it is not so readily seen in a single work, let alone in an individual episode.

Veríssimo is genuinely interested in people, as well as in the story that evolves when people with different attributes and motivations are brought together. His novelistic world is populated by numerous characters, some of whom reappear. They are revealed more through the author's presentation than by their own words and works, a further indication of his visually oriented grasp of reality. He confronts them, gets out of their way, and lets them go; they conduct their own lives, and sometimes even get out of hand. Each character has his own personality (frequently endowed with a bit of typical Brazilian cunning), perspective, and attitude motivating his actions. Each is faced by his own special problems which he must work out in his own way. The question, then, is to see how they react when placed in contact with other characters having different attributes, for all bear an intrinsic interrelationship.

The characters are intentionally incomplete: they seek to know why and who they are. They are not able to fulfill their destiny for a number of reasons, and they try to escape from their feelings of guilt, or of not being able to adjust to life. They are not infrequently hypocritical as they try to be what they are not, have little pity or interest in their fellow man, and selfishly take no responsibility for anyone else. Time oppresses them. Life is frenetic, fast and the changing focus on character after character accurately portrays the sensation of the lack of substance in city life, where there can be a loneliness in the midst of the multitude.

Even when the characters are symbols, the reader is impressed by their vividness and plausibility and remembers them. Inasmuch as they are seen from several perspectives, including through the eyes of other characters, shifts in space and time result. Their lives are the sex and money motivated warp of a tapestry whose woof is the contemporary middle class urban scene; the latter's presence is made especially clear through strident and shocking images of the hustle-bustle of the city.

Veríssimo's language is unmistakenly Brazilian, and, for all the naturalness of its ring, it is really literary in the best sense of the word: he seeks to give the sensation of the local, not by realistically imitating popular speech, but through suggestion based on a very universal language within the Brazilian framework. Along with maximum readability this assures reader acceptance of the social status of the characters. Indeed, the effectiveness and universality of his language is one of his greatest accomplishments as a writer.

Selected Reading and Other Texts:

Olhai os lírios do campo, O resto é silêncio and O tempo e o vento, I (O continente); Os devaneios do general, Esquilos de outono, and Sinfonia.

Moisés, Textos, 486-491; Murici, A nova literatura, 261-266; Perez, I, 155-159; Scott-Buccleuch and Oliveira, 449-459.

Principle Works:

Short fiction:
Fantoches [contos] (P. Alegre, 1932)
As mãos de meu filho, contos e artigos (P. Alegre, Meridiano, 1942)
O ataque (P. Alegre, 1959)

Novel:
Clarissa [novela] (1933)
Música ao longe [romance] (P. Alegre, 1935)
Caminhos cruzados [romance] (1935)
Um lugar ao sol [romance] (P. Alegre, 1936)
Olhai os lírios do campo [romance] (1938)
Saga [romance] (1940)
O resto é silêncio [romance] (P. Alegre, 1943)
O tempo e o vento, Vol. I, O continente [romance] (P. Alegre, 1949)
O tempo e o vento, Vol. II, O retrato [romance] (P. Alegre, 1951)
Noite [novela] (Rio, 1954)
O tempo e o vento, Vol. III, T. 1, 2, O arquipélago [romance] (P. Alegre, 1961)

O tempo e o vento, Vol. III, T. 3, O arquipélago [romance] (P. Alegre, 1962)
O senhor embaixador (P. Alegre, 1965)
O prisioneiro [romance] (P. Alegre, 1967)
Incidente em Antares (P. Alegre, 1972)

Travel:
Gato preto em campo de neve (P. Alegre, 1941)
A volta do gato preto (P. Alegre, 1946)
México, história de uma viagem (P. Alegre, 1957)
Israel em abril (P. Alegre, 1970)

Didactic:
Brazilian Literature: An Outline (New York, 1945)

Children's literature:
As aventuras do avião vermelho (P. Alegre, 1936)
As aventuras de Tibicuera, que são também as aventuras do Brasil (P. Alegre, 1937)
Rosamaria no castelo encantado (P. Alegre, 1937)
Os três porquinhos pobres (P. Alegre, 1937)
U urso com música na barriga (P. Alegre, 1938)
Aventuras no mundo da higiene (P. Alegre, 1939)
Vida do elefante Basílio (P. Alegre, 1939)
Outra vez os três porquinhos (P. Alegre, 1939)
Viagem à aurora do mundo (P. Alegre, 1939)
A vida de Joana d'Arc (P. Alegre, 1944)

OS DEVANEIOS DO GENERAL

Abre-se uma clareira azul no escuro céu de inverno.

O sol inunda os telhados de Jacarecanga. Um galo salta para cima da cerca do quintal, sacode a crista vermelha, que fulgura, estica o pescoço e solta um cocoricó alegre. Nos quintais vizinhos outros galos respondem.

O sol! As poças dágua que as últimas chuvas deixaram no chão se enchem de jóias coruscantes. Crianças saem para a rua e vão brincar nos rios encapelados das sargetas. Um vento frio afugenta as nuvens para as bandas do norte e dentro de alguns instantes o céu é todo um clarão de puro azul.

O general Chicuta resolve então sair da toca. A toca é o quarto. O quarto fica na casa da neta e é o seu último reduto. Aqui na sombra ele passa as horas sozinho, esperando a morte. Poucos móveis: a cama antiga, a cômoda com papéis velhos, medalhas, relíquias, documentos, lembranças; a cadeira de balanço, o retrato do senador, o busto do Patriarca, duas ou três cadeiras... E recordações... Recordações dum tempo bom que passou. -Patifes: -dum mundo de homens diferentes dos de hoje, -Canalhas: - duma Jacarecanga passiva e ordeira, dócil e disciplinada, que não fazia nada sem ordem do general Chicuta Campolargo.

O general aceita o convite do sol. Vai sentar-se à janela que dá para a rua. Alí está ele com a cabeça atirada para trás, apoiada no respaldo da poltrona. Seus olhinhos sujos e diluídos se fecham ofuscados pela violência da luz. E ele arqueja, porque a caminhada do quarto até a janela foi penosa, cansativa. De seu peito sai um ronco quase de agonia.

O general passa a mão pelo rosto murcho: mão de cadáver. Sua barbicha branca e rala esvoaça ao vento. O velho deixa cair os braços e fica imóvel como um morto.

Os galos cantam ainda. As crianças gritam. Um preto de cara reluzente passa alegre na rua com um cesto de laranjas à cabeça.

Animado aos poucos pela ilusão de vida que a luz quente lhe dá, o general entreabre os olhos e devaneia...

Jacarecanga! Sim senhor! Quem diria? A gente não conhece mais a terra onde nasceu... Ares de cidade. Automóveis. Rádios. Modernismos. Negro quase igual a branco. Criado tão bom como patrão. Noutro tempo todos vinham pedira bênção ao general Chicuta, intendente municipal e chefe político... A oposição comia fogo com ele...

O general sorri a um pensamento travesso. Naquele dia toda a cidade se alvoroçou. Tinha aparecido na "Voz de Jacarecanga" um artigo desaforado... Não trazia assinatura. Dizia assim: *"A hiena sanguinária que bebeu o sangue dos revolucionários de 93, agora tripudia sobre a nossa mísera cidade desgraçada"*. Era com ele, sim, não havia dúvida. (Corria por todo o Estado a sua fama de degolador). Era com ele! Por isso a cidade tinha prendido fogo, ao ler o artigo. Ele quase estourou de raiva. Tremeu. Bufou. Enxergou vermelho. Pegou o revólver. Largou. Resmungou: Patife! Canalha! Depois ficou calmo. Botou a farda de general. Foi para a Intendência. Mandou chamar o Mendanha, diretor do jornal. O Mendanha veio. Estava pálido. Era atrevido mas covarde. Entrou de chapéu na mão, tremendo. Ficaram os dois sozinhos.

—Sente-se, canalha!

O Mendanha obedeceu. O general lavantou-se. (Brilhavam os alamares dourados contra o pano negro do dólmã). Tirou da gaveta da mesa a página do jornal que trazia o artigo. Caminhou para o adversário.

—Abra a boca! —ordenou.

Mendanha abriu, sem dizer palavra. O general picou a página em pedacinhos, amassou-os todos numa bola e atochou-a na boca do outro.

—Coma! —ordenou.

Os olhos de Mendanha estavam arregalados. O sangue lhe fugira do rosto.

—Coma! —sibilou o general.

Mendanha suplicava com o olhar. O general encostou-lhe no peito o cano do revólver e disse com raiva mal continda:

–Coma, pústula!

E o homem comeu.

Um avião passa roncando por cima da casa, cujas vidraças trepidam. O general tem um sobressalto desagradável. A sombra do grande pássaro se desenha lá embaixo no chão do jardim. O general ergue o punho para o ar, numa ameaça.

–Patifes! Vagabundos, ordinârios! Não têm mais o que fazer? Vão pegar no cabo duma enxada, seus canalhas. Isso não é serviço de homem macho.

Fica olhando, com olho hostil, o avião amarelo que voa rente aos telhados da cidade.

No seu tempo não havia daquelas engenhocas, daquelas malditas máquinas. Para que servem? Para matar gente. Para acordar quem dorme. Para gastar dinheiro. Para a guerra. Guerras de covardes, as de hoje! Antigamente brigava-se em campo aberto, peito contra peito, homem contra homen. Hoje se metem os poltrões nesses "banheiros" que voam, e lá de cima se põem a atirar bombas em cima da infantaria. A guerra perdeu toda a sua dignidade.

O general remergulha no sonho.

93. . . Foi lindo. O Rio Grande cheirava a sangue. Quando se aproximava a hora do combate, ele ficava assanhado. Tinha perto de cinqüenta anos mas não se trocava por nenhum rapaz de vinte.

Por um instante o general se revê montado no seu tordilho, teso e glorioso, a espada chispando ao sol, a pala voando ao vento. . . Vejam só! Agora está aqui um caco velho, sem força e sem serventia, esperando a todo o instante a visita da morte. Pode entrar. Sente-se. Cale a boca!

Morte. . . O general vê mentalmente uma garganta aberta sangrando. Fecha os olhos e pensa naquela noite. . . Naquela noite que ele nunca mais esqueceu. Naquela noite que é uma recordação que o há de acompanhar decerto até o outro mundo. . . se houver outro mundo.

Os seus vanguardeiros voltaram para dizer que a força revolucionária estava dormindo desprevenida, sem sentinelas. . . Se fizessem um ataque rápido, ela seria apanhada de surpresa. O general deu um pulo. Chamou os oficiais. Traçou o plano. Cercariam o acampamento inimigo. Marchariam no maior silêncio e, a um sinal, cairiam sobre os "maragatos". . . Ia ser uma festa! Acrescentou com energia: "Inimigo não se poupa. Ferro neles! " Sorriu um sorriso torto de canto da boca. (Como a gente se lembra dos mínimos detalhes. . .) Passou o indicador da mão direita pelo próprio pescoço, no simulacro duma operação familiar. . . Os oficiais sorriram, compreendendo. O ataque se fez. Foi uma tempestade. Não ficou nenhum revolucionário vivo para contar dos outros. Quando a madrugada raiou, a luz do dia novo caiu sobre duzentos homens degolados. Corvos voavam sobre o acampamento de cadáveres. O general passou por entre os destroços. Encontrou conhecidos entre os mortos, antigos camaradas. Deu com a cabeça dum primo-irmão fincada no espeto que servira na tarde anterior para assar churrasco. Teve um leve estremecimento. Mas uma frase soou-lhe na mente: "Inimigo não se poupa".

O general agora recorda... Remorso? Qual! Um homem é um homem e um gato é um bicho.

Lambe os lábios gretados. Sede. Procura gritar:

—Petronilho!

A voz que lhe sai da garganta é tão remota e apagada que parece a voz de um moribundo, vinda lá do fundo do tempo, dum campo de 93.

—Petronilho! Negro safado! Petronilho!

Começa a bater forte no chão com a ponta da bengala, frenético. A neta aparece à porta. Traz nas mãos duas agulhas vermelhas de tricot e um novelo da lã verde.

—Que é vovô?

—Morreu a gente desta casa? Ninguém atende. Canalhas! Onde está o Petronilho?

—Está lá fora, vovô.

—Ele não ganha pra cuidar de mim? Então? Chame ele.

—Não precisa ficar brabo, vovô. Que é que o senhor quer?

—Quero um copo dágua. Estou com sede.

—Por que não toma suco de laranja?

—Água, eu disse!

A neta suspira e sai. O general se entrega a pensamentos amargos. Deus negou-lhe filhos homens. Deu-lhe uma única filha mulher que morreu no dia que dava à luz uma neta. Uma neta! Por que não um neto, um macho? Agora aí está a Juventina, metida o dia inteiro com tricôs e figurinos, casada com um bacharel que fala em socialismo, que fala na extinção dos latifúndios, que prega a igualdade. Há seis anos nasceu-lhe um filho. Homem, até que enfim! Mas está sendo mal educado. Ensinam-lhe boas maneiras. Dão-lhe mimos. Estão a transformá-lo num maricas. Parece uma menina. Tem a pele tão delicada, tão macia, tão corada... Chiquinho... Não tem nada que lembre os Campolargos. Os Campolargos que brilharam na guerra do Paraguai, na Revolução de 1893 e que ainda defenderam o governo em 1923...

Um dia ele perguntou ao menino:

—Chiquinho, você quer ser general como o vovô?

—Não. Eu quero ser doutor como o papai.

—Canalhinha! Patifinho!

Petronilho entra, trazendo um copo de suco de laranja.

—Eu disse água! —sibila o general.

O mulato encolhe os ombros.

—Mas eu digo suco de laranja.

—Eu quero água! Vá buscar água! Cachorro!

Petronilho responde sereno:

—Não vou, general de bobage...

O general escabuja de raiva, esgrime com a bengala, procurando inutilmente atingir o criado. Agita-se todo num tremor desesperado.

—Canalha—diz arquejante.—Vou mandar te dar umas chicotadas!

—Suco de laranja, —cantarola o mulato.

–Água! Juventina! Negro patife! Cachorro!

Petronilho sorri:

–Suco de laranja, seu sargento!

Com um grito de fera ferida o general arremessa a bengala na direção do criado. Num movimento ágil de gato, Petronilho quebra o corpo e foge ao golpe. O general se entrega. Atira a cabeça para trás e, de braços caídos, fica todo trêmulo, com a respiração ofegante e os olhos revirados uma baba a escorrer-lhe pelos cantos da boca mole, parda e gretada. Petronilho sorri. Faz três anos já que assiste a esta agonia. Vê e goza. Veio oferecer-se de propósito para cuidar do general. Pediu apenas casa, comida e roupa. Não quís mais nada. Só tinha um desejo: ver os últimos dias da fera. Porque ele sabe que foi o general Chicuta Campolargo que mandou matar o seu pai. Ah! Ele era pequeno mas se lembra de tudo. Uma bala na cabeça. Os miolos escorrendo para o chão. Só porque o mulato velho na última eleição fora um cabo eleitoral para a oposição O general chamou-o à Intendencia. Quis esboteteá-lo. O mulato reagiu, disse-lhe desaforos, saiu altivo. No outro dia. . .

Petronilho compreendeu tudo. Muito menino, pensou na vingança, mas com o correr do tempo, esqueceu. Depois a situação política da cidade melhorou. O general aos poucos foi perdendo a autoridade. Hoje os jornais já falam na "hiena que bebeu em 93 o sangue dos degolados". Ninguém mais dá importância ao velho. Chegou aos ouvidos de Petronilho a notícia de que a fera agonizava. Então ele se apresentou como enfermeiro. Agora goza. Provoca. Desrespeita. E fica rindo. . . Pede a Deus que lhe permita ver o fim. O fim que não tarda. É questão de meses, de semanas, talvez até de dias. . . O animal morre aos poucos. Passou o inverno metido na toca. Conversando com os seus defuntos. Gritando. Dizendo desaforos para os fantasmas. Dando vozes de comando: Romper fogo! Cessar fogo! Acampar! E dizendo coisas exquisitas assim: "V. excia. precisa de ser reeleito para glória do nosso invencível partido". Outras vezes olhava para o busto e berrava. "Inimigo não se poupa. Ferro neles".

Mais sereno, agora o general extende a mão, pedindo. Petronilho dá-lhe o copo de suco de laranja. O velho bebe, tremulamente.

Lambendo os beiços, como se acabasse de saborear o seu prato predileto, o mulato volta para a cozinha, a pensar em perversidades.

O general contempla os telhados de Jacarecanga. Tudo isto já lhe pertenceu. . . Aqui ele mandava e desmandava. Elegia sempre os seus candidatos: derrubava urnas, anulava eleições. Conforme a sua conveniência, condenava ou absolvia réus. Certa vez mandou dar uma sova num promotor público que não lhe obedeceu a ordem de "ser brando na acusação". Doutra feita correu a relho da cidade um juiz que teve o caradurismo de assumir ares de integridade e de opor resistência a uma ordem sua.

Fecha os olhos e sonha com a sua glória antiga.

Um grito de criança. O general baixa os olhos. Lá no jardim o bisneto brinca com os pedregulhos do chão. Seus cabelos louros estão incendiados de sol. O general contempla-o com tristeza e se perde em divagações. . .

Que será o mundo amanhã, quando Chiquinho for homen feito? Mais aviões cruzarão nos céus. E terá desaparecido o último "homem" da face da terra. Só restarão idiotas efeminados, criaturas que acreditam na igualdade social, que não têm o sentido da autoridade, fracalhões que não se hão de lembrar dos feitos de seus antepassados, nem... Oh! Não vale a pena pensar no que será amanhã o mundo dos maricas, o mundo de Chiquinho, talvez o último dos Campolargos!

E, arquejante, se entrega de novo ao devaneio, adormentado pela carícia do sol.

De repente a criança entra na sala correndo, muito vermelho.

—Vovô! Vovô!

Traz a mão erguida; seus olhos brilham. Faz alto ao pé da poltrona do general

—A lagartixa, vovozinho...

O general inclina a cabeça. Uma lagartixa verde se retorce na mãozinha delicada, manchada de sangue. O velho olha para o bisneto com ar interrogador. Alvorotado, o menino explica:

—Degolei a lagartixa, vovô!

No primeiro instante o general perde a voz, no choque da surpresa. Depois murmura, comovido:

—Seu patife! Seu canalha! Degolou a lagartixa? Muito bem. Inimigo não se poupa. Seu patife!

E afaga a cabeça do bisneto, com uma luz de esperança nos olhos de sáurio.

[As mãos de meu filho, Porto Alegre, Meridiano,
1952. 45-55.]

References:

Bacelar, A. "Ideologia e realidade em Erico Veríssimo." Anais do II Congresso Brasileiro de Crítica e História Literárias, São Paulo, Faculdade de Filosofia, Assis, 1963.

Barret, Linton Lomas. "Érico Veríssimo and the creation of novelistic character." Hispania, 29 (3 ago 1947) 321-338.

————. "Érico Veríssimo's idea of the novel: theory and practice." Hispania, 34 (1 fev 1951) 30-40.

Bettencourt, Rebelo de. "Érico Veríssimo e o romance brasileiro." Lisboa. Separata de: Gazeta dos caminhos de ferro. 1950.

Bezerra, João Clímaco. "Noite." O Jornal, Rio, 15 mai 1955.

Bloch, Pedro. "Entrevista com Érico Veríssimo." Manchete.

Brenner, Léa. "Tensão no Caribe inspira um romance de Érico Veríssimo." Cebela, Porto Alegre, 1:1 (ago 1965) 98-101.

Bruno, Haroldo. 171-174.

Campos, P. M. "Retrato de corpo inteiro." Manchete, 7 set 1957.

Cândido. Brigada. 71-82.

Carmo. 48, 55-56.

Carpeaux, Oto Maria. "Érico Veríssimo e a técnica novelística." Letras e Artes, 5 abr 1953.

Cavalheiro, Edgard. "Um romancista do Sul." Boletim do Ariel, 6:6 (mar 1937) 179.

Chaves, Flávio Loureiro, org. "O contador de histórias: 40 anos de vida literária de Érico Veríssimo." Porto Alegre, Globo. (E.V. is viewed by sixteen different authors.)

Condé, José. "Carta de E.V." O Cruzeiro, Rio, 25:10 (1952) 91.

Costa, Dante. "Caminhos Cruzados." Boletim do Ariel, 4:11 (ago 1935) 300-301.

Figueira, Gastón. "Dos escritores brasileños. I, Érico Veríssimo. II, Pádua de Almeida." Revista Iberoamericana, 19:38 (abr-set 1954) 167-170.

Foster, Merlin H. "Structure and meaning in Érico Veríssimo's 'Noite'." Hispania, 45:4 (dez 1962) 712-716.

Franco, Afonso Arinos de Melo. Idéia. 28-34.

Fusco. 118-124.

Holanda, Sérgio Buarque de. "O retrato." Diário Carioca, Rio, 10 fev 1952.

Jones, Carter Brook. "Brilliant Brazilian author wrote a historical novel of great significance." Washington Star, 16 set 1951.

Lacerda, V.C. "Érico Veríssimo e o romance brasileiro." Leitores e Livros, 3 (jul-set 1952).

Leiria, J. O. Nogueira. "Érico Veríssimo e os novos rumos do romance gaúcho." Província de São Pedro, Porto Alegre, 16 (16 dez 1951) 136-139.

Lins, Álvaro. I, 80-86.

Machman, F. "Os caminhos cruzados de Érico Veríssimo." Jornal do Comércio, Rio, 4 ago 1963.

Martins, Wilson. "Érico Veríssimo." O Estado de São Paulo, 9 dez 1967.

_____. "O fim dos Cambarás." O Estado de São Paulo, 7 jul 1962.

_____. Interpretações. 41-47.

_____. "Romance mitológico." O Estado de São Paulo, 6 jan 1962.

Mazzara, Richard A. "Paralelos luso-brasileiros: Eça e Érico." Luso-Brazilian Review, 1:2 (dec 1964) 63-73.

_____. "Structure and versimilitude in the novels of Érico Veríssimo." PMLA, 80:4 (set 1965) 451-458.

Menton, Seymor. "Érico Veríssimo e John dos Passos: dois intérpretes nacionais." Cebela, Porto Alegre, 1 (1965) 1-6.

Montenegro, Olívio. 171-175.

Morais, Carlos Dante de. " 'Noite' de Érico Veríssimo." Ilustração Brasileira, 239 (nov-dez) 36.

Moutinho, Nogueira. "Érico Veríssimo ou o senhor romancista." Folha de São Paulo, 25 ago 1965.

Murici. A nova literatura. 256-260.

Neves, J. A. "O Senhor Embaixador." O Estado de São Paulo, 28 ago 1965.

Olinto, Antônio. "Um romancista e seu mundo." O Globo, 6 ago 1965.

_____. In: Coutinho. A literatura. V, 369-377.

Ornellas, Manoelito de. "Veríssimo; o romancista do Sul." Dom Casmurro, 22 out 1938.

Pires, Alves. "Três romances brasileiros." Brotéria. 86 (1968) 682-691.

Pompermayer, Malori José. "Érico Veríssimo e o problema de Deus." São Paulo, Loyola, 1968.

Quadros. 209-215.

San Martin, Olinto. "Mensagem." Porto Alegre, A Nação, 1947. 139-154.

Simões, Crítica. 380-392.

Soares, Ubaldo. "Carta de E.V." O Congresso, Rio, 5:14 (mar-abr 1934) 56.

Various. "15 escritores e um menino perguntam a Érico Veríssimo." O Cruzeiro, Rio, 9 fev 1963. 87.

Velinho. 93-118. (2nd ed., Porto Alegre, O Globo, has additional data. 81-101; 187-198.)

Marques Rebelo
(1907-1973)

Edi Dias da Cruz (Marques Rebelo) was born on January 6, 1907, in Rio (Vila Isabel). His father, Manuel Dias da Cruz Neto, was a chemist and a teacher in the Escola Nacional de Química; his mother was Rosa Reis da Cruz. When he was four his family moved to Barbacena where he attended the school run by Dona Rosinha Ede, and at eleven he entered the Colégio Pedro II. In 1920 he began studying in the School of Medicine, but he changed his mind and went into business, which gave him the opportunity to travel for twelve years throughout Brazil.

Some of his poems appeared around 1926 in the magazine *Verde*, published in Cataguazes. He wrote from time to time for *Antropofagia* and *Leite Crioulo*, came to know Couto de Barros, Mário de Andrade, and Alcântara Machado, and managed the short-lived magazine, *Atlântico*.

While recuperating from an accident sustained just before his release from the Army (he served from 1926 to 1927), his literary vocation became clear to him and he realized the possibilities of portraying stable, pre-1914 middle class life. Putting his plan into motion, be abandoned poetry and avoided taking part in the heatedly political literary scene of the time. When *Oscarina* appeared in 1931 it was well received by such important literary figures as João Ribeiro, Agripino Grieco, Tristão de Ataíde, and Otávio de Faria. Another book in the same general vein, *Três caminhos* (1933), came out when the national literary stage was occupied by novels of the Northeast and went unobserved. However, in 1935 he launched his first novel, *Marafa* (since considerably revised), and it received the Machado de Assis Prize. Another, *A estrela sobe*, published four years later, had to wait several years to be "discovered."

In 1942 he went into industry. That year he published a collection of short stories titled *Stela me abriu a porta*. He had previously tried the theater, children's literature, and a biography, *Vida e obra de Manuel Antônio de Almeida*. Meanwhile, he did a number of translations, traveled throughout South America and Europe, founded a number of museums of art, and published *Suite n. 1*

(1944) and *Suite n. 2* (1949), which carry the general title of *Cenas da vida brasileira*. After 1951 he was active in journalism, writing for *Última Hora*. As the result of European trips, the first in 1951 and 1952, to eastern Europe, and the second to Czechoslovakia, Sweden, and Russia in 1954, he wrote *Correio europeu* and *Cortina de ferro*. His latest novel, which is in diary form, *O trapicheiro* (1959), received the Novel Prize of the Instituto Nacional do Livro for 1960. It constitutes the first of a proposed seven volume survey on Brazilian life which goes under the collective title of *O espelho partido*. The author was a federal school inspector, was married in 1933, and had two children. The year 1965 marked his entry into the Brazilian Academy of Letters. He died in 1973.

Critical Commentary:

Marques Rebelo began his literary career as a Modernist poet and his poems appeared in such magazines as *Verde*, *Revista de Antropofagia* and *Atlântico*. Although poetry always continued to play a basic role in his work (he had a poetical attitude, perspective, and way of seeing things, a particularly lyrical and, in some cases, an almost Romantically sentimental view of the world), he nevertheless gave up verse and became active in several prose forms, especially those offering him ample opportunity to display his ability to report, describe, and criticize.

That important change in direction gave rise to his sympathetic yet critical attitude toward the Brazilian scene. The result is that all his literary endeavors together produced a rather detailed picture of middle class life. *Oscarina* (1931) was his universally lauded first step in that direction. It, along with *Três caminhos* and *Stela me abriu a porta*, are mainly composed of sketches, but contain several excellent stories; although not so contrived, perhaps, as some of his later fiction, they count among his best fictional efforts.

Marafa is his first novel. It received the Grande Prêmio de Romance Machado de Assis and was thoroughly re-written for two subsequent editions. Both it and *A estrela sobe* describe an intrinsically lower middle class world where the very human characters struggle to achieve recognition against great odds, some inherent in themselves, some basic to the social complex, and others typical to human nature and the conflicting interests of their individual goals. It is a particularly plastic world, realistically portrayed, in which the characters and their ambient come alive and take on real three-dimensional form. Action is multi-planed and episodic. Plots are loose, diffuse, and simply serve to place the characters in confrontation within specific cariocan physical and social scenes and cause us to lament the sad and unjust fate that overcomes them. The fictional creation is not of so high an order as is the depiction of the totality of the ambient. The analysis is truly profound and wholly plausible. The play *Rua Alegre, 12* shares these same characteristics and similarly suffers from an excess of spontaneity.

Rebelo was always an active journalist and as time went by it became evident that reporting, evoking, and criticizing were his real fortes. This penchant, apparent in his first sketches and stories and further developed in his early novels, became more striking in the annotated logs of his sojourns in Minas Gerais (*Suite n. 1* and *Suite n. 2*) and in Europe (*Cortina de ferro* and *Correio Europeu*). Finally it achieved complete maturation in the more ample form of the diary novel. In this genre he successfully combined his fully developed talents as a reporter and commentator with his earlier accomplishments as a creator of fiction. For this hybrid genre (*O trapicheiro* and *A mudança*) he has shown a marked predilection and has revealed to the fullest his special aptitudes.

In these fictional diaries (*O trapicheiro* won the Carmen Dolores Barbosa and the Jabuti prizes) he intersperses social and political history and biography with fictional characterization and maintains a perceptive and often ironical running commentary concerning the time frames encompassed. So convincing is the use of the diary that the reader is at pains to believe it fiction and not autobiography. Although Rebelo made significant contributions to scholarship in his studies on Manuel Antônio de Almeida, briefly essayed the theater, and maintained unabated his interest in children's literature, it was chiefly toward the highly personalized, report-like genres that he progressively moved.

Although careful and correct, his style is episodic and jerky, suggesting a series of movie shorts. The development is normal, diffuse, without surprises, and relatively slow. The themes he treats, regardless of the genre or the time of composition, are generally customs, events and things he has experienced first-hand. The situations, albeit very plausible and often touching, usually have little repercussion. His language is particularly cariocan in speech patterns and vocabulary. At bottom, Rebelo is a moralist and reformer, but his romantic sensibility always shies away from the sordid. Indeed, he has a poet's soul and uses poetic techniques in his prose. Although not without its sadness, life for him is the ultimate value and poetry itself.

The moralizing, didactic tendency is especially evident in his frequent irony and in the character of his observations in such books as *Suite n. 1*, *Suite n. 2*, *Cortina de ferro*, *Correio europeu*, *O trapicheiro* and *A mudança*. In the latter two, specific references are made to many facets of the Brazilian scene, at times directly and again with the identity of the persons involved not too seriously camouflaged. Rebelo the altruist is seen in his children's literature, done principally in collaboration with Arnaldo Tabaiá and Santa Rosa. Independence of action and personal honesty, coupled with the courage to express his opinions publicly, are constants throughout his work.

Selected Reading and Other Texts:

Três caminhos (especially "Circo de coelhinos"); Rua Alegre, 12.
Barbosa and Cavalheiro, Obras-primas do conto, 263-269; Magalhães Júnior, O Conto do Rio de Janeiro, 267-274; Murici, A nova literatura, 366-371; Perez, I, 283-288; Scott-Buccleuch and Oliveira, 465-470.

Principal Works:

Sketch and Short Story:
Oscarina (Rio, 1931)

Três caminhos (Rio, 1933)
Stela me abriu a porta (P. Alegre, 1942)

Miscellaneous:
Vida e obra de Manuel Antônio de Almeida (Rio, 1943)
Cenas da vida brasileira, Suites nos. 1 e 2 (Rio, 1944 and 1951)
Bibliografia de Manuel Antônio de Almeida (Rio, 1951)
Cortina de ferro (S. Paulo, 1956)
Correio europeu (S. Paulo, 1959)

Novel:
Marafa (S. Paulo, 1935)
A estrela sobe (Rio, 1939)
O trapicheiro (S. Paulo, 1959)
A mudança (S. Paulo, 1962)

Theater:
Rua Alegre, 12 (Curitiba, 1940)

Children's literature:
ABC de João e Maria [With Santa Rosa] (1938)
A casa das três rolinhas [With Arnaldo Tabaiá] (1939)
Tabuada de João e Maria [With Santa Rosa] (1939)
Amigos e inimigos de João e Maria [With Santa Rosa] (1940)
Aventuras de Barrigudinho [With A. Tabaiá] (1942)
Pequena história de amor [With A. Tabaiá] (1942)
Cartilha o cruzeiro [With Herberto Sales and Santa Rosa] (1958)
Pasteur, o inimigo da morte (1960)
Florence Nightingale, a dama de lanterna (1960)
O simples coronel Madureira (Rio, 1967)
Obras completas (S. Paulo, 1954-   )

CIRCO DE COELHINHOS

Isabel, Beatriz dos olhos cor de mel, e Loló e Silvino, na farândola infantil dos meus amores, dançaram com Dodô e dois coelhos.

—Sim, dois coelhos, Chegaram numa cesta de tampa em certo domingo morno de novembro, quando na casa de tia Bizuca, onde eu morava e que era no Andaraí, apontavam os ramos do pomar os primeiros sapotis inchados.

—São de raça—disse seu Manuel, chacareiro, valorizando o presente que me trazia—angorás legítimos—mostrava, suspendendo-os pelas orelhas, que ao meu protesto por tamanha barbaridade foi explicado ser o processo usual e correto de se pegar coelhos.

Angorás, ou não, jamais houve coelhos tão queridos, lindos que eu os achava, brancos, peludos, olhos vermelhos, orelhas róseas—dois amores!

Minha vida até aí era um suceder de brinquedos e mais brinquedos, pique, cabra-cega, tranquinadas na chácara que subia até o morro, barulhentas correrias nas salas vazias do porão habitável, nem eu podia acreditar que outra fosse a finalidade das crianças. Foram eles, aqueles alvíssimos pompons, que me fizeram ver, além do mundo despreocupado dos folguedos, um outro mundo maior, que o colégio desvendava aos outros meninos—o das obrigações. É que a escola para mim fora suave. Longas as férias, poucas as aulas no pavilhão aberto dos menores, que assistia quando bem queria. Nas mãos inteligentes de D. Judite, maternal, paciente, os métodos modernos dulcificavam asperezas. E havia, sobretudo, a ordem expressa de titia, que "não puxassem" por mim. Foram eles, repita-se, que me trouxeram a noção das primeiras obrigações, mas, longe de me rebelar contra elas, com que amor e alegria a elas me entreguei! "Está na hora de botar água para os coelhos" —e cataclismo nenhum teria a força de me impedir. Penteava-os, catava-os, levava-os a passear no jardim, roseiras, só roseiras, que no reino das flores eram a paixão de titia; recusava ao Taninho passeios dominicais no automóvel de seu pai, uma *Benz*, e eu ficava com eles, móveis fontes dos meus meticulosos cuidados. Um escravo, um escravo, confesso, fiquei das suas necessidades, pequeninos tiranos inocentes.

Não só de tirano, também de sábios aventurei chamá-los aqui (adivinha-se lá sob tanta brancura quantos segredos traziam), tanto assim que não deixavam parar no mundo as obrigações e série de revelações que a mim naturalmente, se propuseram, e trouxeram-me o amor.

Amei-os com a ternura dum namorado. Enfartava-os de carícias. Aos meus sôfregos abraços desabava a chuva de protestos de titia: "Você, um dia, acaba matando estes bichos de tanto espremer". Cobria-os de beijos, deixava-me nos cantos solitários da casa, ignorante das horas, em intermináveis conversas com eles, respondendo-lhes coisas como se mas perguntassem. Perdi a realidade, deixei de distingui-los, fundia-os num único coelho, um coelho maior que todos os coelhos jamais vistos, quase do meu tamanho, vivendo como gente, falando e rindo como gente, vestindo-se à marinheira como eu.

Veio com o amor o séquito das suas dores. Que de torturadas horas da minha meninice vocês, adorados, bicharocos, foram a causa! Amava-os demais para não sofrer com o meu amor. O ciúme fez a sua estréia no meu coração e, feroz, me consumia. Também não era para menos: tinha um rival, e de que força, anjos do céu— um rival terrível, Silvino, molequinho dois anos mais velho do que eu, que tia Bizuca tomara para criar, com três dias apenas, por morte da mãe, preta que, fielmente lhe servindo, gastara sem usura a mocidade.

Se na casa eu tinha o prestígio do sangue, ele mantinha o do tempo, de que se servia com successo, principalmente entre a criadagem. "Isso se deu antes do senhor ter vindo para cá", diziam-me quando se falava de acontecimentos passados. "O Silvino é que sabe tudo direitinho". Realmente sabia e, olhando-me de lado, um sorriso zombeteiro que mal se percebia, contava tintim por tintim, detalhado, supérfluo, pois não ignorava que assim fazendo me humilhava. Era o antigo, era, não se podia negar—aproveitava-se disso. Defendia-se do intruso, afinal, o intruso que era eu, finório e humaníssimo Silvino.

Terrível rival, astuto como possam sê-lo os mais, rival das oportunidades esquivas como me lembro dele, agora, os olhos bisbilhoteiros, a cara redonda de mico, a carapinha muito rente, a esperteza dos trejeitos gaiatos, a dentadura soberba de fortaleza e alvura.

Doeu-lhe o presente do chacareiro. Por que não ganhara também? Que fizera eu para merecê-lo? Ele, sim, tinha direito. Ajudava o Manuel na chácara, carregando estrume no carrinho de mão, varrendo a estufa das begônias, levando-lhe a comida, regando-lhe as plantas, auxiliando-o na podação sistemática dos ficus benjamim, tapume verde e compacto que defendia o terreno dos olhos devassadores da vizinhança. Era justo. E fora eu quem recebera o presente, eu, grande patife o Manuel, miserável chaleira, "quando tinha raiva do português não era à toa". Só porque eu era o sobrinho, só. Ah! não ganhara? Que importa?! Saberia disputar a mim o afeto dos bichos. Saberia e soube. Se, por exemplo, eu lhes dava alface, ele a substituia logo pela que corria a buscar, pois que somente ele conhecia, na horta que não lhe guardava segredos, o canteiro em que vicejavam as folhas mais frescas, os grelos mais tenros.

Na luta aberta, tomava o meu partido: eram meus, não eram? Pois então, tome, bacurau beiçola, e trazia-os ao colo, dia e noite, não consentindo que ele lhes tocasse com um dedo. "Visse com os olhos!" Afagava-os na sua frente para lhe fazer pirraça: "Meus anjinhos". Que ele sofria, sofria, mas não se dava por achado e sorria-me: "Dia virá", pensava. A paciência foi premiada e o dia veio, negro dia em que tive de ir para o colégio, um colégio diferente, sério, rigoroso, com horários a que não podia fugir, pois como dizia tia Bizuca, já estava um marmanjão, era preciso entrar feio e forte no estudo para ser gente na vida.

Como padeci, Deus o sabe. Intermináveis aulas de *seu* Silva, que ensinava tudo, menos ginástica, explicando sempre, aborrecidamente, numa lição o que iria tomar na outra. Gramática, geografia, que me importava saber verbos e substantivos, se o mundo era redondo ou quadrado, que me importava, se o meu mundo era os meus coelhos! *Seu* Silva falava alto, eu, porém, não o ouvia; meu pensamento mergulhava-se na dúvida cruel: que estará fazendo o Silvino com os meus coelhos? Devorava com os olhos impacientes o implacável relógio do corredor, infinito corredor sonoro, com dez janelas para o recreio, pista de astúcia onde os bedéis se exercitavam, surgindo inesperadamente na porta das classes, surpreendendo os desprevenidos alunos faltosos. Que estará fazendo? E os ponteiros não andavam. Perdia-me no labirinto das conjeturas: estará acarinhando-os, coçando-os, levando-os para pastar no quintal? . . . Das problemáticas suposições, *seu* Silva me despertava:

—"De que é que estou tratando, *seu* Francisco?"

Não sabia. Ganhava castigos.

Em casa, mal chegando, sacola para um lado, um beijo apressado em titia, e corria a vê-los. A brancura dos pelos não guardava a marca das pretas mãos odiadas. Os olhos vermelhos nada denunciavam. Batia-lhes, ciumento, furioso. Amedrontava-os, queriam fugir, orelhas caídas, eu os abraçava, quase chorando, com loucura.

No serão da sala de jantar, titia tricotando, eu preso aos deveres passados para
fazer em casa, era ele, o bandido, que puxava o assunto para me ferir:
—Eu hoje, sabe, *seu* Francisco? , fui com os seus coelhos até a padaria.
Eu me mordia:
—É? . . .
Silvino via que a chaga estava aberta, sangrando, e remexia-a mais, deli-
ciando-se com a minha agonia:
—Tá bom, vou até l'embaixo ver se eles estão direitinho— e saía devagar,
empurrando as mãos nos bolsos, um esgar de vingança satisfeita no canto da
boca.
Meu desespero chegava ao auge. Um pouco mais e estourava. A caneta na mão
nervosa fazia uma letra mil vezes pior do que verdadeiramente era; pulava palavras no cópia do "Coração", trinta e nove menos quinze davam doze no problema das laranjas.

                              *   *   *

Maio plácido, ameno, maio das sinetas tocando para a bênção, pelo tombar
das tardes, na capela do asilo, maio trouxe, na casa de titia, além da muda dos
canários, algumas tangerinas temporãs e um infausto acontecimento: a morte de
Silvino, atropelado pelo caminhão do gelo, quando fora à praça botar uma carta
no correio.
Não morreu logo. Veio berrando lancinantemente nos braços de transeuntes
solícitos, o caixeiro da venda à frente, abrindo caminho, gesticulando, explicando o acidente.
À noite delirou e o delírio fê-lo autor confesso duma infinidade de malan-
dragens miúdas, tijolos de goiabada furtados da despensa, carretéis de linha que
voavam da cesta de costura, colherinhas de prata enterradas no terreiro, Mais
ainda, fez aclarar o grande mistério das rosas. É que, durante meses, diariamente
aparecia juncado de pétalas o chão do roseiral, sem que nenhum vento noturno
tivesse soprado, destruidor. Como o roseiral era fechado por altos muros, a
repetição quotidiana do fato preocupava bastante tia Bizuca, que já aceitava a
suposição de D. Marocas Silveira, espírita, que fosse obra de algum espírito
gaiato e mistificador. E era ele, Silvino, o vândalo das flores, que possuído de
não sei que estranha volúpia, ia, na calada das madrugadas, pois acordava com os
galos, ocultamente desfolhá-las, sem que ninguém o apanhasse.
Titia chegou a rir com a inesperada descoberta.
—Ah, gibi sonso, então era você, hein, seu pândego? . . . Deixe ficar bom que
vai ver só. . . —ameaçou-o.
Ela ignorava a gravidade do acidente. Soube-a no outro dia, pela manhã,
quando o raio X confirmou o diagnóstico do seco Dr. Gouveia, que abanava a
cabeça:
—Nada, minha senhora, nada é possível fazer, além do que está feito. Só um
milagre —fratura da bacia, interessando seriamente a espinha. . . —só um milagre
—repetia com um nítido acento materialista.
—Mas, doutor. . .

Ele atalhou, piedoso:

—Vou-lhe dar morfina para que sofra menos.

Titia, então, dedicou-se-lhe toda. Incansável, extremosa, dum lado para o outro, vê isto, vê aquilo, o dia inteiro, velou-o quatro noites, sem pregar olho.

Na quinta noite, seriam onze horas, a lâmpada envolta com um papel pardo, porque ele não suportava a luz, Silvino despertou da pesada letargia que lhe provocara a última injeção:

—Madrinha—sussurrou.

—Que é? Estou aqui —e titia, rápida, saiu da sombra, donde, encolhida num banquinho, ficara insone, vigiando-o.

—Sei. Me dá a sua mão.

Deu-lhe e lele levou-a, dificilmente, aos lábios. Lágrimas escorriam-lhe dos olhos que foram tão redondos e espertos e se mostravam naquele instante, tão esbugalhados e baços.

—Bênção.

Titia adivinhou qualquer coisa:

—Que tolice, meu filho, dorme.

Filho? Silvino fez um esforço, procurou a boca que se confessava maternal e repetiu:

—Bênção. Estou cansado de sofrer, madrinha.

Apertou-lhe a mão com mais força, apertou-lhe, largou-a bruscamente. A cabeça tombara para o lado da parede.

—Francisco! Alexandrina! Meu Deus! Uma vela!

Todos correram. Titia já se encontrava ajoelhada. Caímos de joelhos, também, rezando. A vela começou a arder, branca, muito branca, trêmula e brilhante, na mão crioula do pequenino morto. Titia soluçava alto.

* * *

Tia Bizuca, olheiras roxas, marcadas, mais magra, mais acabada, no largo vestido preto, nada poupou para o enterro. "Pobre Silvino! " —chorava pelos cantos, entre os braços consolativos das vizinhas. A casa se encheu, que o traquinas, muito alegre, muito serviçal, era estimado nas redondezas.

Acompanhei-o até ao Inhaúma, no primeiro táxi após o coche, levando no rosto o prazer da novidade, através das ruas que os homens descobriam. Lá o deixei para sempre, na tarde tépida, opalina, sorridente, lá o deixei coberto com rosas, com todas as rosas que o roseiral precioso de titia ofereceu naquele dia, rosas brancas irmãs das que ele, por tanto tempo, tão prodigamente despetalara.

Na casa deserta das suas gargalhadas, rascantes, comprimidas —hi, hi, hi, —me senti único no amor dos meus coelhos. Pouco, porém, durou a alegria da exclusividade. A falta de concorrência me tirou, talvez, o apaixonado estímulo, talvez o futebol a que, então, me entreguei com ardor, não posso dizer, certo foram ficando abandonados os alvos objetos da minha primeira paixão. Aliás, já não se mostravam possuidores da famosa brancura dos passados dias de rivalidade. Sujos, maltratados, vagavam esquecidos pelo quintal, pela horta, onde quisessem, livres, e emporcalhando na lama, no depósito de carvão, pegado ao galinheiro.

Deixei de vê-los, nem mais ia ao quintal. O Manuel, quando me encontrava na cozinha, não mudava a chapa:

–*Seu* Francisco está ficando um moço. Não quer saber mais de coelhos–e piscava o olho com sobrancelhas carregadas.

É, é –respondia confuso e, me esquivando pelo corredor, passei a fugir deles às léguas. Morreram, um dia, cegos; os olhos como contas vistosas perderam a cor, se cobriram de um véu opaco. Morreram, um dia, cheios de calombos na barriga, que amedrontavam titia: "Será bubônica, Virgem Santíssima? ! " Não, era velhice, explicou Manuel que, ao que parece, tudo sabia a respeito de seme-lhantes animais. Morreram. Titia, penalizada, esperou que também me entris-tecesse. Como, porém, não sentisse tristeza alguma, procurei esconder-lhe este indício de perigosa insensibilidade:

–Foi melhor assim, minha tia Coitados, estavam sofrendo tanto.

Titia se afastou:

–Tem razão, meu filho. Foi melhor assim.

No íntimo o que eu sentia era uma completa libertação. A bola era minha idéia fixa. Jogava de "back", jogava mal, jogava como criança, mas jogava.

[Barbosa e Cavalheiro. Obra-primas do conto brasileiro. S. Paulo, Martins, 1943. 263-269.]

References:

Abranches, Augusto dos Santos. Um retrato de Marques Rebelo. Rio, MEC, 1958.

Aguiar Filho, Adonias. Modernos ficcionistas. 169-178.

Andrade, Mário de. O empalhador. 111-114.

Araújo, Hélio Alves de. "Marques Rebelo: poeta morto." Florianópolis, Cader-nos do Sul, 1956.

Barbosa, Francisco de Assis. Le roman, la nouvelle et le conte au Brésil. Paris, Pierre Sechers Editeur. 1953.

Barros. Espelho. 295-301.

Carmo, Pinto do. Novelas e novelistas brasileiros. Rio, Organização Simões, 1957.

Carpeaux. Livros. 262-266.

Coutinho. A literatura. 2nd ed. V, 223-225.

Faria, Otávio de. "Três caminhos." Boletim do Ariel, 2:10 (jul 1933) 285.

Franco, Afonso Arinos de Melo. Portulano. São Paulo, Martins, 1945. 54-61.

Freitas, Bezerra de. Forma e expressão no romance brasileiro. Rio, Pongetti, 1947.

Grieco. Evolução da prosa. 2nd ed. 236.

——————. Gente nova. 110-119.

Houaiss, Antônio. "Crítica avulsa." Salvador, PDB, 1960.

Kirschenbaum, Leo e Jack H. Parker. La cultura y la literatura iberoamericanas. México, Ediciones de Andrea, 1957.

Leite, Sebastião Uchoa. "Entrevista com Marques Rebelo." Cadernos Brasileiros, Rio, 53 (1969) 57-67.

Lima, Alceu Amoroso. Estudos. V, 34-40.

Lins, Álvaro. III, 197-205.

Milliet. Diário. V, 185-189.

Minas Gerais. 2 dez 1967. Número do suplemento dedicado ao autor.

Morais Neto, Prudente de (Pedro Dantas). "Crônica literária." A Ordem, 6:20 (set 1931) 104-176.

Murici. A nova literatura. 363-366.

Perez. I, 277-282.

——————. "Escritores brasileiros contemporâneos." Correio da Manhã, Rio, 11 ago 1956.

Proença, Manuel Cavalcanti. Estudos. 493-499.

Rebelo, Luís Francisco. "Teatro brasileiro contemporâneo e um dramaturgo." Atlântico, Rio-Lisboa, nova série, 22 mai 1946.

Ribeiro, João. "Oscarina." Jornal do Brasil, 10 jun 1931. Also in: Os modernos. 319-320.

Tabaiá, Arnaldo. "Os contos de Marques Rebelo." Boletim do Ariel, 2:12 (set 1933) 327.

Otávio de Faria

(1908-   )

Contemporary Brazil's leading novelist of middle class morality was born October 15, 1908, on Larangeira Street, in Rio de Janeiro, and spent his childhood in that city. His mother, Maria Tereza de Almeida Faria, and his writer father, Alberto Faria, used to spend their summers in Petrópolis.

After studying at home and with private teachers, he entered the Colégio Santo Antônio Maria Zacaria in 1922 where he proved to be a good student. Following graduation in 1927, he spent a year reading before entering the Faculdade Nacional de Direito. Along with Gilson Amado, Américo Lacombe, Thiers Martins Moreira, San Tiago Dantas, and others, he founded the Centro Acadêmico de Estudos Econômicos e Jurídicos, nicknamed the "Caju." Although he did well in law, he never practiced it: just prior to taking his degree, he decided that law was not for him and, since he had means of his own, he determined to dedicate himself to literature, the only exception being the three months in 1936 when he acted as director of the Faculdade de Filosofia da Universidade do Distrito Federal.

In 1927 he began to write for *A Ordem* of the Centro Dom Vital, as well as for *Literatura*, then managed by Augusto Frederico Schmidt, in which he did literary and movie criticism. Early interested in the movies, he and his friends founded the "Chaplin Club" which, until the advent of talking pictures, showed films and sponsored a magazine titled *O Fan* from 1928-1930. Faria's interest, however, continues, and he has a multi-volumed work titled *História do cinema* in preparation. He is also an ardent soccer fan. In 1929, he went to France and Italy, and since that time has made several leisurely stays in Europe.

Although his first books dealt with right-wing politics, *Maquiavel e o Brasil* (1931), *Destino do socialismo* (1933) and literary criticism, *Dois poetas* (1935), Faria's life work is wrapped up in the voluminous cyclic production which carries the general title of *Tragédia burguesa*. The first book in the series, *Mundos mortos*, appeared in 1937.

Faria is single, is a Catholic, and customarily writes into the small hours of the morning. His brothers-in-law are Alceu Amoroso Lima and Afrânio Peixoto.

Critical Commentary:

When Otávio de Faria published *Mundos mortos* in 1937 he revealed a grandiose plan to portray, through a series of fifteen novels, the tragedy of the middle class in Brazil. That Balzacian undertaking was apparently envisaged when the author was still a youth. To date he has succeeded in achieving a large part of that amibitious program. Despite the author's denials, it seems clear that one of his purposes is to sermonize youth, put them on the road to clean habits and good Christian living, for he moralizes in that vein at every turn. On the other hand, he seems inspired in a Baroque-like way to "write out" his own salvation, using his novels as an instrument of catharsis.

He rails, not against the middle class per se, but rather against its spirit, for that social group, he alleges, is the offspring of the Devil, who he claims is an indispensable part of the world. He aims to show that good and evil are at odds in everyday life, and that Christ is not at all dead, but alive, bleeding, and in agony. He is didactic, an essayist at bottom, obsessed by problems of sex, and he appears to have lived literature more than life itself. Interested in destinies more than in lives, he focuses on problems of free will or conscience, that is, on man in relation to God, as well as on man in relation to man, and man in relation to himself. His works then bear on metaphysics, sociology, and on psychology. Thus, the theme of his novels is really the human condition. Basic subthemes are lack of faith, immorality, the absence of love, and sex, the latter being considered the road to the Devil. His works underline the extreme difficulty of communication, all the more reason why the achievement of love itself is hard to attain. Since love and ideals are almost absent in his view of the middle class, men are portrayed as animals—and women too—but the latter possess the saving grace of constance, even when they do not have love. In short, Otávio de Faria preaches against sin. Each book in the vast tapestry he weaves is a somewhat loose and amorphous, but cyclic spinning out of episodes. Each character is treated successively and the reader sees reality from several viewpoints, although more importantly from that of the ubiquitous, omniscient narrator, who intervenes—as does the author himself—to talk with and lecture the reader, for Faria becomes a commentator and protagonist in his own novels. The successive books are woven together through reappearing characters and episodes and the author feels constrained frequently to send the reader back through footnotes to earlier novels where the antecedents to a particular incident are to be found. New episodes appear, of course, others vary in time, and new characters come on the scene, but there is an insuperable sensation of sameness.

The setting is geographically Rio de Janeiro, but there is no real commitment to that city. Socially and morally speaking, it is an upper middle class ambience characterized by material well-being and moral bankruptcy.

The plots recall medieval contests between good and evil, each being represented by characters of whom Branco probably reflects more closely the soul-searching preoccupations of the author. The characters, mostly tragic, despairing, and rebellious failures, are very sensitively studied in their thoughts, acts, and relationships, especially the adolescents and youths. We see their temptations, anguish, backslidings, and defeats as they succumb to sin. The large amounts of effective dialog are particularly revealing. The psychology is good and does not deteriorate into clinical case histories.

There is an air of predestination encompassing the characters. They are reasonably complicated and not all of one piece. The principal ones seem in some sense possessed. The atmosphere is filled with selfishness and passion. By and large there is very little drama and the trajectory is quite flat. The beginnings, particularly in the later novels, are often unexciting because of the stage-setting the author feels constrained to give in order to tie them into earlier works. Because of the panoramic plan involved, perhaps, the endings likewise tend to be somewhat arbitrary and left up in the air. The one-planed development is amorphous and slow. Events are focused successively both through close-ups and in retrospect, and there are fadeouts and cuts. Interior monologues and soliloquies are frequent, but rendered through the third person. The tone is subdued, anguished, dead serious, and little varied. The rhythm is slow, none of the works is dramatically composed, and there is very little suspense. Emotion is low-keyed. The most stirring moments in the Tragédia Burguesa are those in which the author becomes a character himself and imprecates against the immorality of the class. Detailed portrayals of the mores of the group are depicted with principal reference to matters of sex and religion. Except for the characters' unusual frankness and generosity as they talk about their intimate lives, the world pictured is quite plausible.

The language is somewhat stuffy. The linguistic rhythm, as in the case of the development of the plots themselves, is quite plodding, as required perhaps by the considerable detailing of the characters' thoughts. The author is not as subtle as he might be in his didactic use of the novel form, for there is often more moralization than novel.

Selected Reading and Other Texts:

Mundos mortos.
Moisés, Textos, 491-497; Perez, I, 311-313.

Principal Works:

Essay:
Maquiavel e o Brasil [Estudo político-social] (Rio, 1931)
Destino do socialismo (Rio, 1933)
Dois poetas [A.F. Schmidt and V. de Morais] (Rio, 1935)
Cristo e César (Rio, 1937)
Fronteiras da santidade (Rio, 1940)
Significação do Far-West (Rio, 1952)
Coelho Neto, Romance (Rio, 1958)
Pequena introdução à história do cinema (S. Paulo, 1964)

Novel:
Mundos mortos (Rio, 1937)
Os caminhos da vida (Rio, 1939)
O lodo das ruas [2 vols.] (Rio, 1942)
O anjo de pedra (Rio, 1944)
Os renegados (Rio, 1947)
Os loucos (Rio, 1952)
O senhor do mundo [Os caminhos da santidade, II] (Rio, 1957)
O retrato da morte [Os renegados, II] (Rio, 1961)
Ângela ou as areias do mundo (Rio, 1963)
A sombra de Deus (Rio, 1966)
Novelas da masmorra (Rio, 1966)

Theater:
Três tragédias à sombra da cruz (Rio, 1939)

MUNDOS MORTOS
Segunda Parte
II

Naquele dia, Roberto não teve fome para jantar, nem coragem para conversar com ninguém. Parecia-lhe que todos já sabiam do sucedido e só esperavam o momento oportuno para falar. Logo após o café, trancou-se no quarto, sob pretexto de ter muito que estudar para o dia seguinte. Uma dor de cabeça tenaz, trazida do colégio, conservou-o acordado até de madrugada. Nenhum remédio fez o menor afeito. Era como se a dor fosse solidária com o seu estado de contrariedade.

Só então compreendeu, verdadeiramente, o que tinha acontecido à tarde e quanto o golpe sofrido era irreparável. Foi como se uma onda de sangue lhe tivesse subido à cabeça; sentiu-se perdido de raiva, de humilhação, capaz de destruir não importa o que achasse na sua frente. Nada fez de violento, mas deixou-se ficar caído na cama, num tamanho desespero que, durante alguns segundos, tudo ficou confuso e nublado na sua cabeça. Depois, aos poucos, voltou a si, mas a irritação persistiu em toda a sua força.

Tanto o Reitor como padre Luís o tinham tratado mal. Honestamente, não se trataria um moleque ou um crápula daquela forma. De posse de uma página do seu Diário, antes de procurar indagar o que realmente havia, tinham preferido fazer uma interpretação absurda, ridícula, deturpando o seu sentimento. A censura se seguira, estúpida, humilhante. Ainda pior: valendo-se da possibilidade de expulsá-lo, poucos meses antes do fim do curso, tinham-no obrigado a ouvir insultos e misérias, incríveis deformações dos seus sentimentos.

Do Reitor, não se espantava. Nem mesmo de ele ter querido aproveitar uma vantagem momentânea para forçá-lo a se confessar, valendo-se assim, da situação de excepcional dificuldade em que estava. Mas, por parte de padre Luís, era realmente estranha aquela atitude. Por mais que o tivesse protegido dos excessos do Reitor — e adivinhava quanto devia ter intercedido em seu favor para abrandar rigores mais funestos — não deixara de tomar parte, e sempre de um modo desagradável, repugnante mesmo. Também ele deturpara, também ele colaborara fartamente na humilhação. Não queria mais nada com ele. Voltar-lhe-ia as costas, da primeira vez que tentasse lhe falar. Considerava-o culpado, quase tanto quanto o Reitor. O simples fato de estar de acordo com aquela encenação vergonhosa bastava para condená-lo. Um padre decente, correto, como sempre pensara que ele fosse, teria de início se recusado àquela sujeira, àquele inexplicável intrometimento na sua vida, nos seus sentimentos íntimos. Teria convencido o Reitor de que se tratava de um papel particular. Um triste descuido (única coisa a censurar) deixara-o entre outros papéis sem importância. . . e nada mais. Se um acaso infeliz o entregara à sua bisbilhotice, devia certamente não ter visto, fingido ignorar tudo, como se costumava fazer entre gente de bem.

Padre Luís podia ter agido assim. Mesmo que não o fizesse por amizade: —por honestidade, por uma questão de dignidade. Não eram ambos da mesma qualidade moral, não pertenciam até a famílias ligadas pelo sangue? Ora, em vez dessa solidariedade, desconfiara dele. E se pusera ao lado do Reitor, auxiliando-o na tarefa de puni-lo. Ainda por cúmulo, lembrando ele próprio, na hora, a destruição de seu Diário. . . como se se tratasse de alguma miséria, de alguma lepra moral — de alguma coisa, enfim, que ele pudesse consentir em rasgar.

No momento, suportara tudo porque, tomado de surpresa, fora logo aceitando uma culpabilidade que o aterrava. Dominado pelo tom irrespondível do Reitor, permanecera todo o tempo calado, de pés e mãos atados pelo respeito e, sobretudo, pela preocupação de evitar a expulsão ignominiosa com que o ameaçavam. Só depois respirara. Só depois pudera raciocinar livremente. E só agora via bem o absurdo da interpretação que aqueles padres tinham dado aos seus sentimentos por Carlos Eduardo — a isso que considerava a grande paixão de sua vida. Só agora compreendia, também, quanto fora fraco prometendo destruir o Diário — aquele caderno azul e preto tão querido, onde narrara a sua paixão, dia por dia — como se fosse possível, como se em algum momento tivesse tido a intenção de praticar um crime daqueles!

Na verdade, o que aqueles dois padres cheios de malícia tinham pensado, exatamente, não a podia dizer. Uma imundície, por certo. Uma daquelas vilezas que se afirmava serem freqüentes nos colégios e de que conhecia vários casos, ali a seu lado e quase sob os olhos de todos. Uma daquelas situações repelentes, cujas relações deviam ouvir em confissões e a que tinham logo assimilado o seu caso, sem procurar saber de mais nada, sem indagar dos seus sentimentos reais, desse verdadeiro amor que tinha por Carlos Eduardo. Habituados a lidar com porcos, tinham-no logo julgado um porco. Nenhuma dúvida, nenhuma consideração de prováveis diferenças. A idéia de que ele não devia ser igual, nos seus sentimentos, às criaturas que comumente se entregavam àquele gênero de prazeres não passara por eles, não lhes merecera, talvez, dois minutos de atenção.

Haviam decidido logo, julgado de olhos fechados – provavelmente por hábito, por natural amargor e ressentimento. Condenação sem audiência do réu, mau julgamento, gratuito, pecaminoso. A indignação de Roberto não conhecia limites. Mais do que a censura sofrida, era aquela confusão que o indignava. Conheciam-no bastante bem para poder respeitar seus sentimentos, sem precisar confundi-los com aqueles outros que, tão justamente, desprezavam e condenavam. De tudo, porém, o que mais o feria, era a lama lançada sobre o seu sentimento por Carlos Eduardo – miséria e injustiça que o punham fora de si.

Seu sentimento nada continha de impuro. E, sobre isso, não admitia a menor dúvida. Tratava-se de uma paixão que o invadira e a que se entregara sem restrições, num grande movimento de coração. Nenhuma impureza, nenhum egoísmo, nenhuma má intenção. Não é uma paixão como as outras todas, porque é mais nobre e mais elevada. Conhece as outras, sabe a quantidade de impureza que trazem consigo. E sabe quanto a sua é pura, transparente, inteiramente isenta daquele fundo sombrio de desejos maus e baixos.

A seu lado, no Colégio ou fora do Colégio, na vizinhança de casa, conhece casos, pode citar nomes. Já viu como se desenrolam, com que egoísmo cego e brutal as criaturas se desejam. Desde cedo criou horror a esses desejos surdos e impiedosos que entregam corpos a outros corpos, uns parecendo ter sede dos outros e devorando-os em poucos instantes, para se afastar depois, estranhos e quase hostis, sem nada mais que os una no futuro, como nada os uniu no passado.

Pelo pouco que já conhece, tem horror desses casos – e, naturalmente, o seu nada tem de comum com eles. Nunca desejou Carlos Eduardo, como vê esse desejar aquele ou aquela, com a preocupação exclusiva de tirar prazer do seu corpo, de se satisfazer e seguir viagem. Sem dúvida, Carlos Eduardo é tudo para ele e só pensa nele, de dia como de noite, sempre. Sem dúvida, vive disso, dessa preocupação de todos os instantes, da contemplação diária daquela criatura que representa a vida e sem a qual não há mais nada no mundo. Não obstante, seu sentimento é diferente, sua paixão é outra coisa do que o comum das paixões. Qualquer confusão é um crime cometido contra o seu amor, um crime que, se o cometesse, jamais poderia se perdoar.

Rasgar o Diário, queimá-lo como lhe impuseram, seria, simplesmente, perpetrar esse crime, aceitar essa confusão que lhe parece destruir, não só seu amor, como sua própria vida. E isso é o que não pode consentir. O que não fará nunca! Enganará os dois padres, mentirá sempre que for necessário, mas não trairá sua paixão. Seu Diário resistirá a todos os ataques da maldade e da má fé, a qualquer tentativa de deturpação. Falará por ele diante de Deus e mais alto que as vozes juntas dos padres da terra.

Assim, de exaltação em exaltação, Roberto chegou naquela noite à leitura do seu Diário, daquelas páginas infantis onde contava tudo o que lhe acontecia e, ocupadas, nos últimos tempos, quase unicamente, pelos detalhes da sua paixão. Durante longas horas se deixou absorver por aquela leitura e a tranqüilidade lhe veio enfim, como um consolo ou um remédio, não sabia bem. . .

A primeira vez que notara a existência de Carlos Eduardo, – lembrava-se perfeitamente – fora durante um jogo de futebol, quase dois anos antes. Carlos Eduardo devia ter, então, uns doze, ele quinze. Os cursos a que pertenciam, 1.° e 3.° anos ginasiais, jogavam um contra outro. E ele, sem querer, tinha atirado Carlos Eduardo ao chão. Não acontecera nada, mas, por um momento, sentira receio de ter machucado o adversário, tão menor que ele – um menino ainda de calças curtas. Carlos Eduardo se levantara, e continuara a jogar, como se nada fosse. Não parecera nem mesmo ter prestado atenção. E o jogo prosseguira, alheio ao acontecimento que não acarretou penalidade alguma. Tudo, no entanto, foi completamente diferente, desde esse dia.

Não sabia como explicar e, na verdade, era coisa realmente estranha que, atento como era a tudo, coisas ou pessoas, só naquele momento tivesse percebido a existência de Carlos Eduardo. Há vários anos estava no colégio, e soube, depois, que também os Freitas, Ivo e Carlos Eduardo, há anos se educavam ali. Todavia, só naquele instante, e graças a um acontecimento absolutamente sem importância, notava a existência de Carlos Eduardo. Como explicar a cegueira, o alheamento que o tinham feito passar tantas vezes ao seu lado sem vê-lo? Seu Diário foi fértil, nesses dias, em explicações da mais alta transcendência. Era certamente uma dessas fatalidades espantosas – "coisas do destino, que faz com que a gente só perceba a existência de uma pessoa no momento exato em que està maduro para dedicar-lhe toda a atenção de que é capaz". Destino, capricho, acaso falava com a mesma exaltação de tudo e, no fundo, continuava sem entender, sem saber explicar.

O fato é que, assim vira Carlos Eduardo e ficara nele dois olhos trêmulos de emoção – onde, era evidente, não existia a mais leve sombra de um desejo – não pudera mais tirar o olhar de cima dele. Durante aquele recreio, no outro que se seguira, à tarde na saída do colégio, no dia seguinte e nos dias que vieram, a preocupação fora exclusiva.

Tudo girava, agora, em torno de ver ou não ver Carlos Eduardo. Nenhuma cogitação de saber o que aqueles olhares poderiam querer dizer, nem se iam de encontro às regras da moral, ou da religião, de que estava, justamente nesse momento, começando a se desprender. Nenhuma preocupação nesse sentido, apenas o problema de ver ou não ver, de encontrar ou não encontrar o objeto do seu entusiasmo. Disso dependia, na verdade, a sua vida.

De manhã, ao chegar ao Colégio, antes de mais nada, já os olhos emocionados da longa expectativa da noite anterior iam procurar Carlos Eduardo nos grupos de alunos do 1.° ano. Queriam vê-lo, saciar a sede de longas horas de privação. Na forma, sabia como se colocar para vê-lo durante o máximo de tempo possível – e sabia lançar-lhe, quando as filas se dirigiam para as aulas, um último olhar de despedida, rico e quente, que levava consigo uma imagem mais viva e mais duradoura que as outras. Durante os estudos, não raro simulava necessidades urgentes para poder passar pela sala do 1.° ano e se atrasar, contemplando somente a Carlos Eduardo, enquanto o olhar parecia percorrer a classe toda. Nos recreios – os grande recreios que faziam do colégio, comumente já tão apreciado por ele, um verdadeino céu aberto – seguia Carlos Eduardo o tempo todo e só receava uma coisa: a sineta que iria pôr fim àquele paraíso: vê-lo em liberdade, brincando, vê-lo tal qual devia ser em casa. E à tarde, na saída, demorava-se em conversas, subitamente declaradas inadiáveis, e, sob mil pretextos, conseguia esperar o momento de Carlos Eduardo passar pelo portão, de modo a não perder mais essa oportunidade e poder, assim, levar para casa a última imagem do dia, aquela que estaria com ele na solidão encantada do quarto e nas proximidades do sono feliz. Vê-lo uma última vez, para melhor poder imaginá-lo de noite, para ter mais uma probabilidade de sonhar com ele — esse supremo ideal de tantos meses seguidos. . .

Vivia assim, como que mergulhado naquela imagem, naquelas visões sucessivas que ia acumulando e representavam para ele a verdadeira personalidade de Carlos Eduardo. Vivia delas, de tê-las sempre presentes — tão presentes mesmo que era como se não houvesse mais lugar nele para nenhum outro interesse, para nada que não fosse Carlos Eduardo, vê-lo, lembrar-se de tê-lo visto: o ciclo da noite longe dele que sucedia ao dia cheio dele, do dia cheio dele que sucedia à noite longe dele.

Naturalmente, nos dias em que Carlos Eduardo não ia ao Colégio, sofria muito. Primeiro, era a dúvida, a cada minuto mais terrível, sobre se viria. Talvez estivesse atrasado, só fosse chegar à hora do primeiro recreio. No entanto, muitas vezes, os últimos prazos se esgotavam e Carlos Eduardo não surgia. Era inútil esperá-lo mais. Teria que passar o dia sem vê-lo. E as horas da tarde corriam numa lentidão exasperante. Que fazer? Tudo perdia o colorido habitual, parecendo monótono e de um desinteresse total. A vontade era de que a noite chegasse logo e viesse bem rápido o sono e, depois dele, um novo dia surgisse.

Se Carlos Eduardo era bonito ou feio, se tinha traços finos, modos delicados, se podia inspirar sentimentos iguais aos seus a outros rapazes, não sabia dizer. Não cogitava disso, não lhe interessavam os seus traços. Talvez não fossem muito finos e bonitos, mas, que lhe importava? Os de Silvinha o eram, sabia bem. No entanto, Silvinha o deixara quase indiferente. E raramente se lembrava dela. Enquanto que, em Carlos Eduardo, tudo era motivo de recordação. Vivia com o pensamento nele. Punha-o acima de tudo. E daí vinha, justamente, a diferença: de Silvinha gostava, gostava muito mesmo, mas, como de uma irmã, de uma prima, no máximo.

Em Carlos Eduardo, tudo lhe agradava, indistintamente. Olhava-o com tanto ardor, sentia-se de tal modo mergulhado na sua contemplação, que não se preocupava de saber a cor dos seus cabelos, dos olhos, da pele, a conformação do rosto, nenhum desses detalhes que o comum das pessoas vê e guarda logo. Todo o tempo era pouco para ver o todo — aquela imagem que lhe enchia sempre os olhos, emudecendo-o de admiração, numa emoção e num nervoso que o tornavam incapaz da menor reação de qualquer defesa contra aquela escravidão. Sentia-se dominado, e era como se se tivesse abismado para sempre, nada podendo fazer contra aquilo. E, positivamente, não o queria.

Esse respeito quase religioso impediu que se aproximasse de Carlos Eduardo. A inibição era decisiva. Os acontecimentos da vida cotidiana do colégio punham-nos, às vezes, em contacto — rápidos momentos, sem nenhuma significação maior, mas que Roberto poderia ter aproveitado para se aproximar, multiplicando assim as ocasiões de ver Carlos Eduardo, de conversar com ele —

dizer-lhe qualquer coisa, ouvir ele falar de si, dos seus gostos, do irmão, do colégio, de tudo. De todas as vezes, porém, não conseguia mais do que dizer uma ou duas palavras insignificantes, dessas que nada revelam do que vai em nosso íntimo de entusiasmo e de calor, de vontade de comungar e esquecer por um momento as outras criaturas.

Em recreios, em conversas no pátio em domingos ou dias feriados, diversas vezes aproveitara oportunidades, incidentes de futebol, discussões mais ou menos gerais, para dirigir a palavra a Carlos Eduardo. (Tamanha emoção, tamanha impressão de estar se traindo, revelando o segredo! . . .) Carlos Eduardo respondia solícito, bem educado. As conversas, no entanto, não iam nunca mais adiante. Como se o impulso, pequeno, morresse ali mesmo, por falta de interesse recíproco.

Sabia que não podia ser de outro modo. Fazia o que podia. E já era muito. Para pronunciar aquelas frases curtas, secas, nati-mortas, já lhe custava tanto, tamanho esforço que, em muitas ocasiões, se perguntava quem, no momento, o ajudaria a falar. Era como se arrancasse a custo cada palavra. A força de que dispunha não dava para mais.

Por seu lado, Carlos Eduardo não ajudava. Respondia, sem dúvida, mas como responderia a qualquer um. Era evidente que não se apercebia de sua existência voltada, girando em torno dele, tendo-o como interesse único. Tratava-o como a todos mais: bem, na hora em que se encontravam. Depois, parecia se esquecer completamente e, nos encontros posteriores, já não subsistia a menor recordação. O pouco conseguido de cada vez, era sempre a recomeçar.

Por um momento, julgara que talvez fosse mais fácil tentar o caminho à sombra de Ivo. Apenas um ano mais adiantado do que ele, Ivo, a quem já conhecia e com quem falava com desembaraço, era de acesso bem mais fácil. Certamente um ano de diferença, outros amigos, gênios que pareciam bem diversos, eram obstáculos sérios para qualquer aproximação maior. Com um pouco de esforço, todavia, talvez não fosse impossível. Valia, pelo menos, tentar.

A primeira tentativa resultou num lamentável fracasso. Um mau acaso fez com que Ivo, num dia que ia sozinho pela rua, não visse o seu sinal e passasse os olhos por ele como se fosse um estranho. Roberto não teve dúvida sobre a significação do fato. Por mais triste que fosse, não deixava de certo modo de ser natural: era um ano mais adiantado, tinha outros amigos, exceção feita de André. Perdeu, no entanto, a confiança no seu plano e passou-se bastante tempo antes que tornasse a tentar nova aproximação.

Uma tarde, tomou coragem e decidiu procurar Ivo em casa, sob pretexto de pedir-lhe emprestado um livro, de que diria ter grande urgência e que, por acaso nenhum dos seus amigos pudesse lhe emprestar, no momento. Seria o ponto de partida de toda uma amizade. . .

Lembrava-se bem: fizera uma das mais belas tardes de que tinha recordação. Parecera-lhe haver muita gente nas ruas, como se todos estivessem querendo aproveitar o tempo. Até o momento em que uma rápida e forte pancada dágua viera limpar o céu das nuvens acumuladas, fora um abafamento insuportável. Depois, com a chuva providencial, refrescara muito. Todos tinham respirado, bendito as nuvens oportunas. Fazia bem passear numa tarde assim. Roberto, também, sentia-se feliz, contente da vida como sempre. Valia a pena viver, quando se estava satisfeito daquele modo. Sobretudo, quando se depositava tão grande confiança no que se ia tentar.

O fracasso fora total. Carlos Eduardo ia justamente saindo, no momento em que abrira o portão. Surpreso e desorientado, os olhos já cheios daquela imagem inesperada, não se lembrava mais do que devia dizer. Perguntara por Ivo com a voz trêmula dos tímidos e dos suspeitos inocentes e, como Carlos Eduardo lhe respondesse que o irmão não estava, que ainda não viera do colégio, sentira-se perturbado, achando que, de qualquer forma, precisava se explicar. Esquecera o pretexto do livro e, abandonando o ar atarefado dos primeiros momentos, acabara por dizer gaguejando que, estando de passeio e passando casualmente por ali, lembrara-se de que talvez Ivo também quisesse aproveitar a beleza da tarde. Atrapalhado com a explicação, por certo inverossímil, despedira-se apressadamente, deixando Carlos Eduardo surpreso.

Apesar do fracasso do plano, ia radiante pelas ruas. Vira Carlos Eduardo, falara com ele. Poderia viver mil anos, não esqueceria jamais aquela súbita aparição no portão, aquele olhar por um momento curioso que caíra sobre ele, que o fixara, reconhecendo-o, aquele sorriso quase amigo, aquelas palavras calmas indagando a que vinha. Interessara-o, por um instante que fosse, prendendo sua atenção. Já bastava para aquela tarde ser diferente, inteiramente diferente das outras, extraordinária.

Não soube nunca se Ivo chegara a ter conhecimento da sua vistia. Vendo que não o procurava no dia seguinte, como seria natural, resolveu não insistir e esperar um pouco. Não se passariam muitos dias sem que se renovassem as ocasiões propícias e, de uma delas, por certo conseguiria se aproximar definitivamente de Carlos Eduardo.

Deixou assim o tempo correr. Ver Carlos Eduardo, pensar nele, preocupar-se com ele, já era estonteante, bastava para encher dias e noites, para fazer de uma vida alguma coisa de realmente grande e bonito. E seu sentimento, longe de diminuir com os dias e a repetição das mesmas emoções, só fazia aumentar. A adoração era muda, porém seu Diário nunca tivera tons tão altos, páginas tão inflamadas.

Lendo-o, não havia como se iludir: o sentimento que tinha por Carlos Eduardo era uma verdadeira paixão. A princípio, recusara-se a aceitar, a pensar mesmo nessa possibilidade. Um dia porém, relendo trechos ao acaso, seguindo despreocupadamente a evolução dos sentimentos, compreendera, de repente, o que realmente se passava nele e a inutilidade de se recusar à evidência. O Diário falava por si mesmo. E só talvez um cego não visse que a marcha desordenada daqueles sentimentos não era senão o lento caminhar de uma simples e irrefreável paixão. Os homens que reservam com rigor a palavra amor exclusivamente para as relações entre sexos diferentes, certamente não teriam reconhecido, em tantos olhares, o olhar do amor que só sabe ver de um modo, com um mesmo entusiasmo cego e um mesmo exclusivismo que isola um ser e concede-lhe tudo. Roberto, todavia, encontrou logo a palavra e foi como se caísse de joelhos diante dela. O Diário a continha, escrita em todas as páginas, de todos os tamanhos e em todas as línguas, gritada com ingenuidade depois de ter sido ardentemente gerada nas profundezas do seu próprio ser.

A princípio, hesitara, ainda receoso diante de palavras tão graves, tão importantes. Tivera mesmo um momento de dúvida, não quanto à pureza dos seus sentimentos – que, esses, não sofriam suspeita – mas diante do possível perigo que corriam se degenerasse, se ele se deixasse invadir por desejos maus, perversos. Logo baniu a dúvida, mas sentiu que uma angústia qualquer se apossara dele. Era como se a constatação de que estava amando (amando em silêncio, mas amando como poderia ter amado Silvinha, em determinado momento) e a simples etiqueta: paixão, que pusera nos seus sentimentos, tivessem levantado – embora ainda distante e sem as palavras inimigas de mais tarde– o grande problema dos sexos opostos e da vergonha de estar preso por amor a uma criatura do mesmo sexo.

Em certos dias, essa inquietação ia e vinha, como uma angústia à procura de caminho para seguir mais adiante, porém não passava de crise de momento, sem nenhum enraizamento maior. A paixão era nele tão forte que venceu logo todos os obstáculos e afogou a angústia do perigo hipotético na certeza de que nenhum sentimento poderia ser mais puro do que o seu. Era uma paixão, certamente. No entanto, podia existir alguma coisa de mais puro, de mais elevado, de maior? Se o sublime era alguma coisa mais do que uma simples palavra, não era aquilo, aquele sentimento onde não havia a sombra de um interesse mal orientado, um grão de impureza sequer?

[Mundos mortos. 2a. ed. Rio, J. Olímpio, 1949.
2a. parte, II, 206-217.]

References:

Aguiar Filho, Adonias. "O círculo das trevas." In: Modernos ficcionistas. 9-19.
_____ . "O depoimento de uma época." A Ofensiva.
_____ . "Os renegados." Cultura, I, Rio.
_____ . "O romance de Otávio de Faria." Tribuna dos Livros, Rio, 1-2 fev 1958.
_____ . "Os romances de Otávio de Faria." A Manhã, Rio, 13 mai 1945.
_____ . "A tragédia burguesa." Jornal do Comércio, Rio, 31 out; 7 nov 1965.
_____ . In: O romance brasileiro de 30. Rio, Bloch, 1959. 33-43.
_____ . In: Coutinho. A literatura. 2nd ed. V, 387-396.
Altman, E. "Dois romancistas depõem." O Estado de São Paulo, 20 ago 1966.
Andrade, Almir de. "Caminhos da vida." Revista do Brasil, 3a. fase, 3:20 (fev 1940) 60-61.

Andrade, Mário de. O empalhador. 97-101; 115-118.

Anselmo, Manuel. "A densidade romanesca de Otávio de Faria." O Jornal, Rio, 31 mar 1942.

_____ . Família literária luso-brasileira. Rio, José Olímpio, 1943. 232-237.

Araújo, Paulo C. de. "Otávio de Faria: Sou um católico que é ou pretende ser romancista." Revista do Livro, 41 (1971) 92-98.

Araújo, Zilah P. "Otávio de Faria (entrevista)" Minas Gerais, Belo Horizonte, 11 jan 1969.

Barreto, Plínio. 227-235.

Cabral, Mário. Caderno de crítica. Aracaju, 1945.

Cardoso, Lúcio. "À margem dos 'Mundos Mortos'." O Jornal, Rio, 1937.

Damata, Gasparino. "Reportagem." Revista da Semana, Rio.

Daniel, Mary L. "A pureza temática da 'Tragédia Burguesa'." Minas Gerais, 22 ago 1970.

David, Carlos. "Convicção íntima." Diário Carioca, Rio, 14 jun 1953.

Etiene Filho, João. "Otávio de Faria." Revista do Livro, 2:8 (dez 1957) 193-202.

Faria, Otávio de. "Mundos mortos." Jornal de Letras, Rio, out 1950.

_____ . "Resposta a um crítico: 'O. T. Sousa'." O Jornal, Rio, 5 set 1937.

Ferreira, João-Francisco. "La novela brasileña y la obra de Otávio de Faria." Montevideo, Anejo de la Revista del Instituto de Estudios Superiores, IV, 1960.

Fontes, Amando. "Breve nota sobre Otávio de Faria." Dom Casmurro, Rio, 4 jan 1953.

Franco, Afonso Arinos de Melo. Mar. 64-71.

Gerson, Bernardo. "Problemas de um romancista católico." O Estado de São Paulo, 27 ago 1960.

Hecker Filho, Paulo. "A alguma verdade." Porto Alegre, s.e. 1952. 9-21.

_____ . Diário. Porto Alegre, Globo, 1949.

_____ . "Excelências e limites de Otávio de Faria." O Estado de São Paulo, 26 abr; 3 mai 1958.

Ivo, Ledo. "Otávio de Faria." O Estado de São Paulo, 1 fev 1958.

Lima, Alceu Amoroso. "O amor desancado." Diário de Notícias, Rio, 26 jan 1964.

_____ . "O anjo de pedra." O Jornal, Rio, 11 e 18 mar 1945.

_____ . "Os caminhos da vida." O Jornal, Rio, 14 jan 1940.

_____ . "Satã nas letras." Diário de Notícias, Rio, 16, 23 e 30 mar 1958.

Lins, Álvaro. I, 143-151; II, 94-103.

Lys, Edmundo. "Mundos mortos." O Globo, Rio, 8, 9 e 12 dez 1962.

Martins, Wilson. "Romance confessional." O Estado de São Paulo, 24 e 31 mar 1962.

_____ . "Pecados literários." O Estado de São Paulo, 18 jul 1964.

Mendes, Oscar. "Mundos mortos." Folha de Minas, Belo Horizonte, 3 out 1937.

Milliet, Sérgio. "Os loucos." A Manhã, Rio, 1 fev 1953.

Monteiro, Adolfo Casais. "O intelectualismo de Otávio de Faria." Correio da Manhã, Rio, 16 dez 1961.

_____. "Humanidade e simplificação em 'O retrato da morte'." Correio da Manhã, 30 dez 1961.

Montelo, Josué, "O romancista Otávio de Faria." Jornal do Brasil, Rio, 17 nov 1962.

Montenegro, Olívio. 243-252.

_____. "A tragédia burguesa." O Jornal, Rio, 20 mai 1951.

Murici. A nova literatura. 316-320.

Nascimento, Esdras do. "Otávio de Faria contra a parede." Tribuna da Imprensa, Rio, 17, 18 e 20 jan 1964.

_____. "O senhor do mundo." O Globo, Rio, 25 jan 1958.

_____. Cadernos de crítica. José Olímpio, Rio, 1959. 86-91.

_____. "Mundos mortos." O Globo, Rio, 27 mar 1965.

Pierre, Arnaud. "Informação literária: 'O retrato da morte'." Correio da Manhã, Rio, 24 jun 1961.

Perez. I, 307-309.

Pimentel, Oscar. "Releitura dos 'Mundos mortos'." O Estado de São Paulo, 29 abr 1967.

Pontes, Elói. Romancistas. Guaíra, Curitiba, 1942. 91-100.

Portela, II, 99-105.

Queiroz, Rachel de. "Impressões sobre 'Caminhos da vida'." Diário de Notícias, Rio, 27 ago 1939.

Reichmann, E. Otávio de Faria. Edições E. Reichmann, Curitiba, 1970.

Rocha, Antônio. "Reportagem." Diário Carioca, Rio, 24 jan 1954.

Schmidt, Augusto Frederico. "O romancista da tragédia burguesa." Correio da Manhã, Rio, 30 e 31 jan 1953.

Silveira, Alcântara. "O senhor do mundo." O Jornal, Rio, 30 mar 1958.

Sousa, Otávio Tarqüínio de. "Otávio de Faria, 'Mundos mortos'." O Jornal, Rio, 29 ago 1937.

Raquel de Queirós
(1910-   )

The author of *O quinze* was born in Fortaleza, Ceará, November 17, 1910, to
Daniel de Queirós, a judge, and Clotilde Franklin de Queirós. Her parents had
come to Fortaleza for Raquel's birth. Twenty-eight days later she was taken
home to Quixadá on horseback. When she was three the family moved to the
state capital, where her father was named district attorney. But he did not care
for the job, so he switched with a friend of his who taught geography at the local
liceu. Vacations were spent at the family ranch, Fazenda do Junco.

Raquel's early education was under her father's watchful eye. It was he who
taught her to read and write; and until she was twelve he required her, along
with her brother, to do sitting-up exercises each morning. In 1917 the family
moved to Belém following a brief stay in Rio de Janeiro. Rather than accept the
job he had been promised by governor Lauro Sodré (it turned out to be a
judgeship), Raquel's father went into business for himself, remaining in Pará for
two years before returning to Ceará and short stays in Fortaleza and Guara-
miranga. When the 1919 drought was over, the family decided to go back to
Quixadá and build up the ranch. That was a real delight for Raquel, for it gave
her the opportunity to read and enjoy the freedom of country life. In 1921 she
was sent to study at Immaculate Conception College in Fortaleza, where the
entrance examination proved her strength in history and geography, her father's
best subjects; she nevertheless quickly gained ground in the others and completed the teacher's course when she was only fifteen years of age.

Back in the sertão for two years, Raquel read considerably and soon began
contributing poetry and crônicas to *O Ceará*. When the family again moved to
the state capital in 1927, she began writing more regularly, including a serialized
novel, *História de um nome*, a series of biographies of important women named
Rachel. It was then, also, that she tried the theater genre with *Minha prima
Nazaré*, and considered publishing her poems under the title of *Mandacaru*,
which she never did. At nineteen she began writing *O quinze* secretly at night.
Only when it was finished did she show it to her family. When her father

published it in August of 1930, Raquel was teaching in the Escola Normal. The book received little attention in Fortaleza, but it was well received in the south by Augusto Frederico Schmidt, Artur Mota, and Mário de Andrade. There was soon a second edition, the novel won the Graça Aranha Prize, and the twenty-one year old novelist went to Rio in March of 1931 to receive it. During that two-month trip she became linked with the Communist Party and, although she was expelled in 1933 for being a Trotskyite, this rather jumbled period in her life lasted until 1937, when she was held under arrest for three months in her home capital.

When *As três Marias* (1939) won the Felipe d'Oliveira Prize, Raquel was living in Rio in Ipanema. From 1944 on she began to write crônicas regularly in Rio newspapers, at first in the *Correio da Manhã*, later in *O Jornal*, and then in *Diário de Notícias*. In 1954 she began writing exclusively for *O Cruzeiro*, to which she had contributed since 1945.

She gathered some of her best crônicas under the title *A donzela e a moura torta* in 1948, and continued to follow that practice after decades of attention to the genre by publishing other anthologies: *100 crônicas escolhidas* (1958), *O brasileiro perplexo* (1963), and *O caçador de tatu* (1967). Her last novel, *O galo de ouro*, was serialized in *O Cruzeiro* in 1950. She saw the first of her two significant theatrical works, *Lampião*, in print in 1953. *A beata Maria do Egito* appeared five years later, receiving the prize of the Instituto Nacional do Livro, the Paulo Brito Prize and the Roberto Gomes Prize, the last two given by the Prefecture of the Federal District. She had already been awarded the coveted Brazilian Academy of Letters prize for the totality of her literary work in 1957. Although Raquel resides in Rio, she customarily spends her vacations at her Não me Deixes ranch in Ceará.

Critical commentary:

Raquel de Queirós is not only an initiator of the Modernist novel in the Northeast (her first, *O quinze*, 1930, was published when she was only 20), but she also is one of the more profound of Brazil's modern writers. She is less concerned with the sound of her prose than with its underlying ideas. Particularly interested in problems of such ethical import as those implied in the good, the right, liberty, duty, and love, she is best when using the people of her native state of Ceará as a point of departure to focus on the universal. Noteworthy are the simplicity of her plots, the straightforwardness with which she tells the story, her sensitivity to the innermost feelings of the characters she portrays, and her acute powers of observation. Strong realism is counter-balanced by equally deep human interest. She is intensely concerned with people, with their relationship to each other and to the reality in which they live. For her, truth is relative and life, a tragedy. Each of us must live his life honestly, according to his own lights, finding his way the best he can, she might say. Emphasis is less on the day-to-day life of the characters than on portraying them in their individual adaptation to their ambient and in revealing the values they hold by means of the elemental yet dramatic problems they face. Reality is simply a spring board. The characters live real lives, speak for themselves, and out of their actions and reactions comes the inevitable tragedy. Because of the episodic character of the plots, the continuous recourse to dialog, the dependence of plot development on character self-relevation, and the considerable attention given to structuring, it is not at all surprising that she has turned to the theater in recent years. Both the plays, *Lampião* (1954) and *A beata Maria do Egito* (1958), involve semi-legendary figures of the Northeast and ways reminiscent of the region's feudal past. *A beata* is a culmination, a melding of exceptional talents and preoccupations, a latter-day tragedy, classical of line, contemporary in setting, universal in thrust, and unquestionably her highest achievement.

Suggested Reading and Other Texts:

As três Marias; A beata Maria do Egito.
Coutinho, Antologia, III, 166-169; Moisés, Textos, 464-468; Perez, I, 341-346; Scott-Buccleuch and Oliveira, 486-496.

Principal Works:

Novels:
O quinze (Fortaleza, 1930)
João Miguel (Rio, 1932)
Caminho de pedras (Rio, 1937)
As três Marias (Rio, 1939)
A galo de ouro [folhetim em *O Cruzeiro*] (1950)

Sketches
A donzela e a moura torta [crônicas e reminiscências] (Rio, 1948)
100 crônicas escolhidas (Rio, 1958)
O brasileiro perplexo; histórias e crônicas (Rio, 1963)
O caçador de tatu [crônicas] (Rio, 1967)

Theater:
Lampião (Rio, 1953)
A beata Maria do Egito (Rio, 1958)

A BEATA MARIA DO EGITO
1° Ato
Em cena o TENENTE *e o* CABO LUCAS

É de tarde—hora de expediente na Delegacia. O Tenente-Delegado está sentado à mesa. Veste farda (de polícia estadual do Ceará, lá por 1913), sem grande apuro, colarinho aberto, lenço ao pescoço. Cabeça descoberta–vê-se o quepe pendurado a um torno, na parede. O Tenente porta revólver e faca à cintura. O Cabo Lucas, fardado também, sabre à cinta, quepe na cabeça, de pé, inclina-se sobre a mesa, acompanhando as explicações que lhe dá o Tenente. Este, com os objetos de sobre a mesa – tinteiro, mata-borrão, etc. – organiza um plano de cidade cercada, completando as faltas por indicações feitas com o lápis.

TENENTE: –Está vendo? Faz de conta que isto aqui é a cidade do Juazeiro . . . [gesto circular] . . . a casa do Padre Cícero fica mais ou menos aqui . . . e, aqui, a igreja das Dores . . .

CABO: –Sim, senhor.

TENENTE: –O valado foi aberto em toda a volta da cidade–por aqui . . . por aqui . . . Agora, a tropa da polícia estadual tem várias estradas para escolher. Mas naturalmente vem por esta . . . aqui . . . que é a principal.

CABO: –A estrada real, como é chamada. . .

TENENTE: –Isto. Alcançando a cidade, eles se espalham, fecham o cerco, e ficam esperando que o padre se renda.

CABO: –E será que eles têm gente para cercar o Juazeiro todo?

TENENTE: –Falam em mais de mil, em dois mil. . . E ainda esperam tropa e armamento do governo de Parnambuco.

CABO: –Desculpe, Tenente. O senhor vai dizer que eu sou soldado, ganho do Governo, não posso cuspir no bocado que como. . . Mas o senhor acha direito mandar cercar de solado a cidade santa do Juazeiro e jurar de trazer o Padre Cícero preso ou morto? O senhor não acha que é até arriscado acontecer alguma desgraça medonha? Afinal, o Padre velho nunca fez mal a ninguém – todo o mundo sabe que ele é santo, mandado por Deus a este mundo para ajudar quem sofre. . .

TENENTE: –O caso não é esse, Cabo Lucas. O Governo não tem rixa com o Padre. Há mais de quarenta anos que ele é a bem dizer dono do Juazeiro, e o Governo não se mete – quando não ajuda, como fez na briga com o bispo. Mas agora é diferente. Foi o Padre que atacou o Governo, não reconheceu o presidente eleito, juntou um exército de jagunços e chegou ao cúmulo de inventar outro governo – outro presidente, outra assembléia, com sede no Juazeiro!

CABO: –Mas se tem um governo na capital e tem outro no Juazeiro, por que não fica cada um mandando na sua terra?

TENENTE: –Juazeiro faz parte do Estado do Ceará, tem que acatar as ordens da Capital. Não pode haver dois governos no mesmo Estado – o Ceará é um só. Ou o Padre Cícero reconhece o governo legal, ou o presidente do Estado tem que obrigar o reconhecimento, nem que seja a ferro e a fogo.

CABO: –Tenente, Deus que me perdoe, mas quem é Franco Rabelo para obrigar sujeição a um santo – e que santo! Meu Padrinho Padre Cícero!

TENENTE: –Franco Rabelo é governo, e basta, Cabo Lucas. E só o Governo é que tem o direito de mandar no povo.

CABO: –Ele pode ter o direito. Mas na hora de arranjar soldado, só arranja à força, e ainda por cima pagando! Já o Padre, basta levantar a voz, acodem mil ou dez mil. E o senhor já viu quem briga alugado derrotar quem luta de graça, só pela fé?

TENENTE: —Bem, essa é a dificuldade. O Governo tem que recrutar, pagar, obrigar... Enquanto que, pelo Padre, é aquela cegueira.

CABO (confidencial): —Ouvi dizer que só daqui da cidade já tem mais de doze homens dispostos a acompanhar a Beata e irem acudir o Juazeiro!

TENENTE: —Eu sei muito bem quem são eles! [Irritado] —Mas só se saírem escondidos! E eles que não brinquem comigo, porque a primeira que eu prendo é a tal Beata!

CABO: —Tenente, não diga uma coisa dessas. A Beata é santa mesmo, não é abusão do povo! Faz milagre, com a graça de Deus! Eu mesmo não vi, mas teve quem me contasse.

TENENTE: —Eu sei, eu sei! Por isso mesmo nunca deixei que tocassem num cabelo dela. Mas agora já é abuso. Por que não foi embora? Pediu passagem com os homens — todo o mundo sabia que iam para o Juazeiro — mas fiz vista grossa: está bem, passassem, a estrada é livre! O diabo é que não se contentaram em passar: se arrancharam dentro da rua e agora andam requisitando mantimento e munição pelo comércio!

CABO: —Mas nem ela nem os homens dela não obrigam a ninguém, Tenente. Só recebem de quem pode dar. O povo é que leva a gosto ajudar os defensores do Juazeiro, que eles dizem que é a nova Jerusalém!

TENENTE: —Cabo Lucas, Cabo Lucas, não me dê cuidado! Quem escuta você falar, fica jurando que está pronto para se juntar com eles! Deixe de bobagem, lembre-se de que é soldado!

CABO: —Sim, Tenente, me lembro que sou soldado. Mas o que me prende mais é quando penso que acompanho o senhor desde menino... Quantos anos faz, Tenente, que eu sou a sua ordenança?

TENENTE: —Nem sei — oito ou dez. E uma coisa lhe digo: a qualquer hora nós também podemos ser mandados para o Juazeiro — mas para atacar! A sua sorte é que isto fica a meio de caminho dos romeiros e não se pode deixar desguarnecido.

[O Tenente levanta-se, acende um cigarro, vai até à janela. O Cabo, visivelmente emocionado, insiste]

CABO: —Meu pai contava que meu finado avô, só para não ter que brigar na guerra do Paraguai, cortou de facão o polegar da mão direita. Queria ver, então, quem fizesse o velho atirar! Quando a desgraça é grande, a gente dá um jeito...

TENENTE: —Cale a boca, seu idiota. Ou quer me obrigar a prender você?

CABO: —Desculpe, Tenente. Mas eu estava só contando ao senhor...

TENENTE: —Pois não me conte nada! [Espia pela janela] —Lá chega o Coronel Chico Lopes. Vem na certa me aborrir.

[Volta à sua mesa, onde finge ocupar-se com os papéis. O Cabo se dirige à porta, que só tem uma das bandas abertas, e abre obsequiosamente a outra]

Entra o Coronel Chico Lopes

[É o chefe político da localidade. Gordo, meia-idade, vestido de paletó e gravata — terno de brim à moda de época, talhado pelo alfaiate de um coronel do sertão.

Entra rapidamente, dirige um gesto de saudação ao Cabo Lucas, que lhe fez continência, caminha até à mesa do Tenente, que se ergue devagar]

CORONEL: —Bom dia, Tenente.

TENENTE (apertando a mão que o Coronel lhe oferece): —Bom dia, Cornel Chico Lopes.

(Para o Cabo)

—Cabo Lucas, uma cadeira para o Coronel.

[O Cabo traz uma das cadeiras e o Coronel senta-se. O Tenente ocupa novamente o seu lugar]

TENENTE: —Tudo em paz, Coronel?

CORONEL (brusco); —Não! Ainda estou esperando as suas providências sobre a Beata! Sabe que já deram até um burro arreado a essa mulher, para ela poder levar as tais esmolas?

TENENTE: —Mas, meu amigo, eu não posso impedir que dêem esmolas à Beata...

CORONEL: —A sua obrigação é impedir que ela perturbe a ordem. Por sinal, o telegrafista foi lá em casa me mostrar a cópia do telegrama do Chefe de Polícia. Que é que o senhor me diz agora?

TENENTE: —O telegrama era para mim, Coronel Chico Lopes.

CORONEL (muito irritado): —Não se esqueça, Tenente, de que eu sou o chefe político do município! Se a autoridade telegrafou ao senhor, foi atendendo à minha ponderação! Ninguém pode guardar segredo político de mim, nesta cidade! Eu não tinha dito? Eu preveni: ou o senhor prendia a Beata, ou eu tomaria providências. Agora quero ver o que o senhor faz diante da ordem formal do Chefe de Polícia.

TENENTE (Irônico): —O que tenho a lhe dizer, Coronel, é que eu também li o telegrama. E o senhor pode ficar descansado.

CORONEL: —Só posso ficar descansado quando vir a sua ação, Tenente! Essa mulher não há de andar na cidade impunemente, provocando ajuntamentos, e — o pior de tudo! — aliciando homens para combaterem o Governo!

[Exaltado] — Essa mulher tem que ficar por trás de grades!

TENENTE: —Já mandei intimar à Beata a que comparecesse aqui na Delegacia.

CORONEL: — Ora, Delegado! E o senhor acha que ela atende a uma simples intimação? Devia ter mandado logo prender!

TENENTE: —Coronel, eu só posso pensar pela minha cabeça. Mandei dois homens, e eles têm ordens...

CORONEL: —Dois homens! Que é que o senhor pensa que são dois homens para aquele bando de desordeiros? Fanáticos! E armados! A estas horas os seus dois homens já devem ter sido sangrados.

TENENTE: —Não creio. A Beata não tem interesse em provocar conflito. Está de passagem, há de querer sair daqui em paz, com os homens que já reuniu.

CORONEL: —A responsabilidade é sua! É o que diz o telegrama!

TENENTE: —Eu sei, Coronel. Eu também sei ler.

CABO LUCAS (da porta, dirigindo-se ao Tenente): —Com licença. Tenente. A Beata está chegando. Vem só.

TENENTE: —Deixe entrar.

[O Tenente se levanta a fim de receber a Beata, mas o Coronel se deixa ficar sentado, deliberadamente]

Entra a Beata

[A Beata Maria do Egito é mulher nova—nos seus 25 anos, mais ou menos. De certo modo bonita, apesar da roupa que veste: espécie de hábito de freira, ou túnica, cor de tabaco, longa, afogada, mangas compridas. Traz à cintura um cordão, como os de frade, do qual pende um grande rosário de contas claras. Tem ao peito uma cruz de prata, do tamanho de uma cruz de bispo. Sobre os cabelos caídos às costas, em tranças frouxas, um pano fino, escuro. É esguia, pálida. Atravessa a sala em passo firme e se dirige ao Coronel Chico Lopes]

BEATA: —Foi o senhor que mandou me chamar pelos soldados?

TENENTE (adianta-se): —Não, fui eu. Sou eu o delegado de polícia.

BEATA: —Não precisava os soldados me trazerem na rua. Eu vim porque quis.

CORONEL (levanta-se e interpela a Beata): —A senhora está perturbando a ordem!

BEATA: —Ordem de quem?

CORONEL: —A ordem pública! As autoridades desta terra não podem permitir que uma agitadora, uma cabeça de fanáticos. . .

BEATA: —Eu só estou querendo que me dêem passagem. Mandei a minha gente tirar esmola porque precisamos de comer. . . Mas foi pedindo pelo amor de Deus.

CORONEL (exaltado): —Pedindo, mas de armas na mão! E para onde é que a senhora leva essa gente?

BEATA: —Por que pergunta? Então o senhor não sabe para onde é que nós vamos?

CORONEL: —Pois diga! Eu quero que a senhora diga aqui, em frente do delegado de polícia, para onde é que vai com essa cabroeira armada!

BEATA: —Todo o mundo sabe, que dirá o delegado. Mas a verdade não faz medo a quem teme a Deus. Nós vamos acudir o santo do Juazeiro, que está cercado pelos hereges rabelistas.

CORONEL: —Ouviu, Delegado, ouviu? Está aí a confissão! O senhor, como autoridade policial, tem obrigação de prender essa mulher!

TENENTE (que acompanhou o diálogo de braços cruzados, a olhar alternadamente a Beata e o Coronel): —Coronel Chico Lopes, o senhor quer me dar licença de interrogar a moça? Com exaltação não adianta.

CORONEL: —Interrogar mais, para quê? Ela já não confessou? O senhor tem a confissão completa, feita diante de duas testemunhas!

TENENTE (procurando ter paciência): —Mas tem que se fazer tudo pela forma. Para isso estou aqui. O senhor vai me dar licença. . .

CORONEL: —Delegado, o senhor quer que eu me retire! Pois fique sabendo: eu lavo as minhas mãos! Vou-me embora, e o senhor agüente as conseqüências. Eu lavo as mãos!

BEATA (provocando-o): —Como Pilatos!

CORONEL (volta-se para ela, furioso): —Como Pilatos, não senhora! Porque eu lavo as mãos desse interrogatório, mas vou agir! Se esse moço não cumpre o que deve, eu, como chefe político desta terra, tomarei minhas medidas – nem que faça correr sangue!

BEATA (continuando a provocar): —Como Herodes. . .

[O Coronel dá um passo em direção à Beata, mas o Tenente se interpõe]

TENENTE: —Por favor! Essa discussão não adianta! Coronel, já lhe pedi, tenha a bondade. . .

CORONEL: —Eu saio! Eu saio! Pode fazer o seu interrogatório como quiser, que eu não incomodo mais!

[Vai saindo, o Cabo lhe abre a porta, mas o Coronel ainda fala, ameaçador] —Mas tenha cuidado, Tenente! Eu estou esperando!

Sai o CORONEL

[O Tenente volta a sentar-se à mesa. O Cabo mantém-se em posição mais ou menos de sentido, no seu lugar, junto à porta. A Beata conserva-se de pé no meio da sala, ereta, as mãos cruzadas sob as mangas do hábito]

TENENTE (indica à Beata a cadeira que o Coronel ocupou): —Faça favor de se sentar.

BEATA: —Não senhor, eu nunca me sento.

TENENTE (encolhe os ombros, despeitando): —Como queira.

[Puxa a gaveta, tira de lá um livro grande, preto, abre-o em cima da mesa, pega a caneta, molha a pena, prepara-se para escrever] —Seu nome?

BEATA: —Me chamam a Beata Maria do Egito.

. . . .

[A beata Maria do Egito, peça em 3 atos e 4 quadros.
Rio, J. Olímpio, 1958. 7-20.]

References:

Aguiar Filho, Adonias (Adonias Filho). Modernos ficcionistas. 221-228.

Andrade, Almir de. Aspectos. 107-121.

_____. "Caminho de pedras." Boletim do Ariel, 6:9 (jun 1937) 274-276.

Andrade, Mário de. "Raquel de Queirós: 'O quinze'." Revista Nova, São Paulo, 2:7 (15 jun 1932) 104-105.

Anonymous. "Perfil de Raquel de Queirós." Folha da Manhã, 9 abr 1950.

Camargo, Joraci. " 'Lampião': drama documental." Jornal de Letras, Rio, 53 (nov 1953).

Castelo, José Aderaldo. "Homens e intensões." Conselho Estadual de Cultura, São Paulo, 1959. 21-27.

Castro, Sílvio. "Raquel de Queirós e o chamado romance nordestino." Revista do Livro, 6:23-24 (jul-dez 1961) 107-119.

Coutinho, A literatura. 2nd ed. V, 219-220.

Denforth, Elisabeth Henly. "Rachel de Queiroz." Inter-American Quarterly, Washington, 2:1 (1939) 107.

Ellison. 135-154.

Faria, Otávio de. "O novo romance de Raquel de Queirós." Boletim do Ariel, 1:7 (abr 1932) 8.

Figueira, Gastón. "Escritoras iberoamericanas." Revista Iberoamericana, 14:27 (jun 1948) 125-138.

Grieco. Evolução da prosa. 2nd ed. 126-128.

Hulet, Claude L. " 'A beata Maria do Egito': uma nova tragédia por Raquel de Queirós." Movimentos Literarios de Vanguardia en Iberoamérica. (Memoria del XI Congreso del Instituto Internacional de Literatura Iberoamericana.) Mexico, University of Texas, 1965. 135-141.

Lima, Alceu Amoroso (Tristão de Ataíde). Estudos. V, 93-96.

Mendes, Oscar, "Terra de sol e de fome." Estado de Minas, Belo Horizonte, 19 nov 1930.

Miranda, Nicanor. " 'Lampião' de Raquel de Queirós'." Anhembi, 4:44 (jul 1954).

Montenegro, Olívio. 176-184.

Nascimento, Bráulio de. "Raquel de Queirós." Revista Branca, Rio, 13 set 1950. 11.

Perez. I, 333-339.

Pontes, Joel. 245-250.

Prado. 137-141.

Ribeiro, João. Os modernos. 278-279.

Sales, Fritz Teixeira de. "Sobre uma escritora." Dom Casmurro, 5 ago 1937.

Schade, George de. "Three contemporary Brazilian Novels." Hispania, 39:4 (dez 1956) 391-396.

Woodbridge, Benjamin M. Jr. "The art of Rachel de Queiroz." Hispania, 40:2 (mai 1957) 144-148.

Jorge Amado
(1912-   )

Jorge Amado was born on a cocoa plantation in Ilhéus, Bahia, on August 10, 1912, to João Amado de Faria and Eulália Leal Amado. Because of the devastating flood of the Cachoeira River in 1914, the family moved to town where they lived under straitened circumstances until 1917, when they again became landowners. At the age of twelve Jorge was sent to Bahia to board at the Jesuit operated Colégio Antônio Vieira. Although he had previously done well in school, it no longer inspired him. Only at his father's insistence did he return for the second term, but he soon ran off, making his way to his grandfather's home in Itaporanga, Sergipe. Months later, in 1925, he was packed off to Bahia again, but this time to the Ginásio Ipiranga. There he became active in several student papers, was especially impressed by Castro Alves (the school occupied the house where the poet died), and by 1928 had already begun a career in journalism as a police reporter for the *Diário da Bahia*. Soon he was participating in the Bahian Modernist movement in the group headed by Pinheiro Villegas. It was they who founded the Academia dos Rebeldes, a name aptly describing its members' main activity, which sponsored such shortlived magazines as *Meridiana* and *A Semana*. Since his studies had not been progressing satisfactorily, he followed his father's suggestion and finished his baccalaureate in Rio de Janeiro. In 1931 he entered law school in that city, and published his first novel, *O país do carnaval*, as well. When *Cacau* appeared in 1933, he was already writing in the literary supplements of the *Diário de Notícias, O Jornal* and in the magazine *Literatura*. The year he published *Suor* (1934), he began working as the head of the publicity department of the José Olímpio Publishing Company. The next year he was active in Getúlio Vargas' Aliança Nacional Libertadora, was an editor of *A Manhã*, the party's daily, and visited Uruguay and Argentina in Getúlio Vargas' retinue. He was also graduated from law school, attended a writers' conference in Paris, and published *Jubiabá*, followed in 1936 by *Mar morto* which won the Prêmio Graça Aranha. After release from a short detention early in 1936, he made an extended trip up the west coast of the Americas, including the United States. *Capitães da areia*, begun on the trip and finished in Mexico, was published in 1937, the year he landed in Belém. In January, 1938, he was detained in Manaus and sent to Rio, where he was released. Two years later the police interrupted the appearance of his *ABC de Castro Alves* in *Diretrizes*. The following year he moved to Argentina, where he wrote for *Crítica* and *Sur*, and began to write *Vida de Luís Carlos Prestes*. Upon his return to Brazil he was ordered to Bahia and required to remain there. *Terras do sem fim*, written in Uruguay in 1942, appeared the following year and was succeeded by its sequel, *São Jorge dos Ilhéus*, in 1944. The following year he was head of the Bahian delegation and vice-president of the Primeiro Congresso de Escritores Brasileiros. After the fall of Getúlio Vargas, the author was elected from São Paulo to the Constituent Assembly. After his seat in the Chamber was abolished following the outlawing of the Communist Party, the author went to Paris with his family in May of 1952. Until he returned to Brazil, Amado traveled extensively in western and central Europe, Scandinavia, Russia, China, and Mongolia. He attended writers' conferences in several of the countries he visited. In December of 1951 he received the Stalin International Peace Prize, and during a stay in Czechoslovakia in 1950 he wrote *O mundo da paz*, which, when published in Brazil, was called subversive and was confiscated, and a suit, later dropped, was filed against the author. *Subterrâneos da libertade*, begun in Poland in 1951, appeared in three volumes in 1954. Two years later in Rio de Janeiro he launched the magazine *Para todos* which lasted two years and a half. By May 1958, the year after a trip to Pakistan, India, Ceylon, Burma, and Europe, he was at work on *Gabriela, cravo e canela*; published in August of that year, it won five important prizes. The success of the English translation of *Gabriela, cravo e canela* in the United States was extraordinary, placing among the top 25 novels published there in 1962. In 1961 he witnessed the appearance of *Os velhos marinheiros*, saw his name proposed as a candidate for the Nobel Prize, was named to the literary committee of the Conselho Nacional de Cultura, and was elected to the Academia Brasileira de Letras. In 1970 he won the Calouste Gulbenkian Prize. The rhythm of the appearance of his novels has continued undiminished by the passing of the years (*Os pastores da noite*, 1964, *Dona Flor e seus dois maridos*, 1966, *Tenda de milagres*, 1969, *Teresa Batista cansada de guerra*, 1973), while his popularity has increased with his newfound technical maturity and ironic humor so ably demonstrated beginning with *Gabriela*.

Critical Commentary:

One of the great Brazilian writers of all time, Jorge Amado is also one of the more idealistic and lyrical, both in his prose and in his view of reality. Certainly, too, he is one of those who write most rapidly and he is unquestionably the most translated. Noteworthy is the increasing development of his novelistic talents throughout the years. He has two distinct ways of approaching reality: one, eminently human and strongly realistic, the other, impressively poetical. Both are based solidly on the local scene, preferably his native state of Bahia, although the action in some of his politically motivated works is placed in other regions of the country. One of these attitudes normally predominates.

Jorge Amado is a strong believer in life, and it is lived life that he portrays with sincere and captivating joy. He himself is a part of the reality he paints. He inhales it, he immerses himself in it, it enters through his pores. It is that warm, sweet, sincere, and captivating joy of living that he breathes into his novels, particularly into his characters. That is the source of the absolute plausibility even of those which are sketchily drawn. No matter how difficult a character's life may be, and even if hope dies for him, there always remains the prospect of a better future for the larger group, for humanity itself. Amado's language is intensely realistic and remarkably versatile. Often it is clipped, reminiscent, but not an imitation, of popular speech with all its rough and picturesque directness.

Amado's realism and lyricism cannot be separated. The buoyant idealism and delight in mere living that underlies his writing want to be concretized musically and rhythmically. Besides the poetry of life, which is effervescent and heterogeneous, he has an intentional poetry that combines traditional with modern and cultured with popular poetical forms and motifs. The result is an enlivening and enrichment of his language, as psychologically suggestive as it is sonorous. On occasion his prose may be divided up quite satisfactorily into verses and strophes. Such purposeful poetry heightens emotional transfer giving now an intimate feeling, now a sense of Man's epic role, however unexalted the particular individual's life may be.

Jorge Amado proves himself best when dealing with people. With a few bold strokes he gives exceptional fullness and vigor to both characters and setting. His descriptions are normally indirect and come about as a composite of feeling implied from what the characters themselves reveal by their actions and interactions with reality and with other characters.

One of the most important of Amado's literary achievements is his complete integration with the Afro-Brazilian aspects of his reality. His best literary efforts are based on that ambient, richly textured world, filled with superstitions, ignorance, myths, primitive wants, and desires; it is with these themes that he is most at ease. He is interested in the problems of those humble people, their sufferings, difficulties, hopes, and ambitions and has consistently developed the notion of freedom as the sine qua non of life. When the author is absorbed by such human perspectives, his social criticism in his best works becomes so integrated into the tissues of the work that it ceases having a doctrinaire, partisan character and becomes genuinely universal. The psychological completeness and cohesiveness of his fictional world produces outstanding plausibility and exceptional reader rapport. The total effect is heightened by the very naturalness and matter-of-factness of the characters and their problems, not to overlook the general looseness of plot which, too, is reminiscent of life itself.

Suggested Reading and Other Texts:

Terras do sem fim; Gabriela, cravo e canela; Os velhos marinheiros; Os pastores da noite; Dona Flor e seus dois maridos.
Coutinho, Antologia, I, 133-150; Moisés, Textos, 480-486; Murici, A nova literatura, 303-307; Perez, I, 211-218; Scott-Buccleuch and Oliveira, 497-508.

Principal works:

O país do carnaval [romance] (Rio, 1931)
Cacau [romance] (Rio, 1933)
Suor [romance] (1934)
Jubiabá [romance] (Rio, 1935)
Mar morto [romance] (Rio, 1936)
Capitães da areia [romance] (Rio, 1937)
A estrada do mar [poesias] (Sergipe, 1938)
ABC de Castro Alves [biografia] (S. Paulo, 1941)
Terras do sem fim [romance] (S. Paulo, 1943)
São Jorge dos Ilhéus [romance] (1944)
Bahia de Todos os Santos; guia das ruas e dos mistérios da cidade do Salvador (S. Paulo, 1945)
Vida de Luís Carlos Prestes, el caballero de la esperanza (Buenos Aires, 1942 [first edition, in Spanish] ; S. Paulo, 1945)
Seara vermelha [romance] (S. Paulo, 1946)
O amor de Castro Alves, história de um poeta e sua amante [em um prólogo, três atos e um epílogo] (Rio, 1947) [Titled: O amor do soldado, S. Paulo, 1958].
O mundo da paz (1950)
Os subterrânos da liberdade [romance] (1954)
Gabriela, cravo e canela [romance] (S. Paulo, 1958)
Os velhos marinheiros [novelas] (S. Paulo, 1961)
Os pastores da noite [novelas] (S. Paulo, 1964)
Dona Flor e seus dois maridos [romance] (S. Paulo, 1966)
Tenda dos milagres [romance] (S. Paulo, 1969)
Tereza Batista cansada de guerra [romance] (S. Paulo, 1973)

GABRIELA, CRAVO E CANELA
Do Demônio Solto nas Ruas

—T'esconjuro! . . . Até parece que o demônio anda solto em Ilhéus. Onde já se viu moça solteira namorar homem casado? — imprecava a áspera Dorotéia no átrio da Igreja em meio às solteironas.

—O professor, coitadinho dele!, só falta perder o juízo. Anda tão sorumbático que dá pena... – lastimou Quinquina.

—Um moço delicado, é capaz de adoecer – apoiou Florzinha. – Já não tem muita saúde.

—Boa bisca ele não é, também. A tristeza dele deu foi pra rondar a desenvergonhada... Até pára no passeio pra falar com ela. Eu já disse ao Padre Basílio...

—O quê?

—Ilhéus está ficando uma terra de perdição, um dia Deus castiga. Manda uma praga, mata tudo que é pé de cacau...

—E ele, que foi que respondeu?

—Disse que eu era uma boca de azar. Ficou danado. Que eu estava querendo o mal.

—Também você foi falar logo com ele... Ele é dono de roça. Por que não falou com o padre Cecílio? Esse, pobrezinho, não tem pecado.

—Pois falei. E ele me disse: "Doroteia, o demônio está solto no meio de Ilhéus. Reinando sozinho". E é verdade.

Viraram o rosto para não olhar Glória na janela, iluminada em sorrisos para o bar de Nacib. Seria olhar o pecado, a próprio demônio.

No bar, o Capitão triunfante largara a notícia sensacional: o coronel Altino Brandão, o dono de Rio do Braço, homem de mais de mil votos, aderira a Mundinho. Lá estivera, na casa exportadora, para comunicar sua decisão. Mundinho lhe perguntara, surpreendido com a inesperada reviravolta do coronel:

—O que o decidiu, coronel?

Pensava nos irrespondíveis argumentos e nas convincentes conversas:

—Umas cadeiras de espaldar – respondera Altino.

Mas no bar já se sabia da entrevista mal sucedida, da cólera de Ramiro. Exageravam-se os fatos: que houvera bate-boca violento, que o velho político expulsara Altino de sua casa, que este fora mandado por Mundinho propor acordos, pedir trégua e clemência. Versão nascida de Tonico, muito exaltado, anunciando nas ruas que Ilhéus ia voltar aos dias passados de tiros e mortes. Outras versões, do Doutor e de Nhô-Galo que haviam encontrado o coronel Altino, contavam ter Ramiro perdido a cabeça quando o fazendeiro do Rio do Braço lhe dissera considerá-lo já derrotado, mesmo antes das eleições, e lhe avisara que votaria com Mundinho. Ante o que Tonico propusera um acordo humilhante para os Bastos. Ramiro recusara. Cruzavam-se as versões ao sabor das simpatias políticas. Uma coisa, no entanto, era certa: após a partida de Altino, Tonico correra a chamar um médico, o dr. Demóstenes, para atender o coronel Ramiro, que sofrera um desfalecimento. Dia de comentários, de discussões, de nervosismo. A João Fulgêncio, vindo da Papelaria para a prosa do fim da tarde, pediram-lhe opinião:

—Penso como dona Doroteia. Ela vem de me dizer que o diabo anda solto em Ilhéus. Ela não sabe direito se ele se esconde na casa de Glória ou aqui, no bar. Onde você escondeu o maldito, Nacib?

Não só o diabo, o inferno inteiro ele o conduzia dentro de si. De nada adiantara o trato feito com Gabriela. Ela vinha e ficava por trás da caixa registradora. Frágil trincheira, curta distância para o desejo dos homens. Acotovelavam-se agora a beber de pé, junto ao balcão, quase um comício em torno dela, uma pouca vergonha. O juiz descarara tanto que a ele próprio, Nacib, já dissera:

—Vá se preparando, meu caro, que vou lhe roubar Gabriela. Vá tratando de procurar outra cozinheira.

—Ela lhe deu esperanças, doutor?

—Mas dará... É questão de tempo e de jeito.

Manuel das Onças, que antes não saía das roças parecia esquecido de suas fazendas em plena época da colheita. Até pedaço de terra mandara oferecer à Gabriela. Quem tinha razão era a solteirona. O diabo se soltara em Ilhéus, virava a cabeça dos homens. Terminaria virando a de Gabriela também. Ainda há dois dias, dona Arminda lhe dissera:

—Uma coincidência: sonhei que Gabriela tinha ido embora e no mesmo dia o coronel Manuel mandou dizer que se ela quisesse botava no papel uma roça, no nome dela.

Cabeça de mulher é fraca, bastava olhar a Praça: lá estava Malvina, num banco na avenida, a conversar com o engenheiro. João Fulgêncio não dizia que era a moça mais inteligente de Ilhéus, com caráter e tudo? E não perdia a cabeça a namorar na vista de todos um homem casado?

Nacib andara até à extremidade do largo passeio do bar. Perdido em seus pensamentos, assustou-se quando viu o coronel Melk Tavares sair de casa, marchar para a praia.

—Espiem! — exclamou.

Alguns ouviram, voltaram-se para ver.

—Vai andando para eles...

—Vai haver alteração...

A moça também vira o pai a aproximar-se, pusera-se de pé. Devia ter chegado da roça naquela hora, nem descalçara as botas. No bar, abandonavam as mesas de dentro para espiar.

O engenheiro empalidecera quando Malvina lhe avisara:

—Meu pai está vindo pra cá.

—Que vamos fazer? — a voz o traía.

Melk Tavares, a cara fechada, o rebenque na mão, os olhos na filha, parou junto deles. Como se não visse o engenheiro, nem o olhou. Disse à Malvina, a voz como uma chibatada:

—Já para casa! — o rebenque estalou seco contra a bota.

Ficou parado olhando a filha andar num passo lento. O engenheiro não se movera, um peso nas pernas, o suor na testa e nas mãos. Quando Malvina entrou no portão e desapareceu, Melk levantou o rebenque, encostou a ponta de couro no peito de Rômulo:

—Soube que o senhor terminou seus estudos da barra. Que telegrafou pedindo para continuar, ficar dirigindo os trabalhos. Se eu fosse o senhor não faria isso, não. Mandava um telegrama pedindo substituto e não esperava que ele chegasse. Tem um navio depois-de-amanhã — retirou o rebenque levantando-o, a ponta roçou de leve o rosto de Rômulo. — Depois de amanhã, é o prazo que lhe dou.

Virou-lhe as costas, voltado agora para o bar como a indagar do motivo da pequena aglomeração do lado de fora. Marchou para lá, os curiosos foram-se sentando, estabelecendo conversas rápidas, olhando de soslaio. Melk chegou, bateu nas costas de Nacib:

—Como vai essa vida? Me serve um conhaque.

Viu João Fulgêncio, sentou-se a seu lado:

—Boa tarde, seu João. Me disseram que o senhor andou vendendo uns livros ruins pra minha menina. Vou lhe pedir um favor: não venda mais nenhum. Livro só de colégio, os outros não prestam para nada, só servem para desencaminhar.

Muito calmo, João Fulgêncio respondeu:

—Tenho livros para vender. Se o freguês quer comprar não deixo de vender. Livro ruim, que é o que senhor entende por isso? Sua filha só comprou livros bons, dos melhores autores. Aproveito para lhe dizer que é moça inteligente, muito capaz. É preciso compreendê-la, não deve tratá-la como a uma qualquer.

—A filha é minha, deixe comigo o tratamento. Pra certas doenças, conheço os remédios. Quanto aos livros, bons ou ruins, ela não comprará mais.

—Isso é com ela.

—Comigo também.

João Fulgêncio levantava os ombros como se lavasse as mãos das conseqüências. Bico-Fino chegava com o conhaque, Melk bebia-o de um trago, ia levantar-se. João Fulgêncio segurava-lhe o braço.

—Ouça, coronel Melk: fale com sua filha com calma e compreensão, ela talvez o ouça. Se usar de violência, pode vir a se arrepender depois.

Melk parecia fazer um esforço para conter-se:

—Seu João, se não conhecesse o senhor, não tivesse sido amigo de seu pai, eu nem lhe escutava. Deixe a menina comigo. Não costumo me arrepender. De toda forma, lhe agradeço a intenção.

Batendo o rebenque na bota, atravessou a praça. Josué o olhava de uma das mesas, veio sentar-se na cadeira que ele deixara, ao lado de João Fulgêncio:

—Que irá fazer?

—Possivelmente uma burrice — pousou seus olhos bondosos no professor. — O que não admira, você também não anda fazendo tantas? É uma moça de caráter, diferente. E a tratam como se fosse uma tola. . .

Melk transpunha o portão da casa de "estilo moderno". No bar, as conversas retornavam a Altino Brandão, ao coronel Ramiro, às agitações políticas. O engenheiro sumira do banco na avenida. Só mesmo João Fulgêncio, Josué e Nacib, esse parado na calçada, continuavam atentos aos passos do fazendeiro.

Na sala, a mulher o esperava, encolhida de medo. Parecia u'a imagem de santa macerada, o negro Fagundes tinha razão.

—Onde ela está?

—Subiu para o quarto.

—Mande descer.

Esperou na sala, a bater o rebenque contra a bota. Malvina entrou, a mãe ficou na porta de comunicação. De pé ante ele, a cabeça erguida tensa, orgulhosa, decidida, Malvina aguardou. A mãe aguardava também, os olhos de medo. Melk andou na sala:

—Que tem a dizer?

—A respeito de quê?

—Respeito me tenha! — gritou. — Sou seu pai, baixe a cabeça. Sabe do que falo. Como me explica esse namoro? Ilhéus não trata de outra coisa, até na roça chegou. Não venha me dizer que não sabia que era homem casado, ele nem escondeu. Que tem a dizer?

—Que adianta dizer? O senhor não vai compreender. Aqui ninguém pode me compreender. Já lhe disse, meu pai, mais de uma vez: eu não vou me sujeitar a casamento escolhido por parente, não vou me enterrar na cozinha de nenhum fazendeiro, ser criada de nenhum doutor de Ilhéus. Quero viver a meu modo. Quando sair, no fim do ano do colégio, quero trabalhar, entrar num escritório.

—Tu não tem querer. Tu há de fazer o que eu ordenar.

—Eu só vou fazer o que eu desejar.

—O quê?

—O que eu desejar. . .

—Cala a boca, desgraçada!

—Não grite comigo, sou sua filha, não sou uma escrava.

—Malvina — exclamou a mãe. — Não responda assim a seu pai.

Melk segurou-lhe o pulso, bateu-lhe a mão na cara. Malvina rugiu:

—Pois vou embora com ele, fique sabendo.

—Ai, Meu Deus! . . . — a mãe cobriu o rosto com as mãos.

—Cachorra! — levantou o rebenque, nem reparava onde batia.

Foi nas pernas, nas nádegas, nos braços, no rosto, no peito. Do lábio partido o sangue escorreu, Malvina gritou:

—Pode bater. Vou embora com ele!

—Nem que te mate. . .

Num repelão atirou-a contra o sofá. Ela caiu de bruços, novamente ele levantou o braço, o rebenque descia e subia, silvava no ar. Os gritos de Malvina ecoavam na praça.

A mãe suplicava, em choro, a voz medrosa:

—Basta, Melk, basta. . .

Depois, de repente, se atirou da porta, agarrou-lhe a mão:

—Não mate minha filha!

Parou, arquejante. Malvina agora apenas soluçava no sofá.

—Pro quarto! Até segunda ordem, não pode sair.

No bar, Josué apertava as mãos, mordia os lábios, Nacib sentia-se acabrunhado, João Fulgêncio abanava a cabeça. O resto do bar estava como suspenso, em silêncio. Na sua janela, Glória sorriu tristemente.

Alguém disse:

—Parou de bater.

[Gabriela, cravo e canela. 22a. ed. S. Paulo, Martins, 1961. 269-275.]

References:

Andrade, Oswald de. "Fraternidade de Jorge Amado." In: Ponto de lança. São Paulo, Martins, 1944. 36-39.

Barreto, Plínio. 217-224.

Barros, Espelho. 117-126.

Bastide, Roger. "Jorge Amado e o romance poético." O Jornal, Rio, 7 mar 1943.

Batista, Juarez da Gama. "Os mistérios da vida e os mistérios de Dona Flor." João Pessoa, s.e., 1972.

Bernard, Judith. "Narrative focus in Jorge Amado's story of Vasco Moscoso Aragão." Romance Notes, 8 (1966) 14-17.

Bruno, Haroldo. 121-134.

_____. "Terra e povo no romance de Jorge Amado." Nordeste, Recife, 2:7 (jun 1947).

Cavalheiro, Edgard. "Um romance do mar." Boletim do Ariel, 6:2 (nov 1936) 53.

Cândido. Brigada. 45-62.

Costa, Dante. "O romance Jubiabá." Boletim do Ariel, 5:3 (dez 1935) 71.

Costa, Dias da. "O mundo de Jubiabá." Boletim do Ariel, 5:4 (jan 1936) 101.

Dantas, Pedro (Prudente de Morais Neto). "Crônica literária." A ordem, 7:28 (jun 1932) 442-445.

_____. "Os caminhos de Jorge Amado." Revista Brasiliense, São Paulo, 37 (1961)

Ellison. 83-108.

Faria, Otávio de. "Jorge Amado-Amando Fontes." Boletim do Ariel, 3:2 (nov 1933) 7-8.

Fossey, Jean M. "Entrevista com Jorge Amado." Ínsula, 26 (abr 1971) 4.

Franzbach, Martin. "Erzählkunst in Jorge Amados 'Gabriela'." Archiv für das Studium der Neuren Sprachen and Literaturen, 203 (1966) 262-271.

Gaillard, Jeanne. "Jorge Amado." La Pensée, Paris, 40 (jan-fev 1952) 132-134.

Grieco. Gente nova. 9-18.

Guimarães, Alberto Passos. "A propósito de um romance: Cacau." Boletim do Ariel, 2:10 (jul 1933) 288.

Guimarães, Ney. "Jorge Amado e a condição humana." Clã, Fortaleza, fev 1949. 117-120.

Hamilton, Russell. "Afro-Brazilian cults in the novels of Jorge Amado." Hispania, 50:2 (mai 1967) 242-252.

Jurema, Aderbal. "Jorge Amado." Boletim do Ariel, 3:12 (set 1934).

_____. Provincianas. Nordeste, Recife, 1949. 71-75.

Jorge Amado: 30 anos de literatura. Martins, São Paulo, 1961. (Contains some three hundred statements about the author and his work.)

Jorge Amado, povo e terra: 40 anos de literatura. Martins, São Paulo, 1972. (Contains a dozen statements not included in: Jorge Amado: 30 anos.)

Lima, Luís Costa. In: Coutinho. A literatura. 2nd ed. V, 304-326.

Lins, Álvaro. IV, 84-91; V, 132-145.

Lucas, Fábio. Temas literários. 141-144.

Martins, Heitor. "Romance brasileiro em 1970: 'Tenda dos milagres'." O Estado de São Paulo, 14 mar 1970.

Mazzara, Richard A. "Poetry and progress in Jorge Amado's 'Gabriela, cravo e canela'." Hispania, 46 (set 1963) 551-556.

Mendes, Murilo. "Nota sobre 'Cacau'." Boletim do Ariel, 2:12 (set 1933) 317.

Meir, Harri. "Die Syntax der Objektspronomina in Jorge Amados 'Jubiabá'." In: Wolf-Dieter Lange und Heinz-Jürgen Wolf. Philoligische Studien für Joseph M. Piel. Heidelberg, 1969. 148-161.

Milliet. Diário. IV, 148-151.

Monteiro, Adolfo Casais. 161-172; 181-184; 185-188.

Montenegro, Olívio. 144-150.

Morais, Eneida. Romancistas, também personagens. Cultrix, São Paulo, 1962. 71-75.

Olinto. "Gabriela, cravo e canela." In: Cadernos. 111-115.

Pereira, Lúcia Miguel. "Jubiabá." Boletim do Ariel, 5:2 (nov 1935) 29-30.

Perez. I, 203-210.

Pontes, Joel. 189-209.

Portela. II, 107-111; III, 105-127.

Proença, Manuel Cavalcanti. Estudos. 500-503.

Putnann. Handbook. 404-405.

Rabassa, Gregory. "The five faces of love in Jorge Amado's Bahian novels." Revista de Letras, Faculdade de Filosofia, Ciências e Letras de Assis. 4 (1963) 94-103.

Reali, Erilde Melillo. "Jorge Amado nella Tenda della veritá." Annali Instituto Universitario Orientale. Sezione Romanza, Napoli, 13 (1971) 175-198.

Rego, José Lins do. "Jubiabá." Boletim do Ariel, 5:2 (nov 1935) 39.

Russo, David T. "Bahia, macumba and Afro-Brazilian Culture in Jorge Amado's 'Jubiabá'." Western Review: A Journal of the Humanities. 6:1 (1969) 53-58.

Shade, George D. "Three contemporary Brazilian novels." Hispania, 39:4 (dez 1956) 391-396.

Silveira, Joel. "Dois tipos de romance: Jorge Amado e José Lins do Rego." Dom Casmurro, 5 ago 1937.

Silverman, Malcolm Noel. "Allegory in two works of Jorge Amado." Romance Notes, 13 (1971) 67-70. ('Jubiabá' and 'Os pastores da noite'.)

_____. "Moral dilemma in Jorge Amado's 'Dona Flor e seus dois maridos'." Romance Notes, 13 (1971) 243-249.

Sodré. Orientações. 153-166.

Stowell, Ernest E. "Os romances de Jorge Amado." Revista Ibero americana, fev 1945. 79-83.

Tabaya, Arnaldo. "Um romance proletário." Boletim do Ariel, 3:1 (out 1933) 20.

Táti, Miécio. "Estilo e revolução no romance de Jorge Amado." Temário, Rio, 1:2 (set-out 1951) 3-17.

_____. Estudos e notas críticas. 177-208.

_____. "Jorge Amado: vida e obra." Itatiaia, Belo Horizonte, 1961.

Tavares, Odorico. "A poesia ainda vive." Boletim do Ariel, 5:9 (jun 1936) 239.

Tavares, Paulo. Criaturas de Jorge Amado. Martins, São Paulo, 1969.
Trigueiros, Luís F. "Do fundo dos tempos." O Estado de São Paulo, 1 abr 1967.
Wolfe, Bertram D. "The violent land." New York Herald Tribune Books, 17 jun 1945.

Lúcio Cardoso
(1913-1968)

Certainly one of the most precocious of contemporary Brazilian novelists was Joaquim Lúcio Cardoso Filho. He was named after his adventure-seeking father whom, years later, he was to make the subject of his first published novel, *Maleita* (1934). Born in Curvelo, Minas Gerais, on August 14, 1913, and schooled in Belo Horizonte and Rio, even as a youngster he already was an insatiable reader and scribbler: school newspapers, detective stories, an unfinished adventure novel, and at fifteen, a play titled *Reduto dos deuses*, praised by Aníbal Machado. Still in his teens, he took up residence in Rio and began to work for an insurance company that had its offices two floors above Augusto Frederico Schmidt's publishing company. The proximity bred an idea and he submitted "Marcha fúnebre" to Schmidt and the latter published it in *Literatura*. Thus, at the age of nineteen, the writer was born. Encouraged, in 1932 Santa Rosa and he founded *Sua Revista*, but it perished after the first issue. However, when two years later Schmidt published his first novel, *Maleita*, Lúcio found himself happily launched on a literary career. Otávio de Faria encouraged him in his poetry, and José Olímpio published his second novel, *Salgueiro*, which was suggested by the well-known Rio hill of that name. *A luz no sub-solo* followed in 1936, his third novel—and he was still only twenty-three! From then on the author maintained a more or less steady rhythm of published fiction, his last being *Crônica da casa assassinada* (1959). In the meantime, he continued to write poetry and theater (*O filho pródigo*, in three acts, was written specially for the Teatro Experimental do Negro), both early interests. The year 1961 saw *Diário, I* appear. Misfortune struck the following year, however, and his fecund literary activities were cut short by a cerebral hemorrhage. Even so, he continued dedicated to the arts, and in his final years began to exploit his perennial fascination for sketching by turning to painting. He died in Rio on September 24, 1968.

Critical commentary:

Beginning with *Maleita*, Lúcio Cardoso produced a rather quick succession of eleven uneven novels and novelettes, culminating in *Crônica da casa assassinada* (1959). But it was not simply Cardoso's extreme youth that attracted attention when he quickly and successively launched *Maleita*, *Salgueiro* and *A luz no sub-solo* between 1934 and 1936. More important literarily was the fact that these novels, like those of the "South", such as José Geraldo Vieira, Érico Veríssimo, and Marques Rebelo, announced a marked thematic divergency from the direction then taken by the novel of the Northeast.

Cardoso, not being particularly interested in man's eternal fight with nature, nor in the often excruciating demands that the brusquely changing new, modern world was making on man in Brazil, was from the beginning more seriously concerned with the relations between people. Even the minimum attention he had at first given to the Brazilian scene and to indirectly pointing up social injustice quickly evolved into an almost total preoccupation with the psychological analysis of the individual and the latter's anguish as he reacts toward life's uncommon problems.

Cardoso depicts life as dependent on chance, on the unknown, and on the mysterious, and emphasizes that man's lot is a tragic one. His existentialist characters find themselves caught in the web of circumstances, alone and defeated, filled with despair, tortured. They are prisoners of their own primitive emotions, and are unaware of their true limitations and the fact that no real solutions to their plight are to be had. Their actions are irrational, animal like, or at best primitve, and controlled by instinct. Under such circumstances the only solutions that occur to them are violent ones. Out from their selfish, little, closed-off world where they are unable to communicate with others, they lash out against their fellow men and against themselves in a fruitless search for a way out of their dilemma. Man is so entrapped that he cannot change his life even when he chances upon a viable solution; he simply does not have sufficient flexibility to act upon it. From such psychological probings the episodes mainly derive.

Evidently Cardoso is not interested per se in Brazil, and much less in any particular region. Concerned only with man as the source of fiction, he reopened the psychological path, cut by such trailblazers as Machado de Assis and Lima Barreto, for the Brazilian novel to again direct its steps toward the universal state of man's tragic condition.

The plots are usually simple, are not always too logical due to the impetuousness of the characters and the intervention of the unexpected, and they generally have as little importance in themselves, as does the action. The emotional world of his fiction is filled with exasperation, nerves are taut, the air is dry with uncertainty, and the situations are brittle. Cardoso's prose is metaphorical and tends toward the grandiloquent. In a word, he is more interested in problems than in people, more turned toward the episode than desirous of developing plot, and sometimes there is more analysis, personal testimony, and documentation than fiction.

Suggested Reading and Other Texts:

Salgueiro; A professora Hilda.
Bandeira and Cavalheiro, Obras-primas, 374-376; Coutinho, Antologia, III,
242-247; Murici, A nova literatura, 338-340; Nascimento, Abdias do, Dramas
para negros e prólogo para brancos, Rio, Teatro Experimental do Negro, 1961,
29-72.

Principal Works:

Fiction:
Maleita [romance] (Rio, 1934)
Salgueiro [romance] (Rio, 1935)
A luz no sub-solo [romance] (Rio, 1936)
Mãos vazias [novela] (Rio, 1938)
Histórias da lagoa grande [contos infantis] (P. Alegre, 1939)
O desconhecido [novela] (Rio, 1941)
Dias perdidos [romance] (Rio, 1943)
Inácio [novela] (Rio, 1944)
O anfiteatro [novela] (Rio, 1946)
A professora Hilda [novela] (Rio, 1946)
O enfeitiçado [novela] (Rio, 1954)
Crônica da casa assassinada [romance] (Rio, 1959)

Poetry:
Poesias (Rio, 1941)
Novas poesias (Rio, 1944)

Theater:
O escravo (Rio, 1945)
Corda de prata (Rio, 1947)
O filho pródigo (Rio, 1947)
Angélica (Rio, 1950)

Autobiography:
Diário I (Rio, 1960)

A PROFESSORA HILDA

. . . .

—É a nova professora? —indagou, detendo-se diante da moça que parecia
procurar alguém com os olhos.
—Sou, disse esta sorrindo. E a senhora é. . .
—Sou a professora Hilda —adiantou-se, num assomo de dignidade.

—Esperava-me, não?

—Naturalmente.

E enquanto respondia a novas perguntas banais, Hilda examinava-a com os olhos semicerrados. "Uma criança. Parece ser pouco mais velha do que Sofia. Quantos anos terá? E como puderam pensar numa criatura destas para me substituir? " Também a outra parecia examiná-la com evidente curiosidade. Se Hilda tivesse maior conhecimento dessa coisa estranha que é a alma humana, compreenderia que idêntica surpresa se apossava da nova professora. "Não sei se é velha ou moça —dizia Eugênia consigo própria —mas é estranha e parece me odiar". Ódio? Ainda era cedo; Hilda achava-se apenas perturbada. Esperava encontrar uma imagem mais ou menos semelhante à sua, e vinha deparar-se-lhe um ser ingênuo e claro que se entregava quase às suas mãos. E também na impressão da moça, havia a descontar o ar sempre hostil e carregado de Hilda, o seu vestido negro e suas maneiras severas, tão em contraste com a quente luminosidade da tarde.

—A senhora me guiará, disse ela, enquanto se encaminhavam para a saída, pois é a primeira vez que exerço as funções de professora. Queriam me mandar ainda para mais longe, mas obtive. . . Mas, que foi? Está sentindo-se mal?

Hilda se detivera e, apoiada à parede, parecia aguardar, intensamente pálida.

—Meu Deus! A senhora vai cair!

Hilda empurrou-a com rispidez.

—Não, não vou. É apenas uma vertigem. Isto passa.

Ali estava o núcleo do segredo: obtivera! Quem andaria metido nesta conspiração? Como se "obtinham" coisas daquela natureza? Voltou a caminhar, lentamente, como se estivesse subjugada por um peso enorme. Em vão a moça ainda lhe dirigiu algumas palavras; Hilda respondia-lhe por meio de um sorriso contrafeito ou não respondia de todo, cabeça baixa, imersa em suas cogitações. Assim chegaram em casa.

—Sara, disse Hilda à empregada, esta é a nova professora e vai passar alguns dias aqui em casa.

—Se não der muito trabalho, acrescentou a moça, procurando envolver a empregada num sorriso simpático. Mas esta se limitou a encolher os ombros, enxugando as mãos no avental. "Que gente estranha! ", pensou a recém-chegada, olhando o vulto ligeiro e desconfiado da empregada. E ali dentro, de repente, tudo lhe pareceu vagamente inquietante. Não se encontrava um canto feito para o repouso: pesados e agressivos, os móveis lembravam a nudez de um convento pobre. Ela suspirou e acompanhou Hilda ao quarto que lhe era destinado. Ali havia mais luz, porém a severidade era a mesma. Uma bacia e um jarro de louça branca, com florões cor de rosa, eram a única nota alegre do ambiente.

—Aqui ficará quanto quiser —disse Hilda —nunca usamos este quarto.

E colocando a pequena mala da nova professora sobre uma cadeira, afastou-se. Precisava estar só para coordenar os pensamentos. Abandonou a casa e dirigiu-se para o jardim. Como as plantas já não lhe interessassem mais, algumas begônias morriam, esturricadas pelo sol. Nas árvores, a erva de passarinho avassalava as folhas. Hilda sentou-se à sombra de uma laranjeira, as mãos sobre os joelhos, reclinada contra o tronco. Um pássaro cantava numa rama mais alta. A noite chegava devagar. E foi ali, de olhos fechados, entre aqueles rumores que desde a infância lhe eram familiares que ela tomou sua grande decisão. Sempre pensara em reagir, mas a idéia de como o faria, ainda não lhe tinha surgido. Na sua revolta, pressentia apenas que era preciso fazer alguma coisa, mas só agora compreendia que *devia* expulsar a intrusa, e que para tal lançaria mão de todos os recursos. Aceitava o desafio. E aceitando-o, era também a primeira vez que, no fundo de sua alma, dava o *sim* consciente e definitivo à obra que ia empreender, ao mal que adivinhava mas ainda não conseguira dar nome. Um sentimento estranho encheu-lhe o ser como uma onda poderosa; sentiu-se forte e consciente, levantou a cabeça e fitou o céu que escurecia. "Para isto somos feitos —pensou ela— para lutar e defender o que nos é mais caro". E compreendeu também que coisa alguma a poderia deter naquele caminho. Levantou-se de novo e regressou à casa. Ia mais sossegada, se bem que um tom mais grave descansasse sobre sua fisionomia. Ao chegar, indagou de Sara o que se tinha passado na sua ausência. A outra devia ter compreendido o que ela desejava saber, pois respondeu:

—Está no banho. Foi para lá com um roupão comprido, um vidro de extrato e um sabonete grande.

Hilda fitou-a com certo espanto. Teria ela compreendido? Desde que a servia, e isto há tantos anos, ainda não ousara ser tão explícita. Mas apesar de intimamente sentir-se chocada, Hilda aceitou aquela aliança, pensando que, mais tarde, faria a criada recuar aos seus devidos limites. Assim é que respondeu apenas:

—Quando ela sair, chame, Sofia.

Poucos minutos depois, a nova professora surgia na sala e Hilda apresentava-lhe Sofia:

—É uma tola, disse, não preste muita atenção no que ela lhe disser. Além do mais, tem o vício de mentir.

Apesar do aviso, Sofia não dizia coisa alguma e parecia não estar muito disposta a fazê-lo. Olhava a moça severamente, à espera de um sorriso ou de uma palavra banal, como é costume nestas ocasiões. Em vez disto, pressentindo o drama daquele pobre ser franzino e ofuscado, a nova professora adiantou-se e colocou a mão sobre seus cabelos. Sofia estremeceu longamente.

—Que idade tem você? —perguntou.

—Nove anos, respondeu Sofia sem fitá-la.

—Meu Deus, parece ter apenas sete!

Tomou-a pela mão e obrigou-a a sentar-se ao seu lado.

—Chamo-me Eugênia e quero ser sua amiga. Todo mundo me chama de Gênia.

Sofia fitava-a com evidente hostilidade. Gênia continuava a afagar-lhe os cabelos.

—Afagos estragam as crianças —disse Hilda, sentando-se também.

Gênia puxou a criança contra si.

—Não, disse ela, às vezes os afagos salvam. Quantas pessoas. . .

Calou-se e fitou Hilda incisivamente. Esta ergueu a cabeça como sob uma provocação.

—Talvez seus métodos de educação sejam diferentes dos meus —continuou

Hilda com um sorriso amargo. No meu tempo, a palmatória tinha o seu lugar.
—Realmente, os métodos hoje são diferentes. Estas coisas já não se concebem mais.
Hilda ergueu-se com um movimento rápido, apanhando a saia com uma das mãos.
—Métodos! Que métodos modernos podem valer a experiência de uma mulher que há vinte e cinco anos lida com crianças?
Gênia sorriu:
—Não quero diminuir seus métodos de ensino, mesmo porque não os conheço. Apenas quero dizer que a pedagogia hoje. . .
—Pedagogia! —exclamou Hilda, pondo-se a passear nervosamente pela sala.
—Hoje se inventam muitos nomes para rotular coisas sabidas. A pedagogia é um sistema pessoal e tudo o que fugir a isto. . .
Gênia fitou-a com evidente surpresa. Hilda percebeu o seu olhar e, mudando de atitude, sorriu com indulgência.
—Oh! O meu tempo já passou. Sou uma professora à moda antiga e muitos daqueles que eduquei já não se lembram mais de mim. No entanto, tenho o meu arquivo, os meus cadernos, os meus autos de acusação. Quando vejo um desses "importantes" passar a meu lado, sorrio comigo mesma: este nunca soube escrever a palavra "exagero", ou aquele outro levou três meses para aprender o que era gerúndio. Se me acusassem, seria capaz de trazer à baila todas essas provas.
Gênia sentia seu espanto crescer. Realmente estaria diante de uma mulher normal? Hilda caminhou mais dois ou três passos e deteve-se diante dela:
—Não quero também discutir os seus métodos. Estes são os meus, e sei que não valem mais nada.
Gênia quis protestar molemente.
—Não, não proteste, atalhou Hilda. Perdi o cargo, aposentaram-me, dizem que é da lei. Mas esta menina, hei de criar a meu modo. Será alguém, se Deus quiser!
Insensívelmente, Gênia abandonou as mãos de Sofia. Compreendia agora, nitidamente, a ameaça que pesava sobre a pobre criança. Deus do céu, e imaginar que semelhantes seres ainda existiam! E fitando Hilda de novo, pensou como a vida era estranha e se detinha às vezes, intocada e misteriosa, em certos seres que vicejavam solitários como flores gigantes em meio a flores rasteiras. Que absurda e tenebrosa espécie era a daquele lírio vermelho que vivia naquele canto perdido! Vendo que a outra não respondia, Hilda encaminhou-se para a janela, onde se deteve olhando a paisagem. Sim, aquela, educá-la-ia a seu modo. Não a perderia como tantos outros, que mal tinham passado pelas suas mãos, logo arrebatados pelos compromissos e pela ânsia de viver. Aquela cresceria a seu lado como uma planta tenra, retirando a vida da sua sombra, amparando-se nela, aprendendo enfim a ser forte, a ser alguém. E Sofia não poderia trai-la como os outros: encontraria meios para refrear os ímpetos de liberdade no seu pequeno coração e transmitiria a ela, somente a ela, o segredo dessa segurança e dessa altivez que desfrutava.

Quando abandonou a janela, Gênia se tinha posto de pé e estava diante dela:
–Desculpe, mas tenho de ver as minhas roupas. Continuaremos a conversar mais tarde, não é?
–Sem dúvida –respondeu Hilda, friamente.
E quando a moça desapareceu, aproximou-se de Sofia, que a fitava com olhos assustados e apertando-lhe o braço, sussurrou lhe ao ouvido:
–Nada de gatimonhas com esta moça, ouviu? Não a quero ver perto dela. Gente da cidade é sempre gente perdida.
Com a dor, os olhos de Sofia se encheram de lágrimas.
–Vamos, vá para o quarto, quero ver o seu bordado ainda hoje.
A menina esgueirou-se silenciosamente.
–Gente perdida! –repetiu Hilda para si própria. E são estes devassos que me vêm falar em pedagogia!

[A professora Hilda. Rio, J. Olímpio, 1946. 64-75.]

References:

Aguiar Filho, Adonias. "Crôncia da casa assassinada." Jornal do Comércio, Rio, 26 abr 1959.
_____ . "A mão do demônio." Diário de Notícias, Rio, 26 jun 1966.
_____ . Modernos ficcionistas. 85-93.
_____ . "Os romances de Lúcio Cardoso." Cadernos da Hora Presente, 4 (set 1939) 57-86.
Andrade, Almir de. Aspectos da cultura brasileira. Schmidt, Rio, 1939. 96-100.
_____ . "Mãos vazias." Revista do Brasil, 3a. fase, 2:9 (mar 1939) 107-109.
Andrade, Ary de. "Entrevista." Vamos Ler, Rio, 12 abr 1945.
_____ . "Lúcio Cardoso, Elói Pontes e 'O desconhecido'." Vamos Ler, Rio, 22 mai 1941.
Ayala, Walmir. "Carta aberta a Gilson Amado." Jornal do Comércio, 13 fev 1964.
_____ . "Crônica da casa assassinada: personagens." Jornal do Comércio, Rio, 26 mar; 7, 9, 16, 23 e 30 abr; 14 mai; 18 jun; 2 jul 1963.
_____ . "Entrevista." Boletim Bibliográfico Brasileiro, Rio, mai 1959.
_____ . "Romance imoral?" Correio da Manhã, Rio, 6 e 20 jun 1959.
_____ . In: Coutinho. A literatura. 2nd ed. V, 377-387.
Barros. Espelho. 215-226.
Barroso, Maria Alice. Introduction to: Três histórias de província. Bloch, Rio, 1969.
Besouchet y Freitas. Literatura. 139-142.
Bruno, Haroldo. I, 167-170.

Coelho, Nelly Novais. "Lúcio Cardoso e o romance da danação." Minas Gerais, 6 nov 1968.

Condé, João. "Arquivos implacáveis." O Cruzeiro, Rio, 19 abr 1958.

Correia. O mito. 163-168.

Damata, Gasparino. "Bate-papo." Diário Carioca, Rio, 7 set 1952.

D'Elia, Miguel Alfredo. "La lección de Lúcio Cardoso." La Nación, Buenos Aires, 1 jun 1941.

Faria, Otávio de. "Dois poetas." Rio, Ariel. 1935. 333-343. 333-343.

──────. "Maleita." Boletim do Ariel, 3:12 (set 1934) 322.

──────. "Permanência e continuidade." Diário de Notícias, Rio, 26 jun 1966.

──────. "Salgueiro." Boletim do Ariel, 4:9 (jun 1935) 236-237.

Freitas, Luís Carlos Lacerda de. "O pavão de luto." Minas Gerais, 11 jan 1969.

Garcia, Gardênia. "Entrevista com Helena Cardoso." Diário de Notícias, Rio, 26 jun 1966.

Gersen, Bernardo. "Tempo e técnica romanesca." Diário de Notícias, Rio, 2 ago 1959.

Góis, Carlos Augusto de. "Romance epistolar." Diário Carioca, Rio, 2 ago 1959.

Gracindo, Luís. "Arte e temperamento de Lúcio Cardoso." Vamos Ler, Rio, 20 jun 1940.

Grieco. Gente nova. 99-104.

Hecker Filho, Paulo. "Uma proeza bem cumprida." O Estado de São Paulo, 30 mai 1959.

Holanda, Sérgio Buarque de. "À margem da vida." Diário de Notiícias, Rio, 1941.

Ivo, Ledo. "Lúcio Cardoso." Diário de Notícias, Rio, 3 jul 1966.

──────. "No cinqüentenário de Lúcio Cardoso." O Estado de São Paulo, 14 set 1963.

Lima, Alceu Amoroso. "O desconhecido." O Jornal, Rio, 6 mar 1941.

──────. "Dias perdidos." O Jornal, Rio, 11 mai 1944.

──────. "Mãos vazias." O Jornal, Rio, 29 jan 1939.

Linhares, Temístocles. "Itinerário de um romancista." O Estado de São Paulo, 11 jul 1971.

──────. "Mãos vazias." O Jornal, Rio, 1938.

──────. "Outro Lúcio Cardoso." O Estado de São Paulo, 6 jun 1969.

Lins, Álvaro. I, 88-97; VI, 78-87.

Louzada Filho. "Tempo assassino." O Estado de São Paulo, 5 set 1959.

Martins, Wilson. "Um romance brasileiro." O Estado de São Paulo, 7 ago 1959.

Mendes, Oscar. "O desconhecido." O Diário, Belo Horizonte, 1940.

Minas Gerais. Suplemento Literário, Belo Horizonte, 30 nov 1969. Number dedicated to the author.

Montenegro, Olívio. "Um romance imoral." Diário Carioca, Rio, 17 mai 1959.

Morais, Vinícius de. "Lúcio Cardoso, poeta e romancista." O Jornal, Rio, 18 jan 1935.

Moreira, Maria de Lourdes Utsch. "Lúcio Cardoso – um mito?" Minas Gerais, 19 set 1970.

Murici. A nova literatura. 334-338.

Oliveira, José Carlos. "Um romancista de Minas." Jornal do Brasil, Rio, 13 jun e 14 jul 1959.

Perez, Renard. II, 193-202.

_____. "Como nasceu uma vocação." Correio da Mahnã, Rio, 9 mai 1959.

Pontes, Elói. "A luz no subsolo." O Globo, Rio, 1936.

Proença, Manuel Cavalcanti. Estudos. 487-492.

Reis, Marcos Konder. Introduction to: Três histórias da cidade. Bloch, Rio, 1969.

Sales, Almeida. "O desconhecido." O Jornal Rio, 9 fev 1941.

Sodré, Nelson Werneck. "A imaginação e a realidade." Vamos Ler, Rio, 25 abr 1940.

_____. Orientações. 167-183.

Sousa, Otávio Tarqüínio de. "Salgueiro." O Jornal, Rio, 9 jun 1935.

_____. "A luz no subsolo." O Jornal, Rio, 1936.

Alceu Amoroso Lima (Tristão de Ataíde)
(1893-   )

Modernism's greatest critic was born in Rio de Janeiro, Cosme Velho, on December 11, 1893. At the age of six, he accompanied his parents to Paris, where they attended the Universal Exposition of 1900, and there he went to school for several months. His early education was very pleasant and undisciplined, first under his mother's guidance, later under that of João Kopke. In 1903 he entered Pedro II, then called Ginásio Nacional, and graduated in 1908. Two of his teachers there were Coelho Neto in literature and Fausto de Barreto in Portuguese. Following a trip to Europe in 1909, he entered Law School and became a close friend of Ronald de Carvalho and Rodrigo Otávio Filho, both on the staff of *A Época*, a magazine Lima himself was to direct in 1912. In it he published his first short stories, but, dissuaded by Afonso Arinos, he did not continue in fiction. After graduating in law in 1913 and after another trip to Paris where he met Graça Aranha (two years later he was to introduce him to Ronald de Carvalho in Petrópolis), he went into law practice for a number of years, broken only for a short interval beginning in 1917 when he joined the Ministry of Foreign Affairs and served as an aide to Ronald de Carvalho. Following his father's death, in 1918 he became head of a textile factory owned by his family. He held that position, which did not deter him from an active career as an essayist and critic, until 1937. 1919 marks the inauguration of the literary column in *O Jornal* which ran without interruption for 25 years under the by-line of Tristão de Ataíde, as he signed himself in those days. When the Modernist movement began in 1922, he became its recognized voice through that column.

As a consequence of a long debate with Jackson de Figueiredo lasting from 1923 to 1928, and under the latter's influence, the author was converted to Catholicism. Since then he has headed a Roman Catholic regeneration movement in Brazil, along with its organ, *A Ordem*. Among other similarly directed activities, he founded the Instituto Católico de Estudos Superiores (1932), directed Ação Católica (1932-1945), and was influential in the founding of the Pontifical

Catholic University in Rio. In both the latter and in the Faculdade Nacional de Filosofia he taught Brazilian literature for many years.

In 1935 he was named to the Brazilian Academy of Letters, and to the Conselho Nacional de Educação as well. The year 1950 saw him giving a course on Brazilian civilization at the Sorbonne, and the 1958-1959 school year found him likewise occupied at New York University. While director of the Cultural Division of the Pan American Union from 1951 to 1953, he had further occasion to give lectures in numerous American universities. In recent years he has stood in the forefront of those who have raised their voices high in support of democratic theory and institutions.

In 1918 he married Maria Teresa Faria, the sister of the writer Otávio de Faria; they have seven children.

His complete works, programmed at 35 volumes, are being published by the Livraria Agir, of which he was the founder in 1944.

Other texts

Coutinho. Antologia, III, 315-324.

Principal Works:

Afonso Arinos (Rio, 1923)
Estudos [5 séries] (1927)
De Pio VI a Pio XI (1929)
Freud (1929)
Tentativa de itinerário (1929)
Esboço de uma introdução à economia moderna (Rio, 1930)
Preparação à sociologia (Rio, 1931)
Debates pedagógicos (Rio, 1931)
Problema da burguesia (Rio, 1932)
Contra-revolução espiritual (1932)
Economia pré-política (Rio, 1932)
As repercussões do Catolicismo (1932)
Política (Rio, 1932)
Pela reforma social (Cataguases, 1933)
Contra-revolução espiritual (Cataguases, 1933)
Introdução ao direito moderno (Rio, 1933)
No limiar da Idade Nova (Rio, 1935)
Pela Ação Católica (1935)
Da tribuna e da imprensa (Petrópolis, 1935)
O espírito e o mundo (Rio, 1936)
Indicações políticas (Rio, 1936)
Elementos de ação católica (1938)
Idade, sexo e tempo (Rio, 1938)
Contribuição à história do Modernismo (Rio, 1939)
Três ensaios sobre Machado de Assis (Belo Horizonte, 1941)

Pela união nacional (1942)
Poesia brasileira contemporânea (Belo Horizonte, 1942)
Meditação sobre o mundo moderno (Rio, 1942)
Mitos de nosso tempo (Rio, 1943)
A Igreja e o Novo Mundo (Rio, 1943)
O Cardeal Leme (Rio, 1943)
Humanismo pedagógico (Rio, 1944)
O crítico literário (Rio, 1945)
Estética literária (Rio, 1945)
Voz de Minas (Rio, 1945)
Pela cristianização da Idade Nova (Rio, 1947)
O problema do trabalho (Rio, 1947)
Primeiros estudos (Rio, 1948)
Manhãs de S. Lourenço (Rio, 1950)
Mensagem de Roma (Rio, 1950)
Europa de hoje (1951)
O existencialismo (1951)
Pela América do Norte (1951)
A estética literária e o crítico (Rio, 1954)
A realidade americana; ensaio de interpretação dos Estados Unidos (1954)
Meditação sobre o mundo interior (Rio, 1955)
Introdução à literatura brasileira (1956)
Quadro sintético da literatura brasileira (1956)
A vida sobrenatural e o mundo moderno (1956)
Bilac (1957)
Integração econômica, social e problemas da América Latina (Rio, 1958)
A crítica literária no Brasil (Rio, 1959)
O espírito universitário (Rio, 1959)
Cultura interamericana (Rio, 1962)
Da inteligência à palavra (Rio, 1962)
Europa e América; duas culturas (Rio, 1962)
O gigantismo econômico (Rio, 1962)
Visão do nordeste (Rio, 1962)
Pelo humanismo ameaçado (Rio, 1965)
João III (Rio, 1966)
A experiência reacionária (Rio, 1968)
Adeus à disponibilidade e outros adeuses (Rio, 1969)
Meio século de presença literária (Rio, 1969)

References:

Andrade, Mário de. Aspectos. 7-25.
Barbosa, Arnaldo de Miranda. "A concepção harmoniosa do universo de Tristão de Ataíde." Coimbra, Brasília, 1 (1942) 153-166.
Cannabrava, Eurialo. "Tristão de Ataíde: escritor." Cadernos da Hora Presente, 9 (jul-ago 1940) 165-168.
Carvalho, Ronald de. Estudos brasileiros. 109-122.
Correia. Anteu. 175-189.
Coutinho, Afrânio. "Conceito de crítica em Alceu Amoroso Lima." Revista Interamericana de Bibliografia, 17 (1967) 299-315.
Grieco. Caçadores. Rio, 1933. 137-164.
_____. Evolução da prosa. 2nd ed. 253-260.
Jobim, Renato. "Anotações de leitura." Revista Branca, Rio, s.d. 69-79.
Linhares, Temístocles. "Tristão na intimidade." O Estado de São Paulo, 10 dez 1967.
Lins, Álvaro. "O crítico Tristão de Ataíde." Atlântico, Lisboa, 3 (1943) 169-171.
Martins, Wilson. Interpretações. 189-241.
_____. In: Coutinho. A literatura. 2nd ed. V, 507-515.
Mendes, Oscar. "A alma dos livros." Os Amigos do Livro, Belo Horizonte, 1932. 71-84.
Morais, Carlos Dante de. Tristão de Ataíde e outros estudos. Globo, Porto Alegre, 1937. 7-60.
Oliveira, Franklin de. A fantasia exata: ensaios de literatura e música. Zahar, Rio, 1959. 105-115.
O'Neil, Ancilla. "Tristão de Athayde and the Catholic Social Movement in Brazil." Washington, The Catholic University of America, 1939.
Ribeiro. Os modernos. 340-344.
Sena. 103-118.
Vítor. Os de hoje. 174-193.

Gilberto Freire
(1900 –   )

Along with Mário de Andrade, Gilberto de Melo Freire is probably the most important cultural catalytic agent in twentieth century Brazil, having the effect of a great teacher, but without following the teaching profession. Born in Santo Antônio de Apipucos in the outskirts of Recife to Alfredo Freire and Francisca Melo Freire on March 15, 1900, the future sociologist-anthropologist was educated at the Presbyterian Colégio Gilreath (later Americano), Baylor University, and Columbia University, where he presented a master's degree thesis, "Social life in Brazil in the middle of the nineteenth century," that would later become the starting point for his most famous work, *Casa grande e senzala* (1933). So it was during five years' experience in the United States that he became profoundly interested in his native northeastern Brazilian land and heritage, in part, perhaps, because of the influence of anthropologist Franz Boas. Before returning to Brazil, he traveled widely in Europe. In 1922 he began writing for the *Diário de Pernambuco*, continuing his enthusiasm for journalism which has remained undiminished across the decades. Two years later he organized the centennial of the newspaper. Later, as editor-manager of *A Província*, he turned that newspaper into a powerful force for regional cultural activity. In those early years he taught briefly in the Escola Normal de Pernambuco and in the Universidade do Brasil in Rio. In 1926 he organized the I Congresso de Regionalismo in Recife, the first of its kind in the Americas. Because of his legalist position vis-à-vis the revolution, from 1930 to 1932 he went into voluntary exile, visiting Dakar, Portugal, the United States, where he was a visiting professor at Stanford in 1931, and Germany. During that period he began his first and most famous work, *Casa grande e senzala*, which he finished in 1933 following his return to Recife. Success was immediate. The trilogy was completed with *Sobrados e mucambos* (1936) and *Nordeste* (1937). Since then he has devoted himself primarily to writing, mainly about his favorite subject: the analysis of man in the tropics (particularly man in the Brazilian northeast) and the special adaptive qualities of the Portuguese and their descendants to the demands of life in tropical climes. In recent years, he has combined those two themes under the rubric of *lusotropicalismo*. In 1946 he was for a short time a deputy in the Constituent Assembly. He lectured in Portugal in 1962-1963, being granted an honorary doctorate in letters from Coimbra, one of the many universities that have similarly honored him. The Brazilian Academy of Letters made him the recipient of the Machado de Assis Prize in 1963 for the best total work. In 1967 he journeyed to Aspen, Colorado, to receive the $30,000 Aspen Award granted by the Aspen Institute for Humanistic Studies. A member of the Conselho Federal de Cultura, of many honorary and professional societies and associations, a visiting professor and guest lecturer in dozens of universities in Brazil, Europe, and the United States, an assiduous journalist, Gilberto Freire has in these fields, and as a well known sociologist-anthropologist-historian of the heritage of his beloved corner of Brazil, exercised an unusually strong and beneficial influence on many young aspirants for glory in the intellectual and literary fields. That he has done by encouraging them to study and write about their own reality, by insisting that they come to understand their own brand of Brazilian essence, and by providing them with incentive and unifying guide lines of direction and purpose. He is also an essayist, a leap-year poet by Manual Bandeira's definition, and in his late years he added an interesting novel, *Dona Sinhá e o filho padre*, to his credit. These literary genres respond to the author's ambition to be both a writer and a social scientist, although he follows neither path faithfully, for he is more offhand than the latter and more rigid than the former.

Gilberto Freire has from the very first been a very strong individual with unmistakable ideas and style. Although he uses regional vocabulary with precision, and employs metaphors abundantly to better exhibit insights and give them tangible form, his language bears a broad classical stripe. Thematically, he does from the concrete to the abstract, using the regional as a point of departure to explain the universal. According to his comprehensive view of life and letters, he is more interested in the projection of totality, the whole sensation of place and time, and less in individual bits and pieces of fact, and that in spite of his super-abundance of footnotes and quantities of other scholarly paraphernalia. His great interest in language derives from his belief in its potential for presenting an all encompassing statement of a given ambient. In doing so, Freire is capable of creating emotionally moving panels whose appeal to the senses almost make them come to life; indeed, his qualities as writer may overshadow those of the social scientist.

Principal works:

Casa grande e senzala: formação da família brasileira sob o regime de economia patriarcal (Rio, 1933).
Artigos de jornal (Recife, 1935).
Sobrados e mucambos (S. Paulo, 1936).

Nordeste: aspectos da influência da cana sobre a vida e a paisagem do nordeste do Brasil (Rio, 1937).

Joaquim Nabuco (Rio, 1948).

O mundo que o português criou; aspectos das relações sociais e de cultura do Brasil com Portugal e as colônias portuguesas (Rio, 1940)

Atualidade de Euclides da Cunha (Rio, 1941)

Região e tradição (Rio, 1941)

Uma cultura ameaçada: a luso-brasileira (Rio, 1941)

Continente e ilha; conferência lida no salão de conferências do Biblioteca do Sul, 19 de nov. de 1940 (Rio, 1943)

Problemas brasileiros de antropologia (Rio, 1943)

Perfil de Euclides e outros perfis (Rio, 1944)

Brazil: an interpretation (New York, 1945)

Sociologia [2 vols.,] (S. Paul, 1945)

Ingleses no Brasil; aspectos da influência britânica sobre a vida, a paisagem e a cultura do Brasil (Rio, 1948)

O camarada Whitman, conferência lida na Sociedade dos Amigos da América, do Rio de Janeiro, 22 de maio de 1947 (Rio, 1948)

Aventura e rotina (Rio, 1953)

Um brasileiro em terras portuguesas; introdução a uma possível luso-tropicologia (Rio, 1953)

Manifesto regionalista de 1926 (Rio, 1955)

Integração portuguesa nos trópicos (Lisbon, 1958)

Ordem e progresso: processo de desintegração da sociedade patriarcal e semipartriarcal no Brasil sob o regime do trabalho livre [2 vols.,] (Rio, 1959)

New world in the tropics: the culture of modern Brazil (New York, Knopf, 1959)

Uma política transnacional de cultura para o Brasil de hoje (Belo Horizonte, 1960)

O luso e o trópico: sugestões em torno dos métodos portugueses de integração dos povos autóctones e de cultura diferente da européia num acruplexo novo integração: o luso-tropical (Lisbon, 1961)

Vida, forma e cor (Rio, 1962)

Talvez poesia (Rio, 1962)

Dona Sinhá e o filho padre (Rio, 1964)

A Amazônia brasileira uma possível lusotropicologia (Rio, 1964)

Retalhos de jornais velhos (Rio, 1964)

Quase política (Rio, 1966)

Brasil, Brasis e Brasília (Rio, 1968)

Olinda (Rio, 1968)

Guia prático, histórico e sentimental do Recife (Rio, 1968)

Açúcar: em torno da etnografia, da história, e da sociologia do doce no nordeste canaviero do Brasil (Rio, 1969)

Novo mundo nos trópicos (S. Paulo, 1971)

Nós e a Europa germânica (1972)

References:

Alcântara, Marco-Aurélio de. "Gilberto Freire e a cultura hispânica." In: Gilberto Freire. 9-21.

Almeida, José Américo de. "Gilberto Freire, nova forma de expressão." In: Gilberto Freire. 22-29.

Amado, Gilberto. Introduction to: Gilberto Freire. 3-8.

Amado, Jorge. " 'Casa grande e senzala' e a revolução cultural." In: Gilberto Freire. 30-36.

Andrade, Almir de. Aspectos da cultura brasileira. Schmidt, Rio, 1939. 35-79.

Andrade, Carlos Drummond de. "Gilberto Freire." In: Gilberto Freire. 46.

Anselmo, Manuel. Família literária luso-brasileira. José Olímpio, Rio, 1943. 133-319.

Asfora, Parmínio. Gilberto Freire e sua influência nas novas gerações." In: Gilberto Freire. 47-54.

Ayres, Lula Cardoso. "Gilberto Freire e a arte brasileira do mural." In: Gilberto Freire. 128-139.

Ayala, Francisco. "Casa Grande e Senzala." Sur, Buenos Aires, dic. 1943.

Azevedo, Aroldo de. "A obra de Gilberto Freire examinada à luz da geografia." In: Gilberto Freire. 55-63.

Azevedo, Fernando de. "Gilberto Freire e a cultura brasileira." In: Gilberto Freire. 64-73.

Azevedo, Thales de. "Gilberto Freire e a reinterpretação do mestiço." In: Gilberto Freire. 74-78.

Bandeira, Manuel. Antologia de poetas brasileiros bissextos contemporâneos. Zélio Valverde. Rio, 1946. 63-64.

_____. "Gilberto Freire, poeta." In: Gilberto Freire. 79-84.

Barata, Mário. "Gilberto Freire e as artes plásticas." In: Gilberto Freire. 85-93.

Callado, Antônio. "À procura de influências anglo-americanas em Gilberto Freire." In: Gilberto Freire. 103-111.

Campos, Renato Carneiro. "Gilberto Freire: regionalista, tradicionalista e modernista." In: Gilberto Freire. 112-119.

Cândido, Antônio. "Gilberto Freire. crítico literário." In: Gilberto Freire. 120-124.

Cardoso, Lúcio. "Depoimento pessoal." In: Gilberto Freire. 125-127.

Carpeaux, Oto Maria. "Uma página de Gilberto Freire." In: Gilberto Freire. 150-157.

Corrêa, Alberto Alvim. "Gilberto Freire, ensaista." In: Gilberto Freire. 166-175.

_____. Anteu. 196-213.

_____. O mito. 149-159.

Costa, Dante. "Gilberto Freire e a alimentação no Brasil." In: Gilberto Freire. 177-182.

Costa, João Cruz. "Gilberto Freire e a interpretação filosófica da realidade brasileira." In: Gilberto Freire, 189-192.

Cruls, Gastão. "Gilberto Freire e seus guias de cidades brasileiras." In: Gilberto Freire. 183-188.

Dantas, Pedro. "Ato de presença." In: Gilberto Freire. 193-201.

Delgado, Luís. "Gilberto Freire conservador e revolucionário." In: Gilberto Freire. 202-207.

Diégues Júnior, Manuel. "Gilberto Freire e os valores rurais da civilização brasileira." In: Gilberto Freire. 208-214.

Fernandes, A. Gonçalves. "Gilberto Freire, renovador de concepções e métodos sociológicos e psicossociais de análise e de interpretação do homem social." In: Gilberto Freire. 249-284.

Fonseca, Álvaro Fróes da. "Gilberto Freire e a antropologia." In: Gilberto Freire. 226-241.

Fontes, Lourival. Gilberto Freire e a política exterior do Brasil." In: Gilberto Freire. 215-220.

Fortes, Luís Roberto Salinas. "Gilberto Freire visto por um estudante." In: Gilberto Freire. 221-225

Franco, Afonso Arinos de Melo. Espelho. 160-172.

Freitas, Newton de. "Ensayos americanos." Buenos Aires, s.e., 1944. 85-97.

Gilberto Freire: sua ciência, sua filosofia, sua arte, José Olímpio, Rio, 1962. (Articles by some three score authors.)

Grieco. Gente Nova. 206-228.

Guerra, José Augusto. "Gilberto Freire jornalista." O Estado de São Paulo, 17 jan 1970.

Hanke, Lewis. "Gilberto Freire, Brazilian Social Historian." Quarterly Journal of Inter-American Relations, 1:3 (jul 1939) 24-44.

————. "Gilberto Freire: vida y obra." Instituto de las Españas, New York, 1939.

Jardim, Luís. Preface to: Gilberto Freire. Artigos de Jornal, Mozart, Recife, 1933. 11-33.

Laet, Carlos Tocha Mafra de (João da Ega). "Gilberto Freire, homem do mundo." In: Gilberto Freire. 285-290.

Laitano, Dante de. "Gilberto Freire, a província e o Rio Grande do Sul." In: Gilberto Freire. 291-296.

Leão, Antônio Carneiro. "Gilberto Freire e o seu humanismo literário." In: Gilberto Freire. 140-149.

Lima, Alceu Amoroso. "Gilberto Freire visto por um católico." In: Gilberto Freire. 37-45.

Lins, Álvaro. I, 197-205; II, 202-222; IV, 190-204.

Lins, Osman. "Breve contribuição a um possível estuda acerca da influência de Gilberto Freire sobre a literatura brasileira." In: Gilberto Freire. 306-311.

Linhares, Temístocles. "O problema da relação forma-substância na obra de Gilberto Freire." In: Gilberto Freire. 297-305.

Loos, Dorothy S. "Gilberto Freire as a literary figure: an introductory study." In: "Homemaje a Federico de Onis (1885-1966)." Revista Hispánica Moderna, 34 (1968). 2 vols.

Martins, Wilson. Interpretações. 301-315.

_____. "Sentido épico e aspectos líricos da obra de Gilberto Freire." In: Gilberto Freire. 312-320.

Mello, A. da Silva. "A medicina na obra de Gilberto Freire." In: Gilberto Freire. 454-458.

Melo, Virginius da Gama e. "Gilberto Freire e a revolução brasileira: aspectos da influência de um pensador sobre a vida so povo." In: Gilberto Freire. 242-248.

Meneses, Adolfo Justo Bezerra de. "Gilberto Freire e uma nova visão do mundo de língua portuguesa." In: Gilberto Freire. 321-326.

Menezes, Diogo de Melo. Gilberto Freire. Casa do Estudante do Brasil, Rio, 1944.

_____. "Gilberto Freire, *scholar* de formação universitária." In: Gilberto Freire. 327-349.

Milliet, Sérgio. Ensaios. Brusco & Cia., São Paulo, 1938. 80-94.

Mindilin, Henrique E. "Gilberto Freire e os arquitetos." In: Gilberto Freire. 357-366.

Montenegro, Olívio. "Contorno de um sociólogo brasileiro." Diretrizes, Rio, 21 mai 1942.

Mota, Mauro. "Gilberto Freire e o Recife." In: Gilberto Freire. 367-375.

Nabuco, Carolina. "Gilberto Freire: cosmopolitano." In: Gilberto Freire. 376-380.

Oliveira, Franklin de. A fantasia exata: ensaios de literatura. Zahar, Rio, 1959. 96-104.

Oliveira, José Osório de. "Nota sobre Gilberto Freire." Boletim do Ariel, 7:7 (abr 1938) 214-215.

Pena Filho, Carlos. "Gilberto Freire e os jovens." In: Gilberto Freire. 381-384.

Pereira, Astrojildo. "Simples opinião sobre 'Casa grande e senzala'." In: Gilberto Freire. 385-391.

Pereira, Lúcia Miguel. "A valorização da mulher na sociologia histórica de Gilberto Freire." In: Gilberto Freire. 350-356.

Pimenta, Joaquim. O homem de um olho só. . . (Gilberto Freire). Freitas Bastos, Rio, 1961.

Pinto, Estêvão. "Gilberto Freire e a sua obra antropológica." In: Gilberto Freire. 392-399.

Portela, Eduardo. "Gilberto Freire e a renovação do romance brasileiro." In: Gilberto Freire. 400-404.

Proença, Manuel Cavalcânti. "Gilberto Freire: uma interpretação do seu estilo." In: Gilberto Freire. 158-165.

Reale, Miguel. "A filosofia da história do Brasil na obra de Gilberto Freire," In: Gilberto Freire. 405-411.

Rego, José Lins do. Gordos. 117-133.

Reis, Authur Cézar Ferreira. "A colonização portuguesa da Amazônia e a teoria luso-tropicalógica de Gilberto Freire." In: Gilberto Freire. 412-417.

Ribeiro, João. "Casa grande e senzala." Jornal do Brasil, 31 jan 1934. Also in: Os modernos. 274-277.

Ribeiro, René. "Gilberto Freire, cientista social; seu estudo das relações éthicas e culturais no Brasil." In: Gilberto Freire. 418-423.

Ricardo, Cassiano. "Gilberto Freire, os engenhos e as bandeiras." In: Gilberto Freire. 424-433.

Rodrigues, José Honório. " 'Casa grande e senzala'. um caminho novo na historiografia." In: Gilberto Freire. 434-441.

Sérgio, Antônio. Preface to: O mundo que o português criou. José Olímpio, Rio, 1940. 11-30.

Sette, Hilton. "Luso-tropicologia: uma tese vitoriosa." In: Gilberto Freire. 442-446.

Silva, Benedito. "O teor humano de Gilberto Freire." In: Gilberto Freire. 447-453.

Sodré. Orientaçoês. 43-58.

Sousa, Otávio Tarqüínio de. "Gilberto Freire e a sua interpretação de influências inglesa e francesa na formação da cultura brasileira." In: Gilberto Freire. 459-470.

Souto, Cláudio. "Gilberto Freire e os juristas: três serviços." In: Gilberto Freire. 471-473.

Suassuna, Ariano. "Teatro, região e tradição." In: Gilberto Freire. 474-487.

Teixeira, Anísio. "Gilberto Freire, mestre e criador de sociologia." In: Gilberto Freire. 488-495.

Valadares, Clarivaldo Prado. "Gilberto Freire: sua influência sobre a formação de médicos brasileiros." In: Gilberto Freire. 515-523.

Valente, Waldemar. "Gilberto Freire e a aventura do exílio." In: Gilberto Freire. 496-514.

Velinho, Moisés. "A valorização do português na obra de Gilberto Freire." In: Gilberto Freire. 524-532.

Viana Filho, Luís, "Gilberto Freire e a volarização do negro." In: Gilberto Freire." 533-537.

Selected General Bibliography

When the following works are cited in the text, only the name of the author or compiler is used, unless two or more works by the same author have been consulted, in which case a short title is also reported.

Abbreviations: ABL (Academia Brasileira de Letras), CEB (Casa do Estudante do Brasil), INL (Instituto Nacional do Livro), MEC (Ministério da Educação e Cultura), MES (Ministério da Educação e Saúde).

Abreu, Capistrano de, *Ensaios e estudos,* 2 vols., Rio, Sociedade Capistrano de Abreu, 1931-1932.

Abreu, Jorge O. and Almeida, *História da literatura nacional*, Rio, Mundo Médico, 1930.

Academia Brasileira de Letras, *Curso de poesia*, Rio, Companhia Brasileira de Artes Gráficas, 1954.

_____ , *Curso de romance*, Rio, Companhia Brasileira de Artes Gráficas, 1952.

_____ , *Curso de teatro*, Rio, Companhia Brasileira de Artes Gráficas, 1954.

_____ , *Gonçalves Dias: conferências*, Rio, 1948.

Adonias Filho (Adonias Aguiar Filho), *Modernos ficcionistas brasileiros*, 2 vols., I: Rio, O Cruzeiro, 1958; II: Rio, Tempo Brasileiro, 1965.

_____ , *O romance brasileiro de 30*, Rio, Bloch, 1969.

Albuquerque, Mateus de, *As belas atitudes*, Rio, Ariel, [1919] .

Alencar, Mário de, *Alguns escritos*, Rio, Garnier, 1910.

Albuquerque, Medeiros e, *Homens e cousas da Academia*, Rio, Renascença, 1934.

_____ , *Páginas de crítica*, Rio, Leite Ribeiro e Maurilo, 1920.

_____ , *Quando eu era vivo*, Rio, 1942.

Alvarenga, Octávio Melo, *Mitos e valores*, Rio, INL, 1956.

Alves, Vítor, *Ensaios*, Rio, s.e., 1941.

Amora, Antônio Soares, *História da literatura brasileira*, 2nd ed., revised and enlarged, S. Paulo, Saraiva, 1958.

_____, *Panorama da poesia brasileira, I: Era luso-brasileira (séculos XVI - c. XIX)*, Rio, Civilização Brasileira, 1959.

Andrade, Almir de, *Aspectos da cultura brasileira*, Rio, Schmidt, 1939.

Andrade, Carlos Drummond de, *Confissões de Minas*, Rio, Americ-Edit, 1945.

_____, *Passeios na ilha*, Rio, Simões, 1952.

Andrade, Mário de, *Aspectos da literatura*, Rio, Americ-Edit, 1943; S. Paulo, Martins, [1946].

_____, *O empalhador de passarinho*, S. Paulo, Martins, [1946].

_____, *O movimento modernista*, Rio, Casa do Estudante do Brasil, 1942.

Andrade, Oswald de, *Ponto de lança*, S. Paulo, Martins, 1944.

Anuário da Academia Brasileira de Letras, Rio. Successive reports.

Aranha, Graça, *Espírito moderno*, 2nd ed., São Paulo, Nacional, s.d.

Araripe Júnior, Tristão de, *Literatura brasileira: movimento de 1893*, Rio, Democrática, 1896.

_____, *Obra crítica*, 2 vols., I: Rio, Casa de Rui Barbosa, 1958; II: Rio, MEC, 1960.

Arroyo, Leonardo, *O tempo e o modo*, S. Paulo, Conselho Estadual de Cultura, 1963.

Araújo, Murilo, *Quadrantes do Modernismo brasileiro*, Rio, MEC, 1958.

Assis, Joaquim Maria Machado de, *Crítica literária*, Rio, Jackson, 1937.

_____, *Crítica teatral*, Rio, Jackson, 1937.

Autores e Livros, Suplemento literário de *A Manhã*.

Ávila, Afonso, *O poeta e a consciência crítica: uma linha de tradição: uma atitude de vanguarda*, Petrópolis, Vozes, 1969.

Azeredo, Carlos Magalhães de, *Homens e livros*, Rio, Garnier, 1902.

Azevedo, Fernando, *A cultura brasileira: introdução ao estudo da cultura no Brasil*, Rio, Instituto Brasileiro de Geografia e Estatística, 1943.

_____, *Ensaios*, S. Paulo, Melhoramentos, 1929.

Azevedo, Raul de, *Terras e homens*, Rio, Pongetti, 1948.

Bairão, Reinaldo, *Modernismo: estudos críticos*, Rio, Revista Branca, 1954.

Bandeira, Antônio Rangel, *Espírito e forma*, S. Paulo, Martins, 1957.

Bandeira, Manuel, *Antologia dos poetas brasileiros da fase romântica*, 3rd ed., Rio, Departamento de Imprensa Nacional, 1949.

_____, *Antologia dos poetas brasileiros da fase parnasiana*, Rio, 1938; 2nd ed., MES, 1940; 3rd ed., Rio, 1951.

_____, *Apresentação da poesia brasileira*, Rio, Casa do Estudante do Brasil, 1946; 2nd ed., Rio, CEB, 1954; 3rd ed., Rio, CEB, 1957.

_____, *Brief history of Brazilian literature*, translated with introduction and notes by Ralph Edward Dimmick. Washington, D.C., Pan American Union, 1958.

_____, *Itinerário de Pasárgada*, Rio, São José, 1957.

Bandeira, Manuel and Edgard Cavalheiro, *Obras-primas da lírica brasileira*, S. Paulo, Martins, 1943.

Bandeira, Souza, *Páginas literárias*, Rio, Francisco Alves, 1917.

Barbosa, Almir and Edgard Cavalheiro, *As obras-primas do conto brasileiro*, S. Paulo, Martins, 1943.

Barbosa, Francisco de Assis, *Achados do vento*, Rio, INL, 1958.

Barreira, Dolor, *História da literatura cearense*, 3 vols., Fortaleza, Instituto de Ceará, 1948-1951.

Barreto, Fausto and Carlos de Laet, *Antologia nacional*, 26th ed., Rio, F. Alves, 1946.

Barreto, Plínio, *Páginas avulsas*, Rio, José Olímpio, 1958.

Barros, Jaime de, *Espelho dos livros*, Rio, José Olímpio, 1936.

_____, *Poetas do Brasil*, Rio, J. Olímpio, 1944.

Bastide, Roger, *Poesia afro-brasileira*, S. Paulo, Martins, 1943.

_____, *Poetas do Brasil*, Curitiba, Guaíra 1947.

Bastos, Francisco José Teixeira, *Poetas brasileiros*, Porto, Lello, 1895.

Bear, Ely, *Vultos do Brasil*, S. Paulo, Exposição do Livro, s.d.

Bellegarde, Guilherme, *Subsídios literários*, Rio, Faro e Lino, 1883.

Belo, José Maria, *Estudos críticos*, Rio, J. Ribeiro dos Santos, 1917.

_____, *Imagens de ontem e de hoje*, Rio, Ariel, 1936.

_____, *Inteligência do Brasil*, 2nd ed., S. Paulo, Nacional, 1935.

Benevides, Artur Eduardo, *A Lâmpada e os apóstolos*, Fortaleza, Clã, 1952.

Besouchet, Lídia and Newton Freitas, *Diez escritores del Brasil*, Buenos Aires, M. Gleizer, 1939.

_____, *Literatura del Brasil*, Buenos Aires, Sudamericana, 1946.

Bettencourt, Liberato, *Nova história da literatura brasileira*, 6 vols., Rio, Colégio 28 de setembro, 1942-1949.

Beviláqua, Clóvis, *Época e individualidades: estudos literários*, Recife, Quintas, 1889.

Bilac, Olavo, *Conferências literárias*, Rio, F. Alves, 1906.

_____, *Últimas conferências e discursos*, Rio, F. Alves, 1924.

Blake, A. V. Alves Sacramento, *Dicionário bibliográfico brasileiro*, 7 vols., Rio, Tipografia Nacional, 1883-1902.

Bocaiuva, Quintino, *Estudos críticos e literários*, Rio, Tipografia Nacional, 1858.

Bopp, Raul, *Memórias de um embaixador*, Rio, Gráfica Record, 1968.

_____, *Movimentos modernistas no Brasil: 1922-1928*, Rio, São José, 1966.

Bosi, Alfredo, *A literatura brasileira, V: O pré-modernismo*, S. Paulo, Cultrix, 1967.

Bouterwek, Friedrich, *History of the Spanish and Portuguese literature*, London, Boosey, 1823.

Braga, Teófilo, *Os árcades*, Porto, Chardon, 1918.

Brandão, Octávio, *Os intelectuais progressistas*, Rio, Simões, 1956.

Brito, Mário da Silva, *Ângulo e horizonte (de Oswald de Andrade à ficção-científica)*, S. Paulo, Martins, 1969.

_____, *História do modernismo brasileiro: antecedentes da Semana de Arte Moderna*, S. Paulo, Saraiva, 1958.

_____, *Panorama da poesia brasileira, VI: O Modernismo*, Rio, Civilização Brasileira, 1959.

Broca, Brito, *Horas de leitura*, Rio, INL, 1957.

_____, *Machado de Assis e a política e outros estudos*, Rio, Simões, 1957.

————, "O que liam os românticos," *Revista do Livro*, 4:13 (mar 1959) 163-172.

————, *A vida literária no Brasil–1900*, Rio, MEC, 1952.

Bruno, Haroldo, *Estudos de literatura brasileira*, 2 vols., I: Rio, O Cruzeiro, 1957; II: Rio, Leitura, 1966.

Bruno (J. Pereira Sampaio), *O Brasil mental: esboço crítico*, Porto, Chardon, 1898.

Caminha, Adolfo, *Cartas literárias*, Rio, Aldina, 1895.

Campos, Humberto de, *Carvalhos e roseiras*, 4th ed., Rio, 1935.

————, *Crítica*, Rio, José Olímpio, 1935, 4 vols.; 2nd ed., Rio, Jackson, [1951].

————, *Sepultando os meus mortos*, Rio, J. Olímpio, 1935.

Cândido, Antônio, *Brigada ligeira*, S. Paulo, Martins, 1945.

————, *Ficção e confissão*, Rio, J. Olímpio, 1956.

————, *Formação da literatura brasileira*, S. Paulo, Martins, 1959.

————, *Literatura e sociedade: estudos de teoria e história literária*, 2nd ed., S. Paulo, Nacional, 1967.

————, "Literature and the rise of Brazilian national self-identity," *Luso-Brazilian Review*, 5:1 (June 1968) 27-43.

————, *O observador literário*, S. Paulo, Conselho Estadual de Cultura, 1959.

————, *Tese e antítese*, S. Paulo, Nacional, 1964.

————, e José Alderaldo Castelo. *Presença da literatura brasileira*, 3 vols. S. Paulo, Difusão Européia do Livro, 1964.

Cardoso, Vicente Licínio, *Figuras e conceitos*, Rio, Anuário do Brasil, 1924.

————, *À margem da história do Brasil*, 2nd ed., S. Paulo, Nacional, 1938.

Carmo, Pinto do, *Novelas e novelistas brasileiros*, Rio, Simões, 1957.

Carpeaux, Oto Maria, *Origens e fins*, Rio, CEB, 1942.

————, *Livros na mesa*, Rio, São José, 1960.

————, *Retratos e leituras*, Rio, Organização Simões, 1953.

————, *Pequena bibliografia crítica da literatura brasileira*, 2nd ed., revised and enlarged, Rio, MEC, 1955; 3rd ed., revised and enlarged, Rio, Letras e Artes, 1964; 4th ed., Rio, Edições de Ouro, 1968.

Carvalho, Aderbal de, *Esboços literários*, Rio, 1902.

————, *O Naturalismo no Brasil*, S. Luís do Maranhão, Júlio Ramos, 1894.

Carvalho, Elísio de, *Laureis insignes*, Rio, Anuário do Brasil, 1924.

————, *As modernas correntes estéticas na literatura brasileira*, Rio, Garnier, 1907.

Carvalho, Ronald de, *Espelho de Ariel*, Rio, Anuário do Brasil, 1923.

————, *Estudos brasileiros*, 2a série, Rio, Briguiet, 1931.

————, *Pequena história da literatura brasileira*, 1919; 5th ed., Rio, Briguiet, 1935; 8th ed., revised, Rio, Briguiet, 1949; 10th ed., Rio, Briguiet, 1955.

Castelo Branco, Cristino, *Homens que iluminam*, Rio, Aurora, 1940.

Castelo, José Aderaldo, *Aspectos do romance brasileiro*, Rio, MEC, 1960.

————, *Homens e intenções: cinco escritores modernistas*, S. Paulo, Conselho Estadual de Cultura, 1959.

_____, *A literatura brasileira, I: Manifestações da era colonial*, S. Paulo, Cultrix, 1962.

Castro, Aloísio de, *Discursos literários*, Rio, 1942.

Castro, Tito Lívio de, *Questões e problemas*, S. Paulo, Empresa de Propaganda Literária Luso-brasileira, 1913.

Cavalcanti, Povina, *O ascendedor de lampiões*, Rio, s.d.

Cavalcanti, Valdemar, *Jornal literário: crônicas*, Rio, José Olímpio, 1960.

Cavalheiro, Edgard, *Evolução do conto brasileiro*, Rio, MEC, 1954.

_____, *Panorama da poesia brasileira, II: O Romantismo*, Rio, Civilização Brasileira, 1959.

_____, *Testamento de uma geração*, P. Alegre, Globo, 1941.

César, Guilhermino, *História da literatura do Rio Grande do Sul*, P. Alegre, Globo, 1956.

Chagas, Manuel Pinheiro, *Ensaios críticos*, Porto, Viúva Moté, 1866.

Chiacchio, Carlos, *Modernistas e ultramodernistas*, Salvador, Livraria Progresso, 1951.

Cidade, Hernâni, *Lições de cultura e literatura portuguesas, I: (Séculos XV, XVI e XVII)*, 3rd ed., corrigida, atualizada e ampliada, Coimbra, Coimbra Editora, 1951; II: 3rd ed., novamente refundida e ampliada, Coimbra, Coimbra Editora, 1948.

_____, *A literatura portuguesa e a expansão ultramarina, I (Séculos XV e XVI)*, Lisboa, Agência Geral das Colônias, 1943.

Coelho, Jacinto do Prado, *Dicionário das literaturas portuguesa, galega e brasileira*, Porto, Figueirinhas, [1956]-1960.

Coelho, Saldanha, *Modernismo: estudos críticos*, Rio, Revista Branca, 1954.

Correia, Roberto Alvim, *Anteu e a crítica: ensaios literários*, Rio, J. Olímpio, 1948.

_____, *O mito de Prometeu*, Rio, Agir, 1951.

Costa, Benedito, *Le roman au Brésil*, Paris, Garnier, 1918.

Costa, Dante, *Os olhos nas mãos: literatura brasileira contemporânea*, Rio, J. Olímpio, 1960.

Costa, Licurgo and Barros Vidal, *História e evolução da imprensa brasileira*, Rio, Comissão Organizadora da Representação Brasileira à Exposição dos Centenários de Portugal, 1940.

Costa Filho, Odílo, *Graça Aranha e outros ensaios*, Rio, Selma, 1934.

Coutinho, Afrânio, *Antologia brasileira de literatura*, 3 vols., I: Rio, Distri-buidadora de Livros Escolares, 1966; II, III: Rio, Distribuidadora de Livros Escolares, 1967.

_____, *Brasil e brasileiros de hoje*, 2 vols., Rio, Sul Americana, 1961.

_____, *Conceito de literatura brasileira*, Rio, Acadêmica, 1960.

_____, *A crítica*, Bahia, Progresso, 1959.

_____, *Crítica e poética*, Rio, Acadêmica, 1968.

_____, "A crítica literária no Brasil," *Inter-American Review of Bibliography*, 14:2 (April-June 1964) 127-145.

_____, *No hospital das letras*, Rio, Tempo Brasilero, 1963.

_____, *A literatura no Brasil*, 6 vols., I (2 tomos), II: Rio, Sul Americana,

1955; III: Rio, São José, 1959; V: 2nd ed., Rio, Sul Americana, 1970; VI: 2nd ed., Rio, Sul Americana, 1971.

————, *A tradição afortunada (o espírito de nacionalidade na crítica brasileira)*, Rio, J. Olímpio, 1968.

Cunha, Dulce Sales, *Autores contemporâneos brasileiros*, S. Paulo, s.e., 1951.

Cunha, Tristão da, *Cousas do tempo*, Rio, Anuário do Brasil, 1922; 2nd ed., Rio, Schmidt, 1935.

D'Elia, Antônio, *A mágica mão*, S. Paulo, Conselho Estadual de Cultura, 1963.

Denis, Ferdinand, *Résumé de l'histoire littéraire du Portugal suivi du résumé de l'histoire littéraire du Brésil*, Paris, Lecointe et Durey, 1826.

Dicionário histórico geográfico e etnográfico do Brasil: comemoração do 1o Centenário da Independência, Rio, Imprensa Nacional, 1922.

Dicionário crítico do moderno romance brasileiro, 2 vols., Belo Horizonte, Grupo Gente Nova, 1970.

Dimmick, Ralph, "The Brazilian literary generation of 1930," *Hispania*, 34:2 (May 1951) 181-187.

Discursos acadêmicos. 6 vols., I-III: Rio, Civilização Brasileira, 1935; IV-VI: Rio, Civilização Brasileira, 1936.

Diniz, Almáquio, *A relatividade da crítica e da estética na literatura comparada*, Rio, Papelaria Vênus, 1923.

Driver, David, *The Indian in Brazilian literature*, New York, Instituto de las Españas, 1942.

Dutra, Waltensir e Fausto Cunha, *Biografia crítica das letras mineiras*, Rio, INL, 1956.

Ellison, Fred P., *Brazil's new novel: four northeastern masters*, Berkeley, University of California Press, 1954.

Esteves, Albino, *Estética dos sons, cores, rítmos e imagens*, Rio, Renato Americano, 1933.

Estrada, Osório Duque, *Crítica e polêmica*, Rio, Papelaria Vênus, 1924.

Faria, Alberto, *Aérides*, Rio, Jacinto Ribeiro dos Santos, 1918.

————, *Acendalhas*, Rio, Leite Ribeiro e Maurilo, 1920.

Federação das Academias de Letras, *Machado de Assis: conferências*, Rio, Briguiet, 1939.

————, *Machado de Assis: estudos e ensaios*, Rio, Briguiet, 1940.

Fernandes, Sebastião, *Figuras e legendas*, Rio, Pongetti, 1946.

Ferreira, Maria Celeste, *O Indianismo na literatura romântica brasileira*, Rio, Departamento de Imprensa Nacional, 1950.

Figueiredo, Jackson de, *Literatura reacionária*, Rio, Centro D. Vital, [1924].

Fleiuss, Max, "O teatro no Brasil: sua evolução," in: Instituto Histórico e Geográfico Brasileiro, *Dicionário histórico, geográfico e etnográfico do Brasil*, Rio, Imprensa Nacional, 1922, p. 1532-1550.

Fócion, Serpa, *Variações literárias*, Rio, Tipo, São Benedito, 1931.

Fonseca, Gondim da, *Biografia do jornalismo carioca (1808-1908)*, Rio, Quaresma, 1941.

Fonseca, Luísa da, "Bacharéis brasileiros," *Anais*, IV, Congresso de História Nacional, Rio, Departamento de Imprensa Nacional, XI (1951) 109-405.

Ford, Jeremiah D. M., Arthur F. Whitem, Maxwell I. Raphael, *A tentative bibliography of Brazilian belles-lettres*, Cambridge, Harvard University Press, 1931.

França, Carlos Ferreira, *Tese de concurso para professor substituto de retórica, poética e literatura nacional*, Rio, Leuzinger, 1879.

França, Leonel, *Nações de história da filosofia*, 9th ed., S. Paulo, Nacional, 1943.

Franco, Afonso Arinos de Melo, *Algunos aspectos de la literatura brasileña*, Buenos Aires, Imprenta de la Universidad, 1945.

_____, *Espelho de três faces*, S. Paulo, Brasil, 1937.

_____, *Homens e temas do Brasil*, Rio, Zélio Valverde, 1944.

_____, *Idéia e tempo*, S. Paulo, Cultura Moderna, 1939.

_____, *Mar de Sargaços*, S. Paulo, Martins, 1944.

_____, *Panorama da moderna poesia brasileira*, Rio, 1952.

Franco, Augusto, *Estudos e escritos*, Belo Horizonte, Imprensa Oficial, 1948.

Francovich, Guillermo, *Filósofos brasileños*, Buenos Aires, 1943.

Freire, Gilberto, *Brazil: an introduction*, New York, Knopf, 1945.

_____, *Perfil de Euclides e outros perfis*, Rio, J. Olímpio, 1944.

Freire, Laudelino, *Clássicos brasileiros*, Rio, Revista da Língua Portuguesa, 1923.

Freitas, José Antônio de, *O lirismo brasileiro*, Lisboa, David Corazzi, 1877.

Freitas, José Bezerra de, *Forma e expressão no romance brasileiro*, Rio, Pongetti, 1947.

Freitas, Newton de, *Ensayos americanos*, Buenos Aires, s.e., 1944.

Freitas Júnior, Otávio de, *Ensaios de crítica de poesia*, Recife, Norte, 1941.

Freixieiro, Fábio, *Da razão à emoção: ensaios rosianos e outros, II*, Rio, Tempo Brasileiro, 1971.

Frieiro, Eduardo, *Letras mineiras*, Belo Horizonte, Os Amigos do Livro, 1937.

_____, *Páginas de crítica e outros escritos*, Belo Horizonte, Os Amigos do Livro, 1937.

Fusco, Rosário, *Política e letras: síntese das atividades literárias brasileiras no decênio 1930-1940*, Rio, J. Olímpio, 1940.

_____, *Vida literária*, S. Paulo, Panorama, 1940.

Garcia Merou, Martín, *El Brasil intelectual*, Buenos Aires, Felix Lajouana, 1900.

Genofre, Edmundo M., *Ligeirismo literário*, Rio, Casa do Estudante do Brasil, 1947.

Giffoni, O. Carneiro, *Estética e cultura*, S. Paulo, Continental, 1944.

Góes, Fernando, *Panorama da poesia brasileira, IV: O Simbolismo*, Rio, Civilização Brasileira, 1959.

_____, *Panorama da poesia brasileira, V: O Pré-Modernismo*, Rio, Civilização Brasileira, 1960.

Goldberg, Isaac, *Brazilian Literature*, New York, Knopf, 1922.

Gomes, Eugênio, *Aspectos do romance brasileiro*, Salvador, Publicações da Universidade da Bahia, 1958.

_____, *Espelho contra espelho*, S. Paulo, Ipê, 1949.

_____, *Prata de casa*, Rio A Noite, 1953.

_____, *Visões e revisões*, Rio, INL, 1958.

Gomes, Perilo, *Ensaios de crítica doutrinária*, Rio, Centro D. Vital, 1923.

Gonçalves, Rebêlo, *Filologia e literatura*, S. Paulo, Nacional, 1937.

Grieco, Agripino, *Caçadores de símbolos*, Rio, Leite Ribeiro, 1923.

————, *Evolução da poesia brasileira*, Rio, Ariel, 1932; 2nd ed., Rio, J. Olímpio, 1947; 3rd ed., Rio, J. Olímpio, 1947.

————, *Evolução da prosa brasileira*, 1933; 2nd ed., Rio, J. Olímpio, 1947.

————, *Gente nova do Brasil, veteranos, alguns mortos*, Rio, J. Olímpio, 1935; 2nd ed., revised, Rio, J. Olímpio, 1948.

————, *Poetas e prosadores do Brasil (de Gregório de Matos a Guimarães Rosa)*, Rio, Conquista, 1968.

————, *Vivos e mortos*, 1931; 2nd ed., Rio, J. Olímpio, 1947.

Gryphus (José Alves Visconti Coaracy), *Galeria teatral*, Rio, Tipo. e Lito. de Moreira, Maximino, 1884.

Haddad, Jamil Almansur, *O Romantismo brasileiro e as sociedades secretas do tempo*, S. Paulo, Typo. Siqueira, 1945.

Hecker Filho, Paulo, *Alguma verdade*, P. Alegre, s.e., 1952.

Holanda, Aurélio Buarque de, *O romance brasileiro de 1753-1930*, Rio, O Cruzeiro, 1952.

————, *Território lírico*, Rio, O Cruzeiro, 1958.

Holanda, Sérgio Buarque de, *Antologia dos poetas brasileiros da fase colonial*, 2 vols., Rio, INL, 1953.

————, *Cobra de vidro*, S. Paulo, Martins, 1944.

Houaiss, Antônio, *Seis poetas e um problema*, Rio, MEC 1960.

Introdução ao estudo da literatura brasileira, Síntese crítico-histórica por Brito Broca, bibliografia por J. Galante de Sousa, Rio, INL, 1963.

Jacobbi, Ruggero, *Teatro in Brasile*, Bologna, Capelli, 1961.

Jannini, Pasquale Aniel, *Storia della letteratura brasiliana*, Milano, Nuova Accademia Editrice, 1959.

Júlio, Sílvio, *Fundamentos da poesia brasileira*, Rio, Coelho Branco, 1930.

————, *Reações na literatura brasileira*, Rio, H. Antunes, 1938.

————, *Terra e povo do Ceará*, Rio, R. Carvalho, 1936.

————, *Três aspectos do drama na atualidade brasileira*, Rio, 1957.

Kopke, Carlos Burlamáqui, *Antologia da poesia brasileira moderna*, S. Paulo, Clube de Poesia de São Paulo, 1953.

Latif, Miran de Barros, *A comédia carioca na ribalta da rua*, Rio, Editora do Autor, 1962.

Leal, Antônio Henriques, *Panteon maranhense*, 3 vols., Lisboa, Imprensa Nacional, 1874.

Leão, Múcio, *Ensaios contemporâneos*, Rio, Coelho Branco, 1925.

————, "Meio século de literatura," *Revista da Academia Brasileira de Letras*, 6 (1941).

Leite, Ascendino, *Estética do Modernismo*, Paraíba, A. Imprensa, 1939.

Leite, Serafim, *História da Companhia de Jesus no Brasil*, 10 vols., Lisboa-Rio, Livraria Portugália e Livraria Civilização Brasileira, 1938-1950.

Lima, Alceu Amoroso (Tristão de Ataíde), *Contribuição à história do Modernismo, I: O Pre-Modernismo*, Rio, 1939.

_____ , *Estudos*, 6 vols., Rio, 1927-1933.

_____ , *Introdução à literatura brasileira*, 2nd ed., Rio, Agir, 1957.

_____ , *Poesia brasileira contemporânea*, Belo Horizonte, Paulo Bluhm, 1941.

_____ , *Primeiros estudos*, Rio, Agir, 1948.

_____ , *Quadro sintético da literatura brasileira*, 2nd ed., Rio, Agir, 1957.

Lima, Ebion, *Lições de literatura brasileira*, 2nd ed., revised and enlarged, S. Paulo, Salesiana, 1963.

Lima, Hermes, *Idéias e figuras*, Rio, MEC, 1957.

Lima, Manuel de Oliveira, *Aspectos da literatura colonial brasileira*, Leipzig, Brockhaus, 1896.

Lima, Mário de, *Esbôço de uma história literária de Minas*, Belo Horizonte, Imprensa Oficial, 1920.

Lima Júnior, A., *Serões e vigílias*, Rio, Livros de Portugal, 1952.

Lincoln, Joseph Newhall, *Charts of Brazilian literature*, Ann Arbor, s.e. 1947.

Linhares, Temístocles, *Introdução ao mundo do romance*, Rio, J. Olímpio, 1953.

_____ , *Interrogações*, 3 vols., Rio, S. José, 1959-1962.

Lins, Álvaro, *Jornal de crítica*, 8 vols., Rio, José Olímpio, 1941-1963.

_____ and Aurélio Buarque de Holanda, *Roteiro literário do Brasil e de Portugal: antologia da língua portuguesa*, 2 vols., Rio, José Olímpio, 1956.

Lins, Edison, *História e crítica da poesia brasileira*, Rio, Ariel, 1937.

Lisboa, Henriqueta, *Antologia poética para a infância e a juventude*, Rio, INL, 1961.

_____ , *Convívio poético*, Belo Horizonte, Publicações da Secretaria da Educação do Estado de Minas Gerias, 1955.

Livro do centenário (1500-1900), Rio, Imprensa Oficial, 1900.

Loanda, Fernando Ferreira de, *Antologia da moderna poesia brasileira*, Rio, Orfeu, 1967.

Loos, Dorothy Scott, *The Naturalistic novel of Brazil*, New York, Hispanic Institute in the United States, 1963.

Lucas, Fábio (Fábio Lucas Gomes), "Caminhos da consciência literária nacional," *Revista do Livro*, 5:17 (Março 1960) 9-17.

_____ , *Horizonte da crítica*, Belo Horizonte, Movimento Perspectiva, 1965.

_____ , *Temas literários e juizos críticos*, Belo Horizonte, Tendência, 1963.

Luso, João, *Orações e palestras*, Rio, José Olímpio, 1941.

Luz, Fábio, *Estudos de literatura*, Rio, Ginásio 28 de Setembro, 1927.

Machado, Antônio de Alcântara, *Cavaquinho e saxofone*, Rio, J. Olímpio, 1940.

Machado Filho, Aires da Mata, *Crítica de estilos*, Rio, Agir, 1956.

Magaldi, Sábato, *Panorama do teatro brasileiro*, S. Paulo, Difusão Européia do Livro, 1962.

Magalhães, Valentim, *Escritores e escritos*, Rio, Carlos Gaspar da Silva, 1889; 2nd ed., Rio, Domingos de Magalhães, 1894.

_____ , *A literatura brasileira (1870-1895)*, Lisboa, Antônio Maria Pereira, 1898.

Magalhães Júnior, Raimundo, *Artur Azevedo e sua época*, 2nd ed., S. Paulo, Martins, 1955.

_____ , *O conto do Rio de Janeiro*, S. Paulo, Civilização Brasileira, 1959.

Máia, Alcides, *Crônicas e ensaios*, P. Alegre, Globo, 1918.

"Manifestos literários," *Revista do Livro*, 4:16 (Dez 1959) 183-202.

Marques, Oswaldino, *Seta e o alvo: análise estrutural de textos e crítica literária* Rio, MEC, 1957.

Marques, Xavier, *Evolução da crítica brasileira no Brasil e outros estudos*, Rio, Imprensa Nacional, 1944.

Martins, Luís, *Uma coisa e outra*, Rio, MEC, 1959.

Martins, Mário R., *A evolução da literatura brasileira*, 2 vols., Rio, Outubro, 1945.

Martins, Wilson, "O Barroco literário menor," *Journal of Inter-American Studies and World Affairs*, 12:1 (Jan 1970) 31-46.

_____ , "50 anos de literatura brasileira (de 1900 à atualidade)," in: Joaquim de Montezuma de Carvalho, *Panorama das literaturas das Américas*, Nova Lisboa, Angola, 1958, I, 103-241.

_____ , *A crítica literária no Brasil*, S. Paulo, Departmento de Cultura, 1952.

_____ , *Interpretações*, Rio, J. Olímpio, 1946.

_____ , "Linhas de força na literatura brasileira," *Revista Iberoamericana*, 35:68 (May-Ago 1969) 31-46.

_____ , *A literatura brasileira, VI: O Modernismo*, S. Paulo, Cultrix, 1965.

_____ , "Meio século de literatura brasileira," *Hispania*, 50:4 (Dec 1967) 931-970.

_____ , "Tendências da literatura brasileira contemporânea," *Hispania*, 48:3 (Sep 1965) 413-421.

Meireles, Mário M., *Panorama da literatura maranhense*, São Luís, Imprensa Oficial, [1955].

Melo, A. L. Nobre de, *Mundos mágicos*, Rio, José Olímpio, 1949.

_____ , *Retratos da terra e da gente*, Rio, MEC, 1959.

Melo, Luís Correia de, *Dicionário de autores paulistas*, S. Paulo, Comissão do IV Centenário da Cidade de São Paulo, 1954.

Mendes, Oscar, *A alma dos livros*, Belo Horizonte, Os Amigos do Livro, 1932.

Mendonça, Carlos Süssekind de, *História do teatro brasileiro*, Rio, Mendonça Machado, 1926.

Mendonça, Renato de, *O ramo de oliveira*, Porto, Lello, 1951.

_____ , *Retratos da terra e da gente*, Rio, MEC, 1959.

Menezes, Djacir, *Evolução do pensamento literário no Brasil*, Rio, Simões, 1954.

Menezes, Raimundo de, *Escritores na intimidade*, S. Paulo, [1949].

Meyer, Augusto, *A chave e a máscara*, Rio, O Cruzeiro, 1964.

_____ , *A forma secreta*, Rio, Lidador, 1965.

_____ , *Preto e branco*, Rio, MEC, 1956.

_____ , *À sombra da estante*, Rio, J. Olimpio, 1947.

Milliet, Sérgio, *Diário crítico*, 10 vols., S. Paulo, Brasiliense, 1944-1959.

_____ , *De ontem, hoje, sempre*, S. Paulo, Martins, [1959].

_____ , *Panorama da moderna poesia brasileira*, Rio, MES, 1952.

_____ , *Terminus seco e outros cocktails*, S. Paulo, Irmãos Ferrax, 1932.

Miranda, Veiga, *Os faiscadores*, S. Paulo, Monteiro Lobato, 1925.

Moisés, Massaud, *A literatura brasileira através dos textos*, S. Paulo, Cultrix, 1971.

_____, *A literatura brasileira, IV: O simbolismo (1893-1902)*, S. Paulo, Cultrix, 1967.

Moniz, Heitor, *Vultos da literatura brasileira*, Rio, Marisa, 1933.

Montalegre, Duarte de, *Ensaio sobre o Parnasianismo brasileiro*, Coimbra, Coimbra Editora, 1945.

Monteiro, Adolfo Casais, *O romance e os seus problemas*, Lisboa, CEB, 1950.

Monteiro, Clóvis, *Esboços de história literária*, Rio, Acadêmica, 1961.

Montelo, Josué, *Caminho da fonte: estudos de literatura*, Rio, INL, 1959.

_____, *Estampas literárias*, Rio, Simões, 1956.

_____, *Histórias da vida literária*, Rio, Nosso Livro, 1944.

_____, *Uma palavra depois de outra: notas e estudos*, Rio, INL, 1979.

Montenegro, Abelardo, *Cruz e Sousa e o movimento simbolista no Brasil*, Fortaleza, Tipo. Royal, 1954.

_____, *O romance cearence*, Fortaleza, Tip. Royal, 1953.

Montenegro, Olívio, *O romance brasileiro*, Rio, José Olímpio, 1938; 2nd ed., Rio, José Olímpio, 1953.

Montenegro, Tulo Hostílio, *Tuberculose e literatura*, Rio, s.e., 1949.

Moog, Viana, *Heróis da decadência*, Rio, Guanabara, 1934.

Morais, Carlos Dante de, *Realidade e ficção*, Rio, MES, 1952.

_____, *Tristão de Ataíde e outros estudos*, P. Alegre, Globo, 1937.

_____, *Viagens interiores*, Rio, Schmidt, 1931.

Morais, Rubens Borba de and William Berrien, *Manual bibliográfico de estudos brasileiros*, Rio, Gráfica Editora Sousa, 1949.

Morais Neto, Prudente de, *The Brazilian romance*, Rio, Imprensa Nacional, 1943.

Mota, Artur, *História da literatura brasileira: época de formação (séculos XVI e XVII)*, 2 vols., S. Paulo, Nacional, 1930.

_____, *Vultos e livros*, S. Paulo, Monteiro Lobato, 1921.

Mota Filho, Cândido, *Introdução ao estudo do pensamento nacional: o Romantismo*, Rio, Hélios, 1926.

_____, *O caminho de três agonias*, Rio, J. Olímpio, 1945.

Murici, Andrade, *A nova literatura brasileira: crítica e antologia*, P. Alegre, Globo, 1936.

_____, *O suave convívio*, Rio, Anuário do Brasil, 1922.

_____, *Panorama do movimento simbolista brasileiro*, 3 vols., Rio, INL, 1952.

Nemésio, Vitorino, *Conhecimento de poesia*, Salvador, Publicações da Universidade da Bahia, 1958.

Neves, Fernão, *A Academia Brasileira de Letras: notas e documentos para a sua história (1896-1940)*, Rio, ABL, 1940.

Nist, John, *Modern Brazilian poetry*, Bloomington, Indiana University Press, 1962.

_____, *The modernist movement in Brazil*, Austin, University of Texas Press, 1966.

Nunes, Cassiano, *Breves estudos de literatura brasileira*, S. Paulo, Saraiva, 1969.

Nunes, Mário, *40 anos de teatro*, 3 vols., Rio, Serviço Nacional de Teatro, 1956-1959.

Olinto, Antônio, *Cadernos de crítica*, Rio, J. Olímpio, 1959.

_____, *A verdade da ficção: crítica de romance*, Rio, Companhia Brasileira de Artes Gráficas, 1966.

Oliveira, Artur de, *Tese de concurso para professor substituto de retórica, poética e literatura nacional*, Rio, Tipo. Gazeta de Notícias, 1879.

Oliveira, Franklin de, *A fantasia exata: ensaios de literatura e música*, Rio, Zahar, 1959.

Oliveira, José Osório de, *História breve da literatura brasileira*, S. Paulo, s.d.

Oliveira, Martins de, *História da literatura mineira*, Belo Horizonte, Itatiaia, 1958.

Orico, Osvaldo, *Poetas del Brasil*, Madrid, Instituto Miguel de Cervantes, 1948.

Orlando, Artur, *Ensaios de crítica*, Recife, Diário de Pernambuco, 1904.

Otávio Filho, Rodrigo, *Minhas memórias dos outros: nova série*, Rio, 1935.

_____, *Velhos amigos*, Rio, J. Olímpio, 1938.

Pacheco, João, *A literatura brasileira, III: O Realismo*, S. Paulo, Cultrix, 1963.

Paes, José Paulo, *Mistério em casa*, S. Paulo, Conselho Estadual de Cultura, 1961.

_____, and Paulo Moisés, *Pequeno dicionário de literatura brasileira*, S. Paulo, Cultrix, 1967.

_____, Diaulas Reidel, and Fernando R. P. Santos, *Maravilhas do conto moderno brasileiro*, S. Paulo, Cultrix, 1958.

Paranhos, Haroldo, *História do romantismo no Brasil*, 2 vols., S. Paulo, Cultura Brasileira, 1937.

Passos, Alexandre, *A imprensa no período colonial*, Rio, MEC, 1952.

Peixoto, Afrânio, *Poeira da estrada*, 1918; 3rd ed., Rio, Jackson, 1944.

_____, *Panorama da literatura brasileira*, 2nd ed. S. Paulo, Nacional, 1947.

Peixoto, Silveira, *Falam os escritores*, S. Paulo, Cultura Brasileira, 1940.

Pereira, Astrojildo, *Interpretações*, Rio, CEB, 1944.

Pereira, Lúcia Miguel, *Cinqüenta anos de literatura*, Rio, MES, 1952.

_____, *Prosa de ficção (de 1870 a 1920)*, Rio, J. Olímpio, 1950; 2nd ed., Rio, J. Olímpio, 1957.

Perez, Renard, *Escritores brasileiros contemporâneos*, 2 vols., Rio, Civilização Brasileira, 1960-1964.

Perié, Eduardo, *A literatura brasileira nos tempos coloniais, do século XVI ao começo do século XIX,* Buenos Aires, E. Perié, 1885.

Pessoa, Frota, *Crítica e polêmica*, Rio, Artur Gurgulino, 1902.

Pimentel, A. Fonseca, *Machado de Assis e outros ensaios*, Rio, Pongetti, 1962.

Pimentel, Osmar, *Apontamentos de leitura*, S. Paulo, Conselho Estadual de Cultura, 1959.

Pinheiro, Brandão, *Estudos literários e biográficos*, Rio, Imprensa Industrial, 1882.

Pinheiro, Joaquim Caetano Fernandes, *Curso elementar de literatura nacional*, Rio, Garnier, 1862.

Pinto, E. Roquette, *Ensaios brasilianos*, S. Paulo, Nacional, 1940.

_____ , *Seixos rolados*, Rio, Mendonça Machado, 1927.

Pompeu, A., *Conferências*, S. Paulo, Revista dos Tribunais, 1933.

_____ , *Idéias, homens e livros*, S. Paulo, *O Estado de São Paulo*, 1927.

Pontes, Elói, *Obra alheia*, Rio, Selma, s.d.

Pontes, Joel, *O aprendiz de crítica*, Recife, Departamento de Documentação e Cultura, 1955; Rio, MEC, 1960.

Portela, Eduardo, *Dimensões: I*, Rio, José Olímpio, 1958; II, Rio, Agir, 1959.

Prado, Décio de Almeida, *Apresentação do teatro brasileiro moderno*, S. Paulo, 1956.

Proença, M. Cavalcanti, *Augusto dos Anjos e outros ensaios*, Rio, José Olímpio, 1959.

_____ , *Estudos literários*, Rio, J. Olímpio, 1971.

Putnam, Samuel, *Handbook of Latin American studies*, IX, Cambridge, Harvard University Press, 1946.

_____ , *Marvelous journey*, New York, Alfred Knopf, 1948.

Quem é quem nas artes e nas letras do Brasil (artistas e escritores contemporâneos ou falecidos depois de 1945), Rio Ministério das Relações Exteriores, 1966.

Quadros, Antônio, *Modernos de ontem e de hoje*, Lisboa, Portugália, 1947.

Ramos, Péricles Eugênio da Silva, *Panorama da poesia brasileira, III: Parnasianismo*, Rio, Civilização Brasileira, 1959.

Rangel, Alberto, *Rumos e perspectivas*, 2nd ed., S. Paulo, Nacional, 1934.

Rego, José Lins do, *A casa e o homem*, Rio, Simões, 1954.

_____ , *Conferências no Prata: tendências do romance brasileiro: Raul Pompéia, Machado de Assis*, Rio, CEB, 1946.

_____ , *Gordos e magros*, Rio, CEB, 1942.

_____ , *Homens, seres e coisas*, Rio, MES, 1952.

_____ , *O vulcão e a fonte*, Rio, O Cruzeiro, 1958.

Reis, Antônio Simões, *Bibliografia das bibliografias brasileiras*, Rio, INL, 1942.

_____ , *Bibliografia nacional*, 8 vols., Rio, Valverde, 1942.

_____ , *Poetas do Brasil (Bibliografia brasileira)*, Rio, 1949.

Reis, Francisco Sotero dos, *Curso de literatura portuguesa e brasileira*, 5 vols., São Luís do Maranhão, Tipo. do País, 1862-1866.

Rela, Walter, *Teatro costumbrista brasileño: Martins Pena, Macedo, Alencar, França Júnior, Artur Azevedo*, Rio, INL, 1961.

Ribeiro, João (João Ribeiro Fernandes), *Autores contemporâneos*, Rio, F. Alves, 1917; 25th ed., Rio, F. Alves, 1937.

_____ , *Crítica: clássicos e românticos*, Rio, ABL, 1952.

_____ , *Crítica: os modernos*, Rio, ABL, 1952.

_____ , *O fabordão*, Rio, Garnier, 1910.

Ribeiro Neto, Oliveira, *Cinco capítulos das letras brasileiras*, S. Paulo, Conselho Estadual de Cultura, 1962.

Ricardo, Cassiano (Cassiano Ricardo Leite), *Algumas reflexões sobre poética de vanguarda*, Rio, J. Olímpio, 1964.

_____, *O homem cordial e outros pequenos estudos brasileiros*, Rio, MEC, 1959.

Rio, João do (Paulo Barreto), *O momento literário*, Rio, Garnier, s.d.

Rio, Branco, Miguel do, *Etapas da poesia brasileira*, Lisboa, Livros do Brasil, 1955.

Rizzini, Carlos, *O livro, o jornal e a tipografia no Brasil, 1500-1822*, Rio, Kosmos, 1946.

Romero, Sílvio, *Estudos de literatura contemporânea*, Rio, Laemmert, 1885.

_____, *História da literatura brasileira*, 1888; 3rd ed., Rio, J. Olímpio, 1943; 5th ed., Rio, J. Olímpio, 1954.

_____, *Outros estudos de literatura contemporânea*, Lisboa, A Editora, 1905.

_____, *Provocações e debates*, Rio, 1910.

_____, and João Ribeiro, *Compêndio de história da literatura brasileira*, 2nd ed., Rio, Alves, 1909.

Romeu Júnior, Soares, *Recordações literárias*, Porto, Chardron, 1877.

Rónai, Paulo, *Encontros com o Brasil*, Rio, INL, 1958.

Sáfady, Naief, *Panorama da poesia brasileira*, S. Paulo, Civilização Brasileira, 1955.

Sánchez-Sáez, Bráulio, *Vieja y nueva literatura del Brasil*, Santiago de Chile, Ercilla, 1935.

Santos, Leri, *Pentheon fluminense*, Rio, Leuzinger, 1880.

Sayers, Raymond, *The negro in Brazilian literature*, New York, Hispanic Institute, 1956.

Scott-Buccleuch, R. L. and Mário Teles de Oliveira, *An anthology of Brazilian prose*, S. Paulo, Ática, 1971.

Sena, Homero, *A república das letras*, Rio, São José, 1957.

Serpa, Focion, *Variações literárias*, Rio, Tipo São Benedito, 1931.

Silva, Domingos Carvalho da, *Introdução ao estudo do ritmo da poesia modernista*, Revista Brasileira de Poesia, S. Paulo, 1950.

Silva, Inocêncio Francisco da, *Dicionário bibliográfico português: estudos aplicáveis a Portugal e ao Brasil*, 22 vols., Lisboa, Imprensa Nacional, 1858-1923.

Silva, João Manuel Pereira da, *Os varões ilustres do Brasil durante os tempos coloniais*, 2 vols., Paris, A. Franck, 1858.

Silva, João Pinto da, *História da literatura do Rio Grande do Sul*, P. Alegre, Globo, 1924.

_____, *Fisionomias de novos*, S. Paulo, Monteiro Lobato, 1922.

_____, *Vultos do meu caminho*, 2 vols., P. Alegre, Globo, 1918-1926.

Silva, Lafayette, *História do teatro brasileiro*, Rio, 1938.

Silva, Maria Leonor Alvarez, *Galeria: o livro das biografias*, Edição particular.

Silveira, Paulo, *Asas e patas*, Rio, Costallat e Miccolis, 1926.

Silveira, Tasso da, *Definição do Modernismo brasileiro*, Rio, Forja, 1932.

Simões, João Gaspar, *Caderno de um romancista*, Lisboa, Francisco Franco, 1942.

_____, *Crítica*, Porto, Latina, 1942.

_____ , *Liberdade do espírito*, Porto, Portugália, 1948.
Sociedade de Cultura Artística, *Conferências, 1912-1913*, S. Paulo, Cardoso Filho, 1914.
_____ , *Conferências, 1914-1915*, S. Paulo, Levi, 1916.
Sodré, Nélson Werneck, *História da literatura brasileira: seus fundamentos econômicos*, Rio, J. Olímpio, 1938; 2nd ed., revised and enlarged, Rio, J. Olímpio, 1940.
_____ , *O Naturalismo no Brasil*, Rio, Civilização Brasileira, 1965.
_____ , *Orientações do pensamento brasileiro*, Rio, Vecchi, 1942.
Sousa, José Galante de, *Índice de biobibliografia brasileira*, Rio, MEC, 1963.
_____ , *O teatro no Brasil*, 2 vols., Rio, INL, 1960.
Souza, Lincoln, *Vida literária*, Rio, Pongetti, 1961.
Studart, Guilherme (Barão de Studart), *Dicionário bibliográfico cearense*, 3 vols., Fortaleza, Tipo-Litografia a Vapor, 1910-1915.
Táti, Miécio, *Estudos e notas crítcas*, Rio, INL, 1958.
Teixeira, Maria de Lourdes, *Esfinges de papel: ensaios*, S. Paulo, Edart, 1966.
Terterian, I. A., *Brazilski XX veka*, [Twentieth century Brazilian novel], Moscow, Izdatelstvo "Nauka", 1965.
Topete, José Manual, *A Working Bibliography of Brazilian Literature*, Gainesville, University of Florida Press, 1957.
Varnhagen, Adolfo, *Florilégio da poesia brasiliera*, 2 vols., Lisboa, Imprensa Nacional, 1850; 2nd ed., 3 vols., Rio, Academia Brasileira de Letras, 1946.
Velho Sobrinho, João Francisco, *Dicionário bio-bibliográfico brasileiro*, 2 vols., Rio, MES, 1937-1940.
Velinho, Moisés, *Letras da província*, P. Alegre, Globo, 1944.
Veríssimo, Érico, *Brazilian literature: an outline*, New York, Macmillan, 1945.
Veríssimo, José, *Estudos brasilieros*, 2 vols., 1889-1894; I: Belém, Tavares Cardoso, 1889; II: Rio, Laemmert, 1894.
_____ , *Estudos de literatura brasileira*, 6 vols., Rio, Garnier, 1901-1907.
_____ , *História da literatura brasileira*, Rio, F. Alves, 1916.
_____ , *Letras e literatos*, Rio, J. Olímpio, 1936.
Viana, Hélio, *Contribuição à história da imprensa brasileira (1812-1869)*, Rio, Imprensa Nacional, 1945.
Vieira, Damasceno, *A crítica na literatura*, Bahia, Tip. Reis, 1907.
_____ , *Cartas à gente nova*, Rio, Anuário do Brasil, 1924.
Vítor, Nestor, *A crítica de ontem*, Rio, Leite Ribeiro e Maurilo, 1919.
_____ , *Os de hoje*, S. Paulo, Cultura Moderna, 1938.
Vitorino, Eduardo, *Actores e actrizes*, Rio, 1938.
Vitureira, Cipriano, *Tres edades de la poesia brasilera actual*, Montevideo, 1952.
Wolf, Ferdinand, *Le Brésil littéraire*, Berlin, Ascher, 1863; *O Brasil literário*, S. Paulo, Nacional, 1955.